20242025

Premier League Guide-Book

20242025
프리미어리그
가이드북

bs
브레인스토어

히든풋볼
지음

CONTENTS

Goalkeeper

① **31**
GK

② ⬤

③ **C**

Ederson

에데르송

국적 브라질 | **나이** 30 | **신장** 188 | **체중** 88 | **평점** 6.63 ④

맨시티의 No.1 골키퍼. 왼발을 이용한 정확한 킥과 장거리 스로인 능력, 안정적인 볼 컨트롤 등으로 빌드업 전반에 적극 관여한다. 수비 뒷공간을 저돌적인 움직임으로 커버하고 놀라운 반사신경을 통해 선방을 보여준다. 그러나 종종 위치 선정에서 문제를 노출하며 실수를 범해 기복이 있다는 평을 듣곤 한다. 히베이랑, 하우아브, 벤피카를 거치며 성장했고, 2017년 6월 4,000만 유로의 이적료에 벤피카에서 맨시티로 이적했다. 그 후, 지난 7시즌 동안 주전으로 활약하며 공식 332경기에 출전, 맨시티의 골문을 책임졌다. 2017년부터 브라질 대표팀에서도 활약하고 있다.

2023/24시즌

	GAMES	MINUTES	실점	선방률	
5	33	2,789	27 ⑤	70.70 ⑥	0
	56 세이브 ⑦	10 클린시트 ⑧	추정가치: 35,000,000€ ⑨	30.30 클린시트 성공률 ⑩	0/3 PK 방어 기록 ⑪

① 등번호

② 국기

③ 주장 마크

④ 국적, 나이, 신장, 체중, 평균 평점(후스코어드닷컴 기준. 후스코어드닷컴에서 평점을 산정하지 않는 리그 기록은 제외)

⑤ 실점 수

⑥ **선방률:** 슈팅을 막아낸 비율(%)

⑦ **세이브:** 슈팅을 막아낸 횟수

⑧ **클린시트:** 무실점으로 방어한 경기 수

⑨ **추정 가치:** 선수 개인의 현재 시장 가치를 추정한 금액(트랜스퍼마켓 기준, 유로)

⑩ **클린시트 성공률:** 출전 경기를 무실점으로 방어한 비율(%)

⑪ **PK 방어 기록:** 페널티킥 상황에서 상대 슛을 막아낸 횟수

ABOUT DATA

- 2023/24시즌 정규 리그 기록.

- 브라질, 스웨덴 등 한 해 단위로 시즌을 치르는 리그에서 이적해온 선수는 2023시즌 기록.

- 상세 기록을 제공하지 않는 리그는 공개된 기록까지만 수록.

- 2군 리그, 유소년 리그 기록은 제외.

- 지난 시즌 2개 이상의 프리미어리그 팀에서 뛰었던 선수는 개인의 시즌 합산 기록으로 정리.
  (타 국가의 리그에서 임대, 이적해온 경우 직전 소속팀에서의 기록을 표기.)

- **기록 출처:** Premier League, WhoScored, Transfermarkt, FBref, FotMob.

Field Player

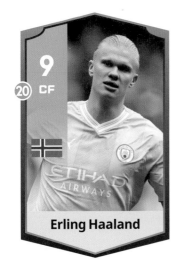

9
CF

⑳

Erling Haaland

엘링 홀란드

국적 노르웨이 **| 나이** 24 **| 신장** 191 **| 체중** 87 **| 평점** 7.4

맨시티의 해결사. 191cm의 신장을 이용한 압도
적 고공장악력, 거구임에도 보여주는 스피드와
순발력, 위력적인 오프 더 볼 상황에서의 움직
임, 문전에서의 확실한 마무리 능력 등으로 현존
하는 스트라이커 중에 최고라는 평을 듣고 있다.
다만 전반적인 경기 관여가 부족하고 효과적인
포스트 플레이를 보여주지 못한다. 2022년 6월

6,000만 유로의 이적료에 도르트문트에서 맨시
티로 이적한 후 2022/23시즌 36골, 지난 시즌
27골을 기록해 2시즌 연속으로 프리미어리그 득
점왕을 차지했다. 특히, 2022/23시즌에는 프리
미어리그 단일 시즌 최다 득점(36골)과 프리미어
리그 선수로 단일시즌 공식경기 최다득점(52골)
기록을 세우기도 했다.

2023/24시즌

	⑫	⑬	⑭	⑮	
	31 GAMES	**2,559** MINUTES	**27** GOALS	**5** ASSISTS	
1	**3.9** 경기당슈팅	**50** 유효슈팅	추정가치: **180,000,000€**	**12.3** 경기당패스	**77.40** 패스성공률	**0**
	⑯	⑰		⑱	⑲	

⑫ 리그 경기 출장 수

⑬ 리그 경기 출장 시간(분)

⑭ 리그 총 득점 수

⑮ 리그 총 도움 수

⑯ **경기당 슈팅:** 한 경기당 평균 슈팅 횟수

⑰ **유효 슈팅:** 시즌 총 유효 슈팅 수

⑱ **경기당 패스:** 한 경기당 평균 패스 횟수

⑲ **패스 성공률:** 시도한 패스가 끊기지 않고 전달된 확률(%)

⑳ 소화 가능한 포지션

일러두기

- 이적 현황은 2024년 9월 1일(한국시간)까지 반영되어 있습니다. 이후 발생한 이적 IN & OUT은 재쇄 제작 시 반영할 예정입니다.

- 이름에 −가 들어가는 경우 국립국어원 기준에 따라 붙여 적었습니다.

- 정확한 기록과 정보가 제공되지 않는 항목은 − 표시했습니다.

스쿼드 보는 법 페이지는 정보와 기록 등 각각의 요소를 설명하기 위한 예시 구성으로, 도서 본문 내용과 일치하지 않을 수 있습니다. 정확한 정보는 구단별 스쿼드
페이지 내의 선수 데이터를 확인해주세요.

펩과 맨시티의
AND OR END

현 시점 맨체스터시티는 잉글랜드를 넘어 유럽과 세계로 범위를 넓혀도 이견이 없는 최고의 클럽이다. 2022/23시즌에는 그토록 염원하던 빅이어를 손에 넣으며 역사에 남을 '트레블 시즌'을 만들어냈다. 그리고 지난 시즌 프리미어리그 역대 최고의 감독이었던 알렉스 퍼거슨 감독도 이루지 못했던 PL 4시즌 연속 우승을 달성하며 새로운 역사에 이름을 남겼다. 맨시티가 일군 이 전대미문의 기록 그 중심에는 언제나 펩 과르디올라 감독이 있었다.

펩 과르디올라 감독이 맨체스터시티와 손을 잡은 지도 벌써 9년에 다다르게 됐다. 펩은 지난 여덟 시즌 동안 여섯 번의 프리미어리그 우승을 달성했다. 들어 올린 트로피 수는 무려 17개. 물론 펩 과르디올라 부임 이전에도 맨시티는 프리미어리그 등 다양한 컵대회에서 우승을 기록했지만 그토록 염원했던 UEFA챔피언스리그 우승은 처음이었다. 그리고 진짜 강팀의 조건인 '트레블'까지 이뤄내며 명실상부 '근본 있는 팀'으로 거듭났다.

과르디올라 감독 부임 이전에도 잉글랜드 한정 '돈 많은 구단', '신흥 강호'의 모습은 충분히 보여줬다. 하지만 월드클래스 빅클럽으로 성장한 건 펩 과르디올라 감독의 역할이 가장 크다. 이미 역사와 전통의 강호인 바르셀로나와 바이에른뮌헨에서 많은 트로피를 들어 올렸기에 세계 최고의 인기 리그인 프리미어리그에서 맨체스터시티라는 팀과의 동행은 위험 부담이 존재했다. 하지만 걱정은 두 시즌 만에 말끔히 사라진다. 그리고 지난 시즌에는 퍼거슨 감독도 이루지 못한 꿈의 리그 4연패까지 달성하며 역사상 가장 위대한 감독 반열에 오를 준비를 마쳤다.

펩 과르디올라 감독은 항상 그래왔듯 이번 시즌에도 프리미어리그를 이끌어가는 감독이 될 가능성이 높다. 2016년 과르디올라 감독이 부임한 이후 수많은 명장들이 프리미어리그에 유입되고 나름의 성과를 만들었지만 펩 과르디올라 감독에 비할 바는 아니었다. 그리고 그와 함께했던 제자들은 같은 철학 안에서 성장했고 이제는 펩을 상대하는 명장으로 거듭나고 있다.

펩은 현대 축구의 트렌드를 주도한다. 그리고 그 트렌드를 통해 수많은 지도자들에게 영감을 준다. 한때는 티키타카와 함께, 또 한때는 제로톱을 이용해 기존의 공격 전개 틀을 완전히 바꿨다. 최근엔 인버티드 풀백을 활용해 후방 빌드업의 새로운 패러다임을 제시했다. 물론 펩 과르디올라 또한 기존의 전술들을 참고해 조금 더 창의성 있게 발전시킨 부분이 많다. 여전히 펩 과르디올라는 코칭스태프 그리고 선수단과 함께 끊임없이 토론하고 연구한다. 그리고 지금 이 순간에도 또 다른 현대축구의 트렌드를 만들어낼 준비를 하고 있다.

이번 시즌은 과르디올라 감독의 맨체스터시티에서의 '라스트 댄스'가 될 수도 있다. 지난 2022 카타르 월드컵 휴식기에 진행했던 재계약 마지막 시즌이고 추가 계약에 대한 이야기는 아직까지 전무하다. 하지만 그렇다고 해서 재계약 가능성이 아예 없는 건 아니다. 한편으로는 맨체스터시티를 제외한 다른 프리미어리그 팀들의 모든 팬들과 감독들은 펩의 마지막 시즌이 되기를 원할지도 모르겠다. 그만큼 펩은 팀의 성적뿐만 아니라 리그 전체 혹은 유럽 축구 전체의 분위기를 흔들 수 있는 영향력을 가지고 있다.

이번 시즌이 펩 과르디올라 감독과 맨체스터시티의 마지막 시즌이 될지 재계약 시즌이 될지는 아무도 모른다. 펩은 동기 부여를 위해 여전히 열린 결말을 원하고 있다. 선수들과 팬들의 마음가짐 또한 달라졌다. 어찌 됐건 맨체스터시티라는 클럽의 근본과 위상을 바꿔놓은 펩의 선택은 어떤 선택이 되든 존중받아 마땅하다. 그리고 펩과 시티는 자신들이 세운 프리미어리그의 우승의 역사를 다시 한번 경신할 준비를 마쳤다. 펩시티의 프리미어리그 5시즌 연속 우승 도전은 지금부터 시작이다.

클롭 떠난 리버풀,

리버풀이 변화의 시기를 맞이했다. 위르겐 클롭 감독이 리버풀을 떠났기 때문. 감독 취임 기자회견에서 자신을 '노멀 원'이라 말했지만 누구보다 특별했던 사나이가 리버풀을 떠난 것이다. 클롭 감독은 2018/19시즌 14년 만에 UEFA챔피언스리그 우승을, 2019/20시즌 무려 30년 만에 프리미어리그 우승을 리버풀에게 선사했다. 리버풀은 클롭 감독이 이끈 지난 9년 동안 무려 8개의 우승 트로피를 수집했다. 펩 과르디올라 감독의 맨체스터시티가 없었다면, 클롭 감독의 리버풀은 두 자릿수 이상의 우승 트로피를 들어 올렸을 것이 분명하다. 시작이 있으면 끝이 있는 법. 위대한 사나이는 이제 리버풀의 역사 속으로 사라졌다. 그리고 리버풀은 그의 후임을 두고 고민에 고민을 거듭한 끝에 아르네 슬롯 감독을 선택했다. 슬롯

감독은 네덜란드의 페예노르트를 3시즌 동안 이끌면서 에레디비시 우승 1회, KNVB컵 우승 1회, UEFA유로파컨퍼런스리그 준우승 1회 등을 기록하며 지도력을 입증했다. 물론, 리버풀이 슬롯 감독을 선택한 이유는 우승 DNA뿐 아니라 클롭 감독과 유사성이 있기 때문이다.

슬롯 감독은 과르디올라 감독의 영향을 받아 기본 포메이션을 4-3-3 혹은 4-2-3-1을 선호하고 1차 빌드업의 중요성을 잘 알고 있다. 그러면서도 클롭 감독처럼 선수들의 왕성한 활동량을 바탕으로 전방 압박을 구사하고 공격의 스피드를 최대한 높이고자 노력한다. 따라서 슬롯의 리버풀은 클롭의 리버풀과 완전히 다른 팀이 아닌 클롭의 리버풀을 이어가며 발전시키는 방향으로 나아갈 것이라고 본다.

슬롯의 뉴 리버풀은 어떤 축구 보여줄까?

지금 이 순간 슬롯 감독의 성공을 단언할 수는 없다. 프리시즌 동안 3선 미드필더들을 활용한 빌드업과 세트피스 플레이, 공격 속도 등에서 향상된 모습을 보여줬지만 시즌이 시작되면 시행착오를 겪을 가능성이 크기 때문이다. 슬롯 감독은 네덜란드 무대에서만 감독 생활을 해서 프리미어리그의 살인적인 경기 일정과 빠른 템포, 높은 강도 등을 피부로 느낄 시간이 필요하다. 또한, 리버풀이 2024년 여름 이적 시장에서 센터백, 수비형 미드필더 등을 영입해야 했음에도 윙어 페데리코 키에사 외에 보강을 하지 못했다. 현 리버풀은 슬롯 감독이 구상한 스쿼드가 아닌, 클롭 감독이 물려준 유산처럼 느껴진다.

물론 과거의 리버풀처럼 현재의 리버풀도 강한 전력을 갖고 있다. 슬롯 감독이 실수를 연발하지 않는다면 리버풀은 기존의 강인함을 유지할 가능성이 농후하다. 리버풀은 2016/17시즌 이후 최근 8시즌 동안 리그 순위가 4위 아래였던 적이 단 한 차례에 불과하다(2022/23시즌 5위). 모하메드 살라를 앞세운 공격은 파괴력을 유지하고 있으며, 판다이크가 버티는 수비는 단단하다. 또한, 2023년 여름 미드필더들을 대거 보강하기도 했다. 이에 더해 언급했듯 슬롯 감독은 클롭 감독의 전술에 대대적인 변화를 주기보단 빌드업 형태와 미드필드의 연계, 세트피스 활용 등 세부적인 부분에 변화를 주며 전력의 극대화를 꾀할 것으로 예상된다. 따라서 슬롯 감독이 시행착오의 시간을 최대한 줄인다면 리버풀은 맨체스터시티, 아스날과 다시 우승을 두고 경쟁할 것이 분명하다.

시어러, 앙리에 이어
3연속 골든부트 노리는
엘링 홀란드
그를 저지할 선수는?

맨체스터시티의 엘링 홀란드는 어릴 때부터 또래 다른 선수들과 비교했을 때 차원이 다른 피지컬과 운동 능력으로 주목을 받기 시작했다. 특히 자국 리그를 떠나 해외 리그로 넘어간 이후부터는 지금까지 단 한 시즌도 공격 포인트가 출전 경기수보다 적은 적이 없었다. 그야말로 괴물 그 자체의 득점력 공격 포인트 생산 능력을 보이고 있다. 오스트리아 잘츠부르크에서 27경기 29골 7도움, 독일 도르트문트에서 89경기 86골 23도움, 잉글랜드 맨시티에서 98경기 90골 15도움을 기록하고 있다.

프리미어리그로 넘어오자마자 두 시즌 연속 득점왕을 거머쥐었고 역대 PL 한 시즌 최다득점(36골) 신기록까지 세웠다. 말 그대로 PL 무대를 집어삼키고 있는 셈. 홀란드는 압도적인 신체조건과 피지컬, 그리고 체구에 어울리지 않는 폭발적인 스피드와 민첩성, 골 냄새를 맡는 득점 본능과 큰 덩치가 믿기지 않는 놀라운 유연성을 지니고 있다. 그러다 보니 어떠한 자세에서도 골문으로 슈팅을 할 수 있는 다양한 슈팅 스킬까지 보유했다. 공격수로서 이미 완성형인 선수인데 자기 관리까지 철저해서 더욱더 홀란드를 막기가 어렵다.

올 시즌 이러한 홀란드를 그래도 견제할 수 있는 선수는 과연 어떤 선수가 있을까? 일단 가장 유력한 후보는 알렉산더 이삭이다. 지난 두 시즌 동안 두 자릿수 득점을 올렸고 특히 지난 시즌의 경우 고질적인 사타구니 부상으로 결장한 경기가 제법 있음에도 불구하고 무려 21골을 뽑아냈다. 무엇보다 이삭의 가장 큰 강점은 선수 개인의 능력으로 상대 수비수를 앞에 두고도 득점을 만들어내는 능력이 광장히 출중하다는 점이다. 거기에 더해 다음 시즌은 유럽대항전에 출전하는 팀들은 경기수가 더 늘어났기 때문에 체력적으로 변수가 더 크게 작용할 수 있다. 그러한 점에서 유럽대항전에 출전하지 않는 뉴캐슬의 이삭은 다른 경쟁자들에 비해 리그에 확실하게 집중할 수 있다는 이점까지 가져갈 수 있다.

두 번째 후보로는 역시 모하메드 살라다. 프리미어리그 3회 득점왕 경력을 이미 지니고 있고, 그 어떤 선수와 비교해도 가장 꾸준한 득점력을 자랑한다. 나이가 들면서 조금씩 폼이 떨어지는 게 아닌가 하는 의구심의 여론도 있지만 누가 뭐래도 살라는 살라다. 새로운 감독 아르네 슬롯과의 궁합에 따라서 과연 어떻게 폭발할지 뚜껑은 열어봐야 알 것이다. 그 다음 후보는 애스턴빌라의 올리 왓킨스다. 에메리 감독 부임 후 경기력과 득점력이 계속해서 우상향하고 있으며, 지난 시즌 PK를 제외한 순수 필드골은 엘링 홀란드 다음으로 많은 19골을 넣었다. 커리어 동안 부상을 잘 당하지 않는다는 점도 왓킨스를 대표하는 큰 장점이다. 그만큼 올 시즌 왓킨스의 퍼포먼스도 주목해볼 만하며, 앞서 언급한 세 명의 선수 이외에도 유스 때부터 출전 기회만 보장되면 늘 득점력이 좋았던 첼시의 콜 팔머, 득점왕 경력이 있는 토트넘의 손흥민과 기존에 비해 많은 지원을 받게 된 이적생 파트너 솔란케, 글라스너의 황태자 크리스탈팰리스의 마테타 같은 선수들의 득점력까지도 반드시 주목할 필요가 있다.

22/23 뉴캐슬,
23/24 빌라에 이어

더 이상 고정된 BIG4는 없다

2010/11시즌 맨시티의 입성을 시작으로 맨유, 첼시, 리버풀, 아스날을 일컫는 소위 BIG4 체제가 무너졌다. 14년 동안 토트넘은 6차례나 BIG4에 이름을 올렸고 심지어 레스터시티는 2015/16시즌 리그 우승을 차지했다. 폭넓게 보자면 토트넘이 가장 최근 리그 4위를 차지한 2021/22시즌을 기점으로 3시즌 연속 새로운 팀들이 BIG4에 진입했다. 2022/23시즌 뉴캐슬, 2023/24시즌 애스턴빌라가 새롭게 등장했다. 누군가 이 흐름이 4시즌 연속 이어질 것 같으냐 묻는다면 가능성이 매우 크다고 답하겠다. 유력한 차기 BIG4의 뉴페이스를 소개한다. 바로 웨스트햄이다.

웨스트햄이 차기 BIG4인 이유

감독 교체를 통한 분위기 쇄신, 선수 영입을 통한 스쿼드 보강 등 시즌 개막을 앞두고 모든 팀들은 저마다 꽃단장에 치중한다. 2024/25시즌 여름이적시장에서 가장 돋보이는 팀은 단연 웨스트햄이다. 우선 슈타이텐, 마크 노블 디렉터는 전 시즌을 복기하며 문제와 원인을 찾았다. 그리고 전술과 선수단에서 이유를 찾았다. 4시즌 반 동안 팀을 이끌었던 모예스 감독은 롱볼 카운터라는 확실한 전술 컨셉이 있었지만 한계가 명확했다.

물론 그 과정에서 달성한 리그 중상위권 진입, 유로파리그 4강 진출, 컨퍼런스리그 우승은 구단 역사에 길이 남을 업적

BIG4 위협할
24/25시즌 웨스트햄

이다. 하지만 변화가 필요했고 새로운 감독 선임을 통한 체질 개선에 나섰다. 그렇게 울버햄튼에서 프리미어리그를 경험한 로페테기 감독을 선임했다. 측면을 유기적으로 활용하는 로페테기 감독의 전술은 보웬, 파케타, 쿠두스로 구성된 웨스트햄의 선수단과 딱 맞았다.

그렇다면 이제 힘을 실어줄 차례. 오른발잡이 윙포워드 부재는 챔피언십 올해의 선수 서머빌로 채웠다. 기량이 떨어진 안토니오를 대신해 새로운 스트라이커로 필크루크를 낙점했다. 리그 최다 실점 4위라는 불명예는 킬먼과 토디보로 해결하려 한다. 오른쪽 풀백의 수비 문제는 완비사카에게 맡긴다. 중원 수비력을 강화하기 위한 카드로 귀도 로드리게스, 젊은 브라

질 윙어 갈레르미, 서드 골키퍼로 포더링엄까지 8명의 선수를 영입하는 데만 무려 1억 5천만 유로를 지출했다.

로페테기 감독의 임무는 확실한 축구 컨셉, 전술적인 디테일을 살려 팀의 케미스트리를 극대화시키는 것이다. 에디 하우, 에메리 감독은 이를 해냈다. 기대와 부담이 동시에 느껴질 법하다. 어찌하겠는가, 스스로 증명해내는 것만이 유일한 정답이다. 가능성은 충분하다.

승격 3팀 미리보기

지난 시즌 승격 3팀, 모두 1년도 못 버티고 강등...

지난 시즌 승격 3팀이 모두 나란히 강등됐다. 22/23시즌 승격 3팀이 전원 생존한 것과 비교했을 때 극과 극의 사례가 한 시즌 만에 나온 것. 가장 최근 PL 승격 3팀이 전원 강등된 사례는 97/98시즌의 볼턴, 반슬리, 크리스탈팰리스였다. 즉, 21세기 이후로는 최초로 승격 3팀이 전원 동시에 강등된 것이다. 그만큼 잔류 경쟁이 얼마나 치열한지 알 수 있는 지난 시즌이었고, 번리의 경우 챔피언십의 맨시티라 칭송받았으나 정작 PL에서는 빠른 템포와 압박에 고전하면서 본인들의 색깔을 보여주지 못했고 결국 실리적인 운영으로 변화된 전술 속에서도 해결책을 찾지 못했다. 셰필드 역시 시즌 내내 부상 문제와 주력 선수의 공백을 매우는 데 한계를 보이며 고전했고, 루턴 타운이 의외의 분투하는 모습을 보여졌지만 결국 루턴 타운 역시 스쿼드의 한계를 보이며 강등을 피할 수 없었다. 지난 시즌의 이러한 사례는

 루턴타운
18위
38전 6승 8무 24패 52득점 85실점

 번리
19위
38전 5승 9무 24패 41득점 78실점

 셰필드유나이티드
20위
38전 3승 7무 28패 35득점 104실점

올 시즌 승격팀들이 더욱더 경각심을 갖게 할 수 있는 요소로 작용할 것으로 보인다.

24/25시즌 PL에 올라온 레스터시티, 입스위치타운, 사우샘프턴! 치열한 챔피언십 경쟁을 뚫고 올라온 세 팀의 더 치열한 생존 싸움!

 레스터시티 | 챔피언십 1위
46전 31승 4무 11패 89득점 41실점
#승점 97 #다이렉트_승격

레스터시티를 생각하면 '동화', '기적'이라는 단어가 떠오른다. 레스터는 2015/16시즌 우승 확률 0.0002%를 뚫고 프리미어리그 우승을 달성하며 '아름다운 동화'를 썼지만 2022/23시즌 18위로 강등되며 아름다운 동화는 몇 년 만에 잔혹 동화가 되었다. 그러나 레스터는 2024/25시즌 또다시 동화를 쓸 기회를 잡았다. 지난 시즌 챔피언십에서 1위를 기록, 통산 챔피언십 8회 우승으로 리그 역대 최다 우승 팀으로 등극하면서 PL 승격에 성공했다. 하지만 레스터 동화의 새로운 버전은, 결말이 새드엔딩일 것으로 보인다. 승격을 이끌었던 마레스카 감독과 에이스인 듀스버리홀이 떠났기 때문. 레스터는 스티브 쿠퍼 감독을 임명하고 나름대로 전력 보강을 하면서 잔류를 위한 준비를 마쳤다. 그러나 프리 시즌 보여준 경기력은 기대를 충족시키지 못했다. 과연 레스터는 2024/25시즌 잔류에 성공하며 해피엔딩을 맞을 수 있을까? 단정하기엔 위험 요소가 너무 많다.

입스위치타운 | 챔피언십 2위
46전 28승 12무 6패 92득점 57실점
#승점 96 #다이렉트_승격

2021년 12월 리그원으로 추락한 입스위치에 부임한 맥케나 감독은 2년 반 만에 팀을 최정상 무대로 이끌었다. 3시즌 연속으로 다이렉트 승격에 성공했고, 프리미어리그 복귀는 무려 22년 만의 성과다. 입스위치는 챔피언십에서 최다 득점을 기록했다. 하지만 패스 관련 지표는 평균 점유율 7위, 경기당 패스 성공 10위로 그리 높지 않다. 그만큼 다이렉트한 공격을 시도한다는 뜻이다. 3-2 빌드업으로 차근차근 볼을 소유하다가 상대가 끌려 나오면 순간적으로 공격 속도를 끌어올린다. 맥케나의 전술은 이렇게 요약할 수 있다. 3-2 빌드업, 4명의 미드필더가 사각형 형성 그리고 뒷공간 침투. 바르셀로나 시절 차비 감독의 전술과 매우 흡사하다. 챔피언십 올해의 감독상을 수상한 맥케나의 지도력이 PL 경쟁팀들을 어떻게 위협할 수 있을지 흥미롭지 않을 수 없다.

사우샘프턴 | 챔피언십 4위
46전 26승 9무 11패 87득점 63실점
#승점 87 #플레이오프_승격

지난 시즌 승격을 통해 강등 첫 시즌 만에 바로 PL 복귀를 이뤄냈다. 특히 승격하는 과정에서 사우샘프턴은 챔피언십리그 내에서도 가장 확실한 스타일을 보여줬다. 속공보다는 확실한 점유에 집착하면서 챔피언십 내에서 가장 높은 점유율, 가장 정확한 패스 정확도, 가장 많은 패스 시도, 패스와 관련된 모든 지표에서 압도적인 모습을 보여줬다. 러셀 마틴 감독은 이미 이전에도 MK돈스와 스완지시티를 이끌면서 이와 관련된 지표 1위의 기록을 만들어낸 바 있다. 무엇보다 올 시즌 사우샘프턴이 기대되는 점은 스타일이 크게 달라졌다는 것이다. 강등 당하기 이전의 소튼은 압박과 빠른 속공, 트랜지션 상황을 즐기는 팀이었다면, 이번에 승격한 소튼은 그와는 완전히 정반대의 스타일로 점유하고 압도하는 팀이다. 러셀 마틴 감독이 PL의 강도 속에서도 본인의 색깔을 뚝심 있게 잘 녹여낼 수 있다면 의외의 선전도 기대해볼 수 있을 것이다.

EDERSON MORAES

STEFAN ORTEGA

RUBEN DIAS

JAMES MCATEE

JOHN STONES

KYLE WALKER

JOSKO GVARDIOL

JEREMY DOKU

NATHAN AKE

MANUEL AKANJI

RICO LEWIS

MATEO KOVACIC

KEVIN DE BRUYNE

RODRI

BERNARDO SILVA

MATHEUS NUNES

ILKAY GUNDOGAN

JACK GREALISH

PHIL FODEN

ERLING HAALAND

SAVINHO

OSCAR BOBB

20242025

Manchester City

MANCHESTER CITY

맨체스터시티 Manchester City

창단 년도 | 1894년

최고 성적 | 우승 (1936/37, 1967/68, 2011/12, 2013/14
2017/18, 2018/19, 2020/21, 2021/22,
2022/23, 2023/24)

경기장 | 에티하드 스타디움
(Etihad Stadium)

경기장 수용 인원 | 53,400명

지난 시즌 성적 | 1위

별칭 | The Citizens (시티즌스),
The Sky Blues (스카이블루스)

상징색 | 스카이블루

레전드 | 에릭 브룩, 피터 토허티,
베르트 트라우트만, 앨런 오크스, 콜린 벨, 마이크 서머비, 뱅상 콤파니, 세르히오 아게로, 야야 투레, 다비드 실바 등

히스토리

맨체스터시티는 1880년 세인트 마크스 웨스트 고튼이란 이름으로 창단되어 1887년 아드윅 AFC로 명칭을 변경하였고, 1894년부터 맨체스터시티FC라는 현 클럽명을 사용하고 있다. 140년이 넘는 긴 시간 속에서 프리미어리그를 포함한 잉글랜드 1부 리그 우승 10회, FA컵 우승 7회, 리그컵 우승 8회, UEFA 챔피언스리그 우승 1회, 유러피언컵위너스컵 우승 1회 등 찬란한 역사를 썼다. 특히 2008년 셰이크 만수르가 구단을 인수하면서 오일 머니를 앞세워 잉글랜드를 넘어 유럽 축구의 강자로 부상했다. 2016년 펩 과르디올라 감독이 지휘봉을 잡은 후부터는 무려 17개의 우승 트로피를 들어올렸다. 특히, 2022/23시즌 클럽 역사상 최초로 챔피언스리그 우승과 트레블을 기록했고, 지난 시즌 프리미어리그에서 우승하며 프리미어리그 역사상 최초로 4연패를 달성했다.

최근 5시즌 리그 순위 변동

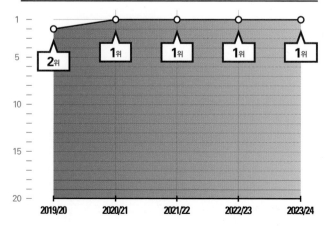

	2019/20	2020/21	2021/22	2022/23	2023/24
	2위	1위	1위	1위	1위

클럽레코드 IN & OUT

최고 이적료 영입 IN

잭 그릴리쉬
1억 1,750만 유로
(2021년 8월,
from 아스톤빌라)

최고 이적료 판매 OUT

훌리안 알바레스
7,500만 유로
(2024년 8월,
to 아틀레티코마드리드)

펩 과르디올라 Pep Guardiola

1971년 1월 18일 | 53세 | 스페인

과르디올라, 현존하는 세계 최고의 명장

현존하는 세계 최고의 명장 중 한 명. 다양한 포메이션과 패턴 플레이를 통해 높은 볼 점유율, 골키퍼부터 시작되는 빌드업, 공격수들의 다양한 스위칭 플레이를 활용하는 창의적인 전술을 선보이며 상대를 압도한다. 그렇기에 2016년 7월부터 맨시티를 이끌며 8시즌 동안 무려 17개의 우승 트로피를 수집했다. 특히, 2022/23시즌 트레블, 2023/24시즌 프리미어리그 4연패 등으로 맨시티와 프리미어리그뿐 아니라 유럽 축구의 역사에 한 획을 그었다. 그와 맨시티의 계약 기간은 2025년 6월까지. 어쩌면 이번 시즌이 그가 맨시티를 이끄는 마지막 시즌이 될지도 모른다. 마지막이 되든, 그렇지 않든 이번 한 시즌도 새로운 역사가 될 것으로 보인다. 이제 '펩시티'는 전대미문 PL 5연패에 도전한다.

📋 감독 인터뷰

"매 경기와 전체 시즌에서 좋지 않은 순간을 어떻게 극복하느냐가 강팀을 정의한다. 물론 개선해야 할 점도 있지만 우리는 서로를 잘 알고 있다. 이 선수들을 지휘하게 돼 영광이라고밖에 말할 수 없다."

감독 프로필

통산	선호 포메이션	승률
922 경기 **671** 승 **143** 무 **108** 패	**4-3-3**	**72.78%**

우승 이력

- **라리가** (2008/09, 2009/10, 2010/11)
- **코파 델 레이** (2008/09, 2011/12)
- **수페르코파 데 에스파냐** (2009, 2010, 2011)
- **분데스리가** (2013/14, 2014/15, 2015/16)
- **DFB 포칼** (2013/14, 2015/16)
- **프리미어리그** (2017/18, 2018/19, 2020/21, 2021/22, 2022/23, 2023/24)

- **FA컵** (2018/19, 2022/23)
- **EFL컵** (2017/18, 2018/19, 2019/20, 2020/21)
- **커뮤니티실드** (2018, 2019)
- **UEFA 챔피언스리그** (2008/09, 2010/11, 2022/23)
- **UEFA 슈퍼컵** (2009, 2011, 2013, 2023)
- **FIFA 클럽 월드컵** (2009, 2011, 2013, 2023)

경력 🔖

2007~2008	2008~2012	2013~2016	2016~
바르셀로나B	바르셀로나	바이에른뮌헨	 맨체스터시티

MANCHESTER CITY

FW

| 9 홀란드 | 10 그릴리쉬 | 11 도쿠 |

| 26 사비우 | 47 포든 | 52 보브 | 87 맥아티 |

MF

| 8 코바치치 | 16 로드리 | 17 더브라위너 |

| 19 귄도안 | 20 실바 | 27 누네스 |

DF

| 2 워커 | 3 디아스 | 5 스톤스 | 6 아케 |

| 24 그바르디올 | 25 아칸지 | 82 루이스 | 97 윌슨에스브랜드 |

GK

| 18 오르테가 | 31 에데르송 | 33 카슨 |

IN

사비우
(트루아)

일카이 귄도안
(바르셀로나)

OUT

테일러 하우드 벨리스
(사우샘프턴)

세르지 고메스
(소시에다드)

토미 도일
(울버햄튼)

얀 쿠토
(도르트문트, 임대)

홀리안 알바레스
(아틀레티코마드리드)

칼빈 필립스
(입스위치타운, 임대)

막시모 페로네
(코모, 임대)

주앙 칸셀루
(알힐랄)

히든풋볼의 이적시장 평가

맨체스터시티는 2024년 여름 불필요한 자원들을 정리하면서도 대체적으로 전력을 유지하는 데 집중했다. 물론, 사비우와 일카이 귄도안을 영입해 측면과 허리를 강화했다. 하지만 그 외의 영입은 없었다. 그럼에서도 기존의 프리미어리그 4연패 전력을 대체로 유지한 가운데 사비우와 귄도안을 영입함에 따라 이번 시즌도 강력한 우승후보라는 평을 듣고 있다.

히든풋볼 이적시장 평가단

2023/24시즌 스탯 Top 3

득점 Top 3

⚽ 엘링 홀란드	27	골
⚽ 필 포든	19	골
⚽ 훌리안 알바레스	11	골

도움 Top 3

✏ 케빈 더브라위너	10	도움
✏ 훌리안 알바레스	9	도움
✏ 로드리	9	도움

출전시간 Top 3

⏱ 로드리	2,937	분
⏱ 필 포든	2,868	분
⏱ 에데르송	2,789	분

히든풋볼의 순위 예측

당연히 우승을 노린다. 전술적 완성도는 더 높아졌다. 더브라위너가 건강하다면 홀란드의 골도 늘어날 것이다.

2위 이주헌

매너리즘에 빠지지 않을까 하는 기우는 홀란드가 완벽하게 깼다. 펩이 있는 한 맨시티의 우승은 어쩌면 당연한 일.

1위 박종윤

어쩌면 펩 감독의 마지막 시즌. 그러나 맨시티 제국은 흔들리지 않는다. 리그 5연패를 향한 질주는 계속된다.

1위 송영주

전대미문 PL 최초의 4연패를 달성하면서 무의식적인 바이오리듬이 떨어질 수 있다. 그래도 맨시티는 맨시티.

2위 이완우

펩 과르디올라 감독과의 라스트 댄스가 될 수도 있는 시즌. 역시나 맨시티는 가장 강력한 우승후보다.

1위 김형책

펩의 마지막 시즌이 될 수도 있는 해. 5연패를 향한 동기부여는 충분하다. 하지만 아스날이 심상치 않다.

2위 남윤성

리그 5연패
이상을 원한다

맨체스터시티라는 클럽에 있어, 최고의 전성기는 언제인가? 대부분은 지금이라고 말할 것이다. 영국 언론들은 과르디올라 감독의 맨시티에 대해 '제국'이라고 표현할 정도로 그 견고함을 높이 평한다. 펩 감독이 2016년 7월 맨시티의 지휘봉을 잡은 이후, 팀은 크고 작은 대회에서 총 17회나 우승했다. 프리미어리그 우승 6회, FA컵 우승 2회, EFL컵 우승 4회, UEFA챔피언스리그 우승 1회 등 찬란한 금자탑을 세우며 화려한 시기를 보내고 있다. 하물며 2022/23시즌 트레블을 달성했고, 지난 시즌 프리미어리그 사상 최초로 4연패에 성공했을 정도, 다가오는 시즌의 목표는 당연히 트레블과 PL 5연패다.

하지만 모든 제국은 전성기 후에 쇠락의 길을 걷는다. 맨시티라는 제국도 언젠가는 전성기의 끝을 피하지 못할 것이다. 이는 예상치 못한 순간 갑작스레 찾아올 수도 있다. 맨시티는 2024/25시즌 조심할 필요가 있다. 과르디올라 감독은 맨시티와 2025년 6월까지 계약이 되어 있으므로 재계약을 하지 않는다면 이번 시즌을 마지막으로 맨시티를 떠나게 된다. 다시 말해 맨시티는 펩과의 재계약에 힘을 쓰면서도 실패할 상황을 고려해 그의 후임을 찾아야 되는 상황이다. 또한 아스날의 추격이 매섭다. 2023/24시즌을 돌아볼 때, 맨시티는 리그 마지막 23경기 무패(19승 4무)를 기록하며 아스날을 승점 2점 차로 따돌리며 간신히 우승을 차지할 수 있었다. FA컵 결승전에서는 대다수 예상과 달리 맨유에 1-2로 패해 우승에 실패하기도 했다.

그럼에도 2024/25시즌 PL의 가장 강력한 우승후보는 여전히 맨시티임이 분명하다. 리그 4연패를 달성한 전력이 여전히 탄탄하기 때문. 2시즌 연속으로 득점왕을 차지한 최전방 스트라이커 홀란드의 파괴력은 위력적이고, 포든, 그릴리쉬, 실바, 도쿠, 더브라위너 등이 버틴 2선 공격력은 변화무쌍한 모습으로 상대 수비를 파괴할 힘이 충분하다. 또한, 예전처럼 여름 동안 공격적인 영입을 하진 않았지만 사비우와 권도안을 영입하고, 보브가 성장함에 따라 2선 공격을 업그레이드시키는 데 성공했다. 이에 더해 그바르디올과 디아스가 버티는 수비는 더욱 단단한 모습을 보여주고 있다.

아쉬운 점이 있다면 팀의 중심인 로드리의 백업이 없다는 사실이다. 로드리는 혹사라는 표현이 어울릴 정도로 많은 경기를 소화했다. 맨시티는 로드리의 백업 역할을 수행할 수비형 미드필더를 영입했어야 했지만 이렇다 할 성과를 거두지 못했다. 코바치치와 권도안이 어느 정도 로드리의 역할을 분담하기를 바랄 뿐이다. 결국 로드리가 다시 한 시즌을 버텨줘야 한다. 어쩌면 과르디올라 감독의 마지막 시즌이 될 수 있는 상황, 아스날의 매서운 추격, 팀 내부적 불안 요소 등 맨시티의 이번 시즌은 과거에 비해 위험 요소가 많다. 하지만 맨시티는 여전히 강하다.

31
GK

Ederson

에데르송

국적 브라질 **| 나이** 30 **| 신장** 188 **| 체중** 88 **| 평점** 6.63

맨시티의 No.1 골키퍼. 왼발을 이용한 정확한 킥과 장거리 스로인 능력, 안정적인 볼 컨트롤 등으로 빌드업 전반에 적극 관여한다. 수비 뒷공간을 저돌적인 움직임으로 커버하고 놀라운 반사신경을 통해 선방을 보여준다. 그러나 종종 위치선정에서 문제를 노출하며 실수를 범해 기복이 있다는 평을 듣곤 한다. 히베이랑, 히우아브, 벤

피카를 거치며 성장했고, 2017년 6월 4,000만 유로의 이적료에 벤피카에서 맨시티로 이적했다. 그 후, 지난 7시즌 동안 주전으로 활약하며 공식 332경기에 출전, 맨시티의 골문을 책임졌다. 2017년부터 브라질 대표팀에서도 활약하고 있다.

2023/24시즌

	33 GAMES	2,789 MINUTES	27 실점	70.70 선방률	
5	56 세이브	10 클린시트	추정가치: 35,000,000€	30.30 클린시트 성공률	0/3 PK 방어 기록	0

18
GK

Stefan Ortega

슈테판 오르테가

국적 독일 **| 나이** 31 **| 신장** 186 **| 체중** 87 **| 평점** 6.67

발기술이 뛰어난 골키퍼. 골키퍼임에도 넓은 시야와 침착한 패스를 보여주며 빌드업에 관여하고, 상황 판단과 반사 신경, 예측력이 뛰어나 놀라운 선방을 펼치곤 한다. 그러나 186cm의 다소 작은 신장으로 공중볼에 약하고 종종 큰 실수를 범할 때가 있다. 빌레펠트 유스 출신으로 2014년 여름 1860뮌헨으로 이적했다가 2017년 여름 빌

레펠트로 복귀했다. 2017년 이후 빌레펠트의 수호신으로 활약했고, 2019/20시즌 빌레펠트의 2부 리그 우승에 공헌했다. 하지만 2021/22시즌 빌레펠트가 강등되면서 2022년 여름 맨체스터 시티로 FA 이적했다. 맨시티의 No. 2 골키퍼로 지난 두 시즌 동안 공식 경기 34게임에 출전했다.

2023/24시즌

	9 GAMES	632 MINUTES	7 실점	74.10 선방률	
0	20 세이브	3 클린시트	추정가치: 9,000,000€	60.00 클린시트 성공률	0/0 PK 방어 기록	0

2
RB
CB

Kyle Walker

카일 워커

국적 잉글랜드 **| 나이** 34 **| 신장** 178 **| 체중** 73 **| 평점** 6.85

맨시티의 주장이자 다재다능한 라이트백. 종종 스리백에서 오른쪽 센터백 역할도 소화하며, 2019년 11월 아탈란타전에서는 골키퍼로 뛰기도 했다. 셰필드유나이티드 유스 출신으로 토트넘을 거쳐 2017년 7월 5,400만 파운드의 이적료에 맨시티로 이적했다. 이후 7시즌 동안 중용되면서 공식 301경기에 출전해 6골을 넣었다. 라이트백

으로 직선적인 드리블과 폭발적인 스피드, 왕성한 활동량을 보여주면서도 위치 선정과 대인 마크에 강해 안정적인 수비를 보여준다. 잉글랜드 U19, U21 연령별 대표팀을 거쳐 2011년부터는 잉글랜드 대표팀에서도 주축으로 활약하고 있다. 2025년에는 센추리 클럽에 가입할 것으로 예상된다.

2023/24시즌

	32 GAMES	2,767 MINUTES	0 GOALS	4 ASSISTS	
2	0.5 경기당슈팅	3 유효슈팅	추정가치: 13,000,000€	66.8 경기당패스	90.40 패스성공률	0

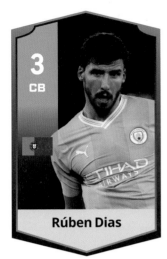

3
CB

Rúben Dias

후벵 디아스
국적 포르투갈 | **나이** 27 | **신장** 186 | **체중** 82 | **평점** 6.83

맨시티 수비의 중심인 센터백. 대인마크, 위치선정, 태클 능력 등을 앞세워 안정된 수비를 펼치며 맨시티 수비를 지휘한다. 강력한 피지컬과 뛰어난 판단력, 타고난 스피드를 바탕으로 공간 커버에 능하고, 준수한 패스 능력을 바탕으로 빌드업에 크게 관여한다. 측면 공간을 커버할 정도로 수비 범위가 넓고, 공중볼에도 강해 종종 직접 골을 넣기도 한다. 벤피카 유스 출신으로 2020년 여름 6,800만 유로의 이적료에 맨시티로 이적했고, 2020/21시즌부터 적응 기간도 필요 없이 바로 주전으로 활약하며 공식 43경기에 출전했다. 지난 시즌에도 공식 45경기에 출전해 변함없는 활약을 펼쳤다.

2023/24시즌

	30 GAMES	2,558 MINUTES	0 GOALS	0 ASSISTS	
0					
	0.7 경기당슈팅	8 유효슈팅	추정가치: 80,000,000€	86.9 경기당패스	94.10 패스성공률	0

5
CB
DM

John Stones

존 스톤스
국적 잉글랜드 | **나이** 30 | **신장** 188 | **체중** 69 | **평점** 6.56

잉글랜드 대표팀의 센터백이자 수비형 미드필더. 탄탄한 기본기에 의한 대인마크 능력, 패스를 통한 빌드업 능력, 한층 넓어진 시야를 통한 수비조율 능력 등을 보여준다. 다만, 롱패스 능력이 부족하고 시즌마다 기복이 있는 편이다. 2016년 8월 이적료 4,750만 파운드에 에버튼에서 맨시티로 이적한 후, 집중력 결여와 잦은 부상, 어처구니 없는 실수 등으로 팬들의 비판을 들었다. 그러나 2020/21시즌 사생활에서 안정감을 찾으며 제 실력을 발휘하기 시작했고, 2022/23시즌 수비형 미드필더처럼 움직이며 공수 연결고리 역할도 잘 수행했다. 지난 시즌 부상으로 리그 16경기밖에 출전하지 못한 아쉬움이 있었다.

2023/24시즌

	16 GAMES	1,064 MINUTES	1 GOALS	0 ASSISTS	
2					
	0.3 경기당슈팅	2 유효슈팅	추정가치: 38,000,000€	51.9 경기당패스	93.60 패스성공률	0

6
CB
LB
DM

Nathan Aké

네이선 아케
국적 네덜란드 | **나이** 29 | **신장** 180 | **체중** 74 | **평점** 6.73

다재다능한 수비수. 전술 이해력이 뛰어나 센터백, 레프트백, 수비형 미드필더 등 다양한 포지션을 소화한다. 왕성한 활동량, 탄탄한 기본기, 준수한 패싱력, 넓은 수비범위 등을 보여준다. 또한, 상황 판단이 빨라서 상대 공격수의 움직임을 미리 읽거나 상대 패스를 길목에서 차단한다. 다만, 센터백으로 작은 신장이라서 공중볼 경합과 몸싸움에서 고전하고 레프트백으론 크로스가 부정확하다. 2020년 8월 4,100만 파운드의 이적료에 본머스에서 맨시티로 이적한 후, 4시즌 동안 공식 125경기에 출전해 10골을 넣었다. 2017년 6월 모로코전을 통해 A매치에 데뷔한 후, 네덜란드 대표팀에서 중심 역할을 하고 있다.

2023/24시즌

	29 GAMES	2,044 MINUTES	2 GOALS	2 ASSISTS	
0					
	0.7 경기당슈팅	5 유효슈팅	추정가치: 40,000,000€	61 경기당패스	92.80 패스성공률	0

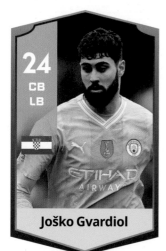

24
CB
LB

Joško Gvardiol

요슈코 그바르디올

국적 크로아티아 | **나이** 22 | **신장** 185 | **체중** 82 | **평점** 7.03

크로아티아 대표팀의 수비수. 디나모 자그레브 유스 출신으로 라이프치히를 거쳐 2023년 8월 7,500만 파운드의 이적료에 맨시티로 이적했다. 피지컬과 테크닉을 겸비한 수비수로 센터백과 레프트백을 소화한다. 강력한 대인 마크, 정확한 태클, 뛰어난 판단력, 효과적인 동료와의 협력 플레이, 빠른 스피드 등을 바탕으로 안정된 수비 를 펼치며, 왼발을 활용한 패스와 드리블을 통해 빌드업에 기여하며 공격에 가담한다. 지난 시즌 왼쪽 풀백으로 주로 활약하면서 공식 42경기에 출전해 5골을 넣었다. 2022 카타르 월드컵에선 코뼈 부상으로 마스크를 쓰고 출전하면서도 크로아티아를 3위로 이끌었다.

2023/24시즌

3	**28** GAMES	**2,330** MINUTES	**4** GOAL	**1** ASSISTS	
	1.1 경기당슈팅	**13** 유효슈팅	추정가치: **75,000,000€**	**61.9** 경기당패스	**88.30** 패스성공률	0

25
CB
LB
RB

Manuel Akanji

마누엘 아칸지

국적 스위스 | **나이** 29 | **신장** 187 | **체중** 84 | **평점** 6.78

스위스 국가대표 수비수. 강력한 피지컬과 빠른 스피드, 정확한 태클 등을 바탕으로 안정된 수비를 보여주고, 전술 이해도가 높아 수비의 모든 포지션을 소화한다. 주발이 오른발이지만 왼발도 잘 활용하며 패스도 정확한 편이라 빌드업에 기여한다. 다만, 낙하지점을 제대로 포착하지 못해 공중볼 처리가 미숙하고, 상대의 압박 앞에 서 실수를 범하곤 한다. 빈터투어 유스 출신으로 바젤에서 두각을 나타냈고 도르트문트를 거쳐 2022년 9월 1,500만 파운드의 이적료에 맨시티로 이적했다. 지난 2시즌 동안 맨시티에서 공식 96경기에 출전해 5골을 넣었다. 아버지가 나이지리아인이지만 2017년부터 스위스 대표팀에서 활약하고 있다.

2023/24시즌

2	**30** GAMES	**2,514** MINUTES	**2** GOAL	**0** ASSISTS	
	0.5 경기당슈팅	**5** 유효슈팅	추정가치: **45,000,000€**	**76.5** 경기당패스	**93.80** 패스성공률	1

82
RB
CM

Rico Lewis

리코 루이스

국적 잉글랜드 | **나이** 19 | **신장** 170 | **체중** 64 | **평점** 6.54

2004년생의 젊은 라이트백. 유스에서 미드필더로 성장하여 수비형 미드필더 포지션에서도 뛸 수 있고, 인버티드 풀백 역할을 훌륭히 소화한다. 빠른 스피드와 수준급의 테크닉, 효과적인 공간 침투, 좋은 위치 선정 등 풀백으로 장점이 많다. 다만 공격력에 비해 수비력은 더 향상시킬 필요가 있다는 것이 중론이다. 맨체스터에 서 태어나고 자란 선수로 2013년 8세의 나이에 맨시티 유스팀에 입단했고, 2022년 8월 13일 본머스전을 통해 프로에 데뷔한 이후 공식 50경기에 출전해 3골을 기록했다. 잉글랜드 연령별 대표팀을 두루 거치며 엘리트 코스를 밟았고, 2023년 11월 잉글랜드 대표팀에서 데뷔전을 치렀다.

2023/24시즌

1	**16** GAMES	**808** MINUTES	**2** GOALS	**0** ASSISTS	
	0.3 경기당슈팅	**4** 유효슈팅	추정가치: **38,000,000€**	**33.3** 경기당패스	**91.00** 패스성공률	0

8
CM
AM
DM

Mateo Kovačić

마테오 코바치치

국적 크로아티아 | **나이** 30 | **신장** 181 | **체중** 74 | **평점** 6.63

전진성이 뛰어난 중앙 미드필더. 디나모 자그레브 유스 출신으로 인테르, 레알마드리드, 첼시를 거쳐 2023년 6월 3,000만 파운드의 이적료로 맨시티로 이적했다. 민첩한 움직임과 뛰어난 테크닉, 효과적인 드리블을 통해 탈압박하며 볼을 전방으로 운반한다. 패스와 연계를 통해 빌드업을 주도하고, 압박과 수비가담도 수준급이다. 다만,

드리블에 능하다보니 볼을 다소 끄는 경향이 있고, 플레이의 영향력에 비해 공격 포인트 생산이 부족한 편이다. 2013년부터 크로아티아 대표팀에서 뛰면서 A매치를 100경기 이상 소화했고, 2018, 2022 월드컵에서 크로아티아 돌풍의 주역으로 활약했다.

2023/24시즌

30 GAMES	**1,549** MINUTES	**1** GOALS	**0** ASSISTS	
0.7 경기당슈팅	**5** 유효슈팅	추정가치: **30,000,000€**	**50.8** 경기당패스	**94.10** 패스성공률

4 ... 0

16
DM
CM

Rodri

로드리

국적 스페인 | **나이** 28 | **신장** 190 | **체중** 78 | **평점** 7.62

맨시티의 핵심 미드필더이자 중원의 지휘자. 190cm의 신장을 바탕으로 한 피지컬로 상대와의 몸싸움 경쟁에서 이겨내며 정확한 패스와 효과적인 탈압박 등으로 패스를 공급하고 경기를 조율한다. 중요한 순간마다 중거리 슈팅으로 영양가 높은 골을 넣곤 한다. 다만, 2022/23시즌 공식 56경기, 지난 시즌 공식 50경기를 소화

함에 따라 체력 관리를 할 필요가 있다. 비야레알 유스 출신으로 아틀레티코마드리드를 거쳐 2019년 7월 바이아웃 금액(6,260만 파운드)에 맨시티로 이적했다. 이후 맨시티의 주전으로 5시즌 동안 공식 257경기에서 26골을 넣었다. 스페인 대표팀의 유로2024 우승에 기여하면서 대회 MVP로 선정됐다.

2023/24시즌

34 GAMES	**2,937** MINUTES	**8** GOALS	**9** ASSISTS	
1.8 경기당슈팅	**22** 유효슈팅	추정가치: **130,000,000€**	**106.9** 경기당패스	**92.50** 패스성공률

8 ... 1

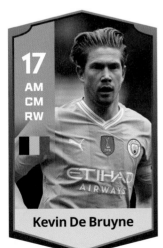

17
AM
CM
RW

Kevin De Bruyne

케빈 더브라위너

국적 벨기에 | **나이** 33 | **신장** 181 | **체중** 69 | **평점** 7.6

맨시티의 에이스이자 현존하는 세계 최고의 미드필더 중 한 명. 경기를 읽는 센스와 넓은 시야를 보유해 중, 장거리 패스를 통해 공격의 시발점 역할을 한다. 뿐만 아니라 전진 패스와 크로스, 감각적인 슈팅을 통해 득점에 직간접적으로 관여한다. 헹크 유스 출신으로 첼시, 볼프스부르크를 거쳐 2015년 8월 5,500만 파운드의 이적

료에 맨시티로 이적했다. 이후 9시즌 동안 공식 382경기에 출전 102골을 넣었다. 다만, 지난 시즌 부상으로 고생하며 공식 28경기만을 출전했다. 프리미어리그 역사상 최다 도움왕(4회), 역대 단일 시즌 최다 도움(20개), 최소 경기 100도움(237경기) 등 어시스트에 관한 거의 모든 기록을 보유하고 있다.

2023/24시즌

18 GAMES	**1,228** MINUTES	**4** GOALS	**10** ASSISTS	
2.4 경기당슈팅	**17** 유효슈팅	추정가치: **50,000,000€**	**44.7** 경기당패스	**83.80** 패스성공률

2 ... 0

20
RW
LW
AM

Bernardo Silva

베르나르두 실바

국적 포르투갈 **| 나이** 30 **| 신장** 173 **| 체중** 64 **| 평점** 7.15

영양가 높은 플레이를 보여주는 공격형 미드필더이자 오른쪽 윙어. 빠른 스피드와 부지런한 움직임, 탄탄한 테크닉, 공간에 대한 높은 이해력 등을 기반으로 상대 뒷공간을 침투하고, 득점 기회를 창출한다. 연계 플레이와 창의적인 패스, 반박자 빠른 슈팅, 탈압박이 뛰어나 효과적인 공격 작업을 보여주고, 1차 압박에도 적극적인 모습이다. 벤피카 유스 출신으로 모나코를 거쳐 2017년 7월 4,350만 파운드의 이적료에 맨시티로 이적했다. 이후 맨시티에서 7시즌 동안 공식 355경기에 출전해 67골을 넣었다. 지난 시즌에도 공식 49경기에 출전해 11골 10도움을 기록하며 건재함을 과시했다.

2023/24시즌

	33 GAMES	**2,582** MINUTES	**6** GOAL	**9** ASSISTS		
8	**1** 경기당슈팅	**15** 유효슈팅	추정가치: **70,000,000€**	**55.3** 경기당패스	**89.40** 패스성공률	0

마테우스 누네스

국적 포르투갈 **| 나이** 26 **| 신장** 183 **| 체중** 78 **| 평점** 6.35

27
CM
AM
DM

Matheus Nunes

공수 능력을 겸비한 중앙 미드필더. 왕성한 활동량과 효과적인 전진 드리블, 정확한 패스를 통해 볼을 앞으로 운반하는 데 빼어난 능력을 발휘한다. 적극적인 압박과 공간 커버, 인터셉트 등을 바탕으로 수비 가담도 준수하다. 그러나 수비형 미드필더로서는 수비력이, 공격형 미드필더로서는 공격 포인트 생산력이 부족하다. 에리세이렌스 유스 출신으로 이스토릴, 스포르팅, 울버햄튼을 거쳐 2023년 8월 5,300만 파운드에 맨시티로 이적했다. 지난 시즌 맨시티에서 주로 로테이션 멤버로 활약하며 공식 28경기에 출전했다. 브라질 태생이지만 포르투갈 국적을 취득해 2021년부터 포르투갈 대표팀에서 활약하고 있다.

2023/24시즌

	17 GAMES	**656** MINUTES	**0** GOAL	**2** ASSISTS		
0	**0.5** 경기당슈팅	**4** 유효슈팅	추정가치: **50,000,000€**	**24.8** 경기당패스	**86.70** 패스성공률	0

일카이 권도안

국적 독일 **| 나이** 33 **| 신장** 180 **| 체중** 78 **| 평점** 7.15

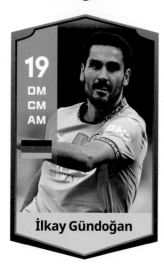

19
DM
CM
AM

İlkay Gündoğan

베테랑 미드필더로, 공격형, 중앙, 수비형 등 중원에서 다양한 임무를 소화한다. 뛰어난 테크닉과 탄탄한 기본기를 바탕으로 볼을 소유하고 넓은 시야와 정확한 패스로 볼을 배급한다. 또한 오프 더 볼 움직임이 뛰어나 박스 안으로 침투해 영양가 높은 골을 넣는다. 보훔 유스 출신으로 뉘른베르크에서 두각을 나타내 도르트문트, 맨시티, 바르셀로나 등에서 활약했다. 특히, 지난 시즌 바르셀로나에서 공식 51경기에 출전하며 놀라운 활약을 펼쳤다. 하지만 한지 플릭 감독이 부임하면서 입지가 좁아졌고, 결국 1년 만에 맨시티로 복귀했다. 2011년부터 독일 대표팀에서 중심으로 활약했지만 2024년 8월 대표팀에서 은퇴했다.

2023/24시즌

	36 GAMES	**2,998** MINUTES	**5** GOALS	**9** ASSISTS		
5	**1.2** 경기당슈팅	**15** 유효슈팅	추정가치: **15,000,000€**	**64.9** 경기당패스	**90.50** 패스성공률	0

9
CF

Erling Haaland

엘링 홀란드

국적 노르웨이 | **나이** 24 | **신장** 191 | **체중** 87 | **평점** 7.4

맨시티의 해결사. 191cm의 신장을 이용한 압도적 고공장악력, 거구임에도 보여주는 스피드와 순발력, 위력적인 오프 더 볼 상황에서의 움직임, 문전에서의 확실한 마무리 능력 등으로 현존하는 스트라이커 중에 최고라는 평을 듣고 있다. 다만 전반적인 경기 관여가 부족하고 효과적인 포스트 플레이를 보여주지 못한다. 2022년 6월

6,000만 유로의 이적료에 도르트문트에서 맨시티로 이적한 후 2022/23시즌 36골, 지난 시즌 27골을 기록해 2시즌 연속으로 프리미어리그 득점왕을 차지했다. 특히, 2022/23시즌에는 프리미어리그 단일 시즌 최다 득점(36골)과 프리미어리그 선수로 단일시즌 공식경기 최다득점(52골) 기록을 세우기도 했다.

2023/24시즌

1	**31** GAMES	**2,559** MINUTES	**27** GOALS	**5** ASSISTS			0
	3.9 경기당슈팅	**50** 유효슈팅	추정가치: **180,000,000€**		**12.3** 경기당패스	**77.40** 패스성공률	

10
LW
AM

Jack Grealish

잭 그릴리쉬

국적 잉글랜드 | **나이** 28 | **신장** 175 | **체중** 68 | **평점** 6.72

잉글랜드 대표팀 출신의 왼쪽 윙어이자 공격형 미드필더. 애스턴빌라 유스 출신으로 2021년 8월 1억 파운드의 이적료에 맨시티로 이적했다. 이 이적료는 잉글랜드 선수 역사상 가장 높은 이적료였지만 2023년 여름 데클런 라이스(1억 500만 파운드)에 의해 깨지고 말았다. 화려한 테크닉과 위력적인 드리블, 창의적인 패스, 영리한

연계 플레이 등을 통해 플레이메이커 역할을 수행하면서 상대 수비수들을 농락한다. 오른발 킥이 정확해 왼쪽에서 중앙으로 움직이며 슈팅을 시도해 골을 넣는다. 다만 드리블할 때 공격 템포를 늦추는 경향이 있고, 공격 포인트는 여전히 몸값, 이름값에 비해 크게 부족하다.

2023/24시즌

7	**20** GAMES	**1,004** MINUTES	**3** GOALS	**1** ASSISTS			0
	1.1 경기당슈팅	**5** 유효슈팅	추정가치: **60,000,000€**		**27.6** 경기당패스	**87.70** 패스성공률	

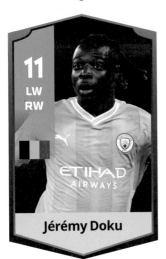

11
LW
RW

Jérémy Doku

제레미 도쿠

국적 벨기에 | **나이** 22 | **신장** 171 | **체중** 59 | **평점** 7.24

맨시티의 돌격 대장. 좌, 우 측면 모두 소화할 수 윙어지만 주로 왼쪽 날개로 기용된다. 가공할 만한 스피드와 현란한 드리블, 탄탄한 테크닉을 과시하면서 상대 수비를 파괴한다. 주발이 오른발이지만 왼발도 효과적으로 활용하고, 득점력이 뛰어난 편은 아니어도 슈팅에 대한 적극성을 보여주는 스타일이다. 다만, 드리블이 워낙 뛰어나

다보니 볼을 끌면서 공격 템포를 늦추는 경우가 종종 존재한다. 안더레흐트 유스 출신으로 스타드렌을 거쳐 2023년 8월 5,500만 파운드의 이적료에 맨시티로 이적했다. 2020년 9월 덴마크전을 통해 벨기에 대표팀에서 데뷔한 이후 꾸준히 국가대표로 선발되고 있다.

2023/24시즌

3	**29** GAMES	**1,596** MINUTES	**3** GOALS	**8** ASSISTS			0
	1.9 경기당슈팅	**19** 유효슈팅	추정가치: **65,000,000€**		**27.1** 경기당패스	**86.00** 패스성공률	

26
LW
RW
AM

Savinho

사비우

국적 브라질 | **나이** 20 | **신장** 176 | **체중** 71 | **평점** 7.29

2선의 모든 위치에서 뛸 수 있는 다재다능한 공격수이자 공격형 미드필더. 아틀레치쿠미네이루 유스 출신으로 트루아를 거쳐 2024년 7월 이적료 2,100만 파운드, 옵션 1,260만 파운드에 맨시티로 이적했다. 특히, 지난 시즌 트루아에서 지로나로 임대되면서 라리가에서 37경기에서 9골 10도움을 기록하며 지로나의 돌풍을 이끌었다.

화려한 테크닉과 폭발적인 스피드, 가공할 만한 슈팅 등을 통해 공격 포인트를 생산한다. 무리한 돌파보다 동료와의 연계 플레이를 통해 공격을 전개하고 효과적인 오프 더 볼 움직임도 보여준다. 다만, 아직 경험이 부족하고 왼발 의존도가 높은 편이다. 2024년 3월부터 브라질 대표팀에서 활약하고 있다.

2023/24시즌

	37 GAMES	2,992 MINUTES	9 GOAL	10 ASSISTS	
5	1.2 경기당슈팅	20 유효슈팅	추정가치: 50,000,000€	25.1 경기당패스	83.20 패스성공률	0

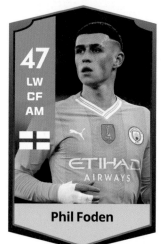

47
LW
CF
AM

Phil Foden

필 포든

국적 잉글랜드 | **나이** 24 | **신장** 169 | **체중** 69 | **평점** 7.55

맨시티가 자랑하는 공격형 미드필더. 맨체스터에서 태어나 8세의 나이로 맨시티에 입단해 대표팀을 제외하면 오직 맨시티를 위해서만 뛰었다. 왼쪽 윙어, 중앙 미드필더, 제로톱, 왼쪽 풀백 등 다양한 포지션을 소화할 정도로 다재다능하고, 효과적인 드리블과 동료와의 연계 플레이, 감각적인 슈팅 등으로 공격 포인트를 기록한다.

2017년 17세의 나이로 PL 무대에 데뷔한 이후, 과르디올라 감독의 극찬을 들으면서 매 시즌 성장을 멈추지 않고 있다. 지난 시즌 공식 53경기에 출전 27골 12도움을 기록했다. 참고로 그의 등번호 47은, 47세의 젊은 나이로 세상을 떠난 할아버지 로니 포든을 기리기 위한 것으로 알려져 있다.

2023/24시즌

	35 GAMES	2,869 MINUTES	19 GOAL	8 ASSISTS	
2	3 경기당슈팅	48 유효슈팅	추정가치: 150,000,000€	47.7 경기당패스	89.10 패스성공률	0

52
RW
LW
AM

Oscar Bobb

오스카르 보브

국적 노르웨이 | **나이** 21 | **신장** 174 | **체중** 59 | **평점** 6.46

2003년생의 공격수로 주목해야 하는 유망주. 2선의 모든 포지션을 소화할 정도로 다재다능하고 나이답지 않게 침착한 플레이를 보여준다. 스피드를 동반한 드리블과 수준급의 크로스, 박스 안에서의 침착한 마무리 등을 통해 공격 포인트를 기록한다. 다만, 경험이 아직 부족해 효과적인 수비 가담을 보여주지 못하고 있다. 2019년

7월 맨시티에 입단하면서 맨시티 유스 시스템을 통해 성장했다. 2023년 9월 풀럼전에서 88분 교체 투입되며 프리미어리그 데뷔전을 치렀고, 지난 시즌 공식 26경기에 출전해 2골 2도움을 기록하며 가능성을 입증했다. 이에 따라 2023년부터 노르웨이 대표팀에서도 활약하고 있다.

2023/24시즌

	14 GAMES	295 MINUTES	1 GOALS	1 ASSISTS	
0	0.3 경기당슈팅	1 유효슈팅	추정가치: 25,000,000€	12 경기당패스	88.10 패스성공률	0

전지적 작가 시점

송영주가 주목하는 맨시티의 원픽!

로드리

맨체스터시티에서 지금 이 순간 가장 중요한 선수를 뽑으라면 대다수가 로드리를 선택할 것이다. 맨시티의 경기 지배력은 로드리의 존재로부터 시작된다는 말이 있을 정도. 현존하는 수비형 미드필더 중에서 최고라는 평을 듣는 로드리는 뛰어난 패싱력을 바탕으로 공격의 시발점 역할을 하면서도 필요한 순간마다 예상치 못한 슈팅과 패스로 공격에 일조한다. 경기를 읽는 뛰어난 능력을 바탕으로 경기를 통제하면서 팀에 안정성을 부여하고, 적재적소의 태클과 가로채기를 보여주며 수비력을 과시하기도 한다.

로드리가 없었다면 지금의 맨시티의 성공은 불가능했을 것이라고 말도 어느 정도 일리가 있다. 로드리는 지난 시즌 프리미어리그에서 2,937분을 소화해 팀 내에서 가장 많은 경기에 출전하며 팀의 뿌리이자 엔진 역할을 충실히 수행했다. 맨시티가 2023년 2월 이후 로드리가 출전한 모든 경기에서 패배가 없었고, 지난 시즌 그가 결장한 4경기 중 3경기에서 패배했다는 사실을 고려하면 그가 팀에서 얼마나 중요한지 쉽게 느낄 수 있다.

지금 맨시티에 이 선수가 있다면!

마르틴 수비멘디

맨체스터시티의 약점을 찾기는 매우 어렵다. 그나마 아킬레스건은 로드리에 대한 높은 의존도. 로드리의 백업 역할을 할 것으로 기대를 모았던 칼빈 필립스가 기대에 부응하지 못함에 따라 맨시티의 로드리 의존도가 예상보다 더 높아진 상황. 그렇기에 이적 시장을 통해 해결책을 찾아야 했지만 소득은 없었다. 맨시티는 뉴캐슬의 브루노 기마랑이스 영입에 관심이 있었지만 뉴캐슬의 반대에 부딪쳐 제대로 협상조차 하지 못했다. 현 상황에선 마테오 코바치치와 일카이 귄도안이 로드리의 부담을 줄여주기를 바랄 수밖에 없다.

이런 측면에서 소시에다드의 마르틴 수비멘디를 영입할 필요성이 있었다. 수비멘디는 높은 축구 지능을 바탕으로 정확한 패스, 왕성한 활동량, 뛰어난 수비 위치 선정 등을 보여준다. 공격 포인트를 기록하는 힘은 로드리보다 약하지만 수비 능력은 로드리와 비교해도 부족하지 않다. 하물며 수비멘디는 스페인 대표팀이 유로 2024에서 우승할 당시 로드리의 백업 역할을 수행하기도 했다. 맨시티가 수비멘디를 영입했다면 펩은 3선에 더 다양한 카드를 활용할 수 있었을 것이고, 맨시티는 아무런 약점이 없는 팀이 되었을 것이다.

NETO

DAVID RAYA

WILLIAM SALIBA

JURRIEN TIMBER

BEN WHITE

GABRIEL

KIERAN TIERNEY

OLEKSANDR ZINCHENKO

THOMAS PARTEY

MARTIN ODEGAARD

JORGINHO

KAI HAVERTZ

DECLAN RICE

BUKAYO SAKA

GABRIEL JESUS

GABRIEL MARTINELLI

JAKUB KIWIOR

TAKEHIRO TOMIYASU

MIKEL MERINO

LEANDRO TROSSARD

RICCARDO CALAFIORI

RAHEEM STERLING

Arsenal

ARSENAL

아스날 Arsenal

창단 년도 | 1886년

최고 성적 | 우승 (1930/31, 1932/33, 1933/34, 1934/35, 1937/38, 1947/48, 1952/53, 1970/71, 1988/89, 1990/91, 1997/98, 2001/02, 2003/04)

경기장 | 에미레이츠 스타디움 (Emirates Stadium)

경기장 수용 인원 60,704명

지난 시즌 성적 | 2위

별칭 | The Gunners (거너스)

상징색 | 레드, 화이트

레전드 | 티에리 앙리, 데니스 베르캄프, 패트릭 비에이라, 로베르 피레스, 질베르투 실바, 프레드릭 융베리, 옌스 레만, 이안 라이트, 토니 아담스 등

히스토리

영국의 수도 런던을 연고로 하는 프리미어리그 최고의 인기 구단 중 한 팀. 맨체스터 유나이티드, 리버풀에 이어 가장 많은 1부 리그 우승 기록을 보유하고 있다. 아스날을 표현하는 가장 대표적인 키워드는 "무패 우승". 2003/04 시즌 아르센 벵거 감독과 함께 써 내려간 스토리는 여전히 프리미어리그 출범 이후 유일무이한 기록으로 살아 숨쉬고 있다. 나아가 세계에서 가장 오래된 축구 대회인 잉글랜드 FA컵 역대 최다 우승 팀이라는 것도 아스날의 역사를 대변하는 키워드다. 2019년 미켈 아르테타 감독 부임 이후 아스날은 가파른 성장 곡선을 그려냈다. 7년 만에 UEFA 챔피언스리그에 복귀하며 추진력도 얻었다. 이제는 그토록 갈망하던 마지막 과제, 아스날의 프리미어리그 우승 도전은 끝나지 않았다.

최근 5시즌 리그 순위 변동

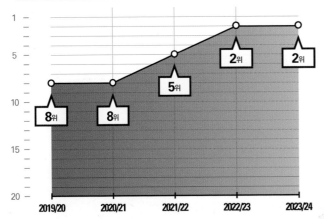

8위 2019/20
8위 2020/21
5위 2021/22
2위 2022/23
2위 2023/24

클럽레코드 IN & OUT

최고 이적료 영입 IN

데클런 라이스

1억 1,600만 유로

(2023년 7월, from 웨스트햄)

최고 이적료 판매 OUT

알렉스 옥슬레이드챔벌레인

3,800만 유로

(2018년 6월, to 리버풀)

미켈 아르테타 Mikel Arteta

1982년 3월 26일 | 42세 | 스페인

이제는 성장 스토리를 넘어 성공 스토리까지…

미켈 아르테타 감독과 거너스의 성장 스토리는 아직 끝나지 않았다. 어느덧 아르테타 감독이 아스날과 함께 한 지 6년 차에 접어들었다. 많은 일들이 있었다. 절망과 좌절도 수도 없이 겪었다. 덕분에 단단해졌고 유연해졌다. 그리고 아르테타의 컬러가 조금 더 뚜렷해지기 시작했다. 물론 여전히 흐릿한 부분도 보인다. 시즌 내내 이어진 부상 악령의 불운함이 있었던 건 사실이지만 선수 기용에 있어 조금 더 유연함을 가질 필요는 있어 보인다. 나아가 빅리그 상위팀의 숙명인 토너먼트 경쟁력 또한 완성도를 높힐 필요가 있다. 20년 만의 프리미어리그 우승이라는 빛 좋은 슬로건은 다시 쓸 수 없다. 아무렴 어떠한가. 중요한 건 우승 트로피다. 아직 아르테타 감독과 거너스의 성장스토리 아니 성공 스토리는 끝나지 않았다.

📋 감독 인터뷰

"변하지 않은 것은 내가 얼마나 행복하고, 스스로 얼마나 가치 있다고 느끼는지, 그리고 아스날이라는 클럽을 대표하는 것을 얼마나 사랑하는지입니다."

감독 프로필

통산				선호 포메이션	승률
232 경기	**137** 승	**38** 무	**57** 패	**4-3-3**	**59.05** %

시즌 키워드

#리그우승 | #토너먼트경쟁력 | #스쿼드뎁스

우승 이력

- FA컵 (2019/20)
- 커뮤니티실드 (2020/21, 2023/24)

경력 🔖	2019~ 아스날

ARSENAL

IN

리카르도 칼라피오리
(볼로냐)

다비드 라야
(브렌트포드)

키어런 티어니
(임대복귀)

미켈 메리노
(레알소시에다드)

라힘 스털링
(첼시, 임대)

네투
(본머스, 임대)

OUT

모하메드 엘네니
(알자지라)

누누 타바레스
(라치오)

세드릭 소아레스
(계약종료)

에밀 스미스 로우
(풀럼)

마르퀴뇨스
(플루미넨시)

파비우 비에이라
(포르투, 임대)

에디 은케티아
(크리스탈팰리스)

애런 램스데일
(사우샘프턴)

리스 넬슨
(풀럼, 임대)

칼 헤인
(바야돌리드, 임대)

FW
7 사카　9 제주스

MF
11 마르티넬리　19 트로사르　30 스털링

5 파티　8 외데고르　20 조르지뉴

23 메리노　29 하베르츠　41 라이스

DF
2 살리바　3 티어니　4 화이트　6 마갈량이스

12 팀버　15 키비오르　17 진첸코　18 도미야스　33 칼라피오리

GK
22 라야　32 네투

히든풋볼의 이적시장 평가

지난 시즌 프리미어리그에서 최소 실점을 기록했던 아스날이 뜨거운 수비수 리카르도 칼라피오리를 손에 넣었다. 그리고 유로 2024에서 스페인을 우승으로 이끌었던 미켈 메리노가 많은 빅클럽들의 러브콜을 뿌리치고 아르테타 감독의 손을 잡았다. 그리고 첼시와 불화가 있었던 베테랑 윙어 라힘 스털링이 북런던으로 건너왔다.

히든풋볼 이적시장 평가단

2023/24시즌 스탯 Top 3

득점 Top 3

부카요 사카	16골
카이 하베르츠	13골
레안드로 트로사르	12골

도움 Top 3

마틴 외데고르	10도움
부카요 사카	9도움
데클런 라이스	8도움

출전시간 Top 3

윌리엄 살리바	3,420분
데클런 라이스	3,232분
마틴 외데고르	3,104분

히든풋볼의 순위 예측

수비진이 더 단단해졌다. 하베르츠가 좀 더 포인트를 올리고 좋은 공격수가 영입되면 우승에 가까워질 수 있다.

1위 · 이주헌

더 단단해진 수비진 미드필더, 윙어 보강까지 전력이 더 괜찮아진 아스날. 안 괜찮은 것 딱 하나는 '펩시티'의 존재.

2위 · 박종윤

아스날은 강하다. 맨시티와 경쟁했던 지난 시즌보다 더 강해졌다. 역시 맨시티를 넘을 수 있을지가 관건이다.

1위 · 송영주

두 시즌 연속 준우승에 머물렀지만 조직력은 시즌을 거듭할수록 우상향했다. 올 시즌이 우승의 적기로 보인다.

1위 · 이완우

리그에서 가장 강력한 수비진을 보유하게 됐다. 시즌 막판까지 우승 경쟁을 벌일 것으로 예상된다.

1위 · 김형책

아르테타 전술에 선수들이 완벽하게 녹아들었다. 3시즌 연속 2위는 없다. 다시 반복하면 24년 만의 불명예다.

2위 · 남윤성

아직
거너스의
성장 스토리는
끝나지 않았다

아쉽게도 '20년 만의 프리미어리그 우승'은 실패했다. 하지만 충분히 박수 받을 만한 위대한 도전이었다. 물론 비판받아야 할 부분도 명확했지만 성장통의 한 과정일 뿐 크게 걱정되는 부분은 아니다. 그리고 미켈 아르테타와 아이들의 성장스토리는 여전히 진행 중이다.

아스날은 시즌초부터 미켈 아르테타 감독의 계획에 차질이 생기면서 난항을 겪었다. 주전들의 줄부상과 답답한 공격 전개는 '20년 만의 프리미어리그 우승'이라는 슬로건을 멀어지게 만들었다. 하지만 역대급 조직력을 보여준 수비라인의 공헌은 다행히도 다량의 승점 드롭은 피할 수 있게 도와줬다.

리그컵과 FA컵의 이른 탈락은 오히려 전술의 수정과 변화에 있어서 긍정적인 요소로 작용했다. 특히나 겨울 휴식기는 아스날에게 완벽한 터닝포인트가 되었다. 휴식기 이후 무려 리그 10경기에서 35득점 4실점을 기록하는 파죽지세의 모습을 보였고, 리그 기준 18경기에서 패배는 단 한 번뿐이었다. 그리고 매 시즌 보였던 부족한 뒷심도 이제는 끈기 있는 플레이로 탈바꿈했다. 나아가 빅 6팀 상대로 시즌 무패를 기록하며 프리미어리그 대권 도전이 허상이 아님을 증명했다.

이렇게 무패 우승 이후 최고 승점 그리고 최근 20시즌을 통틀어 최대 득점 및 최소 실점을 기록하며 트로피가 없지만 완벽에 가까운 시즌을 마무리했다. 물론 토너먼트 경쟁력, 유럽 대항전과 병행하며 파생된 문제점 등 보완할 부분은 명확하다. 또한 여름 이적시장에서 명확한 방향성을 통해 성공적인 영입을 이뤄내야 하는 과제도 존재한다.

아스날은 확실히 발전했다. 우승 팀의 조건인 강력한 수비력은 프리미어리그 최고 수준으로 올라섰다. 세트피스는 더욱 날카로워졌고 다득점을 즐기는 팀이 됐다. 우승 경쟁팀들에 대한 대처법도 마련했다. 그리고 어린 선수들은 아르테타 감독과 함께 괄목할 만한 성장을 이뤄냈다. 그리고 이 선수들은 이제 프리미어리그를 대표하는 선수들이 됐다. 아르테타 감독과 아이들이 간절히 꿈꿔온 우승은 이제 머지않은 목표가 됐다. 거너스의 성장 스토리 아니 성공 스토리는 지금부터다.

22
GK

David Raya

다비드 라야

국적 스페인 | **나이** 28 | **신장** 183 | **체중** 80 | **평점** 6.54

미켈 아르테타 감독이 원했던 발밑 좋은 골키퍼. 불안하고 아쉬웠던 애런 램스데일의 부족함을 꽤나 만족스럽게 채워줬다. 물론 라야에게도 적응의 시간은 필요했다. 특히 시즌 초반에는 빌드업에서 불안한 모습을 보였으며 본인의 장점인 공중볼 처리에서도 실수하는 모습들이 나타났다. 하지만 시간이 흘러 팀에 잘 동기화되면서 기량 역시 안정화되었다. 특히 자신의 장점인 공중볼 처리 능력은 리그 최고 수준으로 올라섰다. 지난 시즌 최고의 기량을 보였던 수비진들의 도움 속에 2023/24 프리미어리그 골든 글러브도 수상하며 프리미어리그 최정상급 골키퍼로 올라섰다.

2023/24시즌

2	32 GAMES	2,880 MINUTES	24 실점	68.10 선방률	0
	45 세이브	16 클린시트	추정가치: 35,000,000€	50.0 클린시트 성공률	1/3 PK 방어 기록

32
GK

Neto

네투

국적 브라질 | **나이** 35 | **신장** 193 | **체중** 83 | **평점** 6.73

주전에서 밀려난 램스데일이 결국 아스날을 떠났다. 그리고 그 빈자리를 채우기 위해 경험 많은 골키퍼 네투를 영입했다. 네투는 브라질, 이탈리아, 스페인을 거쳐 프리미어리그에 입성했다. 잉글랜드 생활 3년 차를 맞고 있는 베테랑 골키퍼는 지난 시즌 본머스에서 수준급 반사 신경과 판단력을 보여주며 여전히 안정적인 활약이 가능하다는 걸 몸소 증명했다. 결정적으로 네투의 가장 큰 장점은 서브 골키퍼로서의 역할이다. 물론 본머스에서는 트레버스를 밀어내고 주전으로 올라섰다. 하지만 유벤투스, 바르셀로나 같은 빅클럽에서는 서브 골키퍼로서의 역할을 이어왔기에 아스날에서도 다비드 라야의 뒤를 든든히 메꿔줄 수 있는 적절한 자원이다.

2023/24시즌

5	32 GAMES	2,880 MINUTES	55 실점	69.70 선방률	0
	110 세이브	7 클린시트	추정가치: 2,500,000€	21.90 클린시트 성공률	1/6 PK 방어 기록

2
CB

William Saliba

윌리엄 살리바

국적 프랑스 | **나이** 23 | **신장** 192 | **체중** 92 | **평점** 6.85

지난 시즌 아스날 아니 프리미어리그 최고의 수비수였다. 아스날 수비의 중심이자 이제는 없어서는 안 되는 존재로 성장했다. 리그 전경기 선발 출전이라는 기록도 세우면서 철강왕의 이미지도 만들었다. 뛰어난 신체능력을 바탕으로 수비력은 물론 상대 공격라인의 거센 압박에도 침착한 탈압박 능력까지 보여줬다. 나아가 센터백 파트너 가브리엘 마갈량이스와 최고의 하모니를 보여주며 팀의 리그 최소 실점 기록에 가장 큰 공헌을 했다. 팬들은 다시 한번 살리바의 건강한 시즌을 원한다. 아스날이 노리는 21년 만의 트로피 도전이라는 큰 목표 속에 윌리엄 살리바의 역할은 분명하고 확고하다.

2023/24시즌

4	38 GAMES	3,420 MINUTES	2 GOALS	1 ASSISTS	0
	0.3 경기당슈팅	3 유효슈팅	추정가치: 80,000,000€	74.7 경기당패스	92.60 패스성공률

6
CB

Gabriel Magalhaes

가브리엘 마갈량이스
국적 브라질 | **나이** 26 | **신장** 190 | **체중** 78 | **평점** 6.99

프리미어리그 최고의 왼쪽 센터백. 지난 시즌엔 꽤나 건강한 몸상태를 유지했고 영리함까지 곁들이게 되며 살리바와 함께 리그 최고의 센터백으로 성장했다. 특히나 아르테타 감독의 전술 특성상 발생하는 왼쪽 후방 뒷공간을 시즌 내내 열심히 커버했다. 나아가 세트피스 상황에서는 득점력까지 과시하며 공격 지표까지도 찍어냈던

완성도 높은 시즌. 물론 후반기에는 아킬레스 부상을 안고 뛰어 종종 불안함을 보이기도 했지만 팀의 리그 최소 실점을 이끌어낸 주역으로서 박수 받을 만한 시즌임은 분명했다. 돌아오는 시즌도 살리바와 마갈량이스의 견고한 센터백 조합은 아스날 최고의 방패이자 무기이다.

2023/24시즌

	36 GAMES	3,044 MINUTES	4 GOALS	0 ASSISTS	
4	0.9 경기당슈팅	10 유효슈팅	추정가치: 70,000,000€	59.6 경기당패스	89.10 패스성공률	0

유리엔 팀버르
국적 네덜란드 | **나이** 23 | **신장** 179 | **체중** 79 | **평점** 6.43

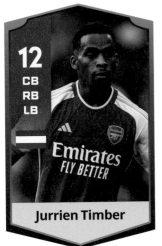

12
CB
RB
LB

Jurrien Timber

부상 이탈로 신체적으로도 정신적으로도 많은 고생을 했던 시즌. 다르게 생각하면 팀에 도움을 전혀 주지 못했던 시즌이었다. 센터백과 측면 수비 모두를 겸할 수 있어 아르테타 감독의 2023/24시즌 주전 수비 일원으로 평가됐지만 십자인대 부상으로 1라운드에서 장기 이탈했다. 그리고 38라운드에 복귀했으니 사실상 시즌을

통으로 날린 셈이었다. 돌이켜보면 아스날의 시즌 초반 나타났던 수비 불안은 팀버르의 부상 영향이 컸다. 때문에 이번 시즌은 이를 악물고 더 열심히 뛰어야 한다. 과감하고 저돌적인 플레이로 네덜란드 최고의 수비수로 성장했던 것처럼 팀버르의 튼튼한 빅리그 도전 역시 기대해볼 만하다.

2023/24시즌

	2 GAMES	71 MINUTES	0 GOALS	0 ASSISTS	
2	0 경기당슈팅	0 유효슈팅	추정가치: 38,000,000€	33.5 경기당패스	89.60 패스성공률	0

올렉산드르 진첸코
국적 우크라이나 | **나이** 27 | **신장** 175 | **체중** 64 | **평점** 6.81

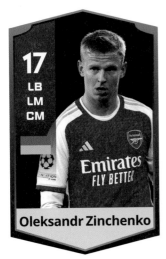

17
LB
LM
CM

Oleksandr Zinchenko

지지난 시즌과 완전히 달라졌다. 안타깝게도 좋지 않은 모습으로 달라졌다. 후방과 전방을 누비며 중원에 힘을 보태고 적재적소에 날카로운 패스를 공급했던 올렉산드르 진첸코는 더 이상 보이지 않았다. 오히려 본인의 가장 큰 장점인 패스는 타이밍을 잃었고 너무 과도한 중앙 위주의 움직임은 번번이 상대에게 측면 공간을 헌납했

다. 그렇다고 기본적인 박스 수비는 괜찮았을까. 기초 수비 능력 부족은 선수 생활 내내 진첸코를 따라다녔던 주홍 글씨였다. 팬들과 구단은 이제 진첸코에게 큰 역할을 바라지 않는다. 본인이 가지고 있는 다양한 능력들을 다시 한번 침착하게 보여주길 바랄 뿐이다.

2023/24시즌

	27 GAMES	1,727 MINUTES	1 GOALS	2 ASSISTS	
2	0.6 경기당슈팅	3 유효슈팅	추정가치: 38,000,000€	52.3 경기당패스	89.40 패스성공률	0

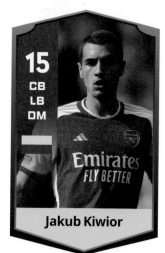

15
CB
LB
DM

Jakub Kiwior

야쿱 키비오르

국적 폴란드 **| 나이** 24 **| 신장** 189 **| 체중** 75 **| 평점** 6.58

지난 시즌 유난히 많았던 수비 공백을 온몸으로 막아줬다. 특히 왼쪽 측면 수비들이 모두 이탈하게 되면서 뜻하지 않게 레프트백 역할까지 수행했다. 물론 주어진 역할에 따라 평가는 달라졌다. 아르테타 감독이 구상했던 인버티드 롤은 키비오르에게 어울리는 옷은 아니었다. 반면 클래식한 역할은 키비오르의 새로운 면을 엿볼 수 있었던 계기이자 성장의 발판이었다. 하지만 이번 시즌은 입장이 조금 달라졌다. 장기 부상에서 복귀한 팀버 그리고 큰 기대 속에 영입된 칼라피오리 모두 키비오르와 역할이 겹친다. 때문에 이 적설도 꾸준히 나오고 있는 상황 속 키비오르의 선택이 궁금해진다.

2023/24시즌

	20 GAMES		946 MINUTES		1 GOAL		3 ASSISTS	
1	0.3 경기당슈팅	2 유효슈팅	추정가치: 30,000,000€			27.2 경기당패스	85.80 패스성공률	0

4
CB
RB
DM

Ben White

벤 화이트

국적 잉글랜드 **| 나이** 26 **| 신장** 186 **| 체중** 76 **| 평점** 6.93

프리미어리그에서 손꼽히는 라이트백으로 성장했다. 지난 시즌 수비들의 줄부상으로 강제적 성장이 이뤄졌다 해도 과언이 아니다. 2022/23시즌에도 많은 경기 수를 소화했는데 지난 시즌에도 무려 37경기를 뛰었다. 많이 뛰면서 경험치를 많이 쌓아 기대 이상의 가파른 성장을 했을지도 모른다. 물론 오버랩 타이밍 찾기, 크로스 퀄리티 올리기는 오랜 시간 따라다니는 과제가 되었지만 전반적인 라이트백 롤의 완숙도는 올라갔다. 게다가 지난 시즌에는 인버티드 퍼포먼스 또한 뛰어났기에 새 시즌에도 아르테타 감독의 주전 라이트백이 될 가능성이 높다.

2023/24시즌

	37 GAMES		2,995 MINUTES		4 GOAL		4 ASSISTS	
8	0.4 경기당슈팅	6 유효슈팅	추정가치: 55,000,000€			51.6 경기당패스	86.70 패스성공률	0

18
RB
CB
LB

Takehiro Tomiyasu

도미야스 다케히로

국적 일본 **| 나이** 25 **| 신장** 187 **| 체중** 84 **| 평점** 6.6

만약에 도미야스 다케히로가 시즌 내내 건강하다면 어떨까. 뛰어난 전술 이해도를 바탕으로 수비 전 포지션에서 왕성하게 활동해 준다면. 아스날의 수비라인에서 주전 한 자리를 당당하게 꿰차지 않았을까. 물론 건강한 것도 선수로서 가져야 할 중요한 능력이다. 때문에 이번 시즌 도미야스에게 가장 중요한 건 건강하게 온전히 한 시즌을 보내는 것. 양발 능력을 토대로 좌우 측면 수비가 모두 가능하고 전술 이해도가 높다는 건 아르테타 감독의 선택을 받기에 충분한 강점이자 아스날에게도 적합한 장점이다. 본인의 명확한 단점인 내구성만 보완한다면 아스날의 두 시즌 연속 리그 최소 실점은 머나먼 꿈은 아닐 것이다.

2023/24시즌

	22 GAMES		1,144 MINUTES		2 GOALS		1 ASSISTS	
0	0.8 경기당슈팅	3 유효슈팅	추정가치: 35,000,000€			27.6 경기당패스	85.50 패스성공률	1

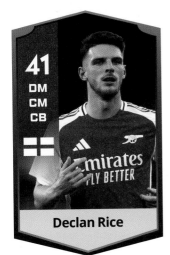

41
DM
CM
CB

Declan Rice

데클런 라이스

국적 잉글랜드 | **나이** 25 | **신장** 188 | **체중** 84 | **평점** 7.38

지난 시즌 아스날의 최고의 영입생. 리그 전체로 넓혀봐도 2023/24시즌 최고의 이적생 중 하나이다. 아스날의 유니폼을 입기 전부터 워낙에 많은 빅클럽들의 러브콜을 받았기 때문에 큰 기대만큼이나 걱정 역시 컸다. 하지만 모두 괜한 걱정이었다. 아스날에게 필요했던 수비라인 보호와 후방에서의 빌드업, 볼 배급 역할은 라이스가

오면서 마지막 퍼즐이 맞아떨어진 모습이었다. 물론 전진 패스 빈도에서 아쉬움을 보였지만 기대치 않았던 클러치 능력과 해머스의 캡틴 출신다운 리더십은 단편적인 단점을 보완하기엔 충분했다. 밥값 2인분 이상 하는 라이스는 이제 아스날의 중심이다.

2023/24시즌

5	**38** GAMES	**3,232** MINUTES	**7** GOALS	**8** ASSISTS	**0**
	1.5 경기당슈팅	**20** 유효슈팅	추정가치: **120,000,000€**	**58.6** 경기당패스	**90.70** 패스성공률

5
DM
CM
RB

Thomas Partey

토마스 파티

국적 가나 | **나이** 31 | **신장** 185 | **체중** 77 | **평점** 6.67

너무 자주 아팠다. 시즌 극초반에 보여준 퍼포먼스는 팬들의 기대를 사기에 충분했지만 부상을 피하지 못했다. 이후 맨시티전 복귀 퍼포먼스 또한 인상 깊었지만 다시 또 부상. 경기에 출전하면 그 누구보다 든든한 플레이를 보여주지만 보여줄 기회 자체가 많지 않았다. 6번 위치에서 빌드업의 중심이 되고 상대의 압박을 부드럽게 흘

려보내는 능력은 토마스 파티의 가장 두드러지는 장점이었기에 지난 시즌 팬들의 그리움과 아쉬움은 더 극명하게 공존했다. 라이스라는 최고의 영입이 있었지만 파티의 건강한 시즌과 함께했다면 승점을 더 많이 지킬 수 있지 않았을까?

2023/24시즌

3	**14** GAMES	**790** MINUTES	**0** GOALS	**0** ASSISTS	**0**
	0.6 경기당슈팅	**2** 유효슈팅	추정가치: **18,000,000€**	**44.4** 경기당패스	**90.30** 패스성공률

25
DM
CM

Jorginho

조르지뉴

국적 이탈리아 | **나이** 32 | **신장** 180 | **체중** 65 | **평점** 6.41

기대했던 것보다 더 많은 역할을 해줬다. 특히나 레안드로 트로사르의 중원 기용이 실패로 돌아갔을 때, 그리고 데클런 라이스의 공격형 미드필더 역할 수행 시 6번 위치에서 1인분 이상을 해줬다. 특히 시즌 후반 6번 조르지뉴, 8번 라이스의 조합이 보여준 하모니는 위력적이었다. 라이스의 6번 위치에서의 단점인 전진 패스 빈도의

갈증을 조르지뉴는 말끔히 해결해 줬고 단점으로 지적되던 탈압박도 과거 시즌보다 나아졌다. 오히려 여유 있는 모습까지 보여줬다. 파티와 엘네니 등 중원 자원들의 잦은 이탈 속 베테랑의 품격을 보여줬던 '조신' 조르지뉴다.

2023/24시즌

1	**24** GAMES	**920** MINUTES	**0** GOALS	**2** ASSISTS	**0**
	0.2 경기당슈팅	**0** 유효슈팅	추정가치: **12,000,000€**	**32.2** 경기당패스	**90.20** 패스성공률

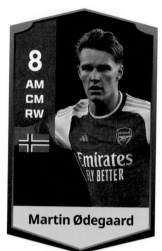

8
AM
CM
RW

Martin Ødegaard

마틴 외데고르

국적 노르웨이 | **나이** 25 | **신장** 178 | **체중** 68 | **평점** 7.37

거너스의 위대한 캡틴. 리그 최고의 미드필더 중 한 명으로서 군림하고 있다. 지난 시즌 전반기에는 부상을 안고 뛰어 폼이 빠르게 올라오지 못했다. 회복 후 아르테타 전술의 중심답게 대체불가한 활약으로 아스날을 이끌었다. 이전 시즌보다 전술적으로 차지하는 영향력은 더욱 커졌다. 공격포인트는 줄었지만 엄청난 활동량과 영리한 빌드업, 믿기 어려운 기회 창출은 아스날 서포터즈 선정 올해의 선수상을 받기에 충분했다. 이번 시즌 오랫동안 기다려온 역사를 만들기 위해 외데고르의 역할은 지대하다. 전술의 핵심이자 팀 스피릿의 중심으로서 외데고르가 보여줄 퍼포먼스가 벌써부터 기대된다.

2023/24시즌

2	**35** GAMES	**3,104** MINUTES	**8** GOAL	**10** ASSISTS	
	2.2 경기당슈팅	**21** 유효슈팅	추정가치: 110,000,000€	**54.3** 경기당패스	**86.80** 패스성공률	**0**

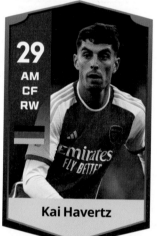

29
AM
CF
RW

Kai Havertz

카이 하베르츠

국적 독일 | **나이** 25 | **신장** 193 | **체중** 83 | **평점** 7.16

한 시즌 만에 위상이 완전히 달라졌다. 새로운 포지션에 적응을 마쳤고 공격포인트 20개라는 준수한 스탯까지 찍었다. 시즌 초반에는 어눌한 온, 오프 더 볼 움직임과 어색한 위치 선정으로 몸값에 어울리지 않는 암담한 플레이가 이어졌다. 시즌 중반부터 조금씩 폼이 올라왔고 두바이 전지훈련 이후 톱 자원으로서 자리매김했다. 어눌한 움직임은 영리한 움직임으로 변모했고 끊임없는 침투와 왕성한 활동량, 더불어 공중볼 옵션까지 장착했다. 물론 진짜 9번이 필요한 것도 사실이다. 하지만 지난 시즌 하베르츠가 보여줬던 다양한 역할들을 생각해 본다면 지금의 폼을 유지하는 것도 훌륭한 방안이 될 수 있다.

2023/24시즌

11	**37** GAMES	**2,641** MINUTES	**13** GOAL	**7** ASSISTS	
	1.9 경기당슈팅	**27** 유효슈팅	추정가치: 70,000,000€	**25.2** 경기당패스	**81.10** 패스성공률	**0**

30
LW
RW
CF

Raheem Sterling

라힘 스털링

국적 잉글랜드 | **나이** 29 | **신장** 170 | **체중** 69 | **평점** 6.8

프리미어리그에서 잔뼈가 굵은 라힘 스털링이 북런던으로 건너왔다. 프리시즌 엔초 마레스카 감독 전술에서 자주 모습을 드러냈지만 정규시즌 개막 후 번번하게 엔트리에서 제외되더니 결국 팀을 옮겼다. 이로써 스털링은 리버풀, 맨체스터 시티, 첼시, 아스날의 유니폼을 모두 입게 돼 빅 6팀중 네 개의 팀을 경험하는 선수가 됐다. 이런 화려한 경력은 곧 라힘 스털링의 능력을 대변한다. 간결하고 효율적인 템포, 뛰어난 전술 이해도와 센스 넘치는 움직임 그리고 다양한 포지션을 겸할 수 있는 장점은 여전히 스털링의 활용 가치를 보여준다. 게다가 스털링은 믿고 쓸 수 있는 '맨시티산'이다.

2023/24시즌

7	**31** GAMES	**1,983** MINUTES	**8** GOALS	**4** ASSISTS	
	1.6 경기당슈팅	**21** 유효슈팅	추정가치: 35,000,000€	**21.2** 경기당패스	**79.30** 패스성공률	**0**

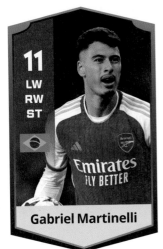

11
LW
RW
ST

Gabriel Martinelli

가브리엘 마르티넬리
국적 브라질 | **나이** 23 | **신장** 178 | **체중** 75 | **평점** 6.89

만개했던 꽃이 금방 시들해졌다. 지난 시즌 일취월장하며 만족할 시즌을 만들었다. 때문에 지난 시즌을 앞두고 아스날 전체 선수단 중 가장 많은 기대와 주목을 받았다. 프리미어리그 단일 시즌 브라질 선수 최다 득점까지 기록했기에 왼쪽 공격에 대한 근심 걱정 또한 사라지는 줄 알았다. 하지만 종전에 보였었던 리그 정상급 윙어

의 파괴력은 한순간에 사라졌다. 뒷공간 침투만 열심히 했을 뿐 결과가 만들어지지는 않았다. 결국 주전 자리를 내줬고 트로사르는 기다렸던 기회를 놓치지 않았다. 경쟁은 다시 시작된다. 마르티넬리는 아직 스물 세살이다. 그만큼 다시 만개할 수 있는 기회는 여전히 남아있다.

2023/24시즌

		35 GAMES	2,031 MINUTES	6 GOALS	4 ASSISTS	
1	1.7 경기당슈팅	20 유효슈팅	추정가치: 70,000,000€	23.1 경기당패스	85.00 패스성공률	0

23
CM
DM

Mikel Merino

미켈 메리노
국적 스페인 | **나이** 28 | **신장** 188 | **체중** 78 | **평점** 7.18

유로 2024 위너가 거너스로 이적했다. 독일과의 8강 연장전, 역동적인 헤더로 극장골을 터뜨리며 스페인을 우승으로 이끈 미드필더가 다시 프리미어리그로 돌아왔다. 과거 메리노는 2017/18 시즌을 앞두고 많은 기대 속에 뉴캐슬의 유니폼을 입었다. 하지만 영국 생활에 적응하지 못하고 향수병으로 다시 스페인으로 돌아간다. 이후 레

알소시에다드에서의 활약은 인상적이었다. 뛰어난 피지컬을 통한 중원 장악 능력과, 경합 능력, 볼 소유 능력은 뛰어난 미드필더들이 즐비한 라리가에서도 돋보였다. 많은 빅클럽들의 러브콜에도 아르테타 감독과의 동행을 선택한 미켈 메리노, 그의 프리미어리그 도전은 이번 시즌 다시 시작된다.

2023/24시즌

		32 GAMES	2,485 MINUTES	5 GOALS	3 ASSISTS	
10	0.9 경기당슈팅	11 유효슈팅	추정가치: 50,000,000€	43.1 경기당패스	77.50 패스성공률	0

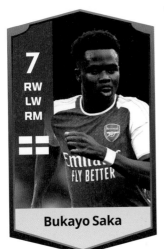

7
RW
LW
RM

Bukayo Saka

부카요 사카
국적 잉글랜드 | **나이** 22 | **신장** 178 | **체중** 72 | **평점** 7.67

등번호 7번다운 활약이었다. 항상 팬들의 기대와 사랑을 한몸에 받는 아스날의 미래이자 현재. 리그 기준 16골 9도움이라는 많은 공격포인트를 기록하며 거너스의 해결사 역할을 톡톡히 해줬다. 게다가 공격라인의 핵심으로서 건강하게 많은 출전 시간을 기록한 것도 높이 평가할 만하다. 나아가 시즌 내내 대체 지원이 없어 오른쪽

공격은 오롯이 사카의 몫이었다. 또한 프리미어리그 수준의 빡빡한 수비와 거친 태클을 겪어내면서도 높은 스탯을 찍었다는 건 사카의 클래스가 또 한 단계 스텝업했다는 반증이 된다. 런던 출신 로컬 보이의 월드클래스 성장기는 여전히 현재진행형이다.

2023/24시즌

		35 GAMES	2,937 MINUTES	16 GOAL	9 ASSISTS	
4	3.1 경기당슈팅	31 유효슈팅	추정가치: 140,000,000€	37.4 경기당패스	83.00 패스성공률	0

19
LW
AM
CF

Leandro Trossard

레안드로 트로사르

국적 벨기에 | **나이** 29 | **신장** 172 | **체중** 61 | **평점** 6.82

지난 시즌 아스날의 언성 히어로, 데클런 라이스 와 카이 하베르츠의 활약에 묻힌 감이 없지 않 지만 충분히 올해의 선수급 활약상을 보여줬다. 잠깐 부상의 시기도 있었지만 폼이 올라온 시기 와 마르티넬리의 부진이 겹치면서 행운이 따르 기도 했다. 그리고 아스날이 항상 어려워했던 빅 6 맞대결에서 간간이 득점까지 선물하며 리그

12골이라는 놀라운 스탯을 찍어냈다. 소위 말해 영양가 높은 맛있는 득점을 많이 만들어냈다. 물 론 선발 출전 시 경기 영향력이 다소 부족하다라 는 평가는 이어졌지만 미켈 아르테타의 아이들 중 가장 성공적인 영입인 건 분명하다.

2023/24시즌

	34 GAMES	1,647 MINUTES	12 GOALS	1 ASSISTS	
2	1.8 경기당슈팅	22 유효슈팅	추정가치: 35,000,000€	17.8 경기당패스	78.70 패스성공률	0

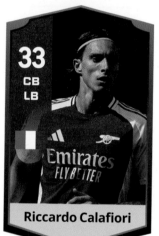

33
CB
LB

Riccardo Calafiori

리카르도 칼라피오리

국적 이탈리아 | **나이** 22 | **신장** 188 | **체중** 86 | **평점** 6.99

2023/24시즌 유럽에서 가장 뜨거웠던 수비수. 볼로냐의 세리에A 돌풍의 주역이었다. 티아고 모타 감독의 신임을 한몸에 받으며 리그 30경기 에 출전했다. 볼로냐의 챔피언스리그 본선 진출 을 이끌었고 이탈리아 대표팀의 일원으로 유로 2024에 참가했다. 센터백과 풀백을 모두 소화할 수 있고 준수한 피지컬을 기반으로 뛰어난 운동

신경을 보여준다. 카테나치오의 한 축을 담당하 는 만큼 안정적인 수비력을 보유하고 있다. 축구 지능 또한 뛰어나다. 거기에 과감한 전진성은 옵 션. 적절한 관리를 통해 단점인 내구성만 보완해 준다면 유럽에서 가장 단단한 수비진을 구축할 수 있게 된 아스날이다.

2023/24시즌

	30 GAMES	2,338 MINUTES	2 GOAL	5 ASSISTS	
4	0.6 경기당슈팅	6 유효슈팅	추정가치: 45,000,000€	59.4 경기당패스	89.80 패스성공률	0

9
ST
LW
RW

Gabriel Jesus

가브리엘 제주스

국적 브라질 | **나이** 27 | **신장** 175 | **체중** 73 | **평점** 6.89

기대가 컸기에 실망도 컸다. 진첸코와 마찬가지 로 필요할 때 없었다. 부상이 잦았고 복귀 후에 도 폼이 쉽게 올라오지 않았다. 그래도 전반기 챔피언스리그에서는 맨시티에서의 경험을 바 탕으로 노련한 모습을 보여줬다. 하지만 부상의 늪은 제주스를 쉽사리 놓아주지 않았다. 심지어 2023년 징계로 경기에 뛰지 못한 아이반 토니보

다 소화한 경기 수가 적었을 정도. 이번 시즌에 도 내구성 문제가 이어지는 한 평가를 뒤집기는 힘들다. 나아가 제주스의 경쟁상대는 완전히 달 라진 카이 하베르츠다. 또한 정통 스트라이커 영 입까지 거론되는 만큼 제주스의 이번 시즌 입지 는 어느 때보다 불안하다.

2023/24시즌

	27 GAMES	1,482 MINUTES	4 GOAL	5 ASSISTS	
6	2 경기당슈팅	19 유효슈팅	추정가치: 65,000,000€	18.1 경기당패스	81.00 패스성공률	0

Arsenal

김형책이 주목하는
아스날의 원픽!

윌리엄 살리바

지난 시즌 아스날은 많은 면에서 발전했지만 특히 수비에서 엄청난 성장을 보였다. 슈팅 허용 및 유효슈팅 허용, 빅 찬스 허용 횟수는 현격하게 줄었다. 그리고 선수별 패스 블록, 인터셉트 횟수는 늘었고 태클 실패 횟수는 줄었다. 모든 지표가 수비의 성장과 안정감을 보여준다. 그리고 그 중심에는 윌리엄 살리바가 있었다.

리버풀에 판 다이크가 있다면 아스날에는 살리바가 있다. 시즌 내내 절정의 기량을 보여주며 파트너 가브리엘 마갈량이스와 함께 통곡의 벽을 만들었다. 뛰어난 신체 능력을 기반으로 하는 침착한 수비 능력, 리그 전 경기를 풀타임으로 소화하는 강인한 체력은 살리바의 가장 큰 장점. 살리바가 없을 때 아스날의 수비는 크게 휘청였고 경기력도 흔들렸을 정도니 그 영향력은 타의 추종을 불허한다.

단단하고 강력한 수비는 우승 팀의 첫 번째 조건이다. 21년 만의 프리미어리그 트로피를 노리는 아스날에게 이런 수비력은 필수적이다. 이제 윌리엄 살리바는 수비진의 중심을 넘어, 아스날 스쿼드의 중심으로 성장했다고 해도 과언이 아니다.

지금 아스날에
이 선수가 있다면!

빅토르 요케레스

아스날은 정통 9번 공격수가 필요하다. 하베르츠가 공격수 변신에 성공했지만 정통 스트라이커는 아니다. 제주스라는 대안도 있지만 그에게는 등번호가 다소 무거워 보인다. 또한 오랜 시간 링크 소식이 끊이지 않았던 세슈코는 라이프치히에 잔류했다.

최근 이적시장을 보면 스트라이커 매물이 많지 않다. 특히나 빅리그 우승을 원하는 팀의 입맛에 맞는 공격수는 더 씨가 말랐다고 해도 지나치지 않다. 몇 안 되는 매물 중 가장 구미에 당기는 매물이 있다면 스포르팅 CP의 빅토르 요케레스. 지난 시즌 포르투갈 프리메이라리가에서 무려 29골 10개의 도움을 기록하며 리그 최고의 공격수로 자리매김했다.

요케레스의 장점은 활동량과 압박 능력 그리고 연계 능력이다. 지난 시즌 29골을 넣었으니 결정력은 말할 것도 없다. 나아가 그 거칠다는 EFL 챔피언십에서도 커리어 내내 부상이 없었기에 내구성도 걱정 없다. 브라이튼과 코번트리시티 같은 클럽을 거치며 이미 영국 생활까지 경험했다. 이런 측면으로 미뤄봤을 때 요케레스는 아스날에게 트로피를 선물할 마침표가 될 수 있다.

ALISSON BECKER

CAOIMHIN KELLEHER

VIRGIL VAN DIJK

IBRAHIMA KONATE

JARELL QUANSAH

CONOR BRADLEY

KOSTAS TSIMIKAS

ANDY ROBERTSON

RYAN GRAVENBERCH

WATARU ENDO

TRENT ALEXANDER-ARNOLD

DOMINIK SZOBOSZLAI

ALEXIS MAC ALLISTER

CURTIS JONES

JOE GOMEZ

FEDERICO CHIESA

HARVEY ELLIOTT

LUIS DIAZ

CODY GAKPO

DIOGO JOTA

MOHAMED SALAH

DARWIN NUNEZ

20242025

Liverpool

LIVERPOOL

리버풀 Liverpool FC

창단 년도 | 1892년

최고 성적 | 우승 (1900/01, 1905/06, 1921/22, 1922/23, 1946/47, 1963/64, 1965/66, 1972/73, 1975/76, 1976/77, 1978/79, 1979/80, 1981/82, 1982/83, 1983/84, 1985/86, 1987/88, 1989/90, 2019/20)

경기장 | 안필드 (Anfield)

경기장 수용 인원 | 53,394명

지난 시즌 성적 | 3위

별칭 | The Reds (레즈), The Kops (콥스)

상징색 | 레드

레전드 | 빌리 리델, 이안 캘러한, 필 닐, 케니 달글리시, 이안 러시, 존 반스, 로비 파울러, 제이미 캐러거, 스티븐 제라드 등

히스토리

리버풀FC는 잉글랜드 머지사이드 주의 리버풀을 연고로 하는 클럽으로 잉글랜드 1부리그 19회 우승을 기록, 맨체스터유나이티드와 함께 최다 우승 경쟁을 펼치는 명문구단이다. 명장으로 손꼽히는 빌 샹클리, 밥 페이즐리 감독을 거치며 한 시대를 풍미했고, 라파 베니테스 감독 시절인 2005년 UEFA챔피언스리그에서 드라마틱한 역전 우승을 차지하며 '이스탄불의 기적'을 연출하기도 했다. 이후, 존 헨리 구단주가 중심이 된 FSG 그룹의 공격적인 투자가 이뤄지며 리버풀은 경쟁력을 갖췄고, 프리미어리그와 챔피언리그 우승후보로 부상했다. 그 결과, 위르겐 클롭 감독이 부임한 후 2018/19시즌 챔피언스리그 우승을, 2019/20시즌 무려 30년 만에 프리미어리그 우승을 차지했다. 다만, 클롭 감독이 떠나고 아르네 슬롯 감독이 부임함에 따라 이번 시즌 커다란 변화가 불가피하다.

최근 5시즌 리그 순위 변동

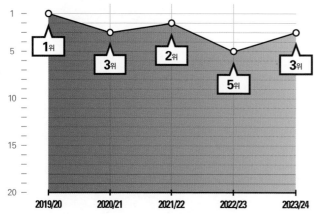

1위 → 3위 → 2위 → 5위 → 3위

2019/20 | 2020/21 | 2021/22 | 2022/23 | 2023/24

클럽레코드 IN & OUT

최고 이적료 영입 IN

다르윈 누녜스
8,500만 유로
(2022년 7월, from 벤피카)

최고 이적료 판매 OUT

필리피 쿠치뉴
1억 3,500만 유로
(2018년 1월, to 바르셀로나)

아르네 슬롯 Arne Slot

1978년 9월 17일 | 45세 | 네덜란드

슬롯, 클롭의 축구를 이어갈까?

리버풀은 지난 9시즌 동안 위르겐 클롭 감독 밑에서 성공가도를 달렸다. 프리미어리그 우승 1회와 UEFA챔피언스리그 우승 1회를 비롯해 무려 8개의 우승 트로피를 수집했다. 하지만 이제 클롭은 떠났다. 그리고 그의 자리를 대신하기 위해 아르네 슬롯이 등장했다. 슬롯 감독의 축구는 강한 전방 압박과 빠른 공격 전개에서 클롭의 스타일과 유사하고 이미 네덜란드 무대에서 성공을 거두기도 했다. 하지만 슬롯 감독은 클롭의 후임이라는 압박감을 먼저 이겨내야 하고, 박진감 넘치는 클롭 감독의 축구에 익숙한 리버풀 팬들의 눈높이도 맞춰야 한다. 즉, 슬롯 감독은 험난한 도전을 시작해야 한다.

📋 감독 인터뷰

"우리가 어떻게 플레이하는지, 무엇을 개선해야 하는지, 무엇을 잘할 수 있는지에 집중하고 있다. 훌륭한 선수들이 많고, 위르겐 클롭 감독이 팀을 잘 만들었기에 우린 이를 이어나가야 한다. 리버풀이 수년간 해왔던 것처럼 계속 전진할 수 있는지는 우리의 손에 달려 있다."

감독 프로필

통산	선호 포메이션	승률
242 경기 **151** 승 **51** 무 **40** 패	**4-2-3-1**	**62.40%**

시즌 키워드

#리그우승 | #토너먼트경쟁력 | #스쿼드뎁스

우승 이력

■ 에레디비시 (2022/23)　　　　■ KNVB컵 (2023/24)

경력 🔖	2016~2017	2019~2020	2021~2024	2024~
	SC캄뷔르	AZ알크마르	페예노르트로테르담	리버풀

LIVERPOOL

IN

페데리코 키에사
(유벤투스)

FW		
7 디아스	**9** 누녜스	**11** 살라
14 키에사	**18** 학포	**20** 조타

MF		
3 엔도	**8** 소보슬라이	**10** 맥알리스터
17 존스	**19** 엘리엇	**38** 흐라벤베르흐

DF			
2 고메스	**4** 반다이크	**5** 코나테	**21** 치미카스
26 로버트슨	**66** 알렉산더아놀드	**78** 콴사	**84** 브래들리

GK		
1 알리송	**56** 야로스	**62** 켈러허

OUT

아드리안
(레알베티스)

캘빈 램지
(위건, 임대)

티아구 알칸타라
(은퇴)

조엘 마팁
(계약종료)

스테판 바이체티치
(잘츠부르크)

파비우 카르발류
(브렌트포드)

판덴베르흐
(브렌트포드)

기오르기
마마르다슈빌리
(발렌시아, 임대)

리스 윌리엄스
(모컴, 임대)

벤 도크
(미들즈브러, 임대)

나다니엘 필립스
(더비카운티, 임대)

히든풋볼의 이적시장 평가

리버풀에게 2024년은 변화의 해이다. 무엇보다 위르겐 클롭 감독이 떠나고 아르네 슬롯 감독이 부임한 것이 가장 큰 변화다. 살라, 누녜스, 디아스 등 여러 선수들이 이적설에 휘말렸고, 쿠보 다케후사와 앤서니 고든 등 영입설도 적지 않았다. 하지만 소문난 잔치에 먹을 것이 없는 법. 리버풀은 키에사를 영입하는 대신 아드리안, 알칸타라, 마팁 등을 정리하면서 조용한 여름을 보냈다. 결국 슬롯 감독의 용병술이 매우 중요해졌다.

히든풋볼 이적시장 평가단

2023/24시즌 스탯 Top 3

득점 Top 3

⚽ 모하메드 살라 — **18**골

⚽ 다르윈 누녜스 — **11**골

⚽ 디오구 조타 — **10**골

도움 Top 3

🏃 모하메드 살라 — **10**도움

🏃 다르윈 누녜스 — **8**도움

🏃 하비 엘리엇 — **6**도움

출전시간 Top 3

🕐 버질 반다이크 — **3,177**분

🕐 루이스 디아스 — **2,629**분

🕐 알렉시스 맥알리스터 — **2,599**분

히든풋볼의 순위 예측

클롭이 있을 때보다 불안해 보이는 것이 사실이다. 그러나 챔스 티켓 정도는 따낼 수 있는 저력이 있다.

클롭의 유산을 이어받을 적임자를 데려왔다. 여러모로 빛이 나는 슬롯의 리버풀은 다시 우승 경쟁에 나설 것이다.

클롭이 떠나고 슬롯이 왔다. 과연 슬롯 감독은 리버풀을 한 단계 업그레이드시킬 수 있을까? 걱정만큼 기대도 크다.

21세기 황금기를 만들었던 클롭이 떠났다. 슬롯이 좋은 감독이긴 하지만 우승을 노리기엔 시간이 더 필요하다.

아르네 슬롯 감독과 함께하는 첫 시즌. 위르겐 클롭 감독의 빈자리가 조금은 크게 느껴질 수도 있다.

훌륭한 철학을 갖춘 슬롯 감독이 부임했다. 장기간 집권할 능력도 있다. 하지만 우승 도전은 아직이다.

3위 · 이주헌 ·

3위 · 박종윤 ·

3위 · 송영주 ·

3위 · 이완우 ·

5위 · 김형책 ·

3위 · 남윤성 ·

슬롯의 리버풀은 야망으로 가득하다

위르겐 클롭 감독이 리버풀을 떠났다. 리버풀은 클롭 감독의 지휘 아래 2018/19 시즌 14년 만에 UEFA챔피언스리그에서 우승하더니 2019/20시즌 무려 30년 만에 프리미어리그에서 우승을 차지했다. 비록 2019/20시즌 프리미어리그 우승 이후, 리그에서 3위- 2위- 5위- 3위 등을 기록했지만 그 기간 동안에 FA컵 우승 1회와 EFL컵 우승 2회 등을 기록하며 리버풀은 우승과 친근한 팀으로 변모했다.

클롭 감독이 이끈 지난 9년 동안 무려 8개의 우승 트로피를 들어 올리며 성공가도를 달렸으니 더 이상의 설명은 필요하지 않을 것이다. 하지만 시작이 있으면 끝이 있는 법. 클롭 감독은 2024년 1월 구단 공식 채널을 통해 "리버풀을 사랑하지만 나의 모든 에너지가 고갈됐다"라는 말과 함께 이 시즌을 끝으로 리버풀 감독직에서 자진 사임할 것이라고 발표했다. 그렇게 클롭은 2023/24시즌을 마지막으로 리버풀 팬들의 고마움과 아쉬움 속에서 리버풀을 떠났다.

리버풀은 발 빠르게 클롭의 후임 감독을 모색했고, 2025년 5월 20일 아르네 슬롯 감독의 선임을 공식 발표했다. 슬롯 감독은 2016/17시즌 캄뷔르에서 감독대행으로 감독 생활을 시작해, 알크마르를 거쳐 페예노르트에서 재능을 만개한 감독이다. 페예노르트를 3시즌 동안 이끌면서 에레디비시 우승 1회, KNVB컵 우승 1회, 유로파 컨퍼런스리그 준우승 1회 등을 기록하며 지도력을 입증했다. 강한 압박과 빠른 공격 전개, 선수들의 다채로운 포지션 변화 등을 보여주면서 기본 형태는 펩 과르디올라의 스타일을, 경기 전개 스타일은 위르겐 클롭 스타일을 닮았다는 평을 들었다. 많은 리버풀 팬들은 클롭의 후계자를 제대로 찾았다는 안도감과 클롭의 그림자를 극복할 수 있을지에 대한 불안감을 동시에 느끼고 있다.

슬롯 감독은 그에 대한 평가와 상관없이 야심차게 잉글랜드 왕좌에 도전할 것이 분명하다. 리버풀이 지난 시즌 PL 27라운드까지 1위를 지켰지만 이후 우승경쟁에서 도태되었다는 사실을 고려할 때, 슬롯 감독이 목표를 달성하기 위해 갈 길은 멀다. 또한, 리버풀이 2024년 여름 이적 시장에서 소득이 미비하다는 점도 걸림돌처럼 느껴진다. 그럼에도 슬롯은 리버풀에 집중하고 있다. 리버풀 구단과 리버풀 선수들의 장점을 극대화하는데 집중했고, 이는 클럽이 만든 리버풀이 슬롯 감독 하에 더 발전할 가능성이 있음을 의미한다. 슬롯 감독의 도전은 주목할 가치가 충분하다.

LIVERPOOL

1
GK

Alisson Becker

알리송 베커

국적 브라질 | **나이** 31 | **신장** 193 | **체중** 91 | **평점** 6.65

리버풀의 골문을 지키는 절대적 수호신. 2018년 7월, 6,000만 파운드가 넘는 거액의 이적료로 AS로마에서 리버풀로 이적한 후, 바로 주전으로 도약했다. 이후 6년 넘게 주전 골키퍼로 활약하며 리버풀의 고질병이었던 GK 문제를 단번에 해결한 특급 수문장이다. 193cm의 신장과 뛰어난 위치 선정으로 공중볼 처리에 능하고 엄청난

반사 신경을 바탕으로 선방 능력을 과시한다. 또한 수준급의 패스로 빌드업에 관여하고 수비 라인을 조율한다. 2021년 웨스트브로미치전에서 헤더로 결승골을 넣어 리버풀 역사상 처음으로 골키퍼 득점을 기록하기도 했다. 2015년부터 브라질 대표팀에서 활약 중이며 에데르송과의 경쟁에서 앞서 주전으로 활약하고 있다.

2023/24시즌

1	28 GAMES	2,520 MINUTES	30 실점	73.40 선방률	0
	80 세이브	8 클린시트	추정가치: 28,000,000€	28.60 클린시트 성공률	0/1 PK 방어 기록

56
GK

Vítězslav Jaroš

비테슬라프 야로스

국적 체코 | **나이** 23 | **신장** 184 | **체중** 69 | **평점** –

체코 대표팀 골키퍼로 리버풀의 No. 2 키퍼 역할을 수행할 것으로 기대를 모으고 있다. 2017년 여름 슬라비아프라하에서 리버풀로 이적한 후, 리버풀 유스 시스템을 통해 성장했다. 2020년 7월 리버풀과 장기 계약을 맺으며 1군으로 승격했지만 기회를 잡지 못했다. 결국 세인트패트릭스애슬레틱, 노츠카운티, 스톡포트카운티, 슈투

름그라츠 등 다양한 팀으로 임대되며 경험을 쌓았다. 아직까지 리버풀 1군에서 데뷔전을 치르지 못했지만 위치 선정을 바탕으로 한 고공장악력, 1대1 상황에서 침착한 대처, 위기 상황에서의 놀라운 선방 능력 등을 보여줌에 따라 출전 기회를 잡을 것으로 예상된다.

2023/24시즌

-	- GAMES	- MINUTES	- 실점	- 선방률	-
	- 세이브	- 클린시트	추정가치: 5,000,000€	- 클린시트 성공률	- PK 방어 기록

2
CB
RB

Joe Gomez

조 고메스

국적 잉글랜드 | **나이** 27 | **신장** 188 | **체중** 77 | **평점** 6.6

리버풀의 센터백이자 풀백. 2015년 6월 350만 파운드의 이적료에 찰튼에서 리버풀로 이적했다. 하지만 기대만큼 성장했다고 보긴 어렵다. 스피드와 운동신경, 태클 능력 등이 뛰어나 넓은 수비 범위를 자랑한다. 하지만 풀백으로선 위치 선정에 문제를 노출하고, 센터백으로선 공중볼과 판단력에서 약점을 드러낸다. 설상가상

으로 부상도 자주 당하는 편. 다행스러운 점은 지난 시즌 공식 51경기에 출전하며 유용한 로테이션 자원으로 자리매김했다는 사실이다. 참고로 2017년 11월 잉글랜드 대표팀에서 A매치에 데뷔한 후 꾸준히 대표팀에 승선했지만 2020년 11월 대표팀 훈련 중 심각한 부상을 당한 후 대표팀에서 멀어졌다.

2023/24시즌

5	32 GAMES	1,779 MINUTES	0 GOALS	1 ASSISTS	0
	0.6 경기당슈팅	2 유효슈팅	추정가치: 28,000,000€	35.9 경기당패스	86.20 패스성공률

4 CB

C

Virgil van Dijk

버질 반다이크

국적 네덜란드 | **나이** 33 | **신장** 193 | **체중** 87 | **평점** 7.15

리버풀 구단의 캡틴이자 수비진을 이끄는 리더. 현존 세계 최고의 센터백 중에 한 명으로 꼽히며, 빠른 상황 판단과 높은 집중력, 훌륭한 피지컬을 바탕으로 리버풀의 최후 방어선을 사수한다. 195cm의 높은 신장과 탄탄한 체격, 타고난 스피드를 바탕으로 대인 마크, 공중볼 다툼, 공간 커버 등에 탁월한 모습을 보여주며 안정된 수비를 펼치고 있다. 경기 흐름 파악과 넓은 시야, 뛰어난 패싱력을 보유해 후방에서 공격루트를 개척한다. 2020/21시즌 초반 머지사이드 더비에서 조던 픽포드 골키퍼와 충돌하며 부상을 당해 아쉬움을 남겼지만 부상 이후 지난 3시즌 동안 공식 140경기에 출전하면서 건재함을 과시하고 있다.

2023/24시즌

3	**36** GAMES	**3,178** MINUTES	**2** GOALS	**2** ASSISTS	1
	1.3 경기당슈팅	**14** 유효슈팅	추정가치: **30,000,000€**	**79.8** 경기당패스	**91.50** 패스성공률

5 CB

Ibrahima Konaté

이브라히마 코나테

국적 프랑스 | **나이** 25 | **신장** 193 | **체중** 83 | **평점** 6.84

프랑스 국가대표 센터백. 소쇼 유스 출신으로 라이프치히를 거쳐 2021년 여름 3,500만 파운드에 리버풀로 이적했다. 이후 3시즌 동안 반다이크의 파트너로 공식 90경기에 출전해 3골을 넣으며 기대에 부응했다. 타고난 피지컬과 운동 능력을 통해 대인 마크와 공중볼에 강하고, 패싱력과 전진 드리블도 위력적이라 빌드업에 기여하는 바가 크다. 다만 부상이 잦은 편이다. 리버풀로 이적하기 전부터 크고 작은 부상으로 고생하더니 리버풀에서도 지난 2시즌 부상으로 고생했다. 프랑스 U16 대표팀부터 엘리트 코스로 성장했고, 2022년부터 프랑스 대표팀에서 활약하고 있다.

2023/24시즌

3	**22** GAMES	**1,571** MINUTES	**0** GOALS	**0** ASSISTS	1
	0.5 경기당슈팅	**2** 유효슈팅	추정가치: **45,000,000€**	**65.9** 경기당패스	**88.00** 패스성공률

21 LB

Kostas Tsimikas

코스타스 치미카스

국적 그리스 | **나이** 28 | **신장** 177 | **체중** 69 | **평점** 6.68

그리스 대표팀 출신의 공격적인 레프트백. 올림피아코스 유스 출신으로 2020년 8월, 1,100만 유로의 이적료에 리버풀로 이적했다. 이후 4시즌 동안 공식 86경기에 출전하며 로버트슨의 백업 역할을 훌륭히 잘 수행했다. 효과적인 드리블과 빠른 스피드, 정확한 왼발 크로스를 통해 빼어난 공격력을 과시한다. 또한, 왼발 킥이 정확해 세트피스 키커로도 활약한다. 하지만 피지컬이 뛰어나지 않아 상대 압박에 고전하고, 종종 수비 집중력 부족을 노출하며 실수를 범하곤 한다. 슬롯 감독 부임 이후로 입지가 더 줄어들 것으로 예상된다. 2019년 헝가리와의 A매치에 출전하며 그리스 국가대표로 데뷔한 후 꾸준히 활약하고 있다.

2023/24시즌

0	**13** GAMES	**677** MINUTES	**0** GOALS	**3** ASSISTS	0
	0.2 경기당슈팅	**0** 유효슈팅	추정가치: **22,000,000€**	**27.7** 경기당패스	**85.60** 패스성공률

26
LB

Andy Robertson

앤디 로버트슨

국적 스코틀랜드 | **나이** 30 | **신장** 178 | **체중** 63 | **평점** 7.12

공수 능력을 겸비한 레프트백, 정확한 왼발 킥을 이용해 위력적인 크로스와 롱패스를 구사하며 공격 포인트를 기록하고, 왕성한 활동량과 엄청난 투지, 밀리지 않는 1대1 수비력 등을 통해 수비에서도 단단한 모습을 보여준다. 2017년 7월 800만 파운드의 이적료에 헐시티에서 리버풀로 이적한 후, 리버풀의 왼쪽 측면을 책임지고 있

다. 리버풀 데뷔시즌인 2017/18시즌 실수와 부진으로 아쉬움을 남겼지만 2018/19시즌부터 본색을 드러내며 주전으로 활약하고 있다. 다만, 최근 3시즌 동안 부상으로 인해 출전 시간이 점차적으로 줄어들고 있다. 2014년 3월부터 스코틀랜드 대표팀에서 활약 중이며 현재 주장이기도 하다.

2023/24시즌

	23 GAMES		1,693 MINUTES		3 GOAL		2 ASSISTS	
2	0.5 경기당슈팅	6 유효슈팅	추정가치: 30,000,000€			54.1 경기당패스	87.70 패스성공률	0

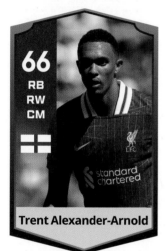

66
RB
RW
CM

Trent Alexander-Arnold

트렌트 알렉산더아놀드

국적 잉글랜드 | **나이** 25 | **신장** 175 | **체중** 68 | **평점** 7.12

리버풀 유스 출신의 라이트백. 2004년 6세의 나이에 리버풀에 입단해 잉글랜드 대표팀을 제외하면 오직 리버풀만을 위해 뛰었다. 유스팀에선 중앙 미드필더로 성장했고, 2016/17시즌 데뷔 당시에 공격력을 높게 평가 받아 오른쪽 윙어로도 뛰기도 했다. 하지만 시간이 흐르면서 수비력이 크게 향상되어 라이트백으로 자리매김했다.

부지런한 움직임과 빠른 드리블, 강력한 크로스, 뛰어난 수비 위치 선정 등을 보여주며 공수에서 뛰어난 활약을 펼친다. 특히, 오른발 킥이 워낙 정확해서 위력적인 크로스로 공격 포인트를 양산한다. 2022/23시즌 후반기부터 클롭 감독의 요구에 따라 인버티드 풀백으로 활약했다.

2023/24시즌

	28 GAMES		2,161 MINUTES		3 GOAL		4 ASSISTS	
6	1.7 경기당슈팅	8 유효슈팅	추정가치: 70,000,000€			60.2 경기당패스	79.60 패스성공률	0

78
CB

Jarell Quansah

자렐 콴사

국적 잉글랜드 | **나이** 21 | **신장** 197 | **체중** 79 | **평점** 6.76

2023/24시즌 리버풀 최고의 히트 상품. 2008년 5세의 나이에 리버풀에 입단해 리버풀 유스 시스템을 통해 성장했다. 2023년 브리스톨로버스로 임대되어 반 시즌 동안 경험을 쌓았고, 지난 시즌부터 리버풀에서 본격적으로 자신의 실력을 과시하기 시작했다. 공식 33경기에 출전해 3골을 넣었을 정도로 득점력도 있다. '제4의 센

터백' 역할을 수행할 것으로 보였지만 코나테와 마팁의 부상과 컨디션 난조로 출전 기회를 잡았고, 출전할 때마다 기대에 부응했다. 197cm의 신장에서 나오는 힘과 높이, 긴 다리를 이용한 태클과 인터셉트, 그리고 탄탄한 기본기 등을 바탕으로 안정된 수비를 보여준다. 또한 시야가 넓고 킥이 정확해 빌드업에 상당 부분 관여한다.

2023/24시즌

	17 GAMES		1,190 MINUTES		2 GOALS		0 ASSISTS	
1	0.4 경기당슈팅	4 유효슈팅	추정가치: 22,000,000€			68.5 경기당패스	88.80 패스성공률	0

84
RB

Conor Bradley

코너 브래들리

국적 북아일랜드 | **나이** 21 | **신장** 181 | **체중** 68 | **평점** 7.13

북아일랜드 대표팀의 라이트백. 2019년 여름 던 개넌 스위프트에서 리버풀로 이적하면서 리버 풀 유스 시스템을 통해 성장했다. 2022/23시즌 볼턴에 임대되어 공식 53경기를 소화하며 경험 을 쌓았다. 지난 시즌 공식 23경기에 출전해 1골 을 넣으며 로테이션 멤버로 활약했지만 점차적 으로 출전 시간이 늘어날 것으로 전망된다. 빠른 스피드와 효과적인 박스 안 침투, 준수한 크로 스, 동료와의 연계 플레이 등으로 공격에 기여한 다. 또한, 활동량을 바탕으로 한 압박과 정확한 태클을 통해 비교적 안정적인 수비를 펼친다. 다 만 경험이 부족해 위치 선정에서 문제를 노출한 다. 2021년부터 북아일랜드 대표팀에서 활약하 고 있다.

2023/24시즌

		GAMES	MINUTES	GOALS	ASSISTS		
2		11	761	1	3		0
	1.1 경기당슈팅	4 유효슈팅	추정가치: 15,000,000€		39.7 경기당패스	80.30 패스성공률	

8
AM
RW
LW

Dominik Szoboszlai

도미니크 소보슬라이

국적 헝가리 | **나이** 23 | **신장** 186 | **체중** 73 | **평점** 6.81

헝가리 국가대표 공격형 미드필더이자 윙어. 2선의 모든 위치에서 뛸 정도로 전술적 활용 가 치가 높고, 빠른 스피드와 효과적인 드리블, 정 확한 패스, 강력한 슈팅, 왕성한 활동량, 오프 더 볼에서의 움직임 등으로 공격을 주도한다. 특히, 오른발 킥이 정확해 프리킥과 코너킥, 중거리 슈 팅 등으로 공격 포인트를 생산한다. 그러나 상대 압박 앞에서 고전하고 수비력이 다소 부족하다. 2023년 7월 이적료 7,000만 유로로 라이프치히 에서 리버풀로 이적했고, 지난 시즌 공식 45경기 에서 7골 4도움을 기록했다. 다만, 전반기에 놀 라운 활약을 보여준 것에 비해 후반기는 부상과 부진으로 아쉬움을 남겼다.

2023/24시즌

		GAMES	MINUTES	GOALS	ASSISTS		
1		33	2,110	3	2		0
	1.8 경기당슈팅	15 유효슈팅	추정가치: 75,000,000€		42.4 경기당패스	87.30 패스성공률	

10
CM
AM
DM

Alexis Mac Allister

알렉시스 맥알리스터

국적 아르헨티나 | **나이** 25 | **신장** 174 | **체중** 72 | **평점** 7.09

아르헨티나 대표팀의 미드필더로 2022 카타 르 월드컵과 2024 코파 아메리카 우승 멤버. 2023년 6월 3,500만 파운드의 이적료로 브라이 튼에서 리버풀로 이적했다. 탄탄한 기본기와 넓 은 시야, 끊임없는 움직임, 능숙한 테크닉, 오른 발 중거리 슈팅 등을 활용해 중원에서 안정적으 로 볼을 배급하고, 공격을 지원한다. 워낙 간결 한 플레이를 통해 이타적인 플레이를 펼쳐 팀 기 여도가 매우 높다. 다만, 피지컬이 뛰어난 편은 아니라서 상대 압박에 고전하고, 부상에서 자유 롭지 못하다. 아버지 카를로스는 아르헨티나 대 표팀 레프트백으로 뛰었고, 첫째 형 프란시스와 둘째 형 케빈도 아르헨티나 리그에서 축구 선수 로 활약하고 있다.

2023/24시즌

		GAMES	MINUTES	GOALS	ASSISTS		
7		33	2,612	5	5		1
	1.3 경기당슈팅	8 유효슈팅	추정가치: 75,000,000€		58.4 경기당패스	87.80 패스성공률	

17
CM
AM
LW

Curtis Jones

커티스 존스

국적 잉글랜드 | **나이** 23 | **신장** 185 | **체중** 72 | **평점** 6.47

리버풀 유스 출신의 중앙 미드필더. 리버풀에서 태어나고 자랐으며 9세의 나이에 리버풀에 입단했다. 2018/19시즌을 앞둔 프리시즌 경기와 훈련에서 클럽 감독에 눈에 띄면서 1군으로 승격했다. 당시 클럽 감독은 그의 드리블과 기동성을 크게 칭찬했다. 탄탄한 기본기와 오프 더 볼 상황에서의 움직임, 동료와의 연계 플레이, 박스 근처에서의 중거리 슈팅 등 중원에서 나름대로 경쟁력을 보여준다. 다만, 잔부상이 있는 편이고, 종종 볼을 끌면서 공격 템포를 늦출 때가 있다. 2022년 11월, 2027년까지 다년 재계약을 맺었고 로테이션 멤버로 자리매김하면서 점차적으로 출전시간이 늘어나고 있다.

2023/24시즌

	23 GAMES	1,168 MINUTES	1 GOAL	1 ASSISTS	
3	0.8 경기당슈팅	5 유효슈팅	추정가치: 35,000,000€	32.6 경기당패스	91.50 패스성공률	1

19
AM
CM
RW

Harvey Elliott

하비 엘리엇

국적 잉글랜드 | **나이** 21 | **신장** 170 | **체중** 67 | **평점** 6.7

공격형 미드필더, 중앙 미드필더, 윙어 등 다양한 포지션을 소화한다. 왼발 테크니션으로 저돌적인 돌파와 빠른 드리블, 창의적인 패스, 연계 플레이 등으로 공격력을 과시한다. 풀럼 유스 출신으로 2019년 5월 4일 울버햄튼전에 출전하여 프리미어리그 최연소 데뷔 기록(16세 30일)을 세우면서 2019년 7월 리버풀로 이적했다. 2020/21시즌 블랙번으로 임대되어 42경기에 출전해 6골 12도움을 기록하며 제 실력을 발휘하기 시작했다. 이후, 2022/23시즌부터 리버풀에서 출전 기회를 잡고 있다. 슬롯 감독이 프리시즌에 엘리엇을 공격형 미드필더로 테스트함에 따라 그의 출전 시간이 늘어날 가능성이 농후하다.

2023/24시즌

	34 GAMES	1,339 MINUTES	3 GOALS	6 ASSISTS	
2	1.4 경기당슈팅	16 유효슈팅	추정가치: 35,000,000€	26.6 경기당패스	87.70 패스성공률	0

38
CM
DM

Ryan Gravenberch

라이언 흐라벤베르흐

국적 네덜란드 | **나이** 22 | **신장** 190 | **체중** 78 | **평점** 6.49

네덜란드 대표팀의 중앙 미드필더. 190cm의 큰 신장에도 긴 다리, 넓은 보폭을 적절히 활용하는 드리블과 민첩한 방향전환, 창의적인 패스, 효과적인 동료와의 연계 등을 통해 공격에 기여한다. 그러나 뛰어난 수비 위치 선정, 긴 다리를 이용한 인터셉트 등 준수한 수비를 보여주면서도 후반전 체력 저하와 수비 적극성 부족을 노출하고 있다. 아약스 유스 출신으로 바이에른뮌헨을 거쳐 2023년 9월 4,000만 유로의 이적료에 리버풀로 이적했다. 지난 시즌 리버풀에서 공식 38경기에서 4골 2도움을 기록했다. 하지만 수비 능력 부족이란 비판에서 자유롭지 못했으므로 다가오는 시즌 적극적인 태도로 수비력을 향상시켜야 한다.

2023/24시즌

	26 GAMES	1,122 MINUTES	1 GOALS	0 ASSISTS	
0	0.9 경기당슈팅	8 유효슈팅	추정가치: 35,000,000€	19 경기당패스	83.40 패스성공률	0

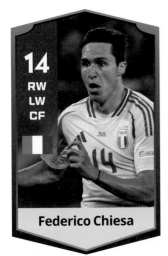

14
RW
LW
CF

Federico Chiesa

페데리코 키에사

국적 이탈리아 | **나이** 26 | **신장** 175 | **체중** 69 | **평점** 6.98

이탈리아 대표팀 출신의 공격수로 좌, 우 윙어와 스트라이커 등 공격의 모든 포지션을 소화한다. 빠른 스피드와 효과적인 테크닉을 바탕으로 저돌적인 돌파를 보여주며 상대의 측면 수비를 파괴하고 양발을 활용한 슈팅으로 골을 넣곤 한다. 또한, 왕성한 활동량과 강한 압박, 적극적인 수비 가담을 보여주며 준수한 수비력을 과시한다.

다만, 십자인대파열 등을 비롯해 크고 작은 부상으로 고생해 유리몸이라는 이미지가 있다. 피오렌티나, 유벤투스 등 세리에A에서 활약했지만 2024년 8월 리버풀로 이적하며 프리미어리그에 도전장을 던졌다. 2018년부터 이탈리아 대표팀에서 활약하고 있고, 이탈리아가 유로 2020에서 우승하는데 큰 공을 세웠다.

2023/24시즌

	33 GAMES	**2,207** MINUTES	**9** GOALS	**2** ASSISTS		
1	**2.3** 경기당슈팅	**25** 유효슈팅	추정가치: **35,000,000€**	**17.2** 경기당패스	**77.30** 패스성공률	0

7
LW

Luis Díaz

루이스 디아스

국적 콜롬비아 | **나이** 27 | **신장** 180 | **체중** 72 | **평점** 7.09

에너지 넘치는 왼쪽 윙어. 2022년 1월 이적료 4,500만 파운드에 포르투에서 리버풀로 이적하자마자 해당 시즌에 리그 13경기에서 4골을 넣으며 센세이션을 일으켰다. 화려한 테크닉과 빠른 드리블, 왕성한 활동량으로 왼쪽 측면을 지배했을 뿐 아니라 반대발 윙어답게 중앙으로 들어오면서 강력하고 예리한 오른발 슈팅을 보여줬

다. 2022/23시즌 초반에도 기세를 이어갔지만 10라운드 아스날전에서 무릎 부상을 당하면서 전력에서 이탈했다. 약 7개월 만에 복귀했지만 경기 감각을 회복하는 데 초점을 맞출 수밖에 없었다. 하지만 지난 시즌에는 공식 51경기에 출전해 13골 5도움을 기록하며 부활에 성공했다.

2023/24시즌

	37 GAMES	**2,646** MINUTES	**8** GOALS	**5** ASSISTS		
3	**2.5** 경기당슈팅	**32** 유효슈팅	추정가치: **75,000,000€**	**27.5** 경기당패스	**85.30** 패스성공률	0

9
CF
LW

Darwin Núñez

다르윈 누녜스

국적 우루과이 | **나이** 25 | **신장** 187 | **체중** 79 | **평점** 6.89

리버풀의 스트라이커이자 왼쪽 윙포워드. 타고난 피지컬과 빠른 드리블, 반 박자 빠른 슈팅, 오프 더 볼에서의 침투 등은 위력적이지만 순간적인 판단 미스와 미숙한 퍼스트 터치, 세밀함 부족을 노출할 때가 잦다. 누녜스가 2023년 6월 이적료 7,500만 유로(옵션 2,500만 유로)라는 거금에 벤피카에서 리버풀로 이적했을 때, 축구팬

들은 그가 맨시티의 엘링 홀란드와 득점왕 경쟁을 펼칠 것이라고 기대했다. 하지만 누녜스는 2022/23시즌 리그에서 9골만을 기록했고, 비판에서 자유로울 수 없었다. 그리고 지난 시즌은 리그에서만 11골 8도움을 기록하는 등 생산성에 향상된 모습을 보였지만, 종종 쉬운 득점 기회들을 무산시키면서 여전히 많은 비판을 듣고 있다.

2023/24시즌

	36 GAMES	**2,050** MINUTES	**11** GOALS	**8** ASSISTS		
9	**3** 경기당슈팅	**46** 유효슈팅	추정가치: **70,000,000€**	**12.9** 경기당패스	**71.60** 패스성공률	0

Mohamed Salah

11
LW
RW
CF

모하메드 살라

국적 이집트 | **나이** 32 | **신장** 175 | **체중** 71 | **평점** 7.24

리버풀의 간판 공격수이자 해결사. 빠른 스피드와 치명적인 드리블, 뛰어난 마무리 능력, 동료와의 연계 플레이 등으로 리버풀의 공격을 주도한다. 주발인 왼발에 비해 오른발이 약하다는 평을 듣지만 이는 그의 득점력에 큰 영향을 주지 않는다. 프리미어리그 득점왕 3회, 도움왕 1회를 차지했을 뿐 아니라 PFA 올해의 선수로 2차례나 선정되었을 정도로 PL을 대표하는 스타플레이어로 꼽힌다. 2017년 6월 3,690만 파운드에 AS 로마에서 리버풀로 이적한 후, 지난 8시즌 동안 매해 리그에서 18골 이상을 기록했다. 지난 시즌에도 파괴력이 떨어졌다는 평이 나오기는 했지만, 공식 44경기 25골 14도움(리그 18골 10도움)을 기록할 정도로 훌륭한 성적을 남겼다.

2023/24시즌

	32 GAMES	**2,536** MINUTES	**18** GOAL	**10** ASSISTS	
2	**3.6** 경기당슈팅	**47** 유효슈팅	추정가치: **55,000,000€**	**29.2** 경기당패스	**75.70** 패스성공률	**0**

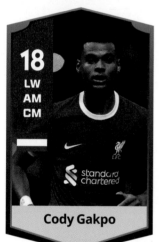

Cody Gakpo

18
LW
AM
CM

코디 학포

국적 네덜란드 | **나이** 25 | **신장** 187 | **체중** 78 | **평점** 6.87

네덜란드 대표팀의 에이스로 감독의 요구에 따라 스트라이커, 왼쪽 윙어, 공격형 미드필더 등 다양한 포지션을 소화한다. 전술과 공간에 대한 이해력이 뛰어나고 동료와 연계 플레이가 탁월하다. 오른발을 활용한 크로스와 패스, 슈팅이 위력적이며 193cm의 신장을 이용한 헤더에도 일가견이 있다. PSV 유스 출신으로 2022년 12월 이적료 3,700만 파운드의 이적료에 리버풀로 이적했다. 2022/23시즌 후반기 리버풀에서 공식 26경기에 출전해 7골을 넣으며 팀에 적응하는 모습을 보여줬고, 지난 시즌 공식 53경기에 출전해 16골 6도움을 기록했다. 유로 2024에서 3골 1도움을 기록하며 네덜란드 대표팀을 4강으로 이끌기도 했다.

2023/24시즌

	35 GAMES	**1,646** MINUTES	**8** GOAL	**5** ASSISTS	
1	**1.9** 경기당슈팅	**24** 유효슈팅	추정가치: **55,000,000€**	**15.3** 경기당패스	**79.30** 패스성공률	**0**

Diogo Jota

20
CF
RW

디오구 조타

국적 포르투갈 | **나이** 27 | **신장** 178 | **체중** 69 | **평점** 7.09

포르투갈 국가대표 공격수로 공격의 모든 포지션에서 뛸 정도로 다재다능하다. 2020년 9월 울버햄튼에서의 활약을 바탕으로 이적료 4,500만 파운드에 리버풀로 이적했다. 2022/23시즌 부상으로 고생했음에도 리버풀에서 4시즌 동안 145경기에 출전해 56골을 넣었다. 즉, 출전을 하면 어떻게든 공격 포인트를 기록하며 기대에 부응했다는 이야기. 훌륭한 오프 더 볼의 움직임과 빠른 스피드를 이용한 드리블, 감각적인 슈팅 등으로 공격에 기여한다. 공격에서 수비로 전환될 때 압박 타이밍이 좋아 수비 기여도도 높은 편이다. 다만 부상이 잦은 편이라서 지난 2시즌 동안 출전 경기와 플레잉 타임이 점점 줄어들고 있다.

2023/24시즌

	21 GAMES	**1,151** MINUTES	**10** GOALS	**3** ASSISTS	
1	**2** 경기당슈팅	**19** 유효슈팅	추정가치: **50,000,000€**	**18.3** 경기당패스	**74.50** 패스성공률	**1**

전지적 작가 시점

송영주가 주목하는 리버풀의 원픽!

모하메드 살라

살라는 리버풀 공격의 상징적인 존재이다. 2017년 6월 AS로마에서 3,690만 파운드의 이적료에 리버풀로 이적한 이후, 그는 항상 리버풀의 득점을 책임졌다. 지난 7시즌 동안 리버풀에서 공식 349경기에 출전해 211골을, 프리미어리그 250경기에 출전해 155골을 넣었다. 특히, 2017/18시즌 리그 36경기에서 무려 32골 10도움을 기록하기도 했다. 프리미어리그에서 득점왕을 3차례나 차지했을 정도. 무서운 속도를 동반한 위력적인 드리블, 힘과 신체 밸런스를 바탕으로 전방에서의 플레이, 정확한 패스를 통한 찬스 메이킹 능력, 그리고 확실한 골 결정력 등 그가 보여주는 플레이는 경이롭게 느껴진다.

하지만 세월 앞에 장사가 없는 법. 1992년생의 살라도 이제 전성기에서 내려올 나이에 직면했다. 그는 2021/22시즌 23골로 손흥민과 함께 공동 득점왕을 차지한 후, 최근 2시즌 동안 각각 19골, 18골을 기록했다. 이제 계약기간은 1년 밖에 남지 않은 상황. 따라서 2024년 여름 그를 둘러싼 이적설까지 돌았다. 하지만 슬롯 감독에겐 살라의 파괴력이 절실하다. 다르윈 누녜스의 신뢰할 수 없는 결정력을 고려할 때, 슬롯 감독의 리버풀이 성공하기 위해선 반드시 살라가 예전의 파괴력을 보여줘야 한다.

지금 리버풀에 이 선수가 있다면!

윌리안 파초

리버풀은 2024년 여름 수비형 미드필더, 센터백, 윙포워드 영입이 필요했다. 하지만 결과적으로 키에사 영입 외에는 소득이 없었다. 특히, 센터백을 영입하지 못한 것이 못내 아쉽다. 물론, 리버풀은 적지 않은 센터백을 보유하고 있다. 무엇보다 수비의 중심 버질 판다이크가 건재하다. 하지만 자세히 보면 이야기는 달라진다. 판다이크와 이브라히마 코나테, 자렐 콴사를 제외하면 선발로 활용할 수 있는 센터백은 전무하다고 봐도 지나치지 않다. 따라서 언급한 3명의 센터백 중에 한 명이라도 부상을 당하면 수비는 타격을 입을 수밖에 없다.

이런 측면에서 리버풀이 윌리안 파초의 영입에 실패한 것이 아쉽다. 에콰도르 대표팀 출신의 센터백 파초는 지난 시즌 프랑크푸르트에 이적해 공식 44경기, 분데스리가에서 33경기를 소화하며 안정적인 수비를 자랑했다. 186cm의 신장을 바탕으로 힘과 스피드, 고공장악력을 과시하고, 왼발 센터백으로 넓은 수비 범위를 보여준다. 이에 따라 리버풀뿐 아니라 레알마드리드, 파리생제르망 등 빅클럽들이 그의 영입에 관심을 드러냈다. 그리고 그는 2024년 여름 4,500만 유로의 이적료에 PSG로 이적했다. 리버풀로선 아쉬울 수밖에 없다.

EMILIANO MARTINEZ

ROBIN OLSEN

MATTY CASH

EZRI KONSA

TYRONE MINGS

LUCAS DIGNE

PAU TORRES

KORTNEY HAUSE

IAN MAATSEN

ROSS BARKLEY

AMADOU ONANA

DIEGO CARLOS

JADEN PHILOGENE

MORGAN ROGERS

JOHN MCGINN

YOURI TIELEMANS

EMILIANO BUENDIA

JACOB RAMSEY

LEON BAILEY

BOUBACAR KAMARA

OLLIE WATKINS

JHON DURAN

20242025

Aston Villa

ASTON VILLA

애스턴빌라 Aston Villa

창단 년도 | 1874년
최고 성적 | 우승 (1893/94, 1895/96, 1896/97, 1898/99,
1899/00, 1909/10, 1980/81)
경기장 | 빌라 파크 (Villa Park)
경기장 수용 인원 | 42,530명
지난 시즌 성적 | 4위
별칭 | The Villans (빌란스), The Lions (사자)
상징색 | 클라렛, 블루
레전드 | 조 바쉬, 빌리 워커, 찰리 에이켄,
고든 코완스, 알란 에반스, 나이젤 스핑크,
데니스 모티머, 폴 맥그라스,
가브리엘 아그본라허 등

히스토리

애스턴빌라는 잉글랜드에서 역사와 전통이 가장 깊은 클럽 중 하나다. 1부 리그와 FA컵 각각 7회, EFL컵 5회를 포함해 과거 영국 무대를 주름잡았고 1981/82시즌에는 챔피언스리그 전신 유로피언컵 트로피까지 들어올렸다. 비록 근년의 역사에서는 2015/16시즌 강등을 포함하여 뚜렷한 족적을 남기지 못했지만, 2022년 11월 에메리 감독이 부임하면서 급격한 변화를 맞았다. 전술적 역량이 부족했던 딘 스미스, 스티븐 제라드 감독과 달리 에메리 감독은 백6 수비, 조직적인 역습, 다양한 세트피스 전술을 비롯 선수들에게 알맞은 역할을 부여하면서 팀 전체의 수준을 끌어올렸다. 그 결과 2023/24시즌 리그 4위를 차지하며 빌라를 무려 41년 만에 챔피언스리그로 복귀시켰다. 긴 터널을 지나 근본을 되찾아가는 중이며, 더 나은 미래가 기대되는 팀으로 변모하고 있다.

최근 5시즌 리그 순위 변동

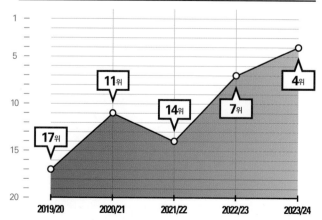

시즌	순위
2019/20	17위
2020/21	11위
2021/22	14위
2022/23	7위
2023/24	4위

클럽레코드 IN & OUT

〉〉〉〉〉〉〉〉〉〉〉〉〉〉 **최고 이적료 영입 IN**

아마두 오나나
5,935만 유로
(2024년 7월,
from 에버튼)

최고 이적료 판매 OUT 〉〉〉〉〉〉〉〉〉〉〉〉〉〉〉
잭 그릴리쉬
1억 1,750만 유로
(2021년 8월,
to 맨체스터시티)

우나이 에메리 Unai Emery | 1971년 11월 3일 | 52세 | 스페인

빌라의 영광을 재현할 '에메리 프로젝트'

'유로파리그의 왕'이지만 PSG에서의 빅이어 실패, 아스날 시절 선수단 장악 문제 등의 이슈로 빅클럽과 어울리지 않는다는 평가를 받았다. 에메리는 재기를 노렸다. 라리가로 돌아와 비야레알에서 2년간 전술 철학을 발전시켰고 2022년 11월 빌라에 중도 부임했다. 효과는 즉각적으로 나타났다. 스미스, 제라드 감독 체제에서는 찾아볼 수 없었던 수비 조직력과 공격 포지셔닝으로 침체된 팀 분위기를 반전시켰다. 특히 홈에서 강력한 퍼포먼스를 이끌어내며 빌라 파크를 원정팀의 무덤으로 만들었다. 에메리의 전술적 역량은 2023/24시즌 폭발했다. 오프사이드 트랩 활용, 빌드업 시스템 개선, 카운터 위력을 증가시키며 애스턴빌라를 무려 41년 만에 챔피언스리그로 복귀시켰다. 빌라 영광의 재현 그 중심에는 에메리 프로젝트가 있다.

📋 감독 인터뷰

"애스턴빌라의 프로젝트는 테이블과 같다. 테이블이 안정적으로 유지되려면 4개의 다리가 필요하다. 4개의 다리는 각각 서포터, 보드진, 코칭스태프 그리고 선수들이다."

감독 프로필

통산			선호 포메이션	승률
914 경기 **486** 승 **197** 무 **231** 패			**4-4-2**	**53.17**%

우승 이력

- **프랑스 리그1** (2017/18)
- **프랑스 컵** (2016/17, 2017/18)
- **프랑스 슈퍼컵** (2016, 2017)
- **프랑스 리그컵** (2016/17, 2017/18)
- **UEFA 유로파리그** (2013/14, 2014/15, 2015/16, 2020/21)

경력

2004~2006	2006~2008	2008~2012	2012
로르카데포르티바	알메리아	발렌시아	스파르타크모스크바

2013~2016	2016~2018	2018~2019	2020~2022	2022~
세비야	파리생제르맹	아스날	비야레알	애스턴빌라

ASTON VILLA

IN

FW

| 9 듀란 | 11 왓킨스 | 27 로저스 |

MF

| 6 바클리 | 7 맥긴 | 8 틸레만스 | 10 부엔디아 |

| 19 필로진 | 24 오나나 | 31 베일리 | 41 램지 | 44 카마라 |

DF

| 2 캐시 | 3 카를루스 | 4 콘사 | 5 밍스 |

| 12 디뉴 | 14 토레스 | 20 네델리코비치 | 22 마트센 | 30 하우스 |

GK

| 18 가우치 | 23 마르티네스 | 25 올센 |

OUT

코스타
네델리코비치
(즈베즈다)

이안 마트센
(첼시)

로스 바클리
(루턴타운)

엔소 바르네체아
(유벤투스)

아마두 오나나
(에버튼)

제이든 필로진
(헐시티)

무사 디아비
(알이티하드)

더글라스 루이즈
(유벤투스)

팀 이로그부남
(에버튼)

모르강 상송
(니스)

빌야미 시니살로
(셀틱)

펠리페 쿠티뉴
(바스코다가마)

루이스 도빈
(웨스트브롬위치)

케인 케슬러헤이든
(프레스턴)

카메론 아처
(사우샘프턴)

엔조 바르네체아
(발렌시아, 임대)

알렉스 모레노
(노팅엄, 임대)

히든풋볼의 이적시장 평가

4년 만에 챔피언스리그에 복귀한다. 많은 보강이 예상됐지만 빌라는 실속을 챙겼다. 유스 출신 선수들을 바이백으로 영입하면서 스쿼드 등록을 대비했다. 밍스와 부엔디아가 장기 부상에서 복귀하기에 별다른 영입이 필요하지 않았다. 대신 재정 규정을 맞춰야 했다. 디아비를 한 시즌 만에 판매했고 더글라스 루이즈를 생각보다 낮은 금액에 떠나보낸 점은 아쉬운 대목이다.

히든풋볼 이적시장 평가단

2023/24시즌 스탯 Top 3

득점 Top 3

⚽ 올리 왓킨스	**19**골
⚽ 레온 베일리	**10**골
⚽ 더글라스 루이즈	**9**골

도움 Top 3

🥾 올리 왓킨스	**13**도움
🥾 레온 베일리	**9**도움
🥾 무사 디아비	**8**도움

출전시간 Top 3

⏱ 올리 왓킨스	**3,226**분
⏱ 에즈리 콘사	**3,074**분
⏱ 마르티네스	**3,015**분

히든풋볼의 순위 예측

에메리의 야망을 위해서는 왓킨스의 득점력이 필요하다. 이적생들의 활약에 따라 순위는 좀 더 높아질 수 있다.

빌라는 이제 모든 팀들의 견제 대상이다. 모두의 견제를 받는 과정에 UCL 병행은 에메리에게 또 다른 도전과제

지난 시즌 전력을 유지하면서, 약 1억 7천만 파운드를 선수 영입에 투자했다. 하지만 UCL 병행은 어렵다.

에메리가 부임하면서 팀의 체급을 한층 올려 놨다. 챔피언스리그 병행이 올 시즌 큰 어려움으로 작용할 듯하다.

챔피언스리그는 어쩌면 독이 든 성배와 같다. 유럽대항전을 병행하는 건 어떤 팀에게도 쉬운 일이 절대 아니다.

핵심 자원들이 돌아온다. 에메리의 전술도 더욱 무르익을 것이다. 하지만 UCL 병행은 험난하다.

7위 · 이주헌 ·

5위 · 박종윤 ·

8위 · 송영주 ·

8위 · 이완우 ·

8위 · 김형책 ·

8위 · 남윤성 ·

PL & UCL, 두 마리 토끼를 잡아라!

2022년 11월 비야레알을 떠나 애스턴빌라에 합류하면서 에메리 프로젝트가 가동 됐다. 부임 즉시 본인의 축구 철학을 주입했다. 이례적으로 월드컵이 시즌 중간에 진행된 덕분에 6주 가까이 훈련에 매진할 수 있었다. 수비 조직력 강화, 빠른 공수 전환, 공격 포지셔닝, 수비 시 백5와 백6를 오가는 시스템 등 단기간에 팀을 변화시켰고 결과는 대성공이었다. 경기당 획득한 승점은 0.920에서 1.96, 승률은 23.1%에서 60.0%로 크게 늘어났다. 경기당 득점은 0.85에서 1.60으로 실점은 1.54에서 1.04로 줄이면서 부임 전 13위까지 떨어졌던 순위를 7위까지 끌어올렸다. 2년 차가 기대됐다. 프리시즌부터 소화하며 완벽하게 시즌을 준비한다면 얼마나 더 높은 곳으로 이끌게 될까?

결과부터 말하자면 2023/24시즌 역사를 썼다. 빌라를 리그 4위에 안착시키며, 41년 만에 챔피언스리그로 복귀시켰다. 전 시즌에 비해 25득점을 더 했고 실점도 15골 늘었다. 그만큼 공격 축구를 추구했다. 전술적인 변화도 있었다. 오프사이드 트랩을 활용했고 다양한 세트피스로 득점 패턴을 다양화했다. 아쉬움도 있었다. 전반기에만 무려 승점 39점을 획득했지만 후반기에는 29점에 그쳤다. 컨퍼런스리그와 FA컵을 병행하면서 힘이 떨어진 탓이다. 여기에 핵심 선수들의 부상 이탈이 뼈아팠다. 플레이메이커 부엔디아, 수비 핵심 밍스, 중원 지배자 카마라, 원더보이 제이콥 램지가 장기 부상으로 이탈했다. 만약 부상 없이 시즌을 계획대로 치렀다면 더 높은 순위를 기록했을지도 모른다.

2024/25시즌이 더욱 기대되는 이유다. 프리미어리그와 챔피언스리그의 까다로운 재정 규정을 맞추느라 더글라스 루이즈와 무사 디아비를 판매할 수밖에 없었다. 하지만 이안 마트센, 아마두 오나나, 로스 바클리를 영입했다. 인버티드 풀백 마트센, 중원 수비력을 강화시켜줄 오나나, 루이즈의 공백은 틸레만스와 바클리가 메울 예정이다. 전술적인 변화는 크지 않을 것으로 보이지만 선수단 변화에 따른 컨셉 차이가 예상된다. 그리고 카마라를 제외한 핵심 선수들이 모두 복귀한다. 원래부터 에메리 감독은 지공 상황은 플레이메이커의 개인 능력에 의존했다. 실질적인 에이스 부엔디아와 램지가 건강하다면 빌라는 리그와 챔피언스리그라는 두 마리 토끼를 모두 잡을 수 있다.

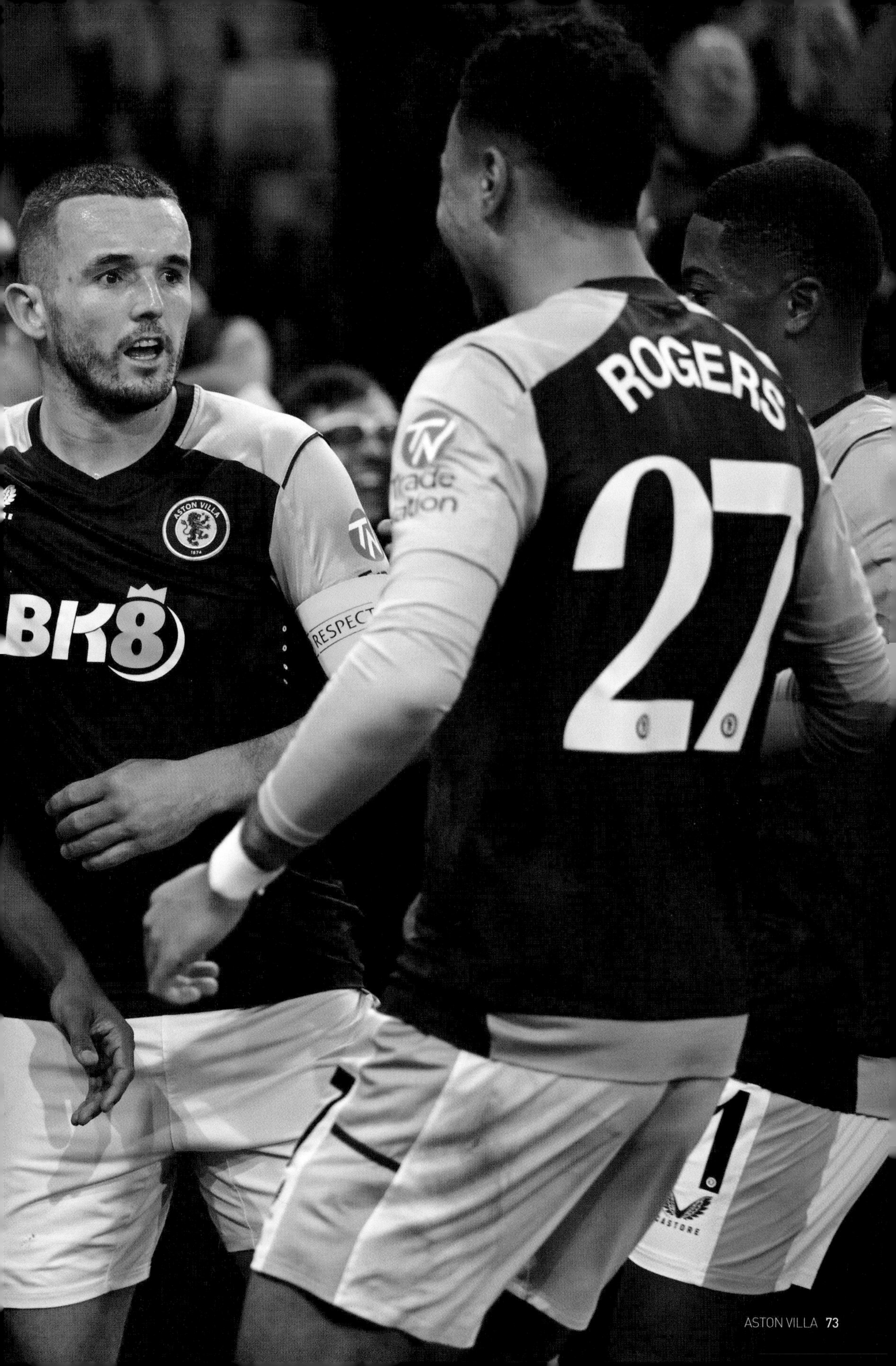
ROGERS
27
ASTON VILLA
BK8
RESPECT
CASTORE

1
GK

Emiliano Martínez

에밀리아노 마르티네스

국적 아르헨티나 **|** **나이** 31 **|** **신장** 195 **|** **체중** 88 **|** **평점** 6.71

2020/21시즌 아스날을 떠나 빌라에 입단했다. 놀라운 반사 신경, 환상적인 선방으로 후방을 지키는 든든한 수호신으로 자리매김했다. 2022/23시즌에 비해 선방률이 다소 줄었지만 그렇다고 세이브 능력이 떨어진 건 전혀 아니다. 마르티네스도 막아낼 수 없었던 것뿐이다. 에메리 부임 후에는 짧은 패스로 빌드업하는 능력까지 장착했

다. 처음에는 실수도 잦고 불안했지만 이제는 자연스럽게 처리한다. 실제로 롱패스로 볼을 방출하는 횟수가 줄었고 전체 패스 정확도는 71.6%에서 81.4%로 약 10%나 상승했다. 어느덧 5번째 시즌을 함께한다. 빌라의 전설로 자리 잡아가는 중이다.

2023/24시즌

	34 GAMES	3,015 MINUTES	48 실점	66.20 선방률	
4	95 세이브	8 클린시트	추정가치: 28,000,000€	23.50 클린시트 성공률	0/1 PK 방어 기록	0

에즈리 콘사

국적 잉글랜드 **|** **나이** 26 **|** **신장** 183 **|** **체중** 77 **|** **평점** 6.64

4
CB
RB

Ezri Konsa

밍스, 하우스, 체임버스, 튀앙제브, 베드나렉 등 근년의 빌라 센터백 중에서 유일하게 꾸준한 폼으로 활약한 선수다. 제라드 시절 밍스가 수비 불안을 드러낼 때 옆에서 안정적인 수비로 흔들리는 라인을 지탱했고 에메리의 지도를 받으며 리그 최정상급 센터백으로 성장했다. 내려섰을 때 수비 포지셔닝, 단단한 밸런스, 넓은 공간

을 커버하는 능력, 안정적인 빌드업까지 만능 수비수다. 특히 에메리 부임 후에는 오른쪽 풀백까지 완벽하게 소화하면서 다재다능함을 드러냈다. 그 결과 2024년 3월 삼사자 군단에 합류, 유로 2024 본선에서도 활약하며 잊지 못할 한 해를 보냈다.

2023/24시즌

	35 GAMES	3,073 MINUTES	1 GOALS	0 ASSISTS	
5	0.5 경기당슈팅	5 유효슈팅	추정가치: 35,000,000€	55.80 경기당패스	91.10 패스성공률	0

파우 토레스

국적 스페인 **|** **나이** 27 **|** **신장** 191 **|** **체중** 80 **|** **평점** 6.61

14
CB

Pau Torres

에메리가 비야레알에서 빚은 또 하나의 수비 작품. 비야레알 유스로 성장해 2023/24시즌 빌라에 합류했다. 초반에는 프리미어리그의 빠른 템포와 피지컬을 활용한 압박에 고전했다. 하지만 서서히 적응했고 이내 능력을 드러냈다. 비야레알에서 하던 것만큼 드리블로 높은 위치까지 볼을 캐리하는 시도는 줄었으나 후방에서 짧은 패

스로 상대 압박을 풀어 나오는 능력은 빌라 센터백 중에서 압도적이다. 특히 상대 압박에 쌓인 동료에게 접근하는 타이밍과 공간에서 볼을 받는 움직임이 훌륭하다. 토레스의 영리한 움직임과 패스력은 빌라의 빠른 공격 전환에 크게 일조한다.

2023/24시즌

	29 GAMES	2,463 MINUTES	2 GOALS	0 ASSISTS	
1	0.4 경기당슈팅	5 유효슈팅	추정가치: 45,000,000€	61.03 경기당패스	87.40 패스성공률	0

5
CB

Tyrone Mings

타이론 밍스

국적 잉글랜드 | **나이** 31 | **신장** 196 | **체중** 77 | **평점** 6.08

2018/19시즌 후반기 빌라에 합류해 프리미어리그 승격을 이끌었다. 196cm 장신에도 밸런스가 좋고 스피드가 빠르며 볼을 다루는 능력과 롱패스 빌드업까지 겸비했다. 과거 무리하게 덤벼들다가 제쳐지거나 상대를 거칠게 다뤄 경고를 자주 받는 경향이 있었다. 에메리 부임 후 완전히 달라졌다. 더 이상 흥분하지 않았고 노련해졌으

며 플레이 안정감이 생겼다. 하지만 2023/24시즌 뉴캐슬과의 개막전에서 십자인대 파열로 쓰러졌다. 무리하지 않고 긴 시간 재활에 전념하여 건강히 복귀했다. 2024/25시즌 에즈리 콘사, 파우 토레스와 함께 빌라 수비의 핵심이다.

2023/24시즌

	1 GAMES	31 MINUTES	0 GOALS	0 ASSISTS	
0	1 경기당슈팅	0 유효슈팅	추정가치: 13,000,000€	5 경기당패스	100.00 패스성공률	0

3
CB

Diego Carlos

디에구 카를로스

국적 브라질 | **나이** 31 | **신장** 185 | **체중** 79 | **평점** 6.46

브라질 국적의 파워풀한 센터백. 2022/23시즌 세비야를 떠나 애스턴빌라에 합류했다. 입단 초 탄탄한 수비로 제라드 체제에서 불안했던 수비라인에 희망이 됐지만 에버튼과의 2라운드 경기 종료 직전 아킬레스건 파열로 수술대에 올랐다. 복귀 후 탄탄한 피지컬은 여전했지만 수비력이 흔들렸다. 볼처리는 불안했고 잔실수가 늘었으

며 숏패스는 롱패스보다 정확성이 떨어졌다. 이번 여름 재정 규정을 맞춰야 했던 빌라는 카를로스 판매를 원했고 풀럼과 강하게 링크됐지만 결국 잔류했다. 에메리 감독은 프리시즌 유망주 보가르데를 더 신임하는 모습을 보였는데, 부상 전 모습을 되찾지 못한다면 빌라에서의 생활은 희망적이지 않다.

2023/24시즌

	27 GAMES	1,811 MINUTES	0 GOALS	0 ASSISTS	
4	0.4 경기당슈팅	1 유효슈팅	추정가치: 16,000,000€	49.63 경기당패스	88.40 패스성공률	0

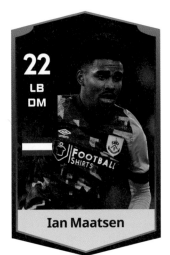

22
LB
DM

Ian Maatsen

이안 마트센

국적 네덜란드 | **나이** 22 | **신장** 178 | **체중** 63 | **평점** 7.01

작년 여름 프리시즌에서 포체티노 감독에게 인정받았다. 하지만 쿠쿠렐라, 벤 칠웰 사이에서 출전 시간을 확보하지 못하며 후반기 도르트문트로 임대를 떠났다. 오히려 좋은 기회가 됐다. 누리 사힌이 수석코치로 합류한 뒤 도르트문트의 빌드업 체계가 안정화됐고 그 중심에는 인버티드 풀백 마트센이 있었다. 피지컬적인 한계가

있다는 평가를 받지만 볼을 다루는 능력과 전진성이 훌륭하다. 더글라스 루이즈의 이적, 부바카르 카마라의 부상 공백에 시즌 초 중원 빌드업이 우려된다. 그래서 에메리 감독은 마트센을 활용한 인버티드 풀백 전술을 꺼내들 가능성도 충분하다.

2023/24시즌

	16 GAMES	1,269 MINUTES	2 GOALS	2 ASSISTS	
5	0.7 경기당슈팅	4 유효슈팅	추정가치: 40,000,000€	58.6 경기당패스	87.50 패스성공률	0

12
LB

Lucas Digne

뤼카 디뉴

국적 프랑스 | **나이** 31 | **신장** 178 | **체중** 74 | **평점** 6.68

2022/23시즌 발목 부상 후 폼 저하. 겨울 알렉스 모레노 영입으로 후반기 출전 시간이 줄었다. 중동 클럽과 링크가 있었지만 빌라에 남았고 2023/24시즌 가치 증명에 성공했다. 과감한 전진과 언더래핑은 모레노가 조금 더 나았을지 몰라도 디뉴의 연계 플레이와 크로스 퀄리티는 따라잡을 수 없었다. 이번 시즌 마트센 합류에도

디뉴의 입지는 걱정이 없다. 오히려 소화해야 하는 경기가 많아져 체력적인 관리를 받으며 시즌을 소화할 수 있게 됐다. 중원의 빌드업을 강화할 때는 마트센, 상대 압박을 풀고 측면을 공격적으로 활용할 때는 디뉴가 선발로 나올 예정이다.

2023/24시즌

7	33 GAMES	2,410 MINUTES	1 GOAL	3 ASSISTS	0
	0.6 경기당슈팅	4 유효슈팅	추정가치: 12,000,000€	30.7 경기당패스	75.10 패스성공률

2
RB

Matty Cash

매티 캐시

국적 폴란드 | **나이** 27 | **신장** 185 | **체중** 74 | **평점** 6.66

폴란드 대표팀에서 뛰지만 태생은 잉글랜드다. 노팅엄 유스로 성장해 2020/21시즌 빌라에 합류했다. 타이트한 수비와 빠른 커버로 측면을 책임진다. 공격 시 스피드를 활용한 전진과 강력한 슈팅이 강점이다. 하지만 크로스 퀄리티가 다소 떨어지며 상대를 거칠게 다뤄 불필요한 경고를 받기도 한다. 2023/24시즌을 앞두고 프리시즌

경기에서 에메리 감독은 디뉴를 전진시키고 캐시를 센터백처럼 후방에 남기는 전술도 활용했다. 비록 콘사가 그 역할을 소화했지만 언제든지 센터백도 가능하다. 유로2024 명단 탈락의 설움을 이번 시즌 맹활약으로 떨쳐내려 한다.

2023/24시즌

8	29 GAMES	2,142 MINUTES	2 GOAL	2 ASSISTS	0
	1.1 경기당슈팅	13 유효슈팅	추정가치: 28,000,000€	35.45 경기당패스	80.40 패스성공률

44
CB
DM

Boubacar Kamara

부바카르 카마라

국적 프랑스 | **나이** 24 | **신장** 184 | **체중** 68 | **평점** 6.79

마르세유 시절부터 빅클럽의 주목을 받았다. 하지만 카마라는 빌라를 선택했다. 2022/23시즌 이적과 동시에 본인의 능력을 증명했다. 중원에서 상대 역습을 효과적으로 지연했고 일대일 수비에서 파울 없이 볼만 빼내며 역습을 도왔다. 발밑과 패스까지 좋아 낮은 위치에서는 루이즈보다 카마라의 빌드업 비중이 더 컸다. 마르세유

에서 센터백까지 소화한 경험이 있어 에메리 부임 후에는 백6에서 수비형 미드필더와 오른쪽 센터백을 오가며 수비 지역을 커버했다. 하지만 후반기 십자인대 파열로 쓰러져 전반기 결장이 예상된다. 빌라는 이 시기만 잘 버텨내면 된다.

2023/24시즌

7	20 GAMES	1,659 MINUTES	0 GOALS	1 ASSISTS	1
	0.3 경기당슈팅	1 유효슈팅	추정가치: 38,000,000€	51.20 경기당패스	89.10 패스성공률

6
CM
AM

Ross Barkley

로스 바클리

국적 잉글랜드 | **나이** 30 | **신장** 189 | **체중** 76 | **평점** 7.05

잭 로드웰에 이어 에버튼과 잉글랜드 중원의 미래가 되는 줄 알았다. 기대 속에 첼시로 이적했지만 성장이 멈췄다. 판단 속도가 늦었고 무리한 플레이로 턴오버를 남발했다. 그렇게 떠난 니스에서도 출전 시간은 적었고 루턴타운을 통해 프리미어리그에 돌아왔을 때도 모두 바클리는 끝났다고 생각했다. 하지만 화려하게 부활했다. 템포 조율부터 드리블을 통한 탈압박과 볼 운반, 기회 창출까지. 진정 축구를 깨달은 퍼포먼스를 보였다. 에메리 감독의 부름을 받아 빌라에 합류했다. 2020/21시즌 임대로 활약한 경험이 있어 어색하지 않다. 건강하기만 하다면 실력은 걱정 없다.

2023/24시즌

6	32 GAMES	2,622 MINUTES	5 GOALS	4 ASSISTS	0
	2.1 경기당슈팅	19 유효슈팅	추정가치: 8,000,000€	44 경기당패스	82.60 패스성공률

24
DM
CM

Amadou Onana

아마두 오나나

국적 벨기에 | **나이** 23 | **신장** 195 | **체중** 76 | **평점** 6.71

두쿠레, 이드리사 게예, 제임스 가너가 위치한 에버튼 중원에서 2시즌 동안 가장 기복 없는 활약을 펼쳤다. 제공권과 피지컬은 압도적이고 활동량과 수비력은 훌륭하다. 6번과 8번 미드필더의 역할을 모두 소화할 수 있다. 수비적으로는 역량이 돋보이는 반면 전진했을 때에는 높이를 제외하면 공격적인 기여도가 그렇게 큰 편이 아니다. 카마라를 지난 시즌 루이즈처럼 전진시키고 오나나에게 더 수비적인 역할을 맡길 가능성도 있다. 에메리 감독은 미드필더 역량을 끌어올리는 데 탁월하다. 파레호, 카푸에, 루이즈, 카마라. 다음 주자가 되기를 희망하는 오나나다.

2023/24시즌

5	30 GAMES	2,090 MINUTES	2 GOALS	0 ASSISTS	0
	1 경기당슈팅	6 유효슈팅	추정가치: 50,000,000€	34.1 경기당패스	84.10 패스성공률

20
RB

Kosta Nedeljkovic

코스타 네델리코비치

국적 세르비아 | **나이** 18 | **신장** 184 | **체중** 72 | **평점** 6.35

즈베즈다에서 합류한 풀백 유망주로 세르비아에서 큰 기대를 받으며 성장했다. 2023/24시즌 맷 캐시를 제외하면 이렇다할 오른쪽 풀백이 없어 에즈리 콘사가 나서기도 했는데 네델리코비치라는 매우 합리적인 백업 영입에 성공했다. 대인 수비력은 성장이 필요하지만 준수한 스피드와 기본기를 갖췄다. 특히 측면에 고립된 동료를 서포트하는 능력과 오버래핑 타이밍이 좋고 측면에서 날카롭게 휘어지는 궤적의 크로스도 훌륭하다. 즈베즈다에서는 중앙을 저돌적으로 밀고 들어가는 드리블 돌파 시도가 많았는데 프리미어리그에서도 통하려면 피지컬적인 측면에서 보강은 필요해 보인다.

2023/24시즌

0	14 GAMES	899 MINUTES	0 GOALS	1 ASSISTS	0
	0 경기당슈팅	0 유효슈팅	추정가치: 8,000,000€	12 경기당패스	86.10 패스성공률

ASTON VILLA

8
DM
CM
AM

Youri Tielemans

유리 틸레만스

국적 벨기에 | **나이** 27 | **신장** 177 | **체중** 72 | **평점** 6.63

레스터가 강등되면서 빌라로 이적했다. 첫 번째 시즌, 한 포지션에서 완벽한 기량을 선보인 건 아니었다. 하지만 부상자가 발생할 때마다 다양한 포지션에서 뛰면서 감초 역할을 톡톡히 수행했다. 3선에서는 경기를 조립하며 안정적인 빌드업을, 측면에서는 연계 플레이로 풀백의 전진을 도왔고 투톱에게 창의적인 패스를 투입했다.

최전방에 섰을 때는 미드필더처럼 내려와 볼을 받으며 팀의 전진을 도왔고 적극적인 중거리 슈팅으로 득점을 기록했다. 2024/25시즌 사실상 더글라스 루이즈를 대체해야 한다. 다행스러운 건 틸레만스는 탈압박 능력과 창의적인 패스를 모두 갖췄다는 점이다.

2023/24시즌

3	**32** GAMES	**1,620** MINUTES	**2** GOAL	**6** ASSISTS		0
	0.4 경기당슈팅	5 유효슈팅	추정가치: 25,000,000€	28.34 경기당패스	83.10 패스성공률	

7
CM
AM
RW

C

John McGinn

존 맥긴

국적 스코틀랜드 | **나이** 29 | **신장** 178 | **체중** 68 | **평점** 6.98

빌라의 주장, 팀의 핵심, 선수들의 선수, 진정한 언성히어로다. 왕성한 활동량과 투지 넘치는 플레이로 중앙과 측면을 가리지 않고 멀티 포지션을 소화한다. 센터백을 제외하면 모든 포지션을 소화할 수 있을 정도로 다재다능하다. 그렇다고 뛰는 것만 잘한다는 말이 결코 아니다. 기술의 퀄리티, 정교한 패스, 날카로운 크로스, 강력한

중거리 슈팅까지 다 잘한다. 성실하게 수비 가담까지 하니 동료들은 맥긴을 보며 더 열심히 뛸 수밖에 없다. 이러한 존 맥긴이 있어 에메리 감독은 경기 상황과 상대에 따라 선수 배치를 가져가면서 다양한 스타일로 경기를 풀어 나간다.

2023/24시즌

9	**35** GAMES	**3,009** MINUTES	**6** GOAL	**4** ASSISTS		1
	1.1 경기당슈팅	14 유효슈팅	추정가치: 30,000,000€	32.63 경기당패스	79.50 패스성공률	

19
LW
RW

Jaden Philogene

제이든 필로진

국적 잉글랜드 | **나이** 22 | **신장** 179 | **체중** 67 | **평점** 7.61

유스 시절부터 드리블 능력만큼은 인정받았다. 매년 프리시즌마다 1군에 합류해 본인의 능력을 증명했지만 플레이 완성도가 부족했다. 개인 능력은 훌륭했지만 동료들을 활용하는 측면에서도 성장이 필요했다. 2023/24시즌을 앞두고 챔피언십 헐시티로 이적해 12득점 6도움을 기록하며 공격 핵심으로 활약했다. 드리블은 더욱 정교

해졌고 결정력까지 크게 개선됐다. 낮은 위치에서는 동료들과의 연계, 파이널서드에 진입했을 때는 개인의 능력을 활용하면서 다양하게 플레이하는 방법까지 깨달았다. 망설일 필요가 없었다. 바이백 조항을 가동해 한 시즌 만에 애스턴 빌라로 컴백했다.

2023/24시즌

9	**32** GAMES	**2,809** MINUTES	**12** GOALS	**6** ASSISTS		0
	3.6 경기당슈팅	39 유효슈팅	추정가치: 15,000,000€	32.16 경기당패스	78.30 패스성공률	

41
CM
AM
LW

Jacob Ramsey

제이콥 램지

국적 잉글랜드 | **나이** 23 | **신장** 180 | **체중** 72 | **평점** 6.48

애스턴빌라의 원더보이. 3형제 모두 빌라 유소년 시스템을 통해 성장했다. 맏형답게 먼저 두각을 드러냈다. 딘 스미스 체제에서 프리미어리그에 데뷔해 제라드 감독의 총애를 받았다. 스피드를 활용하기보다 동료와의 연계, 타이밍을 뺏는 드리블 돌파로 측면을 허문다. 판단이 빠르고 정교한 슈팅력을 갖춰 하프스페이스에서 최대한 골대와 가깝게 뛸 때 위력이 증가한다. 2023/24시즌 개막 직전 잉글랜드 대표로 유로피언 U21 챔피언십에 참가했다가 중족골 골절을 당하며 시즌 대부분을 소화하지 못했다. 성장통을 겪었다. 더 건강한 모습으로 빌라의 공격을 책임지려 한다.

2023/24시즌

2	16 GAMES	850 MINUTES	1 GOALS	1 ASSISTS	**0**
	1.2 경기당슈팅	4 유효슈팅	추정가치: 35,000,000€	19.38 경기당패스	79.80 패스성공률

10
AM
LW
SS

Emiliano Buendia

에밀리아노 부엔디아

국적 아르헨티나 | **나이** 27 | **신장** 172 | **체중** 72 | **평점** −

빌라는 분명 역사적인 시즌을 보냈다. 하지만 더 좋은 결과를 낼 수도 있었다. 밍스, 램지, 카마라, 부엔디아 모두 부상이 없었다면 과연 얼마나 더 올라갈 수 있었을까. 가정일 뿐이지만 리버풀을 밀어내고 3위를 차지했을 수도 있다. 부상 없는 팀이 어디 있겠냐마는 부엔디아의 십자인대 파열은 너무나 뼈아팠다. 특히 지난여름 프리시즌에서 부엔디아의 폼은 절정이었다. 수비수 2명은 기본으로 제쳤고 측면과 중앙에서 말 그대로 날뛰었다. 그래서 부상을 더욱 주의해야 했다. 부엔디아의 부재에 에메리 감독은 지공 상황에서 꽤나 어려움을 겪었다. 빌라의 플레이메이커, 사실상 에이스 부엔디아가 돌아왔다.

2023/24시즌

-	- GAMES	- MINUTES	- GOALS	- ASSISTS	
	경기당슈팅	유효슈팅	추정가치: 22,000,000€	경기당패스	패스성공률

31
RW
SS

Leon Bailey

레온 베일리

국적 자메이카 | **나이** 27 | **신장** 178 | **체중** 77 | **평점** 6.96

2022/23시즌은 실망스러웠다. 주로 오른쪽 윙포워드로 뛰면서 무리한 돌파와 슈팅을 반복했고 패스 타이밍은 계속해서 늦어졌다. 빌라의 금쪽이 그 자체였다. 하지만 새로운 경쟁자의 합류가 베일리를 각성시켰다. 디아비의 영입으로 2023/24시즌 초 교체로 나서다 14라운드 본머스전을 기점으로 기량이 폭발했다. 돌파 위력이 살아나면서 웬만해선 베일리를 막을 수가 없었다. 간결한 움직임으로 단번에 상대 골문을 조준했다. 자신감이 상승하면서 결정력까지 따라왔다. 리그에서만 10골 9도움을 기록했다. 이쯤 되면 베일리를 위해 새로운 상을 하나 만들어야 한다. 이름하여 기량 발전상.

2023/24시즌

5	35 GAMES	2,080 MINUTES	10 GOALS	9 ASSISTS	**0**
	1.5 경기당슈팅	18 유효슈팅	추정가치: 42,000,000€	20.03 경기당패스	72.50 패스성공률

27
AM
LW

Morgan Rogers

모건 로저스

국적 잉글랜드 **|** **나이** 22 **|** **신장** 187 **|** **체중** 80 **|** **평점** 6.73

챔피언십 미들즈브러에서 2023/24시즌 겨울 이적시장을 통해 애스턴빌라에 합류했다. 후반기 합류해 출전 시간이 많지는 않았지만 다음 시즌을 기대하기에 충분한 활약을 펼쳤다. 제이콥 램지와 부엔디아가 부상으로 빠진 사이 왼쪽 측면에서 정교한 돌파와 날카로운 슈팅이 가능한 유일한 자원이었다. 니어포스트, 파포스트를 가리지 않고 구석으로 정교한 슈팅을 날리며 파이널 서드로 진입할수록 더욱 창의적인 플레이를 펼친다. 침투하는 동료들을 향해 날카로운 패스까지 전달할 수 있다. 로저스까지 있어 애스턴빌라는 공격진에 별다른 추가 영입을 시도하지 않았다.

2023/24시즌

11 GAMES	**640** MINUTES	**3** GOAL	**1** ASSISTS	
3	**1** 경기당슈팅	**5** 유효슈팅	추정가치: **15,000,000€**	**17.09** 경기당패스	**75.40** 패스성공률	0

11
CF
WF

Ollie Watkins

올리 왓킨스

국적 잉글랜드 **|** **나이** 28 **|** **신장** 180 **|** **체중** 70 **|** **평점** 7.27

2023/24시즌 리그에서만 19골 13도움을 기록했다. 콜 팔머에 이어 최다 공격 포인트 2위다. 이제는 빌라를 넘어 리그를 대표하는 선수로 성장했다. 에메리 감독이 중도 부임한 이래 리그 61경기에서 32골 16도움을 기록했다. 경기당 0.79개의 엄청난 공격 포인트 페이스다. 이전에는 85경기 27골 10도움으로 경기당 0.43 수준이었다. 비결은 에메리 감독의 동선 수정에 있었다. 왓킨스로 하여금 더욱 박스 안에 머무르는 것과 공격 상황에 다양하게 관여하도록 지시했다. 그 결과 득점력이 폭발했다. 볼 운반과 동료를 활용하는 능력까지 뛰어난 말 그대로 완성형 공격수다.

2023/24시즌

37 GAMES	**3,221** MINUTES	**19** GOALS	**13** ASSISTS	
4	**2.9** 경기당슈팅	**47** 유효슈팅	추정가치: **65,000,000€**	**15.95** 경기당패스	**75.40** 패스성공률	0

9
CF

Jhon Duran

존 듀란

국적 콜롬비아 **|** **나이** 20 **|** **신장** 185 **|** **체중** 73 **|** **평점** 6.32

스피드와 파워, 슈팅까지 겸비한 젊은 재능이다. 지난 시즌 후반기 MLS에서 넘어온 듀란은 에메리 감독의 역습 전술 특성상 주로 교체로 경기에 나섰다. 지난 시즌 리그 23경기 대부분이 교체 출장이었다. 하지만 462분 동안 5골을 기록할 만큼 득점 순도는 대단했다. 그런데 2024/25시즌 개막을 앞두고 심상치 않은 기류가 흘렀다. 웨스트햄 이적설이 나왔고 듀란은 더 이상 빌라에서 뛰기 싫어했다. 여기에 개인 소셜미디어 계정에서 웨스트햄의 해머스 제스처를 취하기까지 했다. 결과적으로 이적은 물거품이 됐다. 축구로라도 보답하려면 아주 많은 발전을 보여야 한다.

2023/24시즌

23 GAMES	**462** MINUTES	**5** GOALS	**0** ASSISTS	
5	**0.9** 경기당슈팅	**7** 유효슈팅	추정가치: **20,000,000€**	**4.96** 경기당패스	**68.60** 패스성공률	0

전지적 작가 시점

남윤성이 주목하는
애스턴빌라의 원픽!

올리 왓킨스

과거 스티븐 제라드 감독은 올리 왓킨스를 측면에서 뛰게 했다. 당시에는 맞지 않는 옷을 입은 듯했지만 결과적으로 에메리 감독의 4-4-2 시스템 하에 가장 적합한 선수가 됐다. 백6로 수비하면서 빌라의 투톱은 넓은 공간을 부여받는데 그때의 경험을 살려 역습 시 왓킨스는 측면으로 돌아 뛰는 훌륭한 움직임을 보여준다. 늘어난 연계력은 이제 중앙에서 유용하게 활용한다. 동시에 에메리 감독은 왓킨스의 스트라이커 본능도 일깨우며 피니시와 어시스트가 모두 가능한 공격수로 성장시켰다.

지공 상황에서는 최대한 박스 안에 위치할 것을 요구했다. 이를 통해 득점 상황에서 필요한 움직임, 정교한 마무리, 헤더까지 개선된 왓킨스는 2023/24시즌 리그에서만 19골 13도움을 기록하며 완성형 공격수로 성장했다. 과거 비야레알에서 에메리의 지도를 받았던 카푸에는 서른이 넘은 나이에 축구를 새롭게 배우는 기분이라고 말했다. 새로운 시즌 부엔디아가 돌아오고 베일리는 이제 확실한 믿을맨이 됐다. 든든한 조력자들과 함께하기에 41년 만에 복귀하는 챔피언스리그도 두렵지 않다.

지금 애스턴빌라에
이 선수가 있다면!

박지성

에메리 시스템에서 측면 윙어는 많은 역할과 능력을 요구받는다. 공수 전환 시 빠르게 반응하기, 측면과 중앙에서 과감한 돌파 때로는 세밀한 연계로 공격에 다양하게 관여하기, 공간으로 침투하는 영리한 오프 더 볼 움직임 그리고 윙백처럼 측면을 수비하는 것까지. 그런데 이 모든 걸 빠지는 것 하나 없이 다 잘했던 선수가 있으니 바로 박지성이다. 박지성의 윙어로서 특별했던 특유의 오프 더 볼 움직임은 지금까지도 퍼디난드의 극찬과 함께 회자된다.

왕성한 활동량으로 적재적소에 공격과 수비에 위치했으며 공격에 나선 에브라를 도와 수비할 때는 윙백이나 다름이 없었다. 측면과 중앙을 다양하게 오가며 돌파와 연계도 됐고 심지어 소화하는 포지션도 다양했다. 거기에 빅게임 플레이어로 직접 터뜨리는 영양가 높은 골까지. 만약 지금 애스턴빌라에 전성기 시절 박지성이 있다면 에메리 감독은 리그 전경기 선발, 원하는 등번호, 교체되어 나올 때 격하게 안아주기까지 그 모든 것을 보장해줬을 것이다.

GUGLIELMO VICARIO

MICKY VAN DE VEN

CRISTIAN ROMERO

RADU DRAGUSIN

PEDRO PORRO

BEN DAVIES

DESTINY UDOGIE

YVES BISSOUMA

PAPE MATAR SARR

DJED SPENCE

WILSON ODOBERT

JAMES MADDISON

RODRIGO BENTANCUR

ARCHIE GRAY

LUCAS BERGVALL

DEJAN KULUSEVSKI

BRENNAN JOHNSON

RICHARLISON

HEUNG-MIN SON

TIMO WERNER

DOMINIC SOLANKE

MIN-HYEOK YANG

Tottenham Hotspur

토트넘홋스퍼
Tottenham Hotspur

창단 년도 | 1824년
최고 성적 | 우승 (1950/51, 1960/61)
경기장 | 토트넘홋스퍼 스타디움
(Tottenham Hotspur Stadium)
경기장 수용 인원 | 62,062명
지난 시즌 성적 | 5위
별칭 | Spurs (스퍼스),
Lily whites (릴리화이츠)
상징색 | 화이트, 네이비
레전드 | 빌 니콜슨, 지미 그리브스, 아서 로우,
글렌 호들, 바비 스미스, 스티브 페리먼,
팻 제닝스, 래들리 킹 등

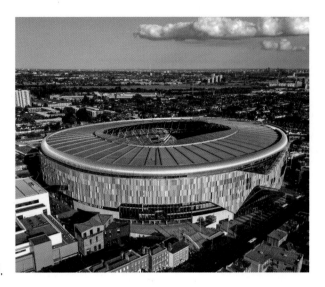

히스토리

잉글랜드 수도 런던의 북쪽을 연고로 한 구단이다. 1882년에 창단했으며 리그 우승 2회, FA컵 우승 8회, EFL컵 우승 4회, UEFA컵위너스컵 우승 1회, 유로파리그 우승 2회로 역사와 전통이 깊은 구단이다. 특히 토트넘은 영국 최초로 유럽대항전에서 우승을 했던 클럽이며, 20세기 영국클럽 최초의 더블을 이뤄낸 팀 이기도 하다. 북런던을 함께 연고로 하는 아스날과는 엄청난 라이벌 관계를 구축하고 있으며 최근에는 첼시와도 상당한 라이

벌리를 보이고 있다. 2010년대부터 PL 내에서 꾸준하게 상위권 성적을 유지해오고 있으며, 포스테코글루의 두 번째 시즌인만큼, 지난 시즌의 공격적인 축구에서 한층 더 밸런스가 나아진 업그레이드된 경기력을 기대해볼 수 있는 이번 시즌이다.

최근 5시즌 리그 순위 변동

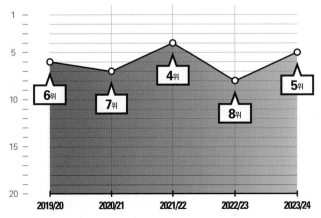

2019/20	2020/21	2021/22	2022/23	2023/24
6위	7위	4위	8위	5위

클럽레코드 IN & OUT

최고 이적료 영입 IN

도미닉 솔란케
6,430만 유로
(2024년 8월,
from 본머스)

최고 이적료 판매 OUT

가레스 베일
1억 100만 유로
(2013년 9월,
to 레알마드리드)

엔제 포스테코글루 Ange Postecoglou │ 1965년 8월 27일 │ 58세 │ 호주

공격은 OK. 해결해야 할 수비 리스크 과제!

지난 시즌 부임 첫해부터 "극단적 공격축구"로 확실한 개성을 보여줬던 포스테코글루 감독이다. 실제로 챔피언스리그 티켓을 한 경기차로 아쉽게 놓쳤을 만큼 이전 시즌보다 훨씬 더 나아진 경기력과 토트넘만의 색깔을 팀에 주입시켰다. 문제는 수비다. 지난 시즌 센터백 두 명만을 남겨둔 채로 라인도 높게 올리고 풀백도 적극적으로 전진 플레이를 펼치다 보니 측면과 센터백들의 뒷공간은 지속적으로 문제가 됐다. 결국 토트넘은 수비 리스크를 해결하지 못하면서 "PL 출범 후 최초 두 시즌 연속 60실점 이상 허용"이라는 불미스러운 기록을 가져갔다. 올 시즌도 공격 축구를 이어갈 가능성이 굉장히 높다. 스타일을 고수하면서 실점은 줄여야 하는 난제를 해결해야만 한다.

📑 감독 인터뷰

"시즌 전체를 즐겼지만, 시즌을 마무리한 방식은 기쁘지 않다. 나는 이 클럽에 대해 큰 야망을 가지고 있고, 그 지점에 도달할 때까지 너무 많이 웃지는 않을 것이다."

감독 프로필

통산	선호 포메이션	승률
508 경기 **271** 승 **93** 무 **144** 패	**4-3-3**	**53.3%**

시즌 키워드

#닥공 │ #수비불안 │ #전방압박

우승 이력

- **아시안컵** (2015)
- **일본J리그** (2018/19)
- **스코티쉬프리미어리그** (2021/22, 2022/23)
- **스코티쉬컵** (2022/23)
- **스코티쉬리그컵** (2021/22, 2022/23)
- **호주A리그** (1997/98, 1998/99, 2010/11, 2011/12)
- **오세아니아챔피언스리그** (1998/99)

경력 🔖	1995~2000	2009~2012	2012~2013	2013~2017	2018~2021	2021~2023	2023~
	사우스멜버른	브리즈번로어	멜버른빅토리	호주 대표팀	요코하마F.마리노스	셀틱	토트넘홋스퍼

TOTTENHAM HOTSPUR

IN

루카스 베리발
(유르고르덴)

티모 베르너
(라이프치히)

아치 그레이
(리즈)

도미닉 솔란케
(본머스)

윌슨 오도베르
(번리)

양민혁
(강원)

OUT

에릭 다이어
(바이에른뮌헨)

이반 페리시치
(하이두크스플릿)

조 로든
(리즈)

자펫 탕강가
(밀월)

트로이 패럿
(알크마르)

에밀 호이비에르
(마르세유)

라이언 세세뇽
(풀럼)

브리얀 힐
(지로나)

에메르송 로얄
(AC밀란)

올리버 스킵
(레스터시티)

마노르 솔로몬
(리즈)

지오반니 로셀소
(레알베티스)

FW

| 7 손흥민 | 9 히샬리송 | 16 베르너 |

| 19 솔란케 | 21 클루셉스키 | 22 존슨 | - 양민혁 |

MF

| 8 비수마 | 10 매디슨 | 15 베리발 | 29 사르 | 30 벤탄쿠르 |

DF

| 3 레길론 | 6 드라구신 | 13 우도기 | 14 그레이 |

| 17 로메로 | 23 포로 | 24 스펜스 | 33 데이비스 | 37 판더펜 |

GK

| 1 비카리오 | 20 포스터 | 40 오스틴 |

히든풋볼의 이적시장 평가

지난 시즌 후반기 좋은 모습을 보여줬던 베르너의 추가 임대와 세계적으로 촉망받는 10대 유망주들을 잘 선점해서 데려왔다. 거기에 더해 포스테코글루 감독뿐 아니라 대부분의 언론이 현재 가장 취약한 부분이라고 지적한 최전방 공격수 자리에 솔란케를 영입해 그 부분도 잘 보강했다. 몇몇 취약 포지션에 대한 추가 보강만 더 이뤄진다면 괜찮은 이적시장으로 평가할 수 있을 것 같다.

● 히든풋볼 이적시장 평가단 ●

2023/24시즌 스탯 Top 3

득점 Top 3

⚽ 손흥민	**17**골
⚽ 히샬리송	**11**골
⚽ 데얀 클루셉스키	**8**골

도움 Top 3

🖋 손흥민, 존슨	**10**도움
🖋 제임스 매디슨	**9**도움
🖋 페드로 포로	**7**도움

출전시간 Top 3

⏱ 굴리엘모 비카리오	**3,420**분
⏱ 페드로 포로	**3,093**분
⏱ 손흥민	**2,948**분

히든풋볼의 순위 예측

4위 정도는 하지 않을까? 반더벤이나 로메로가 건강하고 새로 영입된 솔란케가 15골 정도만 해준다면 말이다.

보강은 애매했고 포스텍의 전술은 변함이 없다. 부정적 흐름을 해결하지 못하면 감독 거취 문제가 떠오를 것이다.

솔란케를 영입해 최전방을 강화했다. 채운 포스테코글루 감독의 공격 축구는 더욱 위력을 발휘할 것이다.

공격 축구를 극대화하는 기조는 좋다. 하지만 수비 전술과 세트피스를 보완하지 않으면 한계가 뒤따를 것이다.

캡틴 쏘니의 활약이 필요하다. 솔란케와 어린 선수들이 잘 적응, 성장하면 UCL권 순위는 무난해 보인다.

자신의 PL 10번째 시즌을 맞아 손흥민은 더욱 위력적일 것이다. 하지만 포스테코글루의 전술은 더 다양해야 한다.

4위 이주헌

8위 박종윤

4위 송영주

7위 이완우

4위 김형책

7위 남윤성

코치진
전면 개편,
반등 노린다!

지난 시즌 토트넘은 초반 굉장한 스타트를 보여줬다. 초반 리그 10경기에서 8승 2무, 10경기 무패행진의 고공행진을 이어갔다. 하지만 이후 펼쳐진 첼시전에서 로메로와 우도기의 퇴장 변수와 더불어 판더펜의 햄스트링 부상이라는 변수까지 한 경기만에 나오면서 악재가 한방에 터져버렸다. 이후 약간 주춤하는 흐름이 있긴 했지만 그래도 포스테코글루 감독은 본인의 스타일을 고수하며 시즌 내내 공격적인 경기 운영을 이어갔다.

그 결과 수비 쪽에서 리스크를 드러내며 대량실점 경기를 허용하는 경우도 있었고 수비적으로 불안감 있는 경기들이 시즌 동안 여러 차례 나타나기도 했다. 이번 시즌 토트넘이 더 높은 성적을 노리기 위해서는 이러한 수비 리스크 개선은 필수 요소가 돼야만 한다. 지난 시즌 토트넘의 실점장면을 보면 선수 개개인의 수비능력보다는 수비라인이 높게 전진해 있을 때 그 뒷공간을 허용하면서 내준 실점이 많았기 때문에 상대 역습상황에서 이를 얼마나 빠르고 효율적으로 저지할 것인가가 관건이 될 것이다.

특히 다가오는 시즌을 대비하면서 토트넘이 코치진 전면 개편을 시행했다. 맷 웰스 코치가 수석코치로 승격했고, 호주 리그에서 센트럴코스트마리너스를 우승시켰던 닉 몽고메리 감독, 그리고 그를 보좌하던 세르지오 라이문도를 코치진에 합류시켰다. 웰스는 상당히 젊은 코치임에도 불구하고 실제 경기에 활용할 수 있는 다양한 훈련 세션을 구상함과 더불어 선수들의 두터운 지지를 받는 인물이라고 알려져 있고, 몽고메리는 감독 시절 포스테코글루와 같은 성향의 상당히 공격적인 경기운영을 했던 지도자였기 때문에 포스테코글루 감독과 궁합이 잘 맞을 것으로 보인다. 라이문도 코치는 언어에 상당히 능통한 인물이기 때문에 다양한 국적의 선수들이 팀에 적응하고 소통하는 데 있어서 큰 영향력을 끼칠 수 있는 인물이 될 것이다.

올 시즌 이러한 코치진 개편과 팀 스쿼드에서 그동안 불필요했던 잉여자원 정리, 아치 그레이 같은 다양한 포지션을 소화할 수 있는 재능 있는 신성을 영입하면서 지난 시즌보다 훨씬 더 발전적으로 시즌을 준비하고 있는 토트넘이고, 시즌 개막전까지 토트넘이 지난 시즌의 문제점들을 보완할 수 있는 선수보강과 새로운 코치진을 필두로 한 다양한 전술대책을 잘 준비해 낼 수 있다면 올 시즌 토트넘은 지난 시즌보다 어쩌면 훨씬 더 기대할 만한 성적을 보여줄 수도 있을 것이다.

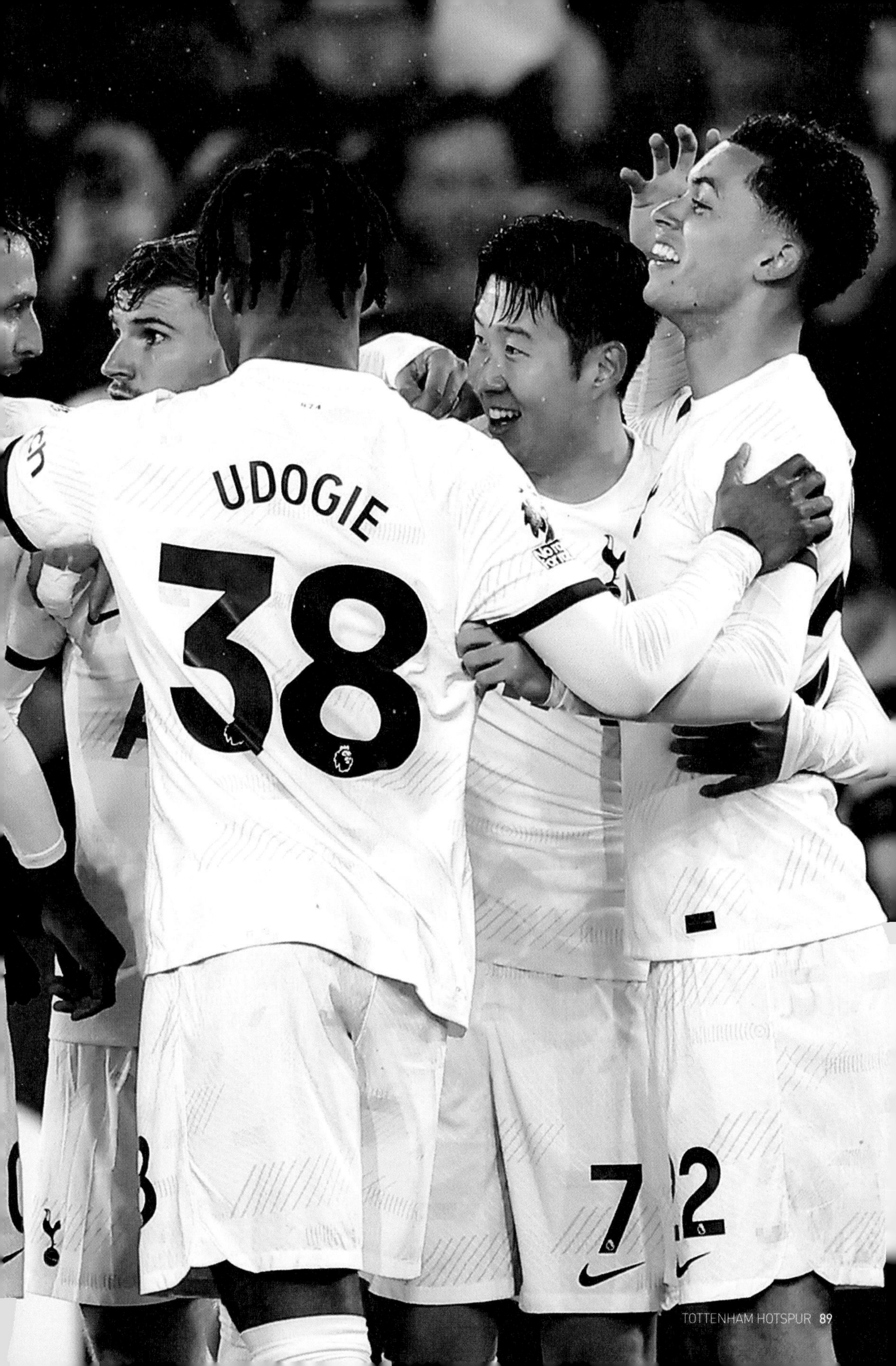
UDOGIE
38
7
2

TOTTENHAM HOTSPUR

1
GK

Guglielmo Vicario

굴리엘모 비카리오

국적 이탈리아 **|** **나이** 27 **|** **신장** 194 **|** **체중** 83 **|** **평점** 6.75

지난 시즌 토트넘에 합류하면서 이른바 "빛"카리오라는 별명을 얻을 정도로 뛰어난 선방쇼를 펼쳤다. 토트넘 합류 이전 엠폴리에서부터 좋은 선방 능력과 패스 능력을 입증했고, 집중력과 위치 선정도 큰 장점이다. 상대 공격수의 움직임을 끝까지 파악하면서 가장 적절한 각도로 좁혀서 위치를 선정하며, 슈팅의 궤적을 끝까지 보고 다음 상황까지 예측해내는 집중력을 통해 관성의 법칙을 깨는 듯한 선방을 보여주며 뒷공간을 커버하는 스위핑 플레이도 아주 능하다. 양발과 발밑도 준수한 편이기 때문에 포스테코글루의 스타일에 딱 들어맞아 첫 시즌부터 주전 GK로서의 역할을 확실히 했다.

2023/24시즌

	38 GAMES	3,420 MINUTES	61 실점	67.70 선방률	
2	109 세이브	7 클린시트	추정가치: 35,000,000€	18.40 클린시트 성공률	0/7 PK 방어 기록	0

17
CB

Cristian Romero

크리스티안 로메로

국적 아르헨티나 **|** **나이** 26 **|** **신장** 185 **|** **체중** 80 **|** **평점** 7.03

올 시즌 토트넘 수비진을 이끌어야 하는 핵심 중앙 수비수다. 2020/21시즌 아탈란타에서 3백의 중앙 스위퍼로서 리그 베스트 수비수에 선정됐고, 콘테 체제의 토트넘에서는 백3의 우측 스토퍼로 제몫을 톡톡히 해냈다. 아르헨티나 대표팀에서는 백4의 두 센터백 중 한축을 담당했으니 센터백으로 어느 시스템에서든지 든든하게 역할을 해줄 수 있는 선수다. 단단한 대인방어 능력이 일품이며, 예측력도 좋고 적재적소에 전진성과 빌드업 능력도 훌륭하다. 가끔씩 터뜨리는 골도 인상적이다. 다만 거친 파울과 카드 관리가 리스크 요소다. 올 시즌도 포스테코글루의 백4 시스템 하에서 센터백 한 자리를 굳건히 지키며 핵심적인 역할을 맡을 것이다.

2023/24시즌

	33 GAMES	2,793 MINUTES	5 GOALS	0 ASSISTS	
7	0.7 경기당슈팅	9 유효슈팅	추정가치: 65,000,000€	78.4 경기당패스	91.90 패스성공률	1

37
CB
LB

Micky van de Ven

미키 판더펜

국적 네덜란드 **|** **나이** 23 **|** **신장** 193 **|** **체중** 81 **|** **평점** 6.79

지난 시즌 토트넘 이적 첫 시즌만에 "팀 올해의 선수"를 수상할 정도로 엄청난 임팩트를 선보였다. 포스테코글루 감독의 스타일 자체가 상당히 공격적이고 전체적인 수비라인도 높기 때문에 뒷공간에 대한 우려가 항상 뒤따르는데 미키 판더펜이라는 존재가 있었기 때문에 그 부분에 대한 리스크를 그나마 최소화할 수 있었다. 특유의 빠른 스피드와 넓은 커버범위, 적재적소에 전진성까지 여러 장점을 두루 갖춘 판더펜은 이번시즌도 의심의 여지없이 팀의 핵심이며, 스타일상 햄스트링 부상이 잦기 때문에 그 부분을 최소화하며 컨디션을 유지하는 것이 관건이다.

2023/24시즌

	27 GAMES	2,344 MINUTES	3 GOALS	0 ASSISTS	
5	0.31 경기당슈팅	3 유효슈팅	추정가치: 55,000,000€	66 경기당패스	94.30 패스성공률	0

6
CB

Radu Dragusin

라두 드라구신

국적 루마니아 | **나이** 22 | **신장** 191 | **체중** 79 | **평점** 6.39

지난 시즌 후반기 토트넘으로 합류하기 이전 이탈리아 제노아에서 상당히 인상적인 활약을 펼치며 다수의 빅클럽의 주목을 받았다. 특유의 탄탄한 피지컬과 압도적인 제공권 경합 능력은 드라구신의 최대 강점이다. 순발력이 떨어지고 발밑의 안정감이 조금 부족하지만 다른 장점으로 그 부분을 보완한다. 지난 유로 2024 대회에서 조국 루마니아의 돌풍에도 크게 기여했으며, 득점이 필요할 때 세트피스에서도 가능할 수 있는 선수이기 때문에 여러모로 좋은 백업 옵션이 될 것으로 예상된다. 이제 겨우 22세에 불과한 어린 선수여서 더 크게 성장할 가능성이 충분하다.

2023/24시즌

	9 GAMES	425 MINUTES	0 GOALS	0 ASSISTS		
1	0.21 경기당슈팅	0 유효슈팅	추정가치: 25,000,000€		41 경기당패스	88.10 패스성공률	0

13
LB

Destiny Udogie

데스티니 우도기

국적 이탈리아 | **나이** 21 | **신장** 187 | **체중** 73 | **평점** 6.71

지난 시즌 이탈리아 우디네세 시절 보여줬던 공격력에서의 기대치는 충분하게 부응을 해줬다. 탄탄한 피지컬에 더해 특유의 운동능력을 활용한 저돌적인 플레이는 우도기의 최대 강점이다. 포스테코글루 감독이 요구하는 전술적인 움직임에도 잘 적응하면서 높은 전술 이해도를 보여주기도 했으나, 수비적인 부분에 아쉬움이 있었다. 주로 4백을 활용하는 토트넘이기 때문에 수비에서의의 밸런스도 중히 요구되는데 그 부분에서 공간을 자주 노출했고 상대 움직임을 놓치는 경우도 잦았다. 수비력만 보완되면 더 뛰어난 선수로 성장할 수 있을 것이다.

2023/24시즌

	28 GAMES	2,398 MINUTES	2 GOALS	3 ASSISTS		
5	0.34 경기당슈팅	5 유효슈팅	추정가치: 45,000,000€		43.4 경기당패스	87.50 패스성공률	1

33
LB
CB

Ben Davies

벤 데이비스

국적 웨일스 | **나이** 31 | **신장** 181 | **체중** 76 | **평점** 6.62

벤 데이비스는 현 토트넘 선수단 중 클럽에서 가장 오랜 기간 활약한 팀의 레전드이다. 이제 10년을 채우고, 이번 시즌을 통해 11시즌 차를 맞이하는데, 토트넘에서 비록 백업의 위치라 할지라도 어떠한 불만 없이 묵묵하게 풀백과 센터백을 오가면서 본인의 역할을 수행해낸다. 전술 이해도가 상당히 좋고 적절한 빌드업과 전진능력도 갖추고 있지만 영리한 플레이스타일에 비해 신체적인 기동성이나 피지컬적인 수비력은 다소 아쉬운 편이다. 다른 수비진들이 부상이 잦은 편이기 때문에 백업으로서, 스쿼드 플레이어로서 벤 데이비스의 역할은 올 시즌도 활용도가 높을 것이다.

2023/24시즌

	17 GAMES	1,086 MINUTES	1 GOALS	0 ASSISTS		
2	0.99 경기당슈팅	2 유효슈팅	추정가치: 10,000,000€		47.8 경기당패스	91.30 패스성공률	0

TOTTENHAM HOTSPUR

23
RB

Pedro Porro

페드로 포로

국적 스페인 | **나이** 24 | **신장** 176 | **체중** 68 | **평점** 7.04

지난 시즌 토트넘 주전 수비수 중 유일하게 큰 부상 없이 시즌을 치렀고 가장 많은 경기수를 소화한 선수가 페드로 포로다. 첫 시즌엔 수비적으로 고전하는 듯한 모습이 있었지만 포스테코글루 체제에서는 4백의 풀백으로서 다양한 전술적 동선을 부여받으면서 오히려 높은 전술 이해도와 좋은 공수 밸런스를 보여줬다. 특히 빌드업 시에는 인버티드 역할을 하면서 팀 빌드업에 관여하고, 공격 시에는 어느 순간 측면에서의 크로스나 중거리슛으로 직접 많은 공격 포인트까지 생산해냈다. 올 시즌도 포로의 이러한 꾸준함이 토트넘에게는 필요하다.

2023/24시즌

3	35 GAMES	3,093 MINUTES	3 GOAL	7 ASSISTS	0
	1.54 경기당슈팅	12 유효슈팅	추정가치: 45,000,000€	53.3 경기당패스	79.60 패스성공률

8
DM
CM

Yves Bissouma

이브 비수마

국적 말리 | **나이** 27 | **신장** 181 | **체중** 72 | **평점** 6.72

지난 시즌 전반기에 상당히 인상적인 퍼포먼스를 선보이면서 토트넘 팬들의 기대치에 부응하는 모습을 보여줬다. 하지만 퇴장 징계와 더불어 아프리카네이션스컵 차출 이후 급격하게 폼이 떨어지면서 이전만큼의 퍼포먼스를 보여주지 못했고, 잦은 실수와 턴오버로 위기를 초래하는 모습, 수비적으로 다소 부족한 모습을 보이면서 많은 팬들의 아쉬움을 샀다. 이런저런 아쉬움은 있어도 현재 토트넘 중원에서 탈압박 능력이 가장 좋은 자원이기 때문에 다가오는 시즌은 비수마의 폼 회복, 선수로서의 성장이 토트넘으로서는 절실하다.

2023/24시즌

9	28 GAMES	2,088 MINUTES	0 GOAL	0 ASSISTS	2
	1.04 경기당슈팅	5 유효슈팅	추정가치: 35,000,000€	65.5 경기당패스	91.90 패스성공률

28
WF

Wilson Odobert

윌슨 오도베르

국적 프랑스 | **나이** 19 | **신장** 180 | **체중** 74 | **평점** 6.62

윌슨 오도베르는 프랑스 국적의 윙어로 파리생제르맹 유스 출신이다. 어릴 때부터 매우 주목받는 유망주였다. 지난 시즌 번리의 성적이 상당히 좋지 못했음에도 불구하고 팀 내에서 가장 뛰어난 파괴력과 돌파 능력을 증명해냈다. 올 시즌 토트넘에 새롭게 합류하면서 측면 공격 자원 중에서도 베르너와 더불어 가장 속도가 빠른 선수로 꼽힌다. 드리블을 활용한 측면 돌파를 기대해볼 수 있는 자원이며, 근근히 킥과 슈팅 능력도 괜찮은 편이기 때문에 어느 정도 출전기회가 주어진다면 충분히 지난 시즌보다도 더 크게 성장한 모습을 보여줄 수 있을 것이다.

2023/24시즌

3	29 GAMES	2,109 MINUTES	3 GOALS	2 ASSISTS	0
	2.1 경기당슈팅	14 유효슈팅	추정가치: 10,000,000€	18.8 경기당패스	79.40 패스성공률

29
CM

Pape Matar Sarr

파페 사르

국적 세네갈 | **나이** 21 | **신장** 180 | **체중** 68 | **평점** 6.66

파페 사르는 토트넘 합류 이전 메츠 시절 때부터 이미 상당한 재능으로 주목받는 자원이었다. 그리고 지난 시즌 포스테코글루 체제에서 깜짝 주전으로 시즌 내내 기용되면서 본인의 재능을 만개했다. 중원에서 활발하게 움직이며 연결고리 역할을 해냈고, 공격과 수비에 있어서도 상당히 인상적인 모습을 보여줬다. 거기에 더해 간간이 나오는 번뜩이는 볼 운반이나 전개, 킥, 박스 침투 같은 능력은 앞으로 파페 사르의 성장을 더욱더 기대하게끔 만들었다. 올 시즌도 주전으로서 한 단계 더 성장할 수 있는 시즌이 될 것으로 예상된다.

2023/24시즌

	34 GAMES	**2,087** MINUTES	**3** GOALS	**3** ASSISTS	
9	**1.57** 경기당슈팅	**13** 유효슈팅	추정가치: **45,000,000€**	**38.6** 경기당패스	**88.70** 패스성공률	**0**

30
CM

Rodrigo Bentancur

로드리고 벤탄쿠르

국적 우루과이 | **나이** 27 | **신장** 185 | **체중** 73 | **평점** 6.39

최근 두 시즌 동안 여러모로 부상 때문에 고생이 많았다. 장기 부상 이전까지 토트넘 중원에서 가장 안정감 있던 미드필더를 꼽으라면 단연코 벤탄쿠르를 꼽을 수 있었고, 지난 시즌 십자인대 부상에서 회복하여 돌아오고 나서 복귀전을 치른 뒤 얼마 되지 않아 바로 또 큰 부상을 당하는 불운을 겪었다. 그래도 후반기 대부분 경기에 출전하며 경기력을 끌어올렸기 때문에 다가오는 시즌 부상을 당하지 않는 것이 중요하다. 벤탄쿠르 특유의 안정적인 볼줄기와 운반, 전개 능력은 올 시즌 토트넘에 반드시 필요한 옵션이다.

2023/24시즌

	23 GAMES	**1,010** MINUTES	**1** GOALS	**1** ASSISTS	
7	**1.61** 경기당슈팅	**4** 유효슈팅	추정가치: **35,000,000€**	**34.2** 경기당패스	**85.50** 패스성공률	**0**

14
CM
DM
RB

Archie Gray

아치 그레이

국적 잉글랜드 | **나이** 18 | **신장** 187 | **체중** 70 | **평점** 6.69

리즈 그리고 잉글랜드의 특급 유망주로 평가받던 아치 그레이의 차기 행선지는 토트넘으로 결정됐다. 그레이는 다양한 포지션을 소화할 수 있는 멀티성을 지니고 있으며, 탄탄한 기본기와 상대의 타이밍을 역이용하는 영리한 볼 운반과 탈압박 능력, 좋은 타이밍의 태클 능력과 군더더기 없는 간결한 플레이가 강점이다. 높은 수준의 압박을 받는 경기에서는 어려움을 겪는 모습도 있었지만 아직 이 선수의 나이를 생각했을 때 경험만 더해지면 훨씬 더 큰 육각형의 선수로 성장할 것이라고 많은 전문가들이 예측하고 있다.

2023/24시즌

	47 GAMES	**3,873** MINUTES	**0** GOALS	**2** ASSISTS	
2	**0.35** 경기당슈팅	**2** 유효슈팅	추정가치: **18,000,000€**	**36.9** 경기당패스	**83.90** 패스성공률	**0**

15
CM

Lucas Bergvall

루카스 베리발

국적 스웨덴 **| 나이** 18 **| 신장** 186 **| 체중** 74 **| 평점** 7.3

아치 그레이와 더불어 토트넘을 이끌어갈 또 다른 10대 라이징 영건, 바로 루카스 베리발이다. 이미 17세의 어린 나이에 스웨덴 국가대표 데뷔전까지 치렀을 정도로 재능을 인정받고 있고 유럽의 수많은 빅클럽의 구애를 받기도 했다. 베리발의 스타일은 기본적으로 중원에서의 탈압박이나 볼을 다루는 기술이 상당히 뛰어나다. 볼운

반, 전진능력이 워낙 좋고 훤칠한 외모까지 더해지다 보니까 국내뿐 아니라 해외에서도 많은 주목을 받았고 스웨덴의 프랭키더용이라는 별명도 갖고 있다. 프리시즌 경기력이 상당히 좋았기 때문에 토트넘에서의 첫 시즌 어느 정도의 출전 기회를 부여받을지, 주어진 기회를 잘 살릴지가 관건이다.

2023/24시즌

	12 GAMES	923 MINUTES	3 GOAL	1 ASSISTS	
2	2.83 경기당슈팅	11 유효슈팅	추정가치: 10,000,000€	39.2 경기당패스	89.10 패스성공률	0

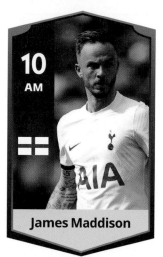

10
AM

James Maddison

제임스 매디슨

국적 잉글랜드 **| 나이** 27 **| 신장** 175 **| 체중** 72 **| 평점** 7.17

지난 시즌 전반기 종횡무진 활약하며 상당히 인상적인 퍼포먼스를 선보였다. 그러나 시즌 중간 발목부상을 당하면서 두 달가량 팀 전력에서 이탈한 이후 전체적으로 폼이 올라오지 않으면서 후반기는 기대치에 비해 상당히 아쉬운 모습이었다. 부상 이전까지 11경기에서 8개의 공격 포인트를 올릴 정도로 상승세였으나, 부상 복귀 이

후 17경기에서는 단 5개의 공격 포인트뿐이었다. 매디슨 특유의 킥능력과 2선에서의 창의성, 데드볼에서의 날카로움은 여전히 토트넘에게는 필수옵션이기 때문에 올 시즌 부상 없이 온전하게 한 시즌을 치르는 것이 중요하다.

2023/24시즌

	28 GAMES	2,155 MINUTES	4 GOAL	9 ASSISTS	
5	2.44 경기당슈팅	23 유효슈팅	추정가치: 70,000,000€	48.1 경기당패스	87.40 패스성공률	0

22
WF
CF

Brennan Johnson

브레넌 존슨

국적 웨일스 **| 나이** 23 **| 신장** 178 **| 체중** 73 **| 평점** 6.76

리그 최고의 스피드스타 중 한 명. 브레넌 존슨의 가장 큰 무기는 폭발적인 스피드이다. 측면에서 순간적인 침투와 스피드를 통해서 상대 수비를 붕괴시키는 데 일가견이 있다. 지난 시즌 전반기에는 단 1골 3도움, 기대에 비해 아쉬운 경기력이었지만 후반기 들어서 4골 7도움을 기록하며 어느 정도 괜찮은 스탯을 쌓았다. 특유의

스피드나 침투 움직임에는 강점이 있지만 상대 박스 안 결정적인 상황에서의 판단이나 결정력에서 아쉬움을 많이 드러낸 만큼, 올 시즌은 그러한 부분에서의 개선된 모습이 필요하다. 피지컬적인 약점도 보완이 필요한 부분이다.

2023/24시즌

	32 GAMES	2,093 MINUTES	5 GOAL	10 ASSISTS	
3	2.16 경기당슈팅	19 유효슈팅	추정가치: 48,000,000€	20.1 경기당패스	76.20 패스성공률	0

16
CF
WF

Timo Werner

티모 베르너

국적 독일 | **나이** 28 | **신장** 180 | **체중** 74 | **평점** 6.68

지난 시즌 후반기 토트넘에 합류해서 공격 포인트와 별개로 상당히 인상적인 퍼포먼스를 선보였다. 14경기 2골 3도움. 공격 포인트나 결정력은 아쉬움이 있었지만 측면 파괴력에 있어서 확실한 강점을 보여줬고, 특유의 스피드나 오프 더 볼, 전방에서의 활동량이나 적극성에 있어서도 상당히 뛰어난 모습을 보여줬다. 그러한 후반기 활약으로 인해 이번 시즌 한 시즌 더 임대계약 연장을 성사시켰고, 워크에식이 워낙 좋은 선수이기 때문에 다가오는 시즌 한층 더 업그레이드된 모습을 기대해봐도 좋을 것 같다.

2023/24시즌

	13 GAMES	815 MINUTES	2 GOALS	3 ASSISTS	
1	3.23 경기당슈팅	7 유효슈팅	추정가치: 17,000,000€	24.8 경기당패스	80.80 패스성공률	0

21
RW
AM

Dejan Kulusevski

데얀 클루셉스키

국적 스웨덴 | **나이** 24 | **신장** 186 | **체중** 74 | **평점** 6.96

어느덧 토트넘에서 4시즌 차를 맞이하고 있다. 클루셉스키의 장점은 볼키핑능력과 폭넓은 활동량, 주변 선수와의 연계능력이다. 실제로 박스 외곽으로 드리블을 하면서 바깥쪽으로 돌아 뛰는 풀백의 동선을 살려주는 플레이에도 일가견이 있다. 다만 지난 시즌 후반기 이러한 패턴이 상대에게 읽히면서 스스로도 조급함을 느꼈는 지 팀의 템포에 맞추지 못하고 무리한 드리블로 흐름을 끊는 모습들이 잦았다. 축구 센스가 분명히 있는 선수이기 때문에 올 시즌 그러한 부분에서 보완되는 모습만 보인다면 여전히 팀의 주요 옵션으로 기능할 수 있는 선수다.

2023/24시즌

	36 GAMES	2,767 MINUTES	8 GOALS	3 ASSISTS	
7	1.86 경기당슈팅	23 유효슈팅	추정가치: 55,000,000€	31.4 경기당패스	81.90 패스성공률	0

19
CF

Dominic Solanke

도미닉 솔란케

국적 잉글랜드 | **나이** 26 | **신장** 187 | **체중** 74 | **평점** 7.03

과거 4시즌 동안 프리미어리그 득점은 10골에 불과했다. 하지만 지난 2023/24시즌 리그에서만 19골을 기록했다. 낮은 위치까지 내려와 볼을 받거나 넓은 활동반경으로 동료들과 연계하는 능력은 원래부터 좋았지만 페널티박스 안에서 자신감과 적극성이 부족했는데 지난 시즌 완전히 달라진 모습으로 본머스를 이끌었다. 어려운 자세에서 볼을 지켜내며 팀의 전진을 도왔고 침투하는 동료들을 향한 키패스도 늘었다. 실제로 2022/23시즌과 비교해 지난 시즌 18개 더 많은 기회창출을 기록하면서 만능 공격수로 성장했다. 공격 윤활유 역할과 방점을 찍는 피니셔 자질까지, 모든 공격 기량이 만개하고 있다.

2023/24시즌

	38 GAMES	3,333 MINUTES	19 GOAL	3 ASSISTS	
3	2.87 경기당슈팅	35 유효슈팅	추정가치: 40,000,000€	14 경기당패스	73.70 패스성공률	0

9
CF
WF

Richarlison

히샬리송

국적 브라질 **| 나이** 27 **| 신장** 184 **| 체중** 83 **| 평점** 6.83

지난 시즌 12월 이전까지는 여전히 득점력에 의문점을 보였던 히샬리송이다. 하지만 12월 뉴캐슬전 멀티골을 시작으로 2월 초 에버튼전까지 8경기에서 9골을 터뜨리며 해당기간 팀의 5승 2무 1패 호성적을 이끌어냈다. 당시 팀의 주포 손흥민이 아시안컵으로 빠져 있던 기간도 있었기에 히샬리송의 활약은 더욱더 중요하고 주요했다. 지난 시즌 여전히 잔 부상이 잦았고 우울증 증세도 고백했던 히샬리송이었기 때문에 육체적, 정신적으로 건강하게 준비된 상태에서 새 시즌을 돌입하는 게 가장 중요할 것이다.

2023/24시즌

	GAMES	MINUTES	GOALS	ASSISTS	
3	28	1,493	11	4	0
	3.74 경기당슈팅	25 유효슈팅	추정가치: 38,000,000€	13.4 경기당패스	70.90 패스성공률

7
LW
CF

C

Heung-min Son

손흥민

국적 대한민국 **| 나이** 32 **| 신장** 183 **| 체중** 76 **| 평점** 7.3

지난 시즌 팀을 이끄는 캡틴으로서의 역할을 완벽하게 수행하며 전반적으로 좋은 모습을 보였다. 측면과 최전방을 오가면서 득점뿐 아니라 전방 압박, 플레이메이킹까지 성실하게 수행하며 포스테코글루 전술의 핵심으로서의 역할을 잘 해냈으며, 수많은 키패스와 찬스메이킹을 기록하면서 결국 지난 시즌도 리그 17골 10도움. 본인의 역대 3번째 리그 10-10 기록을 달성했다. 지난 시즌 후반기 부진했던 다른 공격 자원들이 많았기 때문에 손흥민의 이러한 꾸준함은 토트넘으로서 더욱 의미 있었다. 토트넘에서의 10년째를 맞는 올 시즌 역시도 팀의 주장이자 에이스로서 손흥민 어깨가 무겁다.

2023/24시즌

	GAMES	MINUTES	GOALS	ASSISTS	
1	35	2,948	17	10	0
	2.55 경기당슈팅	38 유효슈팅	추정가치: 45,000,000€	29.3 경기당패스	85.10 패스성공률

-
RW
LW

Min-Hyeok Yang

양민혁

국적 대한민국 **| 나이** 18 **| 신장** 172 **| 체중** 62 **| 평점** 7.1

계약기간 2030년. 강원에서 잔여 시즌을 소화한 이후 2025년 1월 겨울에 합류하는 형식으로 양민혁의 토트넘 이적이 확정됐다. 양민혁은 2024시즌 K리그 강원에 혜성처럼 등장하여 엄청난 센세이션을 일으키고 있다. 윙어로서 갖춰야 할 활동량과 스피드, 드리블 돌파 능력은 국내에서 최고 수준이며, 상대의 패스 방향을 주시하며 예측하다 순간적으로 압박하여 인터셉트하는 수비적인 능력도 매우 뛰어나다. 프로 첫 시즌임에도 출중한 공격 포인트 생산력을 보여줬고, 거친 수비에 대처하는 법도 터득했기 때문에 유럽 이적 후에도 승승장구하는 모습을 기대해 볼 수 있을 것이다.

2023/24시즌

	GAMES	MINUTES	GOALS	ASSISTS	
0	28	2,409	8	5	0
	1.3 경기당슈팅	22 유효슈팅	추정가치: 1,200,000€	18.5 경기당패스	82.4 패스성공률

전지적 작가 시점

이완우가 주목하는 토트넘의 원픽!

티모 베르너

지난 시즌 후반기 임대로 합류한 베르너의 퍼포먼스는 공격 포인트와 별개로 상당히 괜찮았다. 특유의 오프 더 볼 움직임과 스피드로 동료들에게 많은 기회를 만들어 줬고, 압박에도 적극적으로 가담하면서 성실한 활동량을 통해 토트넘 팬들과 포스테코글루 감독에게 충분히 존재감을 어필했다. 실망스러웠던 첼시 시절의 부진했던 모습은 확실히 벗어난 느낌이었다. 그 결과 한 시즌 임대 연장을 이어가게 되었고, 포스테코글루 감독이 지난 시즌 베르너를 상당히 적극적으로 기용한 점을 봤을 때 올 시즌도 충분한 출전기회를 부여받을 가능성이 높다.

지난 시즌 해리 케인이 떠난 상황에서 손흥민이 그 자리에서도 충분히 역할을 해낼 수 있다는 것을 보여줬고 솔란케라는 준수한 톱 자원이 보강되었기 때문에 주변 다른 선수들의 역할이 더욱 중요한데, 올 시즌 베르너가 기존의 장점에 더해서 골결정력만 조금 더 보완할 수 있다면 토트넘의 공격진들은 지난 시즌보다 훨씬 더 막강한 공격력과 득점력을 보여줄 수 있지 않을까 하는 기대를 조심스럽게 해봐도 좋을 것 같다.

지금 **토트넘**에 이 선수가 있다면!

로비 킨

지난 시즌 히샬리송의 득점력이 조금 상승하긴 했지만 여전히 그를 영입하면서 기대했던 것만큼의 퍼포먼스는 아니었다. 그렇다면 현재 포스테코글루의 전술에 가장 필요한 유형의 스트라이커는 누구일까 생각해 봤을 때 '만약 로비 킨이 지금 시대에 토트넘에서 뛰고 있다면?' 이라는 생각이 들었다. 로비 킨은 해리 케인과 더불어 21세기 토트넘 최고의 공격수 중 한 명으로 평가받는 선수이다.

로비 킨은 포스테코글루가 가장 강조하는 전방압박에 상당히 능한 선수였고, 지능적인 축구 센스나 순간적인 침투 능력, 천부적인 골결정력 등 장점이 워낙 많은 선수였다. 특히 로비 킨의 여러 장점 중에서도 낮은 지역으로 내려와서 상대 수비수를 끌고 가는 움직임, 넓은 시야를 활용한 날카로운 패스능력과 연계 플레이도 절대 빼놓을 수 없다. 아직 손흥민이 건재하고 브레넌 존슨이나 티모 베르너 같은 침투에 능한 빠른 동료들이 즐비한 만큼, 로비 킨이 현 토트넘에서 최전방자리를 맡아준다면 공격 쪽에서 훨씬 더 좋은 시너지가 나올 수 있지 않을까 하는 생각이 든다.

ROBERT SANCHEZ

FILIP JORGENSEN

LEVI COLWILL

MARC CUCURELLA

BENOIT BADIASHILE

BEN CHILWELL

REECE JAMES

MALO GUSTO

WESLEY FOFANA

TOSIN ADARABIOYO

ROMEO LAVIA

CARNEY CHUKWUEMEKA

MOISES CAICEDO

MYKHAILO MUDRYK

CHRISTOPHER NKUNKU

PEDRO NETO

MARC GUIU

JOAO FELIX

ENZO FERNANDEZ

KIERNAN DEWSBURY-HALL

COLE PALMER

NICOLAS JACKSON

20242025

Chelsea

CHELSEA

첼시 Chelsea FC

창단 년도 | 1905년

최고 성적 | 우승 (1954/55, 2004/05, 2005/06, 2009/10, 2014/15, 2016/17)

경기장 | 스탬포드 브릿지 (Stamford Bridge)

경기장 수용 인원 | 40,343명

지난 시즌 성적 | 6위

별칭 | The Blues (더 블루스)

상징색 | 블루

레전드 | 론 해리스, 캐리 딕슨, 루드 굴리트, 지안프랑코 졸라, 존 테리, 페트르 체흐, 디디에 드록바, 프랭크 램파드, 에슐리 콜, 에당 아자르 등

히스토리

런던 연고지 프리미어리그 구단 중 21세기에 가장 큰 성과를 냈다. PL 5회, UCL 2회, UEL 2회, FA컵 5회 등 2003년 로만 아브라모비치가 팀을 인수한 이후에만 무려 21개의 트로피를 들어 올리며 세계적인 구단으로 성장했다. 특히 2012년 구단의 오랜 숙원사업이던 빅이어를 들어 올린 순간은 120년 역사에서 가장 중요한 순간이었다. 하지만 2022년 여름 토드 보엘리를 새로운 구단주로 맞으면서 급격한 변화가 시작됐다. 두 번째 빅이어를 안

겨준 토마스 투헬 감독을 경질한 이후 암흑기가 찾아왔다. 그레이엄 포터, 마우리시오 포체티노를 거치면서 과정과 결과 어느 하나 얻지 못했다. 막대한 자금을 투자해 선수들을 영입했지만 결과는 하이리스크 로우리턴이었다. 세 번째 시즌이 찾아왔다. 이제는 진짜 달라져야 한다.

최근 5시즌 리그 순위 변동

4위 (2019/20), 4위 (2020/21), 3위 (2021/22), 12위 (2022/23), 6위 (2023/24)

클럽레코드 IN & OUT

최고 이적료 영입 IN

엔소 페르난데스
1억 2,100만 유로
(2023년 1월, from 벤피카)

최고 이적료 판매 OUT

에당 아자르
1억 1,500만 유로
(2019년 7월, to 레알마드리드)

엔초 마레스카 Enzo Maresca | 1980년 2월 10일 | 44세 | 이탈리아

펩과 유사한 듯 다른 마레스카의 철학과 매력

맨시티에서 U23팀 감독과 1군 수석코치로 펩 과르디올라를 보좌했다. 이 기간 펩으로부터 많은 전술적인 영감을 얻은 마레스카는 2023/24시즌을 앞두고 챔피언십으로 강등된 레스터에 부임했고 한 시즌 만에 PL로 복귀시켰다. 전술 능력에서 압도적이었다. 4-3-3을 기반으로 하지만 오른쪽 풀백 페레이라를 인버티드 풀백으로 활용해 3-2-4-1과 3-3-3-1을 오갔다. 본인이 추구하는 철학과 시스템을 우선 인지시킨 뒤 경기장 안에선 유기적으로 판단하고 움직이도록 주문한다. 포터는 전술적 아이디어는 다양했지만 원톱을 제대로 활용하지 못했고 측면 부분전술이 부족했다. 포체티노는 제대로 된 전술마저 없었다. 전술적인 구조가 명확한 감독은 투헬 이후 처음이다. 마레스카가 이끄는 첼시는 분명 달라야 한다.

📃 감독 인터뷰

"펩의 아이디어를 좋아하지만 똑같은 스타일을 추구하고 싶지 않다. 첼시의 경기를 많이 챙겨봤는데 맨투맨 하이프레싱이 없었다. 공격적으로 운영할 것이다. 첼시는 승리해야 하는 팀이다."

감독 프로필

통산

95 경기 **59** 승 **14** 무 **22** 패

선호 포메이션	승률
4-2-3-1	**62.1%**

시즌 키워드

#3-2빌드업 | #인버티드풀백 | #첼시부활?

우승 이력

■ **챔피언십** (2023/24)

경력 🔖	2020~2021	2021	2023~2024	2024~
	맨체스터시티 U23	파르마	레스터시티	첼시

CHELSEA

IN

필립 요르겐센
(비야레알)

토신 아다라비오요
(풀럼)

헤나투 베이가
(바젤)

키어넌 듀스버리홀
(레스터시티)

오마리 켈리먼
(애스턴빌라)

마르크 기우
(바르셀로나)

주앙 펠릭스
(아틀레티코마드리드)

페드루 네투
(울버햄튼)

제이든 산초
(맨체스터유나이티드)

OUT

이안 마트센
(애스턴빌라)

루이스 홀
(뉴캐슬)

오마리 허친슨
(입스위치타운)

아르만도 브로야
(입스위치타운)

티아고 실바
(계약종료)

하킴 지예흐
(계약종료)

말랑 사르
(계약종료)

코너 갤러거
(아틀레티코마드리드)

레슬리 우고추쿠
(사우샘프턴, 임대)

라힘 스털링
(아스날, 임대)

로멜루 루카쿠
(나폴리)

트레보 찰로바
(크리스탈팰리스, 임대)

FW
- 7 네투
- 10 무드리크
- 11 마두에케
- 14 펠릭스
- 15 잭슨
- 18 은쿤쿠
- 19 산초
- 20 팔머
- 38 기우

MF
- 8 엔소
- 14 펠릭스
- 17 추쿠에메카
- 22 듀스버리홀
- 25 카이세도
- 31 카사데이
- 37 켈리먼
- 45 라비아

DF
- 2 디사시
- 3 쿠쿠렐라
- 4 아다라비오요
- 5 바디아실
- 6 콜윌
- 21 칠웰
- 24 제임스
- 27 귀스토
- 29 포파나
- 40 베이가

GK
- 1 산체스
- 12 요르겐센
- 13 베티넬리

히든풋볼의 이적시장 평가

9명 영입에 1억 9천만 유로를 지불했다. 하지만 아다라비오요, 듀스버리홀, 페드루 네투를 제외하면 당장 핵심으로 활약할 만한 영입은 아니다. 가장 시급했던 확실한 스트라이커 영입도 결국 이뤄지지 않았다. 마르크 기우는 미래를 보는 영입이다. 30명이 넘는 1군 스쿼드는 확실히 정리가 필요해 보이고, 공격 자원이 너무 많은 감이 있다.

히든풋볼 이적시장 평가단

2023/24시즌 스탯 Top 3

득점 Top 3

⚽ 콜 팔머	**22**골	
⚽ 니콜라 잭슨	**12**골	
⚽ 라힘 스털링	**8**골	

도움 Top 3

✏ 콜 팔머	**11**도움	
✏ 코너 갤러거	**7**도움	
✏ 말로 귀스토	**6**도움	

출전시간 Top 3

⏱ 코너 갤러거	**3,136**분	
⏱ 모이세스 카이세도	**2,874**분	
⏱ 니콜라 잭슨	**2,810**분	

히든풋볼의 순위 예측

다시 감독이 바뀌었다. 새롭게 영입된 선수들은 파란 유니폼이 어색해 보인다. 챔스에 갈 수 있을까? 쉽지 않다.

마레스카의 전술이 녹아든 퍼포먼스를 본격적으로 보여주는 건 다음 2025/26시즌이 될 가능성이 크다.

첼시의 영입 행보는 계속 이어졌다. 마레스카의 지도력이 중요하지만, 안정감을 찾기에는 변화가 너무 많다.

마레스카볼이 자리잡히면 후반기와 다음 시즌 무서운 팀이 될 것 같다. 리그 초반 승점 관리가 관건이다.

어린 선수들이 성장, 발전하는 모습이 보이고 있다. 하지만 경험적인 측면은 무시할 수 없는 요소다.

마레스카는 첼시의 부흥을 이끌 것이다. 조건은 납득할 만한 퀄리티를 갖춘 선수들의 영입과 기존 선수단 정리다.

6위 · 이주헌 ·

7위 · 박종윤 ·

7위 · 송영주 ·

6위 · 이완우 ·

7위 · 김형책 ·

5위 · 남윤성 ·

위기에 처한
첼시를 구하라
마레스카 특명

토드 보엘리를 새로운 구단주로 맞이하고 2시즌 동안 리그 12위와 6위에 그쳤다. 과거의 명성에 어울리지 않는 결과였고, 지난 시즌은 조금 나아진 듯 보였겠지만 실상은 그렇지 않았다. 2023/24시즌을 앞두고 첼시는 포체티노 감독을 선임했다. 전술이 유연하지 않다는 우려는 프리시즌을 치르며 기대감으로 바뀌었다. 인버티드 풀백, 빠른 전환, 유기적인 포지셔닝, 매끄러운 공격 전개 등 포터, 램파드 체제와는 확연히 달라진 모습이었다.

하지만 막상 시즌에 돌입하니 기대는 절망으로 바뀌기 시작했다. 전술은 고사하고 이해할 수 없는 선수 위치가 반복됐다. 시즌 초 갤러거를 3선, 엔소를 2선에 배치해 후방 빌드업에 어려움을 겪었다. 콜월을 중앙이 아닌 왼쪽 측면에 배치하기도 했다. 풀백처럼 전진시켰다면 차라리 모를까, 센터백처럼 후방에 남기면서 이도 저도 아닌 상황이 연출됐다. 빌드업에는 체계가 없었고 압박은 느슨했다.

공수 간격이 벌어지며 상대 전진을 쉽게 허용했다. 수비 조직이 갖춰지지 않아 젊은 센터백들이 안정적으로 활약하기 어려웠다. 플랜A가 통하지 않음에도 전술 변화는 없었다. 공격은 개인 능력에 의존했고 세부 전술 같은 건 없었다. 어떻게 기회를 만들어내도 절망적인 결정력이 이어졌다. 22골 11도움을 기록한 콜 파머의 원맨쇼가 없었다면 10위권 밖에 위치한다 해도 전혀 이상하지 않을 정도였다.

시즌 종료 후 여러 감독들과 접촉했지만 그들에게 첼시는 더 이상 매력적인 클럽이 아니었다. 연임까지 고려했지만 결국 변화의 칼을 꺼내 들었다. 확고한 철학과 시스템으로 강등된 레스터를 한 시즌 만에 프리미어리그에 복귀시킨 엔초 마레스카 감독을 전격 선임했다. 맨시티에서 U23팀 감독, 1군 수석코치직을 수행하며 펩 과르디올라 감독으로부터 많은 전술적인 영감을 받은 것으로도 유명하다.

마레스카 감독의 시스템은 화면에 4-3-3으로 표기되는 라인업과 달리 실제로는 풀백 한 명이 센터백이 되고, 다른 풀백은 인버티드 역할로 홀딩 미드필더와 나란히 중원에 위치하는 3-2-4-1 또는 3-3-3-1 형태의 포메이션을 활용한다. 상대가 어떤 포메이션을 들고 나와도 어떠한 전술로 대응한다 해도 핵심은 하나다. 중원에서의 수적 우위 확보, 이를 통해 상대의 수비 밸런스를 1차적으로 무너뜨린다. 전방은 비교적 자유로운 형태의 공격 작업을 주문하기 때문에 콜 파머, 영입생 페드루 네투, 잭슨 등 첼시의 공격진은 무너진 수비의 틈을 영리하게 활용할 수 있어야 한다.

1
GK

Robert Sánchez

로베르트 산체스

국적 스페인 **ㅣ 나이** 26 **ㅣ 신장** 197 **ㅣ 체중** 90 **ㅣ 평점** 6.65

브라이튼에서 이적해올 당시만 해도 기대가 매우 컸다. 하지만 불안한 선방 능력이 먼저 이슈가 됐고 이어서 강점으로 꼽혔던 빌드업까지 흔들렸다. 매 경기 크고 작은 빌드업 실수로 위기를 자초했다. 홈 아스날전 실수는 참혹했다. 16라운드 에버튼 원정에서 경기 막판 무릎 부상으로 쓰러졌고 페트로비치가 주전으로 나서게 되면서 골키퍼 불안이 그나마 해소될 수 있었다. 2024/25시즌은 일단 주전 장갑을 끼고 시작할 가능성이 크다. 새로 부임한 마레스카 감독이 골키퍼를 활용한 후방 빌드업을 선호하기 때문이다. 하지만 방심할 수 없다. 비야레알에서 영입된 필립 요르겐센이 호시탐탐 기회를 노리고 있다.

2023/24시즌

	16 GAMES	1,434 MINUTES	25 실점	70.50 선방률	
2	53 세이브	3 클린시트	추정가치: 20,000,000€	18.80 클린시트 성공률	1/3 PK 방어 기록	0

12
GK

Filip Jorgensen

필립 요르겐센

국적 덴마크 **ㅣ 나이** 22 **ㅣ 신장** 190 **ㅣ 체중** 77 **ㅣ 평점** 6.79

골키퍼 문제를 해결하기 위해 비야레알에서 영입됐다. 2023/24시즌 주전으로 뛰면서 슈테겐, 오블락, 시몬, 마마르다쉬빌리와 어깨를 나란히 하는 라리가의 대표적 키퍼로 활약했다. 과감하게 골문을 비우고 나오는 스타일은 아니지만 기본적인 스위핑 능력은 갖췄다. 골키퍼로서 뛰어난 기본기, 놀라운 선방을 보여준다. 슈팅 각도를 줄이기 위해 나오는 타이밍이 좋고 다이빙 후 2차 세이브 동작도 빠르고 정석적이다. 섣부르게 예측하고 다이빙하기보단 끝까지 공의 궤적을 확인한 뒤 움직인다. 발을 활용한 선방은 최대 강점이다. 우려와 달리 발밑과 패스도 준수하다. 언제든지 주전 골키퍼로 도약할 수 있다.

2023/24시즌

	36 GAMES	3,240 MINUTES	63 실점	72.20 선방률	
4	143 세이브	6 클린시트	추정가치: 20,000,000€	16.70 클린시트 성공률	0/6 PK 방어 기록	0

6
CB
LB

Levi Colwill

리바이 콜윌

국적 잉글랜드 **ㅣ 나이** 21 **ㅣ 신장** 187 **ㅣ 체중** 83 **ㅣ 평점** 6.82

왼발 빌드업과 볼 운반이 강점이다. 브라이튼에서 성공적인 임대 생활을 보냈지만 포체티노 체제에서는 풀백도 센터백도 아닌 역할을 소화하며 고생이 많았다. 특히 왼쪽에서 윙포워드의 수비 지원이 느슨했던 탓에 상대 측면 공격을 홀로 막아내야 했고 이로 인해 대인 수비가 흔들렸다. 27라운드 브랜트퍼드전 이후 발가락 부상으로 시즌을 마무리했다. 마레스카 체제에서는 핵심적인 역할을 맡을 것으로 예상된다. 3-2 빌드업 구조에서 콜윌이 위치한 왼쪽은 양질의 패스를 기대할 수 있다. 관건은 수비다. 등번호도 26번에서 6번으로 변경했다. 존 테리, 티아고 실바의 뒤를 이어야 한다.

2023/24시즌

	23 GAMES	1,798 MINUTES	1 GOALS	1 ASSISTS	
2	0.5 경기당슈팅	3 유효슈팅	추정가치: 50,000,000€	45.78 경기당패스	83.00 패스성공률	0

5
CB

Benoît Badiashile

브누아 바디아실

국적 프랑스 | **나이** 23 | **신장** 194 | **체중** 75 | **평점** 6.48

2022/23시즌 후반기 영입 직후 뛰어난 전개 능력, 안정적인 수비로 흔들리는 첼시 수비라인의 희망으로 떠올랐다. 기대가 컸던 만큼 지난 시즌 활약은 더욱 실망스러웠다. 신체적인 밸런스는 디사시보단 나았고 대인 수비는 콜월에 비해 안정적이었지만 수비 시 포지셔닝과 공중볼 처리 능력에서 문제가 드러났다. 194cm의 높은 신장에도 불구하고 세트피스 수비 때마다 애매한 포지셔닝으로 공격수를 놓쳤고 공중볼 처리에도 도움을 주지 못했다. 빌드업 퀄리티는 여전히 괜찮았기에 다행이었지만 최근 두 시즌 첼시의 가장 큰 고민은 수비 안정감이었다. 수비력이 크게 개선되는 모습을 보여줘야 한다.

2023/24시즌

	18 GAMES	1,337 MINUTES	0 GOALS	1 ASSISTS	
3	0.33 경기당슈팅	1 유효슈팅	추정가치: 30,000,000€	64.72 경기당패스	90.80 패스성공률	0

29
CB

Wesley Fofana

웨슬리 포파나

국적 프랑스 | **나이** 23 | **신장** 190 | **체중** 84 | **평점** –

2022/23시즌 레스터에서 8천만 유로에 영입했다. 거금을 투자할 가치가 충분했다. 빠른 스피드와 엄청난 태클로 후방을 커버했고 공격수들을 지워내는 압도적인 수비력까지 갖췄다. 여기에 발밑과 패스까지 좋다. 하지만 치명적인 부상이 포파나의 성장을 가로막았다. 정강이 골절, 십자인대 파열 등 최근 3시즌 모두 개막 직전 또는 시즌 극초반에 쓰러졌다. 2023/24시즌에는 한 경기도 나서지 못했지만 여전히 기대가 크다. 흔들리는 첼시 수비를 이끌 만큼 부상만 없다면 능력은 확실하다. 마레스카 감독의 변형 백3 전술에서 가장 핵심인 가운데 센터백 역할이 예상된다.

2023/24시즌

	- GAMES	- MINUTES	- GOALS	- ASSISTS	
-	- 경기당슈팅	- 유효슈팅	추정가치: 25,000,000€	- 경기당패스	- 패스성공률	-

4
CB

Tosin Adarabioyo

토신 아다라비오요

국적 잉글랜드 | **나이** 26 | **신장** 196 | **체중** 80 | **평점** 6.80

풀럼에서 FA로 영입한 잉글랜드 국적의 센터백이다. 196cm라는 큰 키를 활용한 공중볼 장악, 압도적인 피지컬이 강점이다. 무게 중심이 높아 돌아서는 동작이 다소 느리지만 한번 속도가 붙으면 빠르게 상대 공격수를 따라잡는다. 섣부르게 태클하거나 무리하게 덤비면서 수비하기보다 끝까지 상황을 확인하면서 침착하게 볼을 뺏어낸다. 양발을 활용해 정확하게 롱패스를 전달하며 측면으로의 볼 전개도 수준급이다. 연령별 대표팀을 모두 거쳐 성장했지만 아직 성인대표팀의 부름을 받지는 못했다. 2024/25시즌 첼시에서의 활약은 삼사자 군단의 호출로 이어질 수 있다.

2023/24시즌

	20 GAMES	1,617 MINUTES	2 GOAL	0 ASSISTS	
2	0.7 경기당슈팅	5 유효슈팅	추정가치: 20,000,000€	60.55 경기당패스	84.50 패스성공률	0

3
LB
DM

Marc Cucurella

마르크 쿠쿠렐라

국적 스페인 **|** **나이** 26 **|** **신장** 173 **|** **체중** 67 **|** **평점** 6.81

2023/24시즌 리스 제임스의 부상, 말로 귀스토의 징계로 오른쪽 풀백까지 소화했다. 오른발을 활용한 빌드업은 아무래도 어색함이 느껴졌지만 헌신적인 플레이로 공백을 최소화했다. 시즌 초반 첼시의 풀백 자원 중 가장 폼이 좋았는데 에버튼전 당한 발목 부상으로 수술대에 올랐다. 빠르게 복귀에 성공했고 이후 인버티드 풀백으로 훌륭한 모습을 보여줬다. 안정적인 빌드업과 공격 가담 타이밍, 빠른 수비 전환으로 중원과 측면을 책임졌다. 시즌을 성공적으로 마쳤고 좋은 폼을 대표팀에서도 이어갔다. 그 결과 스페인의 유로 2024 우승 주역으로 활약했다.

2023/24시즌

	GAMES	MINUTES	GOAL	ASSISTS	
	21	1,784	0	2	
10	경기당슈팅 0.38	유효슈팅 4	추정가치: 30,000,000€	경기당패스 50.33	패스성공률 86.60	0

21
LB

Ben Chilwell

벤 칠웰

국적 잉글랜드 **|** **나이** 27 **|** **신장** 180 **|** **체중** 77 **|** **평점** 6.47

폭발적인 스피드와 정교한 왼발 크로스, 박스 밖 중거리 슈팅까지. 토마스 투헬 체제에서 리스 제임스와 함께 첼시 측면의 핵심이었다. 하지만 2022 카타르 월드컵을 목전에 두고 십자인대 파열로 쓰러졌다. 천천히 복귀하긴 했지만 이후 신체 밸런스가 무너지기 시작했다. 시즌 중 한번씩 햄스트링 부상을 겪으며 장기간 결정하는 기간이 늘었다. 그래도 이전에는 복귀 후 퍼포먼스로 '칠웰은 칠웰이다'를 증명했지만 2023/24시즌은 달랐다. 움직임에 폭발력이 줄었고 수비마저 흔들리며 우려를 낳았다. 부상 없이 건강하게 시즌을 치르는 게 최우선 과제다.

2023/24시즌

	GAMES	MINUTES	GOALS	ASSISTS	
	13	756	0	1	
5	경기당슈팅 0.92	유효슈팅 4	추정가치: 28,000,000€	경기당패스 31.15	패스성공률 75.40	0

24
RB
CB

Ⓒ

Reece James

리스 제임스

국적 잉글랜드 **|** **나이** 24 **|** **신장** 180 **|** **체중** 91 **|** **평점** 6.49

첼시의 주장. 위건에서의 성공적인 임대 후 2019/20시즌부터 팀의 핵심 선수로 활약했다. 압도적인 피지컬을 활용한 대인 수비와 공격 시 오버래핑 타이밍, 드리블 전진, 세밀한 연계 등 현대 축구에서 요구하는 풀백의 모든 능력을 갖췄다. 아직 끝이 아니다. 엄청난 킥력과 정교하게 휘어져 들어오는 크로스 퀄리티는 감탄을 자아낸다. 의심의 여지가 없는 월드클래스 풀백이다. 하지만 전제조건이 따른다. 햄스트링 부상만 없다면. 지난 다섯 시즌 간 햄스트링 부상으로 결장한 것이 무려 70경기가 넘을 정도다. 정말이지 부상만 빼면 모든 게 완벽한 선수다.

2023/24시즌

	GAMES	MINUTES	GOALS	ASSISTS	
	10	421	0	2	
0	경기당슈팅 0.7	유효슈팅 1	추정가치: 40,000,000€	경기당패스 26.7	패스성공률 80.60	2

27
RB
LB

Malo Gusto

말로 귀스토

국적 프랑스, 포르투갈 | **나이** 21 | **신장** 178 | **체중** 67 | **평점** 6.74

첼시 올해의 선수상은 콜 팔머가 당연했다. 하지만 귀스토를 위해서라도 수상 내역을 하나 더 만들어야 했다. 바로 '상상 그 이상'. 초반에는 공격보다 수비적인 능력이 돋보였다. 그러다 18라운드 울버햄튼전을 기점으로 오른쪽 측면의 지배자가 됐다. 특히 팔머와의 호흡이 좋았다. 적절한 타이밍에 전진해 팔머에게 쏠린 수비의 뒷공간으로 침투했고 발밑이 좋지 않다는 오해를 날려버리는 드리블 돌파로 공격의 활로를 개척했다. 크로스 퀄리티도 날이 갈수록 좋아졌으며 안정적인 수비와 정교한 태클은 기대했던 그대로였다. 제임스의 이탈에도 귀스토가 있어 첼시는 안심할 수 있었다.

2023/24시즌

7	**27** GAMES	**1,755** MINUTES	**0** GOALS	**6** ASSISTS	**1**
	0.56 경기당슈팅	5 유효슈팅	추정가치: 35,000,000€	45.1 경기당패스	86.40 패스성공률

엔소 페르난데스

국적 아르헨티나 | **나이** 23 | **신장** 178 | **체중** 78 | **평점** 6.75

8
DM
CM
AM

Enzo Fernández

첼시 입단 직후 원볼란치로 뛰면서 팀의 후방 빌드업을 책임졌다. 포체티노 체제에서는 공격적인 롤을 선호하면서 3선이 아닌 메짤라로 뛰었다. 하지만 그러면서 존재감이 희미해졌고 사소한 실수, 턴오버가 반복됐다. 역할 차이에 따른 변화일 것으로 보였지만 그럼에도 뭔가 이상했다. 알고 보니 스포츠 탈장으로 인한 통증을 참으면서 뛰고 있던 게 밝혀졌다. 다음 시즌을 위해 수술대에 올랐고 건강히 복귀해 코파아메리카 2024에서 아르헨티나의 우승을 이끌었다. 홀딩부터 한 칸 위 미드필더까지 모두 소화할 수 있는 엔소는 마레스카 시스템에서 핵심적인 역할을 소화할 것으로 보인다.

2023/24시즌

7	**28** GAMES	**2,214** MINUTES	**3** GOALS	**2** ASSISTS	**0**
	1.7 경기당슈팅	13 유효슈팅	추정가치: 75,000,000€	64.1 경기당패스	84.50 패스성공률

25
DM
CM
RB

Moisés Caicedo

모이세스 카이세도

국적 에콰도르 | **나이** 22 | **신장** 178 | **체중** 73 | **평점** 6.85

2023/24시즌 리버풀의 유혹을 뿌리치고 첼시 유니폼을 입었다. 브라이튼에서 중원의 스타로 거듭났기에 첼시에서도 좋은 활약이 기대됐다. 초반에는 적응이 어려웠다. 포체티노 감독의 전무한 후방 빌드업 시스템은 센터백의 수비 불안과 공수 간격이 크게 벌어지는 문제로 이어졌다. 그 사이에서 카이세도는 분투했지만 한계가 있었다. 다행히 후반기 들어 진가를 발휘하기 시작했다. 왕성한 활동량으로 패스를 차단했고 공간을 커버하며 센터백의 수비 부담을 덜어줬다. 과감한 드리블 전진, 짧은 패스보다 창의적인 패스가 오히려 돋보이며 직접 기회를 창출했다.

2023/24시즌

11	**35** GAMES	**2,872** MINUTES	**1** GOAL	**3** ASSISTS	**0**
	0.37 경기당슈팅	4 유효슈팅	추정가치: 75,000,000€	59.9 경기당패스	90.00 패스성공률

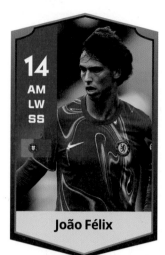

14
AM
LW
SS

João Félix

주앙 펠릭스

국적 포르투갈 | **나이** 24 | **신장** 181 | **체중** 70 | **평점** 7.12

10대 시절부터 포르투갈의 미래로 불리며 화려하게 등장했다. 저돌적인 드리블 돌파, 볼 운반 능력, 날카로운 슈팅 등 뛰어난 공격적 재능에 모든 빅클럽들이 군침을 흘렸다. 하지만 아틀레티코마드리드, 첼시, 바르셀로나에서의 활약상은 아쉬웠다. 번뜩이는 플레이로 기대감을 심어줬지만 일관성이 떨어졌다. 본인 위주의 전술이 아니면 고전하는 경향 등 활용이 까다롭다는 평가를 받기도 했다. 우여곡절 끝에 첼시로 돌아왔다. 기대보다는 우려가 더 크지만 꾸준함만 보여준다면 마레스카 감독의 전술에서 한 자리는 차지할 수 있다. 1999년생으로 아직도 어리다. 하지만 이제는 변해야 한다.

2023/24시즌

3	**30** GAMES	**1,542** MINUTES	**7** GOAL	**3** ASSISTS	**0**
	2.03 경기당슈팅	**25** 유효슈팅	추정가치: 30,000,000€	**22.1** 경기당패스	**81.10** 패스성공률

22
DM
CM
AM

Kiernan Dewsbury-hall

키어넌 듀스버리홀

국적 잉글랜드 | **나이** 25 | **신장** 178 | **체중** 70 | **평점** 7.37

2023/24시즌 챔피언십에서 12골 14도움을 기록했다. 핵심으로 활약하며 강등된 레스터를 한 시즌 만에 프리미어리그로 복귀시켰다. 마레스카는 첼시 부임 직후 듀스버리홀 영입을 요청했고 18년간 활약했던 레스터를 떠나 첼시 유니폼을 입게 됐다. 지난 시즌 3-2-4-1 포메이션에서 왼쪽 중앙 미드필더로 뛰면서 포켓에서 볼을 받아 돌아서는 동작, 하프스페이스 침투, 찬스 메이킹에서 능력이 돋보였다. 무엇보다 박스 안 득점력이 크게 개선됐다. 침착한 마무리와 더불어 헤더 능력까지 장착하면서 마레스카 시스템에 없어서는 안 되는 선수로 성장했다.

2023/24시즌

6	**44** GAMES	**3,644** MINUTES	**12** GOAL	**14** ASSISTS	**0**
	1.98 경기당슈팅	**30** 유효슈팅	추정가치: 30,000,000€	**42.4** 경기당패스	**77.90** 패스성공률

20
AM
RW

Cole Palmer

콜 팔머

국적 잉글랜드 | **나이** 22 | **신장** 189 | **체중** 74 | **평점** 7.48

단연 지난 시즌 프리미어리그 최고의 영입이었다. 2023/24시즌 리그에서만 22골 11도움으로 가장 많은 공격 포인트를 기록했다. 이적시장 마지막날 합류해 팀에 녹아들 때까지 시간이 필요했다. 적응을 마치자 무서울 정도로 리그를 폭격했다. 첼시의 모든 공격은 팔머의 발끝에서 시작했다. 내려와서 빌드업을 도왔고 돌아서서 볼을 운반했다. 전진해서 창의적인 패스를 투입했으며 박스 안에서 직접 마무리까지 했다. 화려한 플레이 스타일과는 거리가 멀다. 하지만 기본기가 탄탄하고 플레이가 간결하다. 빠른 판단과 클러치 능력으로 첼시의 에이스로 우뚝 섰다.

2023/24시즌

7	**33** GAMES	**2,624** MINUTES	**22** GOALS	**11** ASSISTS	**0**
	3.3 경기당슈팅	**37** 유효슈팅	추정가치: 80,000,000€	**38.4** 경기당패스	**79.20** 패스성공률

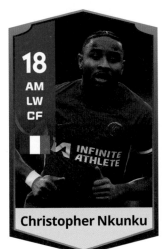

18
AM
LW
CF

Christopher Nkunku

크리스토퍼 은쿤쿠

국적 프랑스 **| 나이** 26 **| 신장** 177 **| 체중** 68 **| 평점** 6.49

기술적이고 역동적인 공격형 미드필더다. 2023/24시즌 첼시에 합류해 프리시즌 팀을 캐리하며 기대를 모았다. 하지만 시즌 개막을 앞두고 무릎 부상으로 쓰러졌다. 금방 돌아오리라 믿었지만 복귀까지 너무나 오랜 시간이 걸렸다. 시즌 중간 복귀해 잠시 활약했지만 햄스트링 부상으로 또다시 쓰러졌다. 영입과 동시에 부상이 반

복돼 우려가 많았지만 짧은 시간을 다시 뛰며 능력을 증명했다. 측면과 중앙을 가리지 않고 위협적인 움직임을 선보였고 동료와의 연계 박스 안 침투 후 마무리는 다른 선수들과 클래스 차이가 느껴졌다. 콜 팔머와 함께 첼시의 2선 공격을 이끌어야 한다.

2023/24시즌

	11 GAMES	438 MINUTES	3 GOALS	0 ASSISTS	
0	1.45 경기당슈팅	7 유효슈팅	추정가치: 65,000,000€	16.1 경기당패스	86.90 패스성공률	0

노니 마두에케

국적 잉글랜드 **| 나이** 22 **| 신장** 182 **| 체중** 75 **| 평점** 7.16

11
RW

Noni Madueke

2023/24시즌 기존 스털링, 무드릭에 콜 팔머, 은쿤쿠까지 합류해 경쟁이 심화됐고 부상까지 겹치며 고전했다. 돌아온 후반기 짧은 시간이었지만 존재감을 드러냈다. 과감한 돌파, 날카로운 왼발 슈팅으로 오른쪽 공격을 책임졌다. 비록 오프더볼 움직임이 적극적이지 않고 수비 시 집중력 저하로 인해 마크맨을 놓치는 등 단점이 뚜

렷하지만 이를 넘어서는 장점을 지녔다. 특히 마레스카 전술에서 측면 윙어는 일대일 싸움과 뒷공간 침투에 능해야 한다. 현재 첼시에 마두에케만큼 위력적인 돌파력을 갖춘 윙어는 없다. 이타적인 플레이, 일관성, 성실한 수비 마두에케에게 부여된 시즌 키워드다.

2023/24시즌

	23 GAMES	1,053 MINUTES	5 GOALS	2 ASSISTS	
2	1.35 경기당슈팅	12 유효슈팅	추정가치: 28,000,000€	21.2 경기당패스	84.80 패스성공률	0

미하일로 무드리크

국적 우크라이나 **| 나이** 23 **| 신장** 175 **| 체중** 72 **| 평점** 6.67

10
AM
LW
RW

Mykhaylo Mudryk

첼시에서 등번호 10번은 26번만큼 상징적인 번호다. 2023/24시즌 새로운 10번의 주인이 됐지만 플레이는 팬들의 환호와 절망을 동시에 자아냈다. 일단 속도는 압도적이다. 측면에서 속도가 붙으면 상대 수비는 웬만해서는 따라잡기 어렵다. 하지만 플레이의 세밀함과 완성도가 떨어진다. 우려와 달리 연계와 패스는 오히려 괜찮다.

하지만 크로스와 슈팅이 아쉽다. 특히 중앙으로 들어오면서 시도하는 슈팅은 자신감 넘치는 모션과 달리 관중석 2층으로 향하는 경우도 있었다. 변칙적인 패턴으로 플레이의 가짓수를 늘릴 수 있어야 한다. 스타성은 충분하다. 실력만 조금 더 무르익으면 된다.

2023/24시즌

	31 GAMES	1,578 MINUTES	5 GOALS	2 ASSISTS	
5	1.13 경기당슈팅	12 유효슈팅	추정가치: 35,000,000€	15.4 경기당패스	68.00 패스성공률	0

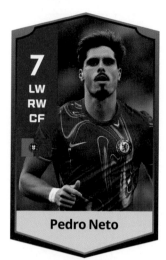

7
LW
RW
CF

Pedro Neto

페드루 네투

국적 포르투갈 **| 나이** 24 **| 신장** 172 **| 체중** 62 **| 평점** 6.99

낮은 무게 중심을 활용한 방향 전환, 순간적인 속도 변화, 발 뻗을 엄두가 나지 않는 드리블 거리 조절, 스피드를 활용한 전진과 볼 운반. 5시즌 동안 울버햄튼의 에이스로 활약했다. 특별한 이적 링크 소식이 없다가 순식간에 합류했다. 이적생 중 1군에 기여할 수 있는 바가 가장 큰 선수다. 하지만 무릎과 발목을 한 번씩 크게 다친 경험이 있어 우려스럽다. 지난 시즌 그 여파가 근육까지 전달됐는지 건강하던 햄스트링마저 시즌 중 2차례나 파열됐다. 플레이 완성도, 저돌적인 돌파, 이타적인 플레이까지 첼시 2선에는 좀처럼 없는 유형이다. 그저 부상만 당하지 않기를 간절히 바랄뿐이다.

2023/24시즌

	20 GAMES	1,518 MINUTES	2 GOAL	9 ASSISTS	
4	1.8 경기당슈팅	12 유효슈팅	추정가치: 55,000,000€	29.5 경기당패스	74.50 패스성공률	0

15
LW
CF

Nicolas Jackson

니콜라 잭슨

국적 세네갈, 감비아 **| 나이** 23 **| 신장** 186 **| 체중** 78 **| 평점** 7.07

등번호까지 15번을 부여받으며 넥스트 드록바로 성장하길 바랐다. 하지만 절망적인 결정력에 팬들은 좌절했다. 더군다나 시즌 초 불필요한 항의로 인한 경고와 빅찬스 미스는 우려를 사기에 충분했다. 후반기 들어 개선의 여지가 보인 점은 다행스러웠다. 연계가 매끄러워졌고 적극적인 뒷공간 침투로 기회를 창출했다. 스피드를 활용한 온더볼에서도 강점을 보였다. 아프리카 네이션스컵에서 복귀한 후에는 윙어로 뛰면서 가능성도 보였다. 결과적으로 2023/24시즌 리그 14골을 기록했다. 하지만 결정력 문제는 여전했다. 결정력만 강화한다면 첼시의 주전 공격수로 뛰기에 부족함이 없다.

2023/24시즌

	35 GAMES	2,804 MINUTES	14 GOAL	5 ASSISTS	
10	2.29 경기당슈팅	38 유효슈팅	추정가치: 35,000,000€	18.8 경기당패스	77.30 패스성공률	0

38
CF

Marc Guiu

마르크 기우

국적 스페인 **| 나이** 18 **| 신장** 187 **| 체중** 77 **| 평점** 6.76

라마시아 출신의 재능 있는 공격수. 2023/24시즌 10라운드 빌바오전에서 교체 투입 33초 만에 라리가 최단 시간 데뷔골이자 결승골을 기록하며 주목받았다. 비록 센세이셔널한 데뷔골 이후 거의 출전하지 못했지만 기우의 재능을 높게 산 첼시가 영입에 적극적으로 나서면서 프리미어리그로 향했다. 1군에서의 경험은 부족했지만 프리시즌을 통해 기대되는 활약을 펼쳤다. 적극적으로 피지컬을 활용해 공을 지켜냈고 동료들에게 적절히 연결했다. 끊임없이 침투하고 성실한 압박으로 가능성을 보였다. 잭슨과 다른 스타일로 첼시 공격에 옵션을 제공할 것으로 예상된다.

2023/24시즌

	3 GAMES	73 MINUTES	1 GOALS	0 ASSISTS	
1	1.33 경기당슈팅	1 유효슈팅	추정가치: 7,500,000€	2.7 경기당패스	100.00 패스성공률	0

전지적 작가 시점

남윤성이 주목하는 첼시의 원픽!

콜 팔머

2023/24시즌 프리미어리그 최고의 영입. 리그에서만 33개로 가장 많은 공격 포인트를 기록했다. 팔머의 원맨쇼가 없었다면 첼시의 리그 순위는 더 처참하게 떨어졌을지도 모른다. 맨체스터시티에 거액의 이적료를 지불하고 영입할 당시만 하더라도 그에게 큰 기대를 거는 팬들은 많지 않았다. 이적시장 마지막 날 합류해 새로운 팀에 적응할 시간도 필요했다. 하지만 팔머에게 적응은 4경기면 충분했다.

8라운드 번리전을 시작으로 공격 포인트가 쏟아졌다. 31경기에서 무려 22골 11도움을 기록했다. 출전한 모든 경기에서 1개 이상의 공격 포인트를 올린 놀라운 평균 수치다. 중앙과 측면을 가리지 않고 뛰면서 동료들과 연계했고 결정적인 패스로 찬스를 제공했다. 드리블 돌파, 박스 침투, 중거리 슈팅, 크로스와 직접 결정 짓는 마무리까지 첼시 공격의 시작과 끝은 팔머의 발끝에서 이뤄졌다. 2024/25시즌에도 첼시의 핵심이다. 마레스카 감독은 본인의 전술적 역량을 발휘해 팔머에게 향하는 압박을 분산시킬 수 있어야 한다.

지금 첼시에 이 선수가 있다면!

디디에 드로그바

수비 리더 존 테리, 미들라이커 프랭크 램파드, 크랙 에당 아자르까지 고민이 많았다. 하지만 지금 첼시에 가장 필요한 유형은 찬스를 확실하게 득점으로 마무리할 월드클래스 공격수다. 지난 시즌 잭슨은 리그에서 14골 5도움으로 준수한 활약을 펼쳤지만 빅찬스 미스가 너무 많았다. 피지컬을 활용하기보다는 온 더 볼 플레이를 선호해 밀집한 수비진을 상대할 경우 영향력이 줄었다. 잭슨의 안타까운 플레이가 이어질 때마다 첼시 팬들은 레전드 공격수를 소환했다.

디디에 드로그바만 있었더라면 과거 드로그바는 프리미어리그는 물론 유럽 전역의 모든 수비수들에게 공포의 대상 그 자체였다. 박스 안 날카로운 움직임, 압도적인 피지컬, 유연한 몸놀림, 어려운 자세에서 예측할 수 없는 타이밍의 슈팅까지. 새롭게 부임한 마레스카 감독의 전술에도 부합하는 드로그바다. 볼을 받으러 내려오거나 전방에서 버텨주면서 윙어 또는 2선 미드필더와 연계도 가능하다. 큰 경기에서 발휘되는 승부사 기질까지. 첼시의 넥스트 드로그바 찾기는 올 시즌에도 계속될 것으로 보인다.

NICK POPE

MARTIN DUBRAVKA

SVEN BOTMAN

DAN BURN

TINO LIVRAMENTO

FABIAN SCHAR

MATT TARGETT

KIERAN TRIPPIER

MIGUEL ALMIRON

JOELINTON

BRUNO GUIMARAES

SANDRO TONALI

JOE WILLOCK

HARVEY BARNES

ANTHONY GORDON

JAMAAL LASCELLES

LLOYD KELLY

LEWIS HALL

SEAN LONGSTAFF

LEWIS MILEY

ALEXANDER ISAK

CALLUM WILSON

Newcastle United

NEWCASTLE UNITED

뉴캐슬 Newcastle United

창단 년도 | 1892년
최고 성적 | 우승 (1904/05, 1906/07, 1908/09, 1926/27)
경기장 | 세인트 제임스 파크
(St James' Park)
경기장 수용 인원 | 52,305명
지난 시즌 성적 | 7위
별칭 | Toon (툰),
The Magpies (맥파이스),
상징색 | 화이트, 블랙
레전드 | 앨런 시어러, 바비 몬커, 조 하비,
재키 밀번, 놀베르토 솔라노,
피터 비어즐리, 바비 미첼, 게리 스피드,
프랭크 허즈페스, 빌 맥크라켄, 셰이 기븐 등

히스토리

잉글랜드의 공업 도시인 타인위어 주 뉴캐슬어폰타인에 위치한 클럽. 잉글랜드에서 가장 규모가 큰 팬덤을 보유한 구단 중 하나이다. 통상 까치를 의미하는 '맥파이스' 혹은 '타운'의 뉴캐슬 사투리인 '툰'이라고 불린다. 홈구장은 5만 명 이상 수용 가능한, 잉글랜드에서 일곱 번째로 큰 규모의 세인트 제임스 파크를 사용한다. 90년대 잉글랜드의 최고의 인기구단이자 빅클럽 중 하나였지만 2000년대 들어서는 기복이 심했다. 심지어 빅클럽이라는 말이 무색할 정도의 성적으로 강등까지 당하는 수모도 겪었다. 이후 에디 하우 감독과 함께 반등에 성공했고, 21년 만에 감격스럽게 UEFA챔피언스리그 복귀까지 하게 되었다. 2021년부터는 사우디아라비아의 빈 살만 왕세자가 실질적인 구단주가 되어 막강한 자금력을 가진 클럽으로 급성장을 이룬다.

최근 5시즌 리그 순위 변동

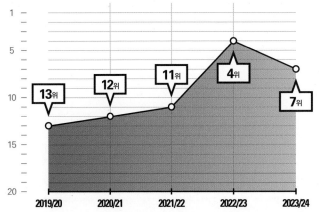

13위 · 12위 · 11위 · 4위 · 7위
2019/20 · 2020/21 · 2021/22 · 2022/23 · 2023/24

클럽레코드 IN & OUT

》》》》》》》》》》》》 최고 이적료 영입 IN

알렉산더 이삭
7,000만 유로
(2022년 8월,
from 레알소시에다드)

최고 이적료 판매 OUT 》》》》》》》》》》》》
알랑 생막시망
3,200만 유로
22023년 7월,
to 알아흘리)

에디 하우 Eddie Howe

1977년 11월 29일 | 45세 | 잉글랜드

녹록지 않았던 챔스 복귀, 다시 한번 반등을 꿈꾸다.

암흑기가 짙었던 명가 재건의 선봉장. 본머스와 번리를 거쳐 뉴캐슬유나이티드의 지휘봉을 잡았다. 본머스 1기 시절 4부였던 팀을 3부로 승격시켰고, 이후 번리를 거쳐 다시 본머스로 복귀한다. 본머스 2기 시절이었던 14/15시즌. EFL 챔피언십에서 닥공 축구로 돌풍을 일으키며 창단 125년 만에 구단 역사상 첫 프리미어리그 승격을 이뤄낸다. 이런 성과로 하우는 젊은 천재 감독이라는 칭호와 함께 잉글랜드 내에서 가장 유망한 감독으로 손꼽히게 된다. 뉴캐슬에서의 출발은 여러 전술의 실험이었다. 본머스 시절 사용했던 전술에 국한하지 않았고 기존에 부진했던 선수들의 장점까지 부각시켜 재탄생 시키는 과감함도 보여줬다. 결국 에디하우의 지도 아래 뉴캐슬은 21년 만에 챔피언스리그 진출에 성공하며 명가 재건에 성공했다.

📋 **감독 인터뷰**

"과거를 돌아보며 옛 일을 들춰내는 것은 어리석은 일이라고 생각한다. 하지만 지난 시즌 챔피언스리그 탈락을 통해 많은 것들을 배웠다."

감독 프로필

통산		선호 포메이션	승률
670 경기 **288** 승 **144** 무 **238** 패		**4-3-3**	**42.99%**

시즌 키워드

#분위기반전 | #유럽대항전진출 | #건강한시즌

우승 이력

- EFL 챔피언십 (2014/15)

경력 🔖	2008~2011 AFC본머스	2011~2012 번리	2012~2020 AFC본머스	2021~ 뉴캐슬유나이티드

NEWCASTLE UNITED

IN

로이드 켈리
(본머스)

루이스 홀
(첼시)

존 루디
(버밍엄시티)

윌리엄 오술라
(셰필드유나이티드)

FW
- 9 윌슨
- 10 고든
- 11 반스
- 14 이삭
- 18 오술라
- 23 머피
- 24 알미론
- 38 쿠올

MF
- 7 조엘링턴
- 8 토날리
- 28 윌록
- 36 롱스태프
- 39 기마랑이스
- 67 마일리

DF
- 2 트리피어
- 4 보트만
- 5 셰어
- 6 러셀스
- 13 타겟
- 17 크라프트
- 20 홀
- 21 리브라멘토
- 25 켈리
- 30 애슈비
- 33 번
- 37 머피

GK
- 1 두브라브카
- 19 블라호디모스
- 22 포프
- 26 루디

OUT

앨리엇 앤더슨
(노팅엄포레스트)

얀쿠바 민테
(페예노르트, 임대)

조 화이트
(크루알렉산드라, 임대)

라이언 프레이저
(사우샘프턴)

맷 리치
(포츠머스)

해리슨 애슈비
(QPR, 임대)

히든풋볼의 이적시장 평가

지난 시즌 부상에 신음했던 뉴캐슬. 이번 여름이적시장에서 적극적인 보강이 필요한 만큼 윌리엄 오술라, 로이드 켈리 등을 영입했다. 하지만 팬들이 만족할 만한 수준은 아니다. 특히나 측면 공격수의 추가 영입이 필요한 상황 속에서 뉴캐슬은 별다른 영입 없이 이적시장을 마감했다. 올 시즌은 유럽대항전에 나서지 않지만, 뎁스 보강이 좀 더 필요했다.

히든풋볼 이적시장 평가단

2023/24시즌 스탯 Top 3

득점 Top 3

알렉산더 이삭 **21**골

앤서니 고든 **11**골

칼럼 윌슨 **9**골

도움 Top 3

트리피어, 고든 **10**도움

브루노 기마랑이스 **8**도움

제이콥 머피 **7**도움

출전시간 Top 3

브루노 기마랑이스 **3,269**분

파비안 셰어 **3,057**분

앤서니 고든 **2,906**분

히든풋볼의 순위 예측

안정적인 베스트 일레 븐을 구성하고 있다. 언 제나 챔스권에 도전할 수 있는 전력이고 이제 토날리가 복귀한다.

기존 전력이 나쁘지 않 은데다 유럽대항전을 치르지 않는 것이 큰 메 리트. UCL 티켓을 위해 총력을 다할 것이다.

지난 시즌은 UCL 병행 으로 7위에 그쳤지만, 올 시즌은 다르다. 하우 감독의 토대에 맞는 괜 찮은 영입들이 있었다.

유럽대항전을 병행하지 않는 것은 올 시즌 최고 의 장점이다. 토날리의 복귀도 중요하게 작용 할 것.

유럽대항전 진출 실패 로 리그에만 집중할 수 있는 시즌. 하지만 빅 6의 벽은 높다. 치열한 경쟁이 이어질 듯.

선수단 개개인의 능력 은 의심할 것이 없다. 토날리까지 돌아온다. 에디 하우 감독의 동기 부여가 관건이다.

5위 이주헌

4위 박종윤

6위 송영주

5위 이완우

6위 김형책

9위 남윤성

다시
날아오를
까치들의
날갯짓

기대가 컸던 만큼 실망도 컸던 시즌. 21년 만의 UEFA 챔피언스리그에 야심 차게 복귀했지만 오히려 이로 인해 팀 성적과 분위기는 좋지 않았다. 처음 유럽 대항전에 진출한 여느 팀들처럼 뉴캐슬유나이티드도 21년 만의 챔피언스리그 병행은 혹독했고 어색하고 또 어려웠다.

에디 하우 감독 부임 이후 승승장구했던 뉴캐슬. 특히나 2023/24시즌은 별들의 잔치 UEFA챔피언스리그에 21년 만에 복귀하며 더 큰 기대를 안고 출발했다. 하지만 많은 관심 속에 영입한 산드로 토날리의 불법 도박 이슈, 주전 선수들의 연이은 부상으로 기세가 꺾인 채 시즌을 출발하고 만다.

시즌 내내 '이가 없으면 잇몸으로' 어찌저찌 최종 순위 7위를 기록했지만 잉글랜드 FA컵 결승전에서 맨체스터유나이티드가 맨체스터시티를 꺾게 되면서 유럽 대항전 진출 티켓은 저 멀리 날아가게 됐다. 돌이켜보면 카라바오컵과 잉글랜드 FA컵 대진도 연이어 빅 6팀을 만나 불운했던 시즌. 그렇다고 UEFA챔피언스리그 조 편성은 수월했으랴. 파리생제르망, 보루시아도르트문트, AC밀란이라는 유럽대항전에서 잔뼈가 굵은 거물들만 만나면서 21년 만의 복귀 신고식을 호되게 치렀다.

이왕 이렇게 된 거 좋게 생각해 보자. 이번 시즌 유럽 대항전 진출 실패는 오히려 호재다. 그리고 기회다. 분위기를 다시 끌어올려야 하는 에디 하우 감독 입장에선 리그에만 집중할 수 있는 건 오히려 득이다. 애매하게 UEFA컨퍼런스리그를 병행하면서 지난 시즌처럼 선수단 구성에 애를 먹는 것보다야 훨씬 낫다. 물론 적절한 선수 영입은 수반돼야 한다. 또 유로 2024 이후 나오는 에디 하우 감독의 잉글랜드 대표팀 감독 부임설의 어수선한 분위기도 이겨내야 한다. 이런 초반 악재를 견뎌만 낸다면 새 시즌 다시 날아오를 맥파이스의 날갯짓은 어느 때보다 가볍지 않을까.

22
GK

Nick Pope

닉 포프

국적 잉글랜드 | **나이** 32 | **신장** 198 | **체중** 76 | **평점** 6.71

뉴캐슬유나이티드의 주전 골키퍼. 2022/23시즌 역대급 활약을 보여주며 뉴캐슬유나이티드의 리그 최소 실점 기록에 기여했고, 프리미어리그 최고의 골키퍼 중 한 명으로 우뚝 섰다. 하지만 지난 시즌 12월 초 맨체스터유나이티드와의 경기에서 당한 어깨 부상이 포프의 발목을 잡았다. 꽤나 심각했던 부상은 결국 수술로 이어졌고

4개월이라는 장기 부상을 피할 수 없었다. 기본적인 핸들링, 위치 선정 등 훌륭한 골키핑 능력을 보유하고 있다. 하지만 빌드업에서는 상대적으로 아쉽다는 평가. 그래도 잉글랜드 No.1을 다투는 선수이기에 건강하다면 뉴캐슬의 확고한 주전 수문장이다.

2023/24시즌

	15 GAMES		1,346 MINUTES	16 실점	72.40 선방률	
1	42 세이브	5 클린시트	추정가치: 16,000,000€	33.30 클린시트 성공률	0/0 PK 방어 기록	0

마틴 두브라브카

국적 슬로바키아 | **나이** 35 | **신장** 190 | **체중** 83 | **평점** 6.83

1
GK

Martin Dúbravka

No.1 닉 포프의 장기 부상으로 인해 출전수가 늘어났다. 2020/21시즌 이후 오랜만에 20경기를 넘겼던 시즌. 결과적으로는 닉 포프의 공백을 준수하게 메꿨다는 평가를 받았다. 출전 초반에는 적응의 시간이 필요해 보였지만 경기를 치를수록 주전 골키퍼 시절의 선방 능력을 보여줬다. 특히 롱킥을 이용한 빌드업 전개와 번뜩이는 선

방을 통한 대처능력은 지난 시즌 유난히 위기가 많았던 뉴캐슬에 큰 보탬이 되었다. 안정감이 떨어진다는 단점 또한 많이 줄어든 모습. 나아가 뉴캐슬 통산 100경기까지 달성하며 나름 만족할 만한 기록도 세웠다.

2023/24시즌

	23 GAMES		1,984 MINUTES	42 실점	70.80 선방률	
1	87 세이브	5 클린시트	추정가치: 1,000,000€	22.70 클린시트 성공률	1/5 PK 방어 기록	0

파비안 셰어

국적 스위스 | **나이** 32 | **신장** 186 | **체중** 84 | **평점** 6.81

5
CB

Fabian Schär

지난 시즌 뉴캐슬유나이티드 수비의 중심. 수비진들이 줄부상으로 실려나가는 와중에도 든든하게 자기 자리를 지켜냈다. 시즌 막판까지 거의 풀타임을 소화했고 준수한 대인방어 능력과 정상급 킥 능력을 자랑했다. 특히나 팀이 상대 압박에 고전할 때 셰어의 킥 능력은 뉴캐슬의 빌드업의 해결책이었다. 가끔 느린 발로 뒷공간을

쉽게 내주는 경향이 보였지만 지난 시즌은 이런 단점을 상쇄할 만한 공격 스탯까지 기록했다. 2024/25시즌에도 뉴캐슬유나이티드의 수비의 축은 파비안 셰어다. 다시 한번 파비안 셰어의 시원한 빌드업을 기대해 보자.

2023/24시즌

	36 GAMES		3,057 MINUTES	4 GOALS	1 ASSISTS	
5	1 경기당슈팅	9 유효슈팅	추정가치: 10,000,000€	58.5 경기당패스	83.20 패스성공률	0

6
CB

C

Jamaal Lascelles

자말 러셀스

국적 잉글랜드 | **나이** 30 | **신장** 188 | **체중** 89 | **평점** 6.61

뉴캐슬유나이티드의 캡틴. 지난 시즌은 주전에서 밀리며 3옵션으로 출발했다. 하지만 스벤 보트만의 부상으로 생각보다는 일찍 주전 복귀에 성공했다. 빌드업은 한창 좋았을 때만큼의 능력을 보여주지는 못했지만 준수한 피지컬을 바탕으로 하는 단단한 수비력은 여전했다. 파비안 셰어와의 호흡도 기대 이상이었다는 평가. 특히나 챔피언스리그 PSG와의 조별리그에서 보여줬던 퍼포먼스는 팬들의 지속된 우려를 말끔하게 지워냈다. 이렇게 주전 복귀 후 나름의 순항을 이어가던 러셀스의 발목을 잡았던 건 십자인대 부상. 2025년 1월까지의 긴 공백은 러셀스에겐 가혹한 과제로 느껴진다.

2023/24시즌

	16 GAMES	1,081 MINUTES	1 GOALS	0 ASSISTS		
4	0.4 경기당슈팅	1 유효슈팅	추정가치: 7,000,000€	48.1 경기당패스	86.70 패스성공률	0

25
CB
LB

Lloyd Kelly

로이드 켈리

국적 잉글랜드 | **나이** 25 | **신장** 190 | **체중** 78 | **평점** 6.4

이번 여름 이적시장 뉴캐슬유나이티드의 FA 이적생. 본머스 초창기 시절부터 이어졌던 뉴캐슬과의 인연은 결국 이적이라는 마침표가 됐다. 지난 시즌 강등권에서 꽤나 준수한 활약을 보이면서 AC밀란, 리버풀, 토트넘 등 많은 팀들의 러브콜을 받았지만 결국 종착지는 뉴캐슬이었다. 워낙에 발밑이 좋고 센터백과 풀백 모두에서 뛸 수 있어 켈리의 가치는 점점 높아지고 있다. 큰 키를 활용한 헤더 능력 또한 출중해 세트피스가 좋은 뉴캐슬에게는 좋은 무기가 될 걸로 예상된다. 잔부상 관리만 잘 해준다면 지난 시즌 수비 이탈이 많았던 뉴캐슬에겐 나름 쏠쏠한 영입이 될 것이다.

2023/24시즌

	23 GAMES	1,558 MINUTES	0 GOALS	1 ASSISTS		
2	0.2 경기당슈팅	1 유효슈팅	추정가치: 18,000,000€	33.6 경기당패스	77.60 패스성공률	0

4
CB

Sven Botman

스벤 보트만

국적 네덜란드 | **나이** 24 | **신장** 193 | **체중** 81 | **평점** 6.58

2022/23시즌 리그 정상급 왼발 센터백으로 성장했다. 큰 키를 통한 공중볼 장악 능력은 빅리그 전체를 통틀어도 손에 꼽는다는 평가. 게다가 출중한 빌드업과 꽤나 빠른 발은 보트만의 같은 나이대의 선수들을 비교했을 땐 적수가 없었다. 하지만 역시나 보트만의 발목을 잡은 것 또한 부상이었다. 크고 작은 부상들이 겹쳐 복귀 후에도 폼이 쉽게 올라오지 않았고 결국 십자인대 부상으로 장기 이탈자 목록에 이름을 올렸다 러셀스와 마찬가지로 복귀는 2025년 1월. 아직 선수 생활이 많이 남은 만큼 더 체계적이고 꼼꼼한 재활이 필요하다.

2023/24시즌

	17 GAMES	1,378 MINUTES	2 GOALS	2 ASSISTS		
2	0.6 경기당슈팅	2 유효슈팅	추정가치: 45,000,000€	59.7 경기당패스	90.50 패스성공률	0

33
LB
CB

Dan Burn

댄 번

국적 잉글랜드 **|** **나이** 32 **|** **신장** 198 **|** **체중** 87 **|** **평점** 6.94

2023/24시즌 뉴캐슬의 베스트 수비수. 파비안 셰어와 함께 최고의 활약을 보여줬다. 동료 수비진들의 연이은 이탈 속에서도 풀백과 센터백을 오가며 팀에 헌신했다. 풀백으로 포지션 변경 후 단점으로 지적됐던 민첩성과 전진성은 여전히 아쉬운 부분. 하지만 높은 전술 이해도를 바탕으로 측면에서도 1인분 이상을 해줬다. 나아가 뉴캐슬이 세트피스가 강한 팀이 됐던 것도 2m의 신장을 보유한 댄 번의 역할이 컸다. 때로는 주장 완장을 차고 리더십까지 보여줬다. 다가올 새 시즌에도 댄 번은 다양한 전술적 옵션을 제공할 수 있는 주요한 수비 자원이다.

2023/24시즌

4	33 GAMES	2,733 MINUTES	2 GOAL	2 ASSISTS	0
	0.7 경기당슈팅	5 유효슈팅	추정가치: 8,000,000€	45.5 경기당패스	81.10 패스성공률	

21
RB
LB
RM

Tino Livramento

티노 리브라멘토

국적 잉글랜드 **|** **나이** 21 **|** **신장** 182 **|** **체중** 80 **|** **평점** 6.5

첼시 유스 출신의 측면 수비 자원. 지지난 시즌부터 거의 전 경기를 뛰고 있는 트리피어의 로테이션 자원으로 기대 이상의 활약을 보여줬다. 패스나 킥 능력은 트리피어에 미치지 못하지만 빠른 발과 저돌적인 돌파력 그리고 왕성한 활동량은 팬들에게 임팩트를 주기에 충분했다. 게다가 간간이 왼쪽 측면 수비수로 출전해 멀티 백업의 역할도 수행했다. 하지만 수비수로서 경험이 부족하고 지공 상황에서의 판단력, 대인방어 능력은 보완해야 할 과제다. 이번 시즌도 백업으로 많은 경기를 소화하겠지만 트리피어의 나이를 생각한다면 생각보다 빠르게 주전 자리를 꿰찰 수도 있다.

2023/24시즌

1	26 GAMES	1,306 MINUTES	1 GOAL	0 ASSISTS	0
	0.2 경기당슈팅	2 유효슈팅	추정가치: 35,000,000€	26 경기당패스	86.80 패스성공률	

2
RB
LB
RM

Kieran Trippier

키어런 트리피어

국적 잉글랜드 **|** **나이** 33 **|** **신장** 178 **|** **체중** 71 **|** **평점** 7.07

2022/23시즌 프리미어리그 베스트 11에 이름을 올리며 뉴캐슬 최고의 선수로 올라섰다. 지난 시즌도 날카로운 킥력을 통해 빌드업과 세트피스에 있어서 중추적인 역할을 했다. 부상으로 꽤나 긴 시간을 이탈했음에도 두 자릿수 도움을 기록할 정도로 오른발의 위력은 살아있었다. 하지만 수비력에서는 에이징 커브의 기미를 보였다는 게 직전 시즌과의 가장 큰 차이점. 통상 킥이 좋은 선수들은 에이징 커브 극복에 유리하다고 하지만 트리피어의 본분은 측면 수비수다. 활동량과 수비력의 기량 저하는 치명적으로 작용할 수 있기에 새로운 시즌은 그 어느 때보다 중요하다.

2023/24시즌

5	28 GAMES	2,240 MINUTES	1 GOALS	10 ASSISTS	0
	0.3 경기당슈팅	2 유효슈팅	추정가치: 10,000,000€	61.2 경기당패스	79.70 패스성공률	

20
LB
LM
CM

Lewis Hall

루이스 홀

국적 잉글랜드 | **나이** 19 | **신장** 179 | **체중** 73 | **평점** 6.55

첼시 성골 유스. 첼시 유스팀에서 가장 많은 기대를 받았던 자원 중 한 명이다. 이번 여름 이적시장 뉴캐슬로 완전 이적을 신고했다. 왼쪽 모든 포지션을 소화할 수 있는 멀티플레이어. 주로 좌측면 수비수 혹은 왼쪽 메짤라 역할을 주로 한다. 왕성한 활동량 그리고 왼발에서 나오는 정확한 크로스와 패스는 어린 시절부터 좋은 평가를 받았다. 임대생 신분이었던 지난 시즌 초반엔 많은 기회를 받지 못했지만 수비진들의 줄부상 속에 후반기에는 꽤나 많은 기회를 잡았다. 수비력에서 성장곡선을 조금 더 가파르게 그려낸다면 자신의 드림 클럽에서의 미래는 어둡지 않다.

2023/24시즌

	18 GAMES	777 MINUTES	1 GOALS	0 ASSISTS		
2	0.6 경기당슈팅	4 유효슈팅	추정가치: 18,000,000€	26 경기당패스	83.10 패스성공률	0

39
DM
CM

Bruno Guimaraes

브루노 기마랑이스

국적 브라질 | **나이** 26 | **신장** 182 | **체중** 74 | **평점** 7.37

뉴캐슬의 본체. 세어, 트리피어와 함께 빌드업의 중추적인 역할을 하고 있다. 중원에서 볼배급과 더불어 침투와 수비, 탈압박까지 모든 능력을 보여주는 만능형 미드필더. 최근 두 시즌은 거의 풀시즌을 온전히 다 뛰었다고 해도 과언이 아닐 정도로 튼튼하기까지 하다. 가끔 거친 모습으로 카드를 받는 경우가 종종 있지만 지난 시즌 경고 횟수 9회로 마감하며 누적 징계 직전에 나름의 참을성을 보여줬다. 프리미어리그 최고 수준의 미드필더로서 수많은 빅클럽의 러브콜을 받고 있다. 하지만 지난 6월 뉴캐슬의 바이아웃 조항이 사라지면서 사실상 잔류가 확정됐다.

2023/24시즌

	37 GAMES	3,269 MINUTES	7 GOALS	8 ASSISTS		
9	1.3 경기당슈팅	16 유효슈팅	추정가치: 85,000,000€	61.2 경기당패스	85.00 패스성공률	0

8
DM
CM

Sandro Tonali

산드로 토날리

국적 이탈리아 | **나이** 24 | **신장** 181 | **체중** 79 | **평점** 6.53

엄청난 관심 속에 뉴캐슬의 유니폼을 입었다. 그리고 기대만큼의 활약까지 보여줬다. 도박 이슈가 생기기 전까지는 말이다. 하지만 관련하여 잘못이 드러난 그는 징계를 피할 수 없었고 1년 가까이 경기 출전이 불가능하다. 조엘링턴, 기마랑이스와 함께 중원을 누비는 토날리의 활약을 기대했던 팬들에게는 청천벽력과도 같았을 터. 이렇게 기나긴 공백의 시간이 지나 이번 시즌 토날리가 돌아온다. 특유의 전진성과 투쟁심 그리고 유려한 볼배급을 드디어 볼 수 있다. 기나긴 반성의 시간을 거쳤다. 두 번의 실수는 용납되지 않는다. 어쩌면 새로운 영입 이상의 효과가 있을 토날리의 새로운 시즌을 기대해보자.

2023/24시즌

	8 GAMES	439 MINUTES	1 GOALS	0 ASSISTS		
2	0.4 경기당슈팅	2 유효슈팅	추정가치: 38,000,000€	33.4 경기당패스	88.00 패스성공률	0

7
CM
AM
LW

Joelinton

조엘링톤

국적 브라질 | **나이** 28 | **신장** 186 | **체중** 81 | **평점** 6.75

중앙 미드필더로의 포지션 변경은 신의 한 수였다. 그저 그랬던 공격수가 리그 정상급 미드필더로 변모했다. 하지만 지난 시즌은 다소 아쉬움이 남았던 시즌. 부상으로 꽤 오랜 시간 스쿼드에서 이탈했다. 그래도 조엘링톤의 출전 여부가 팀 성적에 영향을 끼칠 정도로 나올 땐 제 역할을 다해줬다. 건장한 피지컬로 중원에 힘을 더해했고

탈압박과 드리블로 상대 수비라인을 무너트렸다. 종종 측면 공격수로 출전해서도 나름의 활약을 곁들였다. 지난 4월에는 2028년까지 계약연장에 성공하며 기마랑이스, 조엘링톤, 토날리의 조합을 조금 더 오래 볼 수 있게 됐다.

2023/24시즌

	20 GAMES	**1,281** MINUTES	**2** GOAL	**1** ASSISTS		
6	**1** 경기당슈팅	**7** 유효슈팅	추정가치: **40,000,000€**	**30.8** 경기당패스	**83.90** 패스성공률	**0**

28
CM
AM

Joe Willock

조 윌록

국적 잉글랜드 | **나이** 25 | **신장** 179 | **체중** 71 | **평점** 6.45

어린 시절부터 돋보일 만큼 탁월한 축구 센스를 갖췄다. 감독의 의중을 파악하는 전술이해도와 많은 활동량, 뛰어난 오프 더 볼 움직임은 조 윌록 최고의 장점. 하지만 너무나도 큰 단점인 잦은 부상은 결정적인 순간 조 윌록의 발목을 잡았다. 지난 시즌에 이어 이번 시즌도 또 한번 부상에 무릎을 꿇었다. 리그 기준 10경기를 채우지

못했고 출전시간은 419분에 그쳤다. 부상 관리도 가장 중요한 능력중 하나이다. 아무리 능력이 뛰어난 선수도 부상관리가 안된다면 비판을 피할 수 없다. 아직도 성장할 수 있는 젊은 선수이기에 조 윌록의 2024/25시즌은 건강한 시즌이 되길 바라본다.

2023/24시즌

	9 GAMES	**419** MINUTES	**1** GOAL	**0** ASSISTS		
0	**0.8** 경기당슈팅	**3** 유효슈팅	추정가치: **30,000,000€**	**17** 경기당패스	**86.30** 패스성공률	**0**

36
CM

Sean Longstaff

션 롱스태프

국적 잉글랜드 | **나이** 26 | **신장** 180 | **체중** 65 | **평점** 6.67

지난 시즌을 자신의 커리어 하이 시즌으로 만들었다. 브루노 기마랑이스처럼 엄청난 존재감을 보여준 건 아니지만 꾸준히 많은 경기에 출전했다. 토날리가 징계로 빠지고 조엘링톤이 부상으로 빠졌을 때 묵묵하게 뉴캐슬의 중원을 지켜줬다. 단점으로 지적됐던 기복 있는 플레이도 많이 줄어든 모습. 왕성한 활동량과 준수한 기동력

그리고 정확한 패스는 지난 시즌에도 에디 하우 감독에게 큰 힘이 됐다. 매 시즌 리그 기준 한 골을 넘지 못했지만 지난 시즌은 무려 여섯 골을 만들어냈다. 심지어 순도 높은 득점이 많았던 만큼 새로운 시즌도 롱스태프의 활약이 기대된다.

2023/24시즌

	35 GAMES	**2,748** MINUTES	**6** GOALS	**2** ASSISTS		
7	**1.2** 경기당슈팅	**15** 유효슈팅	추정가치: **25,000,000€**	**34.5** 경기당패스	**80.90** 패스성공률	**0**

67
CM
AM
DM

Lewis Miley

루이스 마일리

국적 잉글랜드 | **나이** 18 | **신장** 185 | **체중** 69 | **평점** 6.57

뉴캐슬 최고의 유망주. 지난 시즌을 앞둔 프리시즌부터 어린 나이 답지 않게 여유 있는 퍼포먼스를 보여주며 수많은 러브콜을 생성시켰다. 특히 챔피언십의 다양한 클럽들의 구애를 받았다. 하지만 마일리는 가족의 품안에서 잔류를 선택했다. 그리고 그 선택은 줄부상으로 이탈이 많았던 뉴캐슬 중원에 한줄기 빛과 같은 존재로 부상하게

된다. 종종 경험적인 부분에서 아쉬운 판단을 할 때가 있었지만 한편으로 경험 대비 여유가 넘치는 플레이로 단점을 상쇄했다. 팬들의 기대를 한몸에 받고 있는 마일리가 뉴캐슬 출신의 유망주 잔혹사를 끊어낼 수 있을까?

2023/24시즌

1	**17** GAMES	**1,208** MINUTES	**1** GOALS	**3** ASSISTS
	0.8 경기당슈팅	**3** 유효슈팅	추정가치: **22,000,000€**	**30.8** 경기당패스	**83.80** 패스성공률

0

10
LW
RW
CF

Anthony Gordon

앤서니 고든

국적 잉글랜드 | **나이** 23 | **신장** 183 | **체중** 72 | **평점** 7.29

한 시즌만에 평가를 완벽하게 뒤집었다. 직전 시즌까지만 하더라도 '실패작'이라는 인식이 지배적이었다. 하지만 지금 이 순간 앤서니 고든은 뉴캐슬에 없어서는 안 될 존재다. 프리미어리그 기준 11골 10도움. 10-10 클럽에 가입하며 단일 시즌 개인 커리어 하이 시즌을 만들었다. 빠른 속도와 유연한 드리블은 리그 정상급. 나아가 준

수한 볼 컨트롤과 유려한 기술들은 팬들의 눈까지 즐겁게 만들었다. 직전 시즌까지 단점으로 지적됐던 오프 더 볼 움직임은 오히려 장점으로 변모할 정도. 이제는 등번호 10번이 어울리는 에이스 앤서니 고든이 새로운 시즌을 기대해본다.

2023/24시즌

10	**35** GAMES	**2,906** MINUTES	**11** GOALS	**10** ASSISTS
	2.3 경기당슈팅	**29** 유효슈팅	추정가치: **60,000,000€**	**26.3** 경기당패스	**81.80** 패스성공률

1

11
LW
LM
AM

Harvey Barnes

하비 반스

국적 잉글랜드 | **나이** 26 | **신장** 174 | **체중** 66 | **평점** 6.61

지난 시즌 레스터의 강등과 함께 뉴캐슬의 유니폼을 입었다. 반스의 영입은 측면에서 빠른 발을 통해 활력을 불어 넣어줄 걸로 기대를 모았다. 하지만 시즌 초반에 당한 발가락 부상이 생각보다 심각해 3개월 이상 이탈하게 된다. 당장 여러 대회를 병행해야 하는 뉴캐슬 입장에선 꽤나 큰 공격 옵션을 잃은 격. 이후 긴 회복 기간을 거쳐

23라운드 루턴타운과의 경기에서 복귀한다. 그리고 기대했던 빠른 발, 유려한 드리블, 강력한 킥을 통해 남은 시즌 나름 쏠쏠한 활약을 보여줬다. 역시나 관건은 부상 관리다. 온전한 몸 상태를 유지할 수 있고, 출전 시간이 보장된다면 뉴캐슬의 좌측면은 더 날카로워질 수 있다.

2023/24시즌

2	**21** GAMES	**795** MINUTES	**5** GOALS	**3** ASSISTS
	1.3 경기당슈팅	**12** 유효슈팅	추정가치: **35,000,000€**	**12.1** 경기당패스	**79.10** 패스성공률

0

24
RW
AM
LW

Miguel Almirón

미겔 알미론

국적 파라과이 **| 나이** 30 **| 신장** 174 **| 체중** 70 **| 평점** 6.6

기대가 컸던 만큼 실망도 컸다. 2022/23시즌 11골을 기록하며 이전 시즌 1골을 넣었던 '우리 알미론이 달라졌어요'를 만끽했던 뉴캐슬. 하지만 지난 시즌 공격포인트는 단 4개. 에디 하우의 오른쪽 윙어 고민은 다시 시작됐다. 잘할 때 보였던 왕성한 활동량은 눈에 띄게 줄었고 살아났던 결정력은 다시 퇴보했다. 경기가 안 풀리니 욕심을 부리는 장면도 빈번하게 등장했다. 게다가 부상까지 겹치며 최악의 시즌을 보냈다. 이번 시즌을 앞두고 팀을 떠난다는 이야기가 많았지만 본인의 잔류 의사가 강해 보인다. 알미론은 다시 에디 하우 감독의 우측면 고민을 덜어줄 수 있을까?

2023/24시즌

		GAMES	MINUTES	GOAL	ASSISTS		
2		33	1,947	3	1		0
	1.2 경기당슈팅	12 유효슈팅	추정가치: 20,000,000€		23.2 경기당패스	85.80 패스성공률	

14
ST
LW

Alexander Isak

알렉산더 이삭

국적 스웨덴 **| 나이** 24 **| 신장** 192 **| 체중** 77 **| 평점** 7.14

지난 시즌 뉴캐슬 공격의 중심. 리그 기준 2골을 기록하며 뉴캐슬유나이티드 팀 내 최다골과 프리미어리그 득점랭킹 3위에 자신의 이름을 올렸다. 사실상 이삭 한 선수 덕분에 맨시티, 아스날, 리버풀 다음으로 많은 득점을 기록할 수 있었다고 해도 과언이 아니다. 유연함을 토대로 한 드리블, 유기적인 연계 플레이, 수준급 라인 브레이킹 능력과 득점력은 커리어 하이 시즌의 원동력이 됐다. 물론 잔부상들이 있는 편이지만 금방 회복하는 모습까지 보였다. 새로운 시즌에도 이삭의 역할은 뉴캐슬의 그 어느 선수보다 비중이 크다. 어쩌면 이번 시즌은 고든이나 기마랑이스보다 중요한 자원이 될 수도 있다.

2023/24시즌

		GAMES	MINUTES	GOAL	ASSISTS		
1		30	2,267	21	2		0
	2.6 경기당슈팅	36 유효슈팅	추정가치: 75,000,000€		15.8 경기당패스	80.00 패스성공률	

9
ST
CF

Callum Wilson

칼럼 윌슨

국적 잉글랜드 **| 나이** 32 **| 신장** 180 **| 체중** 66 **| 평점** 6.74

짧은 출전시간에 비해 좋은 성적을 남긴 시즌이었으나, 잦은 부상이 아쉬웠다. 알렉산터 이삭과 번갈아 부상을 당하며 두 선수가 함께 뛴 시기는 시즌 초반과 말미뿐이었다. 이삭이 복귀하면 윌슨이 실려 나갔고, 윌슨이 복귀하면 이삭이 실려 나갔다. 뉴캐슬 팬들은 두 스트라이커의 시너지를 보고 싶었지만 지긋지긋한 줄부상으로 볼 수 있는 기회가 없었다. 물론 적은 출전 시간에도 9골 1도움을 기록하며, 빼어난 오프 더 볼 움직임과 라인 브레이킹을 바탕으로 한 피니시 능력은 여전함을 보여줬다. 그러나 어느새 서른을 훌쩍 넘긴 나이가 되었다. 잦은 부상을 떨쳐낼 수 없다면, 이번 시즌이 윌슨과 뉴캐슬의 마지막 동행일지 모른다.

2023/24시즌

		GAMES	MINUTES	GOALS	ASSISTS		
3		20	984	9	1		0
	1.8 경기당슈팅	18 유효슈팅	추정가치: 13,000,000€		7.9 경기당패스	65.20 패스성공률	

전지적 작가 시점

김형책이 주목하는 뉴캐슬의 원픽!

알렉산더 이삭

지난 시즌 프리미어리그 득점 3위. 리그 기준 30경기 21골을 기록하며 커리어 하이 시즌을 보냈다. 박스 안에서의 부드러운 터치와 드리블에 이은 코너웍은 리그 최고 수준. 2선 공간의 움직임도 상당히 좋아 연계 플레이에 능하다. 전방 압박에도 성실하게 임하는 편이라 에디하우 감독의 전술과도 잘 맞아떨어진다.

단점이 많지는 않지만 '잔부상'이라는 키워드는 이삭에게 붙어 있는 가장 큰 주홍 글씨이다. 지난 시즌에도 이어졌던 잦은 부상들은 분명히 보완해야 할 과제이다. 하지만 출전 시 자기 밥값 1인분 이상은 충분히 해줬기에 지난 시즌 맨체스터시티, 아스날, 리버풀 다음으로 많은 득점을 기록했던 뉴캐슬의 공격의 핵심임은 분명하다.

이번 시즌 뉴캐슬의 팬들은 건강한 알렉산더 이삭을 기대한다. 튼튼하고 건강하게 컨디션을 유지하며 풀 시즌을 치르면서 더 많은 플레잉타임을 소화할 수 있다면 앤서니 고든과의 시너지는 기대와 예상을 넘어서는 매우 고무적인 요소가 될 것이다. 다시 날아오를 까치들의 시원한 득점포가 벌써부터 기대된다.

지금 뉴캐슬에 이 선수가 있다면!

이강인

2022/23시즌 미겔 알미론은 11골을 때려 넣으며 뉴캐슬 유나이티드의 핵심 공격수로 자리잡았다. 하지만 이 기쁨은 오래가지 못했다. 23/24시즌 리그 33경기 3골에 그치며 한 시즌 만에 다시 부진했던 모습으로 돌아간 것이다. 제이콥 머피가 나름의 활약으로 오른쪽을 매꿔줬지만 만족할 만한 수준은 아니었다. 뉴캐슬의 새 시즌 오른쪽 고민은 깊을 수밖에 없다.

이강인은 대한민국 최고의 오른쪽 미드필더이다. 하지만 PSG에서의 입지는 팬들의 기대만큼 굳건하지는 못하다. 오른쪽엔 프랑스 주전 윙어 뎀벨레가 버티고 있다. 중앙엔 대체불가 주전 비티냐와 PSG가 밀어주는 차세대 스타 자이르에메리가 존재한다.

시선을 돌려보자. 뉴캐슬은 알미론과 머피가 있다. 하지만 다시 유럽 대항전에 도전하는 하우의 입맛을 채워줄 자원들은 아니다. 물론 알미론이 22/23시즌의 기량을 회복한다면 입지가 달라지겠지만 미지수다. 한국 최고의 미드필더이자 테크니션인 이강인은 에디 하우의 오른쪽 고민을 해결해줄 적합한 자원이다.

ANDRE ONANA

VICTOR LINDELOF

HARRY MAGUIRE

LENY YORO

MATTHIJS DE LIGT

LISANDRO MARTINEZ

DIOGO DALOT

LUKE SHAW

CASEMIRO

MASON MOUNT

MANUEL UGARTE

BRUNO FERNANDES

CHRISTIAN ERIKSEN

ANTONY

TOBY COLLYER

MARCUS RASHFORD

TYRELL MALACIA

RASMUS HOJLUND

KOBBIE MAINOO

AMAD DIALLO

JOSHUA ZIRKZEE

ALEJANDRO GARNACHO

20242025

Manchester United

맨체스터 유나이티드
Manchester United

창단 년도 | 1878년

최고 성적 | 우승 (1907/08, 1910/11, 1951/52, 1955/56, 1956/57, 1964/65, 1966/67, 1992/93, 1993/94, 1995/96, 1996/97, 1998/99, 1999/00, 2000/01, 2002/03, 2006/07, 2007/08, 2008/09, 2010/11, 2012/13)

경기장 | 올드 트래포드 (Old Trafford)

경기장 수용 인원 | 74,310명

지난 시즌 성적 | 8위

별칭 | The Red Devils (레드데블스), United (유나이티드)

상징색 | 레드

레전드 | 바비 찰튼, 조지 베스트, 데니스 로, 에릭 칸토나, 앤디 콜, 라이언 긱스, 데이비드 베컴, 리오 퍼디난드, 네마냐 비디치, 박지성, 개리 네빌, 로이 킨, 웨인 루니, 폴 스콜스 등

히스토리

　프리미어리그 최고의 명문구단이다. 잉글랜드 1부 리그 기준 최다 우승팀(20회). 그리고 잉글랜드 최초의 유러피언컵(현 UEFA 챔피언스리그) 우승팀이자 잉글랜드 클럽 중 발롱도르 수상자를 가장 많이 배출한 구단이기도 하다(데니스 로/1964, 바비 찰튼/1966, 조지 베스트/1968, 크리스티아누 호날두/2008). 또한 잉글랜드 클럽 최초의 트레블을 보유한 구단(1998/99시즌). 대한민국 최초의 프리미어리거 박지성이 몸담았던 국내 최고 인기 클럽이기도 하다. 알렉스 퍼거슨 감독 은퇴 후 오랜 기간 부침이 있었지만 에릭 텐하흐 감독과 함께 명가 재건을 꿈꾸고 있다. 대내외적으로 가장 이슈가 많고, 가장 많은 조롱을 받기도 하는 클럽이지만 이 또한 잉글랜드 최고의 인기 구단, 명문 클럽임을 대변한다.

최근 5시즌 리그 순위 변동

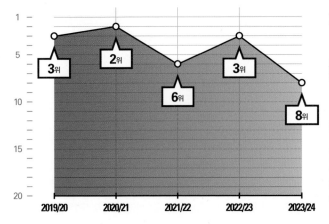

- 2019/20: 3위
- 2020/21: 2위
- 2021/22: 6위
- 2022/23: 3위
- 2023/24: 8위

클럽레코드 IN & OUT

최고 이적료 영입 IN

폴 포그바
1억 500만 유로
(2016년 8월, from 유벤투스)

최고 이적료 판매 OUT

크리스티아누 호날두
9,400만 유로
(2009년 7월, to 레알마드리드)

에릭 텐하흐 Erik ten Hag

| 1970년 2월 2일 | 54세 | 네덜란드

재계약과 함께 분위기 반전이 절실한 에릭 텐하흐

기대가 크면 실망도 클 수밖에 없다. 지난 시즌 에릭 텐하흐 감독의 맨체스터유나이티드가 그랬다. 2022/23시즌 프리미어리그 3위, 잉글랜드 리그컵 우승이라는 항목과 함께 빅리그 경험 부족의 의심은 씻어냈지만 지난 시즌은 달랐다. 물론 펩 과르디올라의 맨체스터시티라는 현시대 최고의 클럽을 꺾고 들어 올린 잉글랜드 FA컵 우승 트로피는 빛났다. 그리고 시즌 내내 부상자로 신음했던 것도 감안해야 한다. 하지만, 그래도 맨체스터유나이티드, 에릭 텐하흐라는 이름을 생각했을 때 프리미어리그 8위라는 성적은 더욱 초라하게 느껴진다. 경질과 사퇴를 두고 수많은 언론이 흔들었지만 결국 재계약에 성공했다. 벼랑 끝에 선 에릭 텐하흐, 팀과 자신의 운명을 결정지을 2024/25 시즌이다.

📰 감독 인터뷰

"맨유와 지속적으로 함께 일하게 되어 기쁘다. 지난 2년 동안 많은 면에서 발전했다. 우리는 팀의 수준과 기대에 부응하기 위해 앞으로 더 많은 노력을 해야 한다."

감독 프로필

통산
551 경기 **346** 승 **92** 무 **113** 패

선호 포메이션
4-3-3

승률
62.79%

시즌 키워드

#재계약 | #분위기반전 | #벼랑끝

우승 이력

- 에레디비시 (2018/19, 2020/21, 2021/22)
- KNVB 컵 (2018/19, 2020/21)
- 요한 크루이프 쉴드 (2019)

- 레지오날리가 바이에른 (2013/14)
- 잉글랜드 리그컵 (2022/23)
- FA컵 (2023/24)

경력 🔖

2012~2013	2013~2015	2015~2017	2017~2022	2022~
고어헤드이글스	바이에른뮌헨II	FC위트레흐트	아약스	맨체스터유나이티드

MANCHESTER UNITED

IN

레니 요로
(릴)

조슈아 지르크지
(볼로냐)

파쿤도 펠리스트리
(임대복귀)

누사이르 마즈라위
(바이에른뮌헨)

마타이스 더리흐트
(바이에른뮌헨)

마누엘 우가르테
(파리생제르맹)

OUT

라파엘 바란
(코모)

앙토니 마샬
(계약종료)

도니 판더빅
(지로나)

윌리 캄브왈라
(비야레알)

아론 완비사카
(웨스트햄)

한니발 메브리
(번리)

스콧 맥토미니
(나폴리)

제이든 산초
(첼시, 임대)

파쿤도 펠리스트리
(파나티나이코스)

FW
9 호일룬 / 10 래시포드 / 11 지르크지
16 디알로 / 17 가르나초 / 21 안토니

MF
7 마운트 / 8 페르난데스 / 14 에릭센
18 카세미루 / 25 우가르테 / 37 마이누

DF
2 린델뢰프 / 3 마즈라위 / 4 더리흐트 / 5 매과이어 / 6 마르티네스
12 말라시아 / 15 요로 / 20 달로 / 23 쇼 / 35 에반스

GK
1 바이은드르 / 22 히튼 / 24 오나나

히든풋볼의 이적시장 평가

프리미어리그 빅6 중 가장 활발하게 여름이적시장을 보냈다. 특히나 지난 시즌 수비 공백이 많았던 만큼 리그앙 베스트 센터백 레니 요로를 영입했고 공격에서도 볼로냐의 돌풍을 이끌었던 지르크지를 영입하며 팬들의 기대감을 높였다. 바이에른뮌헨에서 더리흐트와 마즈라위까지 영입하며 경험까지 더하게 됐다. 그리고 맥토미니의 빈자리를 우가르테로 채웠다.

히든풋볼 이적시장 평가단

2023/24시즌 스탯 Top 3

득점 Top 3

⚽ 호일룬, 페르난데스 **10**골

⚽ 가르나초, 맥토미니, 래시포드 **7**골

⚽ 코비 마이누 **3**골

도움 Top 3

🅰 브루노 페르난데스 **8**도움

🅰 알레한드로 가르나초 **4**도움

🅰 지오구 달로 **3**도움

출전시간 Top 3

🕐 안드레 오나나 **3,420**분

🕐 지오구 달로 **3,174**분

🕐 브루노 페르난데스 **3,120**분

히든풋볼의 순위 예측

텐하흐는 이번 시즌에는 정말 보여줘야 한다. 래시포드의 폼이 올라온다면 8위보다 높은 순위를 기대할 수 있다.

시즌 초 행보는 우려스럽다. 다만 적재적소에 필요한 자원들을 영입했다. 특히 우가르테의 퍼포먼스가 중요하다.

전력 보강에도 위험 요소가 많은 텐하흐 시즌 3. 구사일생 텐하흐는 과연 맨유의 영광을 되찾을까? 갈 길이 멀다.

올 시즌 보강을 상당히 잘했다. 선수단과 텐하흐 감독의 동기부여도 강하게 나타날 것으로 보이는 이번 시즌이다.

적극적인 이적시장 행보를 보여줬다. 텐하흐 감독과 함께 분위기 반전의 준비를 마쳤다. 올 시즌은 다를 것이다.

텐하흐의 3번째 시즌이다. 전술과 경기력 논란은 여전하겠지만 결과는 조금 더 나을 것 같다.

8위 · 이주헌 ·

6위 · 박종윤 ·

5위 · 송영주 ·

4위 · 이완우 ·

3위 · 김형책 ·

6위 · 남윤성 ·

최악의
시즌을 딛고
새로운
시즌으로

프리미어리그 출범 이후 최악의 시즌을 보냈다. 역대 프리미어리그 시즌 중 가장 낮은 순위인 8위로 마무리했다. 가장 많은 패배(14패)를 당했고, 가장 많은 실점(58실점)과 가장 낮은 득실차(-1)까지 기록했다. 알렉스 퍼거슨 감독 이후 수많은 감독을 거쳤고 길었던 암흑기가 있었지만 2023/24시즌만큼 암울한 결과가 따랐던 적은 없었다.

유럽 대항전에서도 흐름은 별반 다르지 않았다. 바이에른뮌헨, 갈라타사라이, 코펜하겐과 함께 한 조에 묶이며 무난한 16강 진출을 예상했다. 하지만 결과는 조별리그 최하위라는 치욕적 탈락. 뮌헨에게는 두 경기를 모두 헌납했고 조별리그 15실점이라는 최악의 수비력을 보여줬다. 그나마 위안을 삼을 수 있었던 건 잉글랜드 FA컵 우승. 하위리그 팀들을 상대로도 경기력 논란에 휩싸였지만 현시대 최고의 팀인 펩 과르디올라 감독의 맨체스터시티를 상대로 일궈낸 우승이었기에 지난 시즌 작은 위로를 건넬 수 있는 유일한 항목이었다.

이번 시즌은 달라야 한다. 아니 무조건 반등해야 한다. 에릭 텐하흐 감독이 현지 팬들의 꽤나 강력했던 지지율을 기반으로 재계약에 성공했다. 그리고 이번 시즌 본격적인 보드진의 변화는 새로운 반등을 위한 첫걸음을 준비하고 있다. 이런 분위기 속에서 지난 시즌 아쉬웠던 부분들은 대대적인 변화를 가져와야 한다. 우선 선수들이 건강해야 한다. 지난 시즌 맨체스터유나이티드의 발목을 가장 강하게 붙잡았던 건 주전 선수들의 줄부상. 이번 시즌은 튼튼한 시즌이 되어야 한다.

또한 신중하고 만족할 만한 선수 영입이 필요하다. 특히 라파엘 바란이 떠나고 카세미루의 에이징커브를 메꿔줄 센터백과 중원의 보강이 시급했는데, 이는 요로, 더리흐트, 마즈라위 등을 영입하면서 일단 급한 불은 끈 상황이다. 마지막으로 에릭 텐하흐 감독의 신뢰 회복도 중요하다. 물론 현지 팬들의 유임 지지율은 생각보다 높았다. 하지만 에릭 텐하흐 감독의 운영을 높게 평가한 여론은 아니다. 이제는 과정보다는 기대했던 만큼의 결과를 보여줘야 하는 시즌이다.

어려웠던 시즌은 막을 내렸다. 그리고 새로운 시즌은 어느새 커튼을 올릴 준비를 하고 있다. 암흑기의 끝이 보였지만 다시 그림자가 드리웠다. 이 어둠이 잠시의 암전일지 오랜 시간 이어질 정전일지는 아무도 알 수 없다.

MANCHESTER UNITED

24
GK

André Onana

안드레 오나나

국적 카메룬 | **나이** 28 | **신장** 190 | **체중** 93 | **평점** 6.84

이전 시즌 UEFA챔피언스리그 준우승팀 인테르에서 거액의 이적료로 이적했다. 시즌 초반엔 적응의 시간을 거치며 비난도 받았지만 많은 슈팅을 몸소 막아내면서 적응 시간을 빠르게 단축했다. 지난 2023/24시즌 프리미어리그 기준 선방수가 무려 149개로 전체 1위. 팀이 매 경기 20개 가까이 슈팅을 허용하다 보니 자연스레 스텝업

을 한 케이스로 볼 수도 있다. 발밑에 강점이 있고 롱볼 정확도 또한 높아 후방 빌드업의 시작점이었다. 물론 짧은 리치로 인한 중장거리 슈팅 처리에 아쉬움은 공존하지만 첫 시즌이라는 점을 감안했을 때 1인분 이상은 충분히 해줬던 오나나다.

2023/24시즌

	38 GAMES	3,420 MINUTES	58 실점	74.90 선방률	
5	146 세이브	9 클린시트	추정가치: 35,000,000€	23.70 클린시트 성공률	0/7 PK 방어 기록	0

5
CB

Harry Maguire

해리 매과이어

국적 잉글랜드 | **나이** 31 | **신장** 194 | **체중** 90 | **평점** 6.87

한때 수비수 역대 최고 이적료를 기록했다. 이적 후 처음 두 시즌은 기대만큼의 활약을 보여줬다. 하지만 이후 명확한 단점들이 자주 비춰지며 비판을 넘어 조롱의 대상으로 전락했다. 팬들은 비난했고 이적설은 줄었지만 매과이어는 잔류와 경쟁을 선택했다. 그리고 지난 시즌 참담했던 수비라인의 줄부상 속 한줄기의 빛과 같은 존재

가 되었다. 심리적인 문제가 해결됐고 자신감을 되찾으면서 강점인 제공권과 몸을 사리지 않는 헌신적인 수비를 통해 수비진의 버팀목이 됐다. 나아가 중요한 순간 골이 필요할 때 나왔던 클러치 능력까지. 자신을 향한 비판의 목소리를 응원의 목소리로 바꿨던 매과이어의 새 시즌이 궁금하다.

2023/24시즌

	22 GAMES	1,651 MINUTES	2 GOALS	2 ASSISTS	
4	0.9 경기당슈팅	3 유효슈팅	추정가치: 18,000,000€	49.8 경기당패스	83.40 패스성공률	0

6
CB
LB

Lisandro Martínez

리산드로 마르티네스

국적 아르헨티나 | **나이** 26 | **신장** 178 | **체중** 77 | **평점** 6.39

2022/23시즌 텐하흐볼 빌드업의 시작점이자 중심. 지난 시즌도 중추적인 역할을 할 것으로 예상했으나 부상 악령이 발목을 잡았다. 4개월 만에 복귀했지만 얼마 되지 않아 다시 또 부상의 늪에 빠졌다. 결국 시즌 11경기만을 소화하는 데 그쳤다. 리산드로 마르티네스가 있고 없고의 차이는 빌드업에서 분명하게 나타났다. 많은 경기

는 아니었지만 나올 때면 눈에 띄는 활약을 보여줬다. 그리고 시즌 후반기 복귀 후 FA컵 위너로 올라섰다. 올여름엔 코파아메리카 2024 트로피도 거머쥐었다. 하지만 휴식기가 짧았던 만큼 체력 관리, 컨디션 유지는 필수적. 단연코 새 시즌의 목표는 건강한 시즌이다.

2023/24시즌

	11 GAMES	649 MINUTES	0 GOALS	1 ASSISTS	
3	0 경기당슈팅	0 유효슈팅	추정가치: 50,000,000€	40.2 경기당패스	93.00 패스성공률	0

15
CB

Leny Yoro

레니 요로

국적 프랑스 | **나이** 18 | **신장** 190 | **체중** 79 | **평점** 6.74

프랑스 리그1 올해의 팀에 선정된 센터백. 첫 풀타임 주전으로 뛴 시즌에 리그 베스트 활약을 펼치며 빅리그 진출에 성공했다. 수많은 빅클럽의 러브콜을 받았지만 레니 요로는 맨체스터유나이티드를 선택했다. 요로의 가장 큰 특징이자 장점은 빠르고 긴 다리를 활용한 수비 커버와 대인 방어이다. 이미 수비 센스나 스킬은 어린 나이임에도 완성도가 높다는 평가. 침착한 멘탈도 소유하고 있어 수비수로서 갖춰야 할 많은 장점들을 보유하고 있다. 그나마 단점 하나를 꼽자면 경험치가 될 텐데 이건 시간이 해결해 줄 과제다. 리그 시즌 베스트 센터백의 빅리그 도전은 지금부터다.

2023/24시즌

	32 GAMES	2,672 MINUTES	2 GOALS	0 ASSISTS	
5	0.4 경기당슈팅	8 유효슈팅	추정가치: 50,000,000€	58.6 경기당패스	92.20 패스성공률	0

2
CB
LB
RB

Victor Lindelöf

빅토르 린델뢰프

국적 스웨덴 | **나이** 30 | **신장** 187 | **체중** 80 | **평점** 6.5

벌써 맨체스터 생활 7년 차가 됐다. 무난하게 준수한 선수지만 다르게 생각해 보면 무색무취하다. 팀에서 알짜 역할을 해주며 공백들을 열심히 메웠던 시즌도 많았다. 지난 시즌도 비슷했다. 동료 수비수들의 줄부상 속에 발생된 공백을 다양한 포지션에서 잘 메꿔줬다. 하지만 린델뢰프에게 후한 평가를 주긴 어렵다. 동료들과 마찬가지로 두 번의 장기 부상으로 팀을 이탈한 시간이 꽤나 길었기 때문이다. 또한 린델뢰프가 선발로 나올땐 이상하리 만큼 패배가 많았다. 시즌 전체를 돌이켜 봤을 때 루턴타운전 결승골을 제외하면 기억에 남을 만한 시즌은 아니었기에 새 시즌은 분위기 반전이 필요하다.

2023/24시즌

	19 GAMES	1,333 MINUTES	1 GOALS	1 ASSISTS	
2	0.3 경기당슈팅	4 유효슈팅	추정가치: 15,000,000€	46.1 경기당패스	89.50 패스성공률	0

23
LB
CB

Luke Shaw

루크 쇼

국적 잉글랜드 | **나이** 29 | **신장** 178 | **체중** 80 | **평점** 6.65

2022/23시즌 꽤나 많은 경기를 소화하며 리그 베스트급 풀백으로 군림했던 루크 쇼. 하지만 지난 시즌은 고작 열두 경기에 출전했고 팀에 필요한 순간 쇼는 사라지고 없었다. 시즌 내내 부상과 복귀를 반복했고 시즌 막판에도 복귀의 가능성이 거론됐지만 결국 부상자 명단에서 시즌을 마무리했다. 한 시즌 동안 계속 부상으로 고전했음에도 불구하고 유로 2024 최종 명단에 들었다. 그리고 유로 2024 8강 스위스전, 드디어 복귀전을 치렀다. 그래도 출전하면 자기 밥값은 하기에 놓을 수 없는 카드지만, 지난 시즌의 흐름이 반복된다면 텐하흐 감독이 고민은 커질 수밖에 없다.

2023/24시즌

	12 GAMES	965 MINUTES	0 GOALS	0 ASSISTS	
6	0.2 경기당슈팅	0 유효슈팅	추정가치: 32,000,000€	45.9 경기당패스	85.70 패스성공률	0

35
CB

Jonny Evans

조니 에반스

국적 북아일랜드 | **나이** 36 | **신장** 188 | **체중** 77 | **평점** 6.6

자유계약 신분으로 8년 만에 친정팀에 돌아왔다. 사실상 5순위 센터백으로 영입된 노장 수비수이기에 기회를 많이 받지 못할 거란 예측이 지배적이었다. 하지만 예상은 완벽히 벗어났다. 우선순위 센터백들이 줄부상에 시달리면서 조니 에반스의 출전 시간은 자연스레 늘어났다. 심지어 시즌 중반에는 팀 내 센터백중 경기 출전이 가장 많았던 시기도 있었다. 경험 많은 베테랑은 관록 있는 플레이를 보여주며 기대 이상의 활약을 해줬다. 여전히 준수한 발밑, 양발을 사용하며 시도하는 빌드업은 녹슬지 않은 모습이었다. 퍼거슨의 마지막 유산은 이렇게 찬란한 마무리를 준비하고 있다.

2023/24시즌

	23 GAMES	1,396 MINUTES	0 GOAL	1 ASSISTS	
2	0 경기당슈팅	0 유효슈팅	추정가치: 2,000,000€	35.9 경기당패스	87.90 패스성공률	0

20
RB
LB

Diogo Dalot

지오구 달로

국적 포르투갈 | **나이** 25 | **신장** 183 | **체중** 78 | **평점** 6.96

지난 시즌 맨체스터유나이티드의 언성 히어로, 자신의 커리어 하이 시즌을 만들었다. 수비수들이 줄줄이 부상으로 낙마해도 지오구 달로는 굳건히 수비 라인을 지켰다. 기복 없이 좌우를 가리지 않고 인버티드의 역할도 클래식한 역할도 묵묵하게 해냈다. 나아가 팀 내에서 가장 많이 출전한 필드 플레이어가 되었다. 출전 시간이 늘어나면서 자연스럽게 능력치도 스텝업한 모습. FA컵 결승전에서는 맨체스터시티를 상대로 인상 깊은 경기력을 보여줬다. 이러한 활약으로 생애 첫 FWA 올해의 선수 후보에 올랐다. 그리고 맨체스터유나이티드 선수단이 뽑은 올해의 선수에도 선정되며 최고의 시즌을 마무리했다.

2023/24시즌

	36 GAMES	3,174 MINUTES	2 GOAL	3 ASSISTS	
4	0.8 경기당슈팅	7 유효슈팅	추정가치: 35,000,000€	41.4 경기당패스	83.80 패스성공률	1

18
DM
CM
CB

Casemiro

카세미루

국적 브라질 | **나이** 32 | **신장** 184 | **체중** 84 | **평점** 6.97

관록의 베테랑에게 갑자기 2년 차 징크스라도 생긴 걸까. 이적 첫 시즌 보여줬던 월드클래스 퍼포먼스는 감쪽같이 사라졌다. 이제 정말 에이징 커브를 마주한 듯 발은 느려졌고 터치는 불안했고 태클 타이밍도 애매해졌다. 수비진들의 이탈로 센터백이라는 다소 어색한 임무를 맡기도 했는데 여전히 불안했다. 물론 FA컵 16강 노팅엄포레스트와의 경기에서 극적인 결승골을 기록하며 우승의 발판을 만든 기억도 있다. 하지만 카세미루라는 선수가 워낙 위대했기에 팬들의 기대는 더 큰 실망감으로 돌아왔다. 계속해서 이적설도 나오고 있는 만큼 이제는 내리막길을 향하는 카세미루의 새로운 시즌은 어떤 도전과 함께할지 궁금하다.

2023/24시즌

	25 GAMES	1,987 MINUTES	1 GOALS	2 ASSISTS	
7	1.6 경기당슈팅	9 유효슈팅	추정가치: 20,000,000€	56.2 경기당패스	82.60 패스성공률	0

4
CB

Matthijs de Ligt

마타이스 더리흐트

국적 네덜란드 | **나이** 25 | **신장** 187 | **체중** 89 | **평점** 6.68

지난 시즌 맨체스터유나이티드는 수비진이 안정적이었다고 보기 힘들다. 특히 전반기에는 주전 센터백들의 줄부상으로 UEFA 챔피언스리그 조별리그 탈락이라는 쓰라린 결과를 받아들여야 했다. 수비진 보강이 시급한 맨유는 리그앙 베스트 레니 요로와 함께 마타이스 더리흐트를 품에 안았다. 후방 빌드업은 텐하흐 감독 전술에서 가장 중요한 요소다. 때문에 발밑이 좋은 더리흐트의 활용은 리산드로 마르티네스에게 몰리는 압박을 풀어 줄 수 있는 열쇠가 될 수도 있다. 게다가 더리흐트는 아약스 시절 텐하흐 감독과 함께 UEFA 챔피언스리그 4강에 오르면서 영광을 함께 했을 만큼 서로를 잘 알고 있는 사이기도 하다.

2023/24시즌

5	**22** GAMES	**1,391** MINUTES	**2** GOALS	**0** ASSISTS	
	0.6 경기당슈팅	**6** 유효슈팅	추정가치: **65,000,000€**	**54** 경기당패스	**94.00** 패스성공률	**0**

37
CM
AM
DM

Kobbie Mainoo

코비 마이누

국적 잉글랜드 | **나이** 19 | **신장** 175 | **체중** 72 | **평점** 6.8

한 시즌 만에 맨체스터유나이티드의 보물이 됐다. 10대의 어린 선수가 보여준 퍼포먼스는 프리미어리그를 들썩이게 했다. 부상으로 시즌을 다소 늦게 출발했지만 빅리그 적응은 그리 오랜 시간이 걸리지 않았다. 중원에서 보여준 탈압박 능력과 번뜩이는 드리블은 맨체스터유나이티드 팬들을 오랜만에 설레게 했다. 심지어 클러치 능력까지 보여주며 한순간에 팀의 최고 스타로 발돋움했다. 이런 활약을 통해 잉글랜드 유로 2024 최종 명단에도 이름을 적었다. 데뷔 첫 시즌부터 엄청난 임팩트를 보여준 영스타 마이누의 월드클래스 성장기는 이제부터 시작이다.

2023/24시즌

3	**24** GAMES	**1,942** MINUTES	**3** GOALS	**1** ASSISTS	
	0.5 경기당슈팅	**5** 유효슈팅	추정가치: **55,000,000€**	**35.9** 경기당패스	**86.70** 패스성공률	**0**

25
DM
CM

Manuel Ugarte

마누엘 우가르테

국적 우루과이 | **나이** 23 | **신장** 182 | **체중** 73 | **평점** 7.15

맨체스터유나이티드에서 오랜 시간 함께했던 스콧 맥토미니가 나폴리로 떠났다. 그리고 그 자리를 채우기 위해 포르투갈과 프랑스에서 활약했던 우루과이 국가대표 마누엘 우가르테를 영입했다. 우가르테는 맥토미니만큼이나 열정적이고 활동량이 많은 유형의 선수다. 2022/23시즌 포르투갈 리그에서 태클 시도와 태클 성공률 모두 1위를 마크했을 만큼 수비력도 준수하다. 하지만 태클 시도가 많은 만큼 파울도 많이 기록하고 카드도 많이 수집한다. 이적 첫 시즌 "믿고 쓰는 레알산"의 표본을 보여줬던 카세미루는 에이징 커브를 맞고 있다. 코비 마이누 옆에서 많이 뛰어줄 3선 자원을 필요로 하던 맨유에게 우가르테는 꽤나 만족할 만한 영입이다.

2023/24시즌

5	**25** GAMES	**1,935** MINUTES	**0** GOAL	**2** ASSISTS	
	0.4 경기당슈팅	**1** 유효슈팅	추정가치: **45,000,000€**	**53** 경기당패스	**91.50** 패스성공률	**0**

MANCHESTER UNITED

14
CM
AM
LM

Christian Eriksen

크리스티안 에릭센
국적 덴마크 | **나이** 32 | **신장** 182 | **체중** 76 | **평점** 6.36

브루노 페르난데스와 카세미루 사이에서 오작교 역할을 하던 에릭센의 모습은 더 이상 보이지 않았다. 에이징 커브에 부상의 악재까지 겹치며 폼은 더 떨어졌다. 단점으로 꼽히는 기동력은 연비가 더 나빠졌고 체력 또한 풀타임을 뛸 수 있는 수준이 아니었다. 교체로 나와 큰 임팩트를 줬던 UCL 코펜하겐전과 리버풀전을 제외하고는

기억에 남는 장면 또한 없다. 게다가 코비 마이누와의 조합은 그저 그랬고 에릭센이 선발로 출전했을 땐 승리보다 패배가 많았다. 에이징 커브를 정면으로 마주하고 있는 베테랑에게 분위기 반전이 일어날 수 있을까? 올 시즌 반전이 필요하다.

2023/24시즌

1	**22** GAMES	**1,141** MINUTES	**1** GOAL	**2** ASSISTS	
	0.6 경기당슈팅	**4** 유효슈팅	추정가치: **8,000,000€**	**34.3** 경기당패스	**84.10** 패스성공률	0

8
AM
CF
CM
C

Bruno Fernandes

브루노 페르난데스
국적 포르투갈 | **나이** 29 | **신장** 179 | **체중** 66 | **평점** 7.39

맨체스터유나이티드에서 맨체스터유나이티드를 맡고 있다고 해도 과언이 아닌 위대한 캡틴. 매 시즌 그랬듯 맨유의 에이스로서 팀의 중심이 됐다. 가끔 텐하흐 감독의 3선 기용으로 전술의 희생양이 되는 경우도 있었지만 그럼에도 불구하고 지난 시즌 리그에서만 114개의 기회를 창출하며 프리미어리그 탑 미드필더임을 다시 한번

증명했다. 기복 없이 연이어 훌륭한 시즌이 만들어지고 있다. 게다가 스탯까지 성실히 쌓으면서 맨유 팬들이 시상하는 맷 버스비 경 올해의 선수상을 3년 만에 되찾을 수 있었다. 최근엔 구단에 대한 애정이 담긴 인터뷰를 보여주며 팬들에게 무한한 신뢰와 감동까지 선물했다.

2023/24시즌

9	**35** GAMES	**3,120** MINUTES	**10** GOALS	**8** ASSISTS	
	2.7 경기당슈팅	**35** 유효슈팅	추정가치: **70,000,000€**	**54.5** 경기당패스	**79.40** 패스성공률	0

10
LW
ST
RW

Marcus Rashford

마커스 래시포드
국적 잉글랜드 | **나이** 26 | **신장** 180 | **체중** 70 | **평점** 6.69

10번의 등번호가 무색할 만큼 미비하고 미약했다. 2022/23시즌 후반기 맨유의 공격을 하드캐리했던 래시포드는 보이지 않았다. 턴오버는 늘 어났고 찬스를 놓치는 횟수 역시 많아졌다. 자연스레 자신감도 떨어지며 위축된 플레이만 눈에 띄었다. 리그 7골에, 시즌 총 득점은 8골. 직전 시즌보다 무려 22골이나 적은 수치였다. 결국 유로

2024 잉글랜드 대표팀 최종 명단에서도 탈락하며 쓰라린 시즌을 마무리했다. 맨유가 살아나려면 래시포드의 활약이 필요하다. 아니 필수적이다. 한때는 팀의 미래였고 한때는 팀의 현재였던 선수의 몰락은 여기서 멈춰야 한다. 맨유의 분위기 반전 성공 여부는 래시포드의 분위기 반전에 달려있다.

2023/24시즌

2	**33** GAMES	**2,279** MINUTES	**7** GOALS	**2** ASSISTS	
	1.9 경기당슈팅	**19** 유효슈팅	추정가치: **60,000,000€**	**20.7** 경기당패스	**79.20** 패스성공률	0

메이슨 마운트

국적 잉글랜드 **| 나이** 25 **| 신장** 181 **| 체중** 76 **| 평점** 6.32

우려는 현실이 됐다. 계약 기간이 1년 밖에 남지 않은 선수에게 1,000억이 넘는 이적료를 지불하며 돌이킬 수 없는 선택을 했다. 팬들은 분노했고 마운트는 시즌 내내 부상에 허덕였다. 이탈했던 기간 자체가 워낙 길었기 때문에 부상 복귀 후에도 폼은 쉽게 올라오지 않았다. 심지어 시즌 막판에는 복귀를 눈앞에 두고 훈련 중에 또 부상을 입으며 최악의 시즌을 마쳤다. 이미 물은 엎질러졌다. 돌아갈 수 없는 상황에선 최상의 시나리오를 기대해야 한다. 한때 보여줬던 리그 정상급 활약이 필요하다. 본인에게 내려진 어두운 평가는 스스로만이 지울 수 있다. 아직도 충분히 젊다. 나아질 수 있다.

2023/24시즌

	14 GAMES	513 MINUTES	1 GOALS	0 ASSISTS	
2	0.4 경기당슈팅	1 유효슈팅	추정가치: 35,000,000€	14.5 경기당패스	85.20 패스성공률	0

알레한드로 가르나초

국적 아르헨티나 **| 나이** 20 **| 신장** 180 **| 체중** 73 **| 평점** 6.76

시즌 전체를 돌이켜보면 맨유 내에서 올해의 선수급 활약을 보여줬다. 무려 39경기 연속 출전하며 본인의 우상이 왜 철강왕인지를 증명했다. 나아가 그 우상의 맨유 2년 차 시절보다 1골 더 기록하기까지 했다. 물론 결정적인 순간 나오는 욕심 그리고 무리한 마무리는 비판의 목소리를 피할 수 없었다. 하지만 가르나초는 이제 갓 스무 살이다. 어떻게 보면 그건 어린 선수의 패기 있는 플레이일 수도 있다. 사실 부상 없이 거의 모든 경기에 출전하며 당당히 주전으로 거듭난 것만으로도 박수받기엔 충분하다. 팀에 한 획을 그은 레전드들과 지속적으로 비교가 되는 건 다 그럴 만한 이유가 있다.

2023/24시즌

	36 GAMES	2,578 MINUTES	7 GOALS	4 ASSISTS	
4	2.8 경기당슈팅	27 유효슈팅	추정가치: 45,000,000€	23.2 경기당패스	79.40 패스성공률	0

안토니

국적 브라질 **| 나이** 24 **| 신장** 174 **| 체중** 63 **| 평점** 6.54

1,400억의 사나이. 하지만 이번 시즌에도 만족하기 어려운 시즌을 만들었다. 출전수가 적었던 것도 아닌데 리그 기준 단 한 골. 그것도 시즌 막판에 나온 득점이었다. 그나마 위안을 삼을 만한 건 FA컵 리버풀전 동점골. 그 득점이 없었더라면 맨유의 지난 시즌은 무관으로 끝났을 것이다. 다음 시즌에는 분위기 반전이 절실하다. 에레디비시에서 보여줬던 테크닉과 센스 그리고 오프더 볼 움직임을 조금 더 적극적으로 보여줄 필요가 있다. 이제 팬들의 기대감은 크지 않다. 하지만 텐하흐 감독의 신뢰는 여전하다. 부담감을 조금 내려놓는다면 오히려 이번 시즌이 절치부심의 기회가 될 수도 있다.

2023/24시즌

	29 GAMES	1,324 MINUTES	1 GOALS	1 ASSISTS	
5	1.5 경기당슈팅	15 유효슈팅	추정가치: 25,000,000€	19.3 경기당패스	80.00 패스성공률	0

Rasmus Hojlund

9
ST
CF

라스무스 호일룬

국적 덴마크 | **나이** 21 | **신장** 191 | **체중** 86 | **평점** 6.7

2023/24시즌 맨체스터유나이티드 팀 내 최다 득점자. 영입 당시 오버페이 논란이 있었지만 세리에A에서 보여준 능력은 기대할 만한 자원임은 분명했다. 빠른 발과 출중한 라인 브레이킹 능력 그리고 강력한 슈팅은 텐하흐가 호일룬을 선택한 가장 명확한 이유였다. 맨유에서의 마수걸이 득점포가 조금 늦게 터진 감이 없지 않지만 이후 역대 최연소 6경기 연속 득점 기록을 세울 정도로 임팩트가 있었다. 아직 어린 나이고 이적 후 첫 시즌임을 감안한다면 비교적 선전한 시즌이다. 단점으로 여겨지는 오프 더 볼 움직임만 개선한다면 충분히 프리미어리그를 대표하는 포워드가 될 수 있는 재능이다.

2023/24시즌

		30 GAMES	2,172 MINUTES	10 GOAL	2 ASSISTS	
2	1.3 경기당슈팅	20 유효슈팅	추정가치: 65,000,000€		13 경기당패스	77.00 패스성공률	0

Amad Diallo

16
RW
LW
AM

아마드 디알로

국적 코트디부아르 | **나이** 22 | **신장** 173 | **체중** 72 | **평점** 6.67

입단 후 무려 3년 반 만에 프리미어리그 데뷔골을 기록했다. 선덜랜드 임대 시절 뛰어난 활약을 했고, 경쟁자인 안토니의 부진으로 많은 기회를 얻을 것으로 예상됐다. 하지만 예상은 벗어났다. 텐하흐 감독의 명확한 신임을 얻지 못했다. 게다가 가르나초가 좌우 모두를 뛰면서 기회가 더 줄었던 것도 사실. 지난 시즌을 돌이켜보면 맨유의 가장 위대한 순간엔 아마드가 있었다. FA컵 8강 리버풀전 후반 막바지 교체로 들어와 연장 후반 역전골을 기록했던 주인공이 아마드였다. 조금 더 일찍 선발 기회를 잡았으면 어땠을까? 다가오는 새 시즌에는 아마드에게 더 많은 기회가 주어지길 팬들은 바라고 있다.

2023/24시즌

		9 GAMES	388 MINUTES	1 GOAL	1 ASSISTS	
1	1.1 경기당슈팅	4 유효슈팅	추정가치: 18,000,000€		18.6 경기당패스	88.00 패스성공률	0

Joshua Zirkzee

11
ST
CF

조슈아 지르크지

국적 네덜란드 | **나이** 23 | **신장** 193 | **체중** 83 | **평점** 7.03

이번 여름 이적시장 맨체스터유나이티드의 1호 영입. 지난 시즌 세리에A 돌풍의 주역이었던 볼로냐의 주전 스트라이커로 활약했다. 시즌 내내 날카로운 모습을 보여주며 리그 기준 11골 6도움으로 팀내 최대 득점자가 되어 볼로냐를 챔피언스리그로 올려놨다. 피지컬만 보면 전형적인 타깃맨 스트라이커 혹은 정통 9번 공격수로 생각할 수 있다. 하지만 실제로 뛰는 모습은 10번에 가깝다. 지르크지의 가장 큰 장점은 드리블과 볼 키핑 그리고 연계 플레이다. 시야가 넓고 양발을 쓸 수 있는 것도 큰 장점이다. 볼로냐를 챔스로 올려놨던 공격수는 빅리그 빅클럽에 잘 적응할 수 있을까?

2023/24시즌

		34 GAMES	2,772 MINUTES	11 GOALS	4 ASSISTS	
8	2.5 경기당슈팅	29 유효슈팅	추정가치: 50,000,000€		26.5 경기당패스	78.00 패스성공률	0

전지적 작가 시점

김형책이 주목하는 맨유의 원픽!

브루노 페르난데스

맨체스터유나이티드의 캡틴이자 맨유에서 맨유를 담당하고 있는 브루노 페르난데스. 프리미어리그 최고의 미드필더 중 한 자리를 채우고 있다. 2019/20시즌 겨울에 영입된 이후 줄곧 에이스로 활약했다. 뛰어난 침투 패스, 강력하고 정교한 마무리는 리그 내 최고라는 평가. 게다가 왕성한 활동량은 덤.

이런 다양한 능력들로 이전 시즌들과 마찬가지로 지난 시즌도 팀 내 득점 1위, 도움 1위, 리그 기회 창출 1위라는 최고의 활약을 보여줬다. 텐하흐 감독의 예상치 못한 위치 선정으로 혼란을 보이기도 했지만 어떤 위치에 서건 자기 밥값 이상은 충분히 해줬다.

가끔 감정적인 모습이 나올 때도 있지만 캡틴 첫 시즌이었던 지난 시즌은 이런 모습조차 많이 줄었다. 최근에는 팀이 나를 필요로 하지 않을 때까지 맨체스터유나이티드에서 함께하겠다며 맨유팬들에게 큰 감동을 선사하기도 한 브루노 페르난데스. 팬들의 마음까지 사로잡은 낭만 캡틴의 새로운 시즌이 기대된다.

지금 맨유에 이 선수가 있다면!

프렝키 더용

이번 여름 이적시장 맨체스터유나이티드는 활발하게 움직였다. 공격에서는 지난 시즌 세리에A에서 돌풍을 이끌었던 볼로냐의 지르크지를 영입했다. 지난 시즌 유난히 공백이 많았던 수비진은 리그앙 베스트 레니 요로부터 분데스리가에서 경험을 쌓은 더리흐트와 마즈라위까지 영입했다. 좋은 영입이 이어지며 스쿼드도 두터워졌다. 하지만 아직 3선 미드필더 영입은 필요해 보인다. 여러 옵션을 고려했을 때 프렝키 더용은 맨유에 적합한 자원이다. 결정적으로 주전인 카세미루가 에이징 커브를 보이기 시작하면서 이적 첫 시즌 만큼의 퍼포먼스를 전혀 보여주지 못 하고 있다.

프렝키 더용은 네덜란드와 라리가 최고의 미드필더다. 그리고 텐하흐 감독이 아약스 시절 그를 지도해 UCL 4강을 함께하며 세계적인 미드필더로 키웠다는 점은 더욱 매력적인 요소다. 더용의 뛰어난 전진성과 전개 능력은 마이누, 페르난데스와 함께 중원을 구성했을 때 더욱 증폭될 수 있다. 텐하흐 감독은 맨유의 지휘봉을 잡은 후 더용을 지속적으로 원했다. 그만큼 프렝키 더용은 텐하흐 감독이 가장 잘 활용할 수 있는 미드필더다.

LUKASZ FABIANSKI

ALPHONSE AREOLA

WES FODERINGHAM

JEAN-CLAIR TODIBO

KONSTANTINOS MAVROPANOS

MAXIMILIAN KILMAN

AARON CRESSWELL

VLADIMIR COUFAL

CARLOS SOLER

EMERSON

AARON WAN-BISSAKA

DANNY INGS

LUCAS PAQUETA

EDSON ALVAREZ

TOMAS SOUCEK

MICHAIL ANTONIO

JARROD BOWEN

MAHAMMED KUDUS

LUIS GUILHERME

CRYSENCIO SUMMERVILLE

NICLAS FULLKRUG

GUIDO RODRIGUEZ

West Ham United

WEST HAM UNITED

웨스트햄 West Ham United

창단 년도	1895년
최고 성적	3위 (1985/86)
경기장	런던 스타디움 (London Stadium)
경기장 수용 인원	62,500명
지난 시즌 성적	9위
별칭	The Irons (아이언스), The Hammers (해머스)
상징색	클라렛, 스카이블루
레전드	바비 무어, 빌리 본즈, 프랭크 램파드 시니어, 트레버 브루킹, 제프 허스트, 마틴 피터스, 파올로 디 카니오, 마크 노블 등

히스토리

1895년 템스 아이언웍스로 창단해 1900년 웨스트햄유나이티드로 자리잡았다. 첫 번째 전성기는 론 그린우드 감독이 이끌고 레전드 제프 허스트가 활약했던 1960년대 중반이다. 창단 후 처음으로 FA컵과 채리티쉴드에서 우승했고 이듬해 유로피언컵위너스컵까지 차지했다. 해리 래드냅 감독 그리고 디 카니오와 퍼디난드와 램파드가 유망주이던 1999년에는 리그 5위와 인터토토컵 우승을 차지했지만 이후 2차례 강등되며 들쑥날쑥 헤맸다. 그

러다가 모예스 감독이 부임한 2019/20시즌부터 두 번째 전성기를 맞았다. 트렌드와는 거리가 멀었지만 확고한 컨셉으로 성과를 내면서 리그 중상위권에 위치했고 2022/23시즌 UEFA컨퍼런스리그에서 우승하면서 무려 24년 만에 유럽대항전 트로피를 들어올렸다.

최근 5시즌 리그 순위 변동

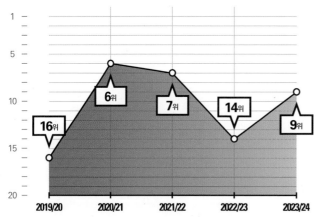

16위 — 2019/20
6위 — 2020/21
7위 — 2021/22
14위 — 2022/23
9위 — 2023/24

클럽레코드 IN & OUT

최고 이적료 영입 IN

세바스티앙 알레
5,000만 유로
(2019년 7월, from 프랑크푸르트)

최고 이적료 판매 OUT

데클런 라이스
1억 1,660만 유로
(2023년 7월, to 아스날)

훌렌 로페테기 Julen Lopetegui | 1966년 8월 28일 | 57세 | 스페인

전술적 역량 발휘, 이번에는 가능할까

4년 반의 모예스 체제가 막을 내렸다. 변화가 필요했던 웨스트햄은 과거 세비야에서 2019/20시즌 UEFA유로파리그를 우승했고 울버햄튼 지휘봉을 잡았던 로페테기를 선임했다. 완벽에 가까운 이적시장을 보냈기에 로페테기는 그저 결과로만 증명하면 된다. 로페테기 감독은 측면 활용을 선호한다. 윙어와 풀백의 콤비네이션 플레이를 중요하게 생각하며 특히 풀백을 전진시키기 위해 윙어를 하프스페이스로 좁히고 더 많은 플레이에 관여하도록 권장한다. 웨스트햄에는 이러한 플레이에 익숙한 선수들이 즐비하다. 이 선수들을 어떻게 조합하고 어떠한 세부 전술로 팀의 고공행진을 이끌어내느냐가 중요하다.

📑 감독 인터뷰

"공격 움직임, 수비로의 전환, 조직적인 수비, 공격으로의 전환. 이렇게 4가지 측면을 선수들에게 강조한다. 모두가 기꺼이 동료들을 도우며 더 나은 선수, 더 나은 팀이 돼야 한다."

감독 프로필

통산				선호 포메이션	승률
398 경기	**234** 승	**85** 무	**79** 패	**4-2-3-1**	**58.79%**

시즌 키워드

#체질개선 | #완벽지원 | #전술능력필수

우승 이력

- UEFA 유로피언U19챔피언십 (2011/12)
- UEFA 유로피언U21챔피언십 (2012/13)
- UEFA 유로파리그 (2019/20)

| 경력 🔖 | 2003 라요바예카노 | 2014~2016 FC포르투 | 2016~2018 스페인 대표팀 | 2018 레알마드리드 | 2019~2022 세비야 | 2022~2023 울버햄튼 | 2024~ 웨스트햄유나이티드 |

WEST HAM UNITED

IN

웨스 포더링엄	(셰필드유나이티드)
장클레어 토디보	(니스)
막시밀리안 킬먼	(울버햄튼)
아론 완비사카	(맨체스터유나이티드)
귀도 로드리게스	(레알베티스)
루이스 길레르미	(파우메이라스)
크리센시오 서머빌	(리즈)
니클라스 퓔크루크	(도르트문트)
카를로스 솔레르	(파리생제르맹, 임대)

OUT

틸로 케러	(AS모나코)
벤 존슨	(입스위치타운)
안젤로 오그본나	(계약종료)
플린 다운스	(사우샘프턴)
사이드 벤라마	(올림피크리옹)
아구에르드	(레알소시에다드, 임대)
커트 주마	(알오로바, 임대)
제임스 워드프라우스	(노팅엄, 임대)
막스웰 코르네	(사우샘프턴, 임대)

히든풋볼의 이적시장 평가

최고의 이적시장을 보냈다. 새로 부임한 로페테기 감독의 첫 번째 목표는 체질 개선이었다. 모예스의 롱볼 카운터에 익숙한 유형이 아닌 볼을 점유하며 최대한 위쪽에서 플레이를 하기 위해 필요한 선수들을 영입했다. 더불어 최다 실점 4위 불명예도 씻어내야 했기에 센터백 영입에도 힘썼다. 완비사카 영입으로 오른쪽 풀백 문제도 해결했다.

2023/24시즌 스탯 Top 3

득점 Top 3

⚽ 제로드 보웬	**16**골
⚽ 모하메드 쿠두스	**8**골
⚽ 워드프라우스, 소우체크	**7**골

도움 Top 3

✎ 워드프라우스, 초우팔	**7**도움
✎ 보웬, 파케타, 쿠두스	**6**도움
✎ 안토니오, 에메르송, 소우체크	**2**도움

출전시간 Top 3

⏱ 에메르송 팔미에리	**3,143**분
⏱ 블라디미르 초우팔	**3,139**분
⏱ 제로드 보웬	**3,022**분

히든풋볼의 순위 예측

울버햄튼에서 불만이 있어 떠났던 로페테기가 웨스트햄으로 왔다. 많은 선수들을 영입했으니 성적만 내면 된다.

올 여름이적시장의 태풍의 눈이었다. 내년 2025/26시즌엔 유럽대항전을 노리는 것이 당연한 팀이 될 것.

로페테기 감독의 등장과 이적시장에서의 행보, 그리고 전체적인 전력 향상에 다크호스로 부족함이 없다.

훌륭한 이적시장을 보냈으나, 선수단 변화도 많고 전술도 크게 바뀔 것이다. 다음 시즌이 더 기대되는 팀.

로페테기 감독과 함께하는 첫 시즌. 뚜렷한 색채는 시간이 좀 흐른 후반기에 입혀질 가능성이 크다.

원석 수집은 끝났다. 다이아몬드로 잘 가공만 하면 된다. 새 역사를 위해 로페테기의 전술력이 필수다.

10위 · 이주헌 ·

9위 · 박종윤 ·

9위 · 송영주 ·

11위 · 이완우 ·

9위 · 김형책 ·

4위 · 남윤성 ·

구단 역사상 첫 UCL 진출 노린다!

전술이 트렌디하지 않다는 비난은 문제가 되지 않았다. 4년 반 동안 웨스트햄을 리그 중상위권, 유로파리그 4강, 컨퍼런스리그 우승으로 이끈 모예스 감독은 2000년대 이후 구단 최고의 감독이라 칭송받으며 떠났다. 체질 개선이 최우선 과제로 꼽혔다. 2023/24시즌 알바레스, 쿠두스, 워드프라우스를 영입해 좋은 호흡을 자랑했던 슈타이텐과 마크 노블 디렉터는 감독 선임에 열중했다. 그 결과 프리미어리그를 경험했던 로페테기를 낙점했고 막대한 영입 자금을 쏟아부었다.

우선 수비력 강화에 집중했다. 아구에르드는 부상이 잦았고 커트 주마, 마브로파노스로 구성된 오른쪽 센터백은 수비력이 불안했다. 과거 로페테기 체제에서 핵심이었던 울버햄튼의 주장 킬먼과 유벤투스와 짙게 연결되던 토디보를 동시에 영입하며 빅클럽과 견주어도 부족하지 않은 센터백 라인을 완성시켰다. 최전방 역시 고민이었다. 기복과 결정력 이슈, 과거와 다른 신체 능력으로 고전한 안토니오 대신 제로드 보웬이 최전방에 나서며 리그에서 16골을 기록하긴 했지만 플랜A로 밀고 가기에는 리스크가 컸다. 창의적이고 퀄리티 좋은 2선을 활용하기 위해 전방에서 경합해주고 볼을 지켜줄 스트라이커가 필요했다. 때마침 기라시를 영입하면서 공격수 정리가 필요해진 도르트문트에서 퓔크루크를 영입했다.

지난 시즌 보웬, 파케타, 쿠두스는 상대하는 모든 팀들에게 공포의 대상이었다. 하지만 조합이 아쉬웠다. 보웬이 최전방에 위치하고 쿠두스가 오른쪽으로 이동하면서 공격력이 살아났지만 파케타도 왼쪽에서는 영향력이 줄어들었다. 워드프라우스, 소우체크는 킥과 높이에서는 이점을 쳤지만 창의적인 2선과 연계하고 세밀한 공격 전개를 하기에는 스타일이 맞지 않았다. 그래서 챔피언십 올해의 선수 서머빌을 영입했다. 부족한 중원 창의성은 파케타와 쿠두스로 해결할 수 있게 됐고 보웬은 원래 잘했던 오른쪽 측면에서 뛰면 된다. 이렇게 모든 문제가 해결 가능해졌다.

남은 과제는 로페테기 감독의 전술 능력이다. 측면 활용을 선호한다는 점에서 지금의 2선 유닛의 능력이 더욱 살아나겠지만 이게 막히는 경우 부분 전술과 디테일한 지시가 수반돼야 한다. 로페테기를 경험했던 세비야, 울버햄튼은 이러한 점에서 로페테기의 전술 능력을 의심했다. 훌륭한 자원, 많은 지원을 받고도 증명하지 못할 경우 자칫하면 앞으로의 감독 커리어가 꼬일 수도 있다.

23
GK

Alphonse Areola

알퐁스 아레올라

국적 프랑스 **| 나이** 31 **| 신장** 195 **| 체중** 94 **| 평점** 6.96

큰 키와 동물적인 반사 신경으로 PSG 유스 때부터 많은 기대를 받아왔다. 하지만 아레올라의 빅클럽 커리어는 끝없는 경쟁과 시련이었다. PSG에서는 시리구, 트랍, 나바스, 부폰과 레알마드리드에서는 쿠르투아와 경쟁해야 했다. 승격팀 풀럼에서는 가치를 온전히 인정받았고 2021/22시즌 웨스트햄에 합류했다. 2시즌간 파비안스키와

경쟁한 끝에 2023/24시즌부터 비로소 주전으로 등극한 아레올라는 기량을 마음껏 펼치기 시작했다. 가끔 기복 있는 플레이가 나오지만 안정적인 공중볼 처리, 불가능한 선방쇼로 웨스트햄의 뒷문을 든든하게 걸어잠궜다. 로페테기 체제에서도 주전이 예상된다.

2023/24시즌

	31 GAMES	**2,700** MINUTES	**53** 실점	**74.50** 선방률	
1	**138** 세이브	**4** 클린시트	추정가치: **10,000,000€**	**12.90** 클린시트 성공률	**2/7** PK 방어 기록	0

1
GK

Łukasz Fabiański

우카시 파비안스키

국적 폴란드 **| 나이** 39 **| 신장** 190 **| 체중** 83 **| 평점** 6.64

아스날 시절 고질적인 어깨 부상, 치열한 주전 경쟁에 밀려 6년간 리그 32경기 출전에 그쳤다. 그러다 서른이 넘어 합류한 스완지와 웨스트햄에서 전성기를 맞았다. 비록 2023/24시즌 리그는 출장 횟수가 줄었지만 유로파리그에서 주전 장갑을 끼고 8강까지 이끌었다. 나이가 들며 자연스레 반응 속도는 떨어졌지만 뛰어난 예측력

과 2차 선방 그리고 수비라인 리딩으로 골문을 지킨다. 여기에 특유의 PK 세이브는 파비안스키의 최대 강점. 다가올 2024/25시즌도 주전은 아레올라일 가능성이 크지만 든든한 백업으로 웨스트햄을 유럽대항전에 복귀시키려 한다.

2023/24시즌

	10 GAMES	**721** MINUTES	**21** 실점	**66.00** 선방률	
0	**33** 세이브	**1** 클린시트	추정가치: **700,000€**	**14.30** 클린시트 성공률	**0/3** PK 방어 기록	0

21
GK

Wes Foderingham

웨스 포더링엄

국적 잉글랜드 **| 나이** 33 **| 신장** 185 **| 체중** 75 **| 평점** 6.45

풀럼 유스 출신으로 리그투와 리그원, 레인저스를 거치며 성장했고 셰필드에 입단하면서 진가를 발휘했다. 입단 첫해에는 램스데일에 밀렸지만 이후 주전으로 강등됐던 셰필드를 3시즌 만에 프리미어리그로 복귀시키는 데 큰 공을 세웠다. 골키퍼로서 신장은 크지 않지만 발을 활용하는 능력이 좋아 빌드업에 적극적으로 가담한다.

발이 빨라 골문을 비우고 튀어나와 볼을 처리하는 과감한 시도가 많으며 일대일 상황에서 각도를 좁히는 타이밍도 훌륭하다. 다만 이러한 시도가 많은 만큼 실수로 이어질 때도 있다. 무리해서 볼을 다루려다 압박에 소유권을 내주며 실점하는 경우가 종종 있다.

2023/24시즌

	30 GAMES	**2,648** MINUTES	**79** 실점	**63.70** 선방률	
2	**130** 세이브	**1** 클린시트	추정가치: **900,000€**	**3.40** 클린시트 성공률	**0/6** PK 방어 기록	0

25
CB

Jean-Clair Todibo

장클레어 토디보

국적 프랑스 | **나이** 24 | **신장** 190 | **체중** 88 | **평점** 6.87

10대 시절 큰 기대를 받고 바르셀로나에 입성했지만 경쟁에 밀려 출전기회를 잡지 못했다. 이후 살케, 벤피카를 거쳐 니스로 이적하며 리그앙에 돌아왔다. 니스에서 베테랑 단테와 찰떡 콤비를 자랑하며 초고속 성장했다. 수비 안정감이 늘며 실수가 줄었고 스피드를 활용한 측면 커버도 수준급이다. 공격적인 능력은 덤이다. 롱패스 빌드업부터 피지컬과 속도를 활용한 드리블 전진이 좋다. 빠르고 유연한데 몸까지 크니 한 번 전진하면 수비수들은 추풍낙엽 쓰러진다. 유벤투스의 관심을 뿌리치고 웨스트햄에 입성했다. 킬먼과 토디보는 새로운 수비벽이 될 수 있다.

2023/24시즌

2	**30** GAMES	**2,654** MINUTES	**0** GOALS	**2** ASSISTS	**1**
	0.3 경기당슈팅	**1** 유효슈팅	추정가치: **35,000,000€**	**82.1** 경기당패스	**89.60** 패스성공률	

15
CB

Konstantinos Mavropanos

콘스탄티노스 마브로파노스

국적 그리스 | **나이** 26 | **신장** 194 | **체중** 89 | **평점** 6.55

과거 아스날에서도 꽤 기대를 모았다. 하지만 고질적인 사타구니 부상에 기량을 펼치지 못했다. 하지만 슈투트가르트에서 3시즌간 잠재력을 꽃피웠다. 예측해 패스를 끊은 뒤 그대로 공격에 가담하는 적극성. 퀄리티 좋은 롱패스, 넓은 수비 범위와 득점력까지. 마브로파노스에게 맞는 무대는 독일이었다. 이후 2023/24시즌 웨스트햄에 합류해 후반기부터 본격적으로 주전으로 자리 잡은 마브로파노스는 무리하게 전진하며 수비하려다 실수하는 경우들이 간혹 있었지만 센터백 중 가장 안정적인 수비력을 선보였다. 다가올 시즌 맥스 킬먼과 함께 최다실점 4위의 불명예를 씻어내야 한다.

2023/24시즌

2	**19** GAMES	**1,501** MINUTES	**1** GOALS	**0** ASSISTS	**0**
	0.6 경기당슈팅	**2** 유효슈팅	추정가치: **20,000,000€**	**33.0** 경기당패스	**75.90** 패스성공률	

26
CB

Maximilian Kilman

막시밀리안 킬먼

국적 잉글랜드 | **나이** 27 | **신장** 192 | **체중** 89 | **평점** 6.71

커리어의 대부분을 울버햄튼에서 보냈고, 주장으로 한 시즌을 보내기도 했다. 하지만 부담이 컸던 탓일까. 기대에 못 미치는 폼을 보였다. 그럼에도 킬먼이 가진 능력에 대해서는 의심이 없다. 풋살 국가대표 출신답게 리그 내 센터백 중에서도 볼을 다루는 능력만큼은 최고 수준이다. 침착하게 상대 압박을 벗어나고 순간적으로 전진하면서 볼을 운반해 전방으로 볼을 방출한다. 간혹 무리한 플레이로 볼을 뺏기는 경우도 있지만 빠른 수비 복귀로 위기를 극복한다. 웨스트햄은 지난 시즌 리그에서 최다실점 4위라는 불명예를 기록했다. 수비 안정화가 최우선 과제다. 막시밀리안 킬먼은 확실한 해법이다.

2023/24시즌

7	**38** GAMES	**3,420** MINUTES	**2** GOALS	**0** ASSISTS	**0**
	0.4 경기당슈팅	**5** 유효슈팅	추정가치: **32,000,000€**	**60.2** 경기당패스	**85.70** 패스성공률	

WEST HAM UNITED

29
RB

Aaron Wan-Bissaka

아론 완비사카

국적 잉글랜드 | **나이** 26 | **신장** 183 | **체중** 72 | **평점** 6.96

맨체스터유나이티드에서 다섯 시즌을 보낸 뒤 다시 주전을 희망해 웨스트햄 유니폼을 입었다. 윙어 출신답게 볼을 달고 전진하는 능력과 기본적인 드리블 돌파력을 갖췄다. 크로스의 날카로움이 떨어지고 세밀한 플레이에 한계를 드러내지만 팰리스 시절부터 끈질긴 대인 수비와 정확한 태클로 수비력만큼은 리그 내에서도 탑 급으로 평가받았다. 다만 박스 안에서 과감한 동작으로 시도한 수비가 페널티킥으로 이어지는 경우들이 종종 있었다. 웨스트햄에서는 에메르송이 왼쪽에서 전진하고 같은 측면에 파트너로 보웬까지 있기에 완비사카는 수비에만 전념하면 되는 구조다.

2023/24시즌

4	22 GAMES	1,781 MINUTES	0 GOAL	2 ASSISTS	0
	0.14 경기당슈팅	1 유효슈팅	추정가치: 20,000,000€	44.8 경기당패스	83.50 패스성공률	

33
LB

Emerson Palmieri

에메르송 팔미에리

국적 이탈리아 | **나이** 30 | **신장** 176 | **체중** 79 | **평점** 6.78

유럽 무대에서 10년을 보낸 끝에 전성기를 맞았다. 애초부터 공격력에 대해서는 의심이 없었다. 다만 기복 있는 경기력과 공격력에 비해 많이 떨어지는 수비력이 문제였다. 하지만 2023/24시즌 경쟁자 크레스웰의 노쇠화로 붙박이 왼쪽 풀백으로 나서면서 모든 문제가 개선됐다. 특히 측면 파트너로 에메르송이 전진할 수 있는 공간을 만들어주고 스피드를 활용할 수 있게 과감한 전진 패스를 투입한 파케타와 함께 나설 때 활약이 더욱 좋았다. 자신감이 올라오면서 대인 수비 능력까지 크게 개선됐다. 적어도 왼쪽 수비에 대해서는 웨스트햄은 고민을 덜게 됐다.

2023/24시즌

10	36 GAMES	3,142 MINUTES	1 GOAL	2 ASSISTS	0
	0.5 경기당슈팅	4 유효슈팅	추정가치: 12,000,000€	39.8 경기당패스	81.40 패스성공률	

3
LB

Aaron Cresswell

애런 크레스웰

국적 잉글랜드 | **나이** 34 | **신장** 170 | **체중** 66 | **평점** 6.13

구단 최다 출장 7위. 2000년대 이후 구단 최고의 레프트백임은 틀림이 없다. 2016년 삼사자 군단 유니폼부터 22/23시즌 UEFA 컨퍼런스리그 우승까지. 웨스트햄 입단 후 선수로서 누릴 수 있는 모든 영광들을 누렸다. 전성기 시절 크레스웰의 오버래핑과 측면 돌파, 아름다운 궤적의 크로스는 웨스트햄에 잊을 수 없는 추억들을 선사했다. 하지만 이제는 과거일 뿐이다. 속도와 신체 능력이 떨어지면서 스피드가 빠른 공격수와의 경합에서 크게 고전한다. 2025년 여름이면 웨스트햄과도 계약이 만료된다. 마지막 1년은 레전드 대우를 받으며 치르기에 충분한 자격이 있다.

2023/24시즌

1	11 GAMES	432 MINUTES	0 GOALS	0 ASSISTS	0
	0 경기당슈팅	0 유효슈팅	추정가치: 900,000€	22.5 경기당패스	82.50 패스성공률	

5
RB

Vladimir Coufal

블라디미르 초우팔

국적 체코 **|** **나이** 31 **|** **신장** 174 **|** **체중** 76 **|** **평점** 6.58

체코 대표팀과 웨스트햄 부동의 오른쪽 풀백이다. 입단 첫해에는 센세이셔널한 활약을 펼치며 리그 정상급 풀백으로 거론되기도 했다. 초우팔의 오른쪽 전진과 크로스 시도가 없으면 팀 전체 공격이 활로를 찾지 못할 정도였다. 하지만 2시즌 전 겪은 스포츠 탈장 후유증으로 컨디션 난조를 겪었고 경기력도 오락가락했다. 수비적으로 다소 거칠다는 단점도 있지만 그래도 2023/24시즌 리그에서만 7개의 도움을 기록하면서 적어도 공격에서는 폼을 되찾았다. 필크루크의 높이, 보웬과 쿠두스의 공격성을 살리기 위해서는 이번 시즌도 초우팔이 오른쪽 측면에서 해야 할 일이 많다.

2023/24시즌

	36 GAMES	3,139 MINUTES	0 GOALS	7 ASSISTS	
5	0.2 경기당슈팅	2 유효슈팅	추정가치: 8,000,000€	34.1 경기당패스	69.30 패스성공률	1

28
DM
CM

Tomáš Souček

토마시 소우체크

국적 체코 **|** **나이** 29 **|** **신장** 192 **|** **체중** 86 **|** **평점** 6.88

세트피스에서 존재감과 높이를 활용한 헤더 득점은 소우체크를 대표하는 표현이다. 입단 후 4시즌간 기록한 32골 대부분이 높이를 활용한 득점이었다. 뚜렷한 장점으로 모예스 감독의 총애를 받았다. 과거 펠라이니에게 요구했던 그 방식 그대로 소우체크를 활용했다. 하지만 점점 단점이 드러났다. 패스 실수가 늘었고 연계에서도 강점을 보이지 못하며 공격 방향이 측면으로 치우치게 만들었다. 새롭게 부임한 로페테기 감독은 중원에서 많이 뛰고 기동력 좋은 선수를 선호한다. 귀도 로드리게스를 영입한 이유다. 입지 변화가 예상되기에 다른 것도 잘할 수 있다는 걸 스스로 증명해야 한다.

2023/24시즌

	37 GAMES	2,874 MINUTES	7 GOALS	2 ASSISTS	
7	1.2 경기당슈팅	15 유효슈팅	추정가치: 30,000,000€	25.6 경기당패스	75.10 패스성공률	0

19
DM

Edson Alvarez

에드손 알바레스

국적 멕시코 **|** **나이** 26 **|** **신장** 187 **|** **체중** 73 **|** **평점** 6.76

지난 시즌 알바레스가 결장한 경기에서 웨스트햄의 리그 승리는 루턴타운전 단 한 차례에 불과했다. 그만큼 입단 후 중원 핵심으로 활약했다. 특히 주전 센터백들의 부상과 모예스 감독의 역습 축구 컨셉상 공격과 수비의 간격이 벌어지는 우려가 있는데 빠른 수비 전환과 과감한 태클로 사전에 역습을 차단하며 백포를 안정적으로 보호했다. 다만 수비 시 과감한 동작들이 경고로 이어지며 결장하는 경기가 제법 많았다는 점은 아쉽다. 귀도 로드리게스가 영입됐지만 빌드업적인 측면과 센터백까지 소화 가능하다는 점에서 로페테기 체제에서도 수비 핵심으로 활약할 가능성이 크다.

2023/24시즌

	31 GAMES	2,383 MINUTES	1 GOALS	1 ASSISTS	
11	0.5 경기당슈팅	3 유효슈팅	추정가치: 35,000,000€	38.5 경기당패스	85.60 패스성공률	0

4
CM
RB

Carlos Soler

카를로스 솔레르

국적 스페인 | **나이** 27 | **신장** 183 | **체중** 76 | **평점** 7.04

저돌적인 볼 운반, 드리블을 통한 탈압박, 박스 타격 능력, 찬스 메이킹, 왕성한 활동량까지. 발렌시아 시절 라리가에서 손에 꼽는 미드필더로 평가받았다. 하지만 파리생제르맹 이적 후 우리가 알던 솔레르는 실종됐다. 특유의 저돌성은 사라졌으며 턴오버가 잦았고 자신감마저 떨어진 모습이었다. 하키미의 아프리카 네이션스컵 차출로 인한 전력 이탈로 풀백까지 소화했지만 부활의 조짐은 보이지 않았다. 변화가 필요했고 리그를 옮겨 웨스트햄에 합류했다. 오른쪽 측면에서 초우팔과 경쟁 또는 파케타가 측면으로 이동할 경우 과거 보였던 저돌성과 창의성을 중원에서 보여야 한다.

2023/24시즌

1	24 GAMES	1,089 MINUTES	2 GOAL	2 ASSIST	
	0.58 경기당슈팅	5 유효슈팅	추정가치: 20,000,000€	32.6 경기당패스	85.70 패스성공률	0

10
AM
LW

Lucas Paqueta

루카스 파케타

국적 브라질 | **나이** 27 | **신장** 180 | **체중** 72 | **평점** 7.04

2000년대 해머스 역사에서 드미트리 파예 이후 축구를 가장 잘하는 '에이스' 선수. 측면과 중앙, 2선과 3선 모든 공격 지역에서 뛸 수 있고 그때마다 다른 스타일로 실력을 뽐낸다. 지난 시즌 팀 사정상 잠시 왼쪽에서 뛰기도 했는데 중앙으로 좁혀 창의적인 패스를 투입하는 파케타 덕분에 에메르송이 살아나는 효과를 낳았다. 파케타, 보웬, 쿠두스, 서머빌로 이어지는 2선 라인은 리그 최상위 팀들과 비교해도 경쟁력이 충분하다. 다만 공격의 창의성은 파케타가 채워줘야 한다. 시즌 중 부상과 체력적인 이슈 없이 얼마나 많은 경기를 소화할 수 있느냐가 웨스트햄의 성패로 이어질 것이다.

2023/24시즌

10	31 GAMES	2,639 MINUTES	4 GOALS	6 ASSISTS	
	1.4 경기당슈팅	8 유효슈팅	추정가치: 65,000,000€	45.5 경기당패스	73.90 패스성공률	0

14
AM
LW
RW

Mohammed Kudus

모하메드 쿠두스

국적 가나 | **나이** 24 | **신장** 177 | **체중** 70 | **평점** 7.23

2023/24시즌 초반 왼쪽 측면에서는 그다지 좋은 활약은 아니었다. 그러나 오른쪽으로 이동한 뒤부터 엄청난 활약을 펼치기 시작했다. 훌륭한 신체 밸런스를 앞세운 드리블 전진과 볼 운반, 간결한 턴 동작으로 파케타, 보웬과 함께 웨스트햄 공격을 이끌었다. 모든 대회에서 14골 6도움을 기록하며 제로드 보웬에 이어 팀 내 두 번째로 많은 공격포인트를 기록했다. 맨시티와의 리그 최종전에서는 환상적인 바이시클 득점으로 리그 타이틀 향방을 잠시나마 미궁 속으로 끌고 가기도 했다. 로페테기 체제에서 측면과 중앙을 오가며 다양한 포지션을 소화할 가능성이 크다.

2023/24시즌

6	33 GAMES	2,438 MINUTES	8 GOALS	6 ASSISTS	
	2 경기당슈팅	17 유효슈팅	추정가치: 50,000,000€	23.4 경기당패스	77.40 패스성공률	0

PLAYERS

제로드 보웬

국적 잉글랜드 | **나이** 27 | **신장** 175 | **체중** 70 | **평점** 7.10

2023/24시즌 16골로 팀 내 리그 최다 득점을 기록했다. 이는 웨스트햄의 프리미어리그 단일 시즌 최다 득점으로 1999/2000시즌 디 카니오와 동률이다. 그만큼 보웬의 활약은 대단했다. 시즌 초 안토니오의 부진과 부상이 겹치자 최전방 공격수 역할을 맡은 보웬은 뒷공간 침투, 동료와의 연계, 날카로운 슈팅과 오프 더 볼 움직임을 보였고 그 결과 원톱으로 뛴 16경기에서 7골 2도움을 기록하며 완벽히 변신에 성공했다. 새 시즌 필크루크의 영입으로 오른쪽 측면으로 돌아갈 가능성이 크지만 상황에 따라 위치를 불문하고 뛰면서 웨스트햄의 공격 대장 노릇을 할 것이다.

2023/24시즌

	34 GAMES	3,022 MINUTES	16 GOALS	6 ASSISTS	
2	2.5 경기당슈팅	37 유효슈팅	추정가치: 50,000,000€	18.3 경기당패스	68.90 패스성공률	0

루이스 길레르미

국적 브라질 | **나이** 18 | **신장** 175 | **체중** 70 | **평점** 6.86

전 소속팀 브라질 파우메이라스에서 엔드릭, 이스테방 윌리안에 밀려 주전은 아니었다. 그럴 만한 이유가 있었다. 전체적인 속도와 직선적인 드리블은 길레르미가 가장 뛰어났지만 결정력을 비롯해 변칙적인 플레이, 속도 변화, 플레이 완성도는 떨어졌다. 리버풀을 비롯해 빅클럽들이 영입전에 뛰어들었지만 마지막에 발을 뺐다. 그렇다고 좋은 재목이 아니라는 뜻은 아니다. 길레르미의 모든 능력을 평가하기에는 아직 많이 이르다. 그는 2006년생으로 아직 스무 살도 되지 않은 어린 선수다. 다행스러운 점은 웨스트햄에는 파케타, 제로드 보웬, 쿠두스처럼 길레르미가 골라서 능력을 흡수할 완벽한 왼발잡이 롤모델들이 즐비하다는 것이다.

2023/24시즌

	5 GAMES	181 MINUTES	0 GOALS	1 ASSISTS	
0	1 경기당슈팅	0 유효슈팅	추정가치: 24,000,000€	15 경기당패스	77.80 패스성공률	0

귀도 로드리게스

국적 아르헨티나 | **나이** 30 | **신장** 185 | **체중** 80 | **평점** 6.8

베티스의 언성 히어로로, 수비력 한정 라리가 탑 미드필더가 자유계약으로 입단했다. 웨스트햄은 2023/24시즌 리그에서 최다 실점 4위를 기록할 만큼 수비력이 불안했다. 센터백들의 폼 저하와 부상도 있었지만 무엇보다 에드손 알바레스를 제외하면 3선에서 수비라인을 제대로 보호해주는 선수가 없었다. 그래서 귀도 로드리게스의 합류는 큰 힘이 될 것으로 보인다. 볼을 다루는 능력은 다소 아쉽지만 소우체크보다는 낫다. 여기에 투지 넘치는 플레이와 정교한 태클로 백포를 완벽하게 보호한다. 상황에 따라 에드손 알바레스와 더블 볼란치 조합을 이루거나 한 포지션을 두고 경쟁할 가능성이 크다.

2023/24시즌

	24 GAMES	1,849 MINUTES	2 GOALS	0 ASSISTS	
6	0.8 경기당슈팅	7 유효슈팅	추정가치: 20,000,000€	43.0 경기당패스	85.20 패스성공률	0

WEST HAM UNITED

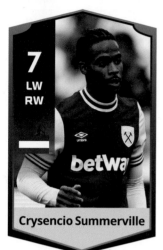

7
LW
RW

Crysencio Summerville

크리센시오 서머빌

국적 네덜란드 | **나이** 22 | **신장** 174 | **체중** 64 | **평점** 7.62

2시즌 전만 해도 등번호 10번의 무게를 버거워 하던 어린 선수였다. 하지만 강등된 리즈에서 폭풍 성장했다. 리그에서만 19골 9도움이라는 엄청난 생산력을 보였다. 2023/24시즌 챔피언십 올해의 선수가 되어 당당하게 프리미어리그로 돌아왔다. 약점이던 슈팅은 최고의 무기가 됐고 드리블은 더욱 정교해졌으며 플레이에는 완성도

까지 생겨났다. 피지컬적인 약점은 동료와의 연계로 극복한다. 지난 시즌 웨스트햄 공격에서 가장 아쉬웠던 대목은 오른발잡이 윙어가 없었다는 점이다. 이제는 에이스의 상징인 7번도 마다하지 않는 선수로 성장한 서머빌이 프리미어리그까지 놀라게 할 준비를 마쳤다.

2023/24시즌

	46 GAMES	**3,762** MINUTES	**20** GOAL	**9** ASSISTS		
8	**2.1** 경기당슈팅	**54** 유효슈팅	추정가치: **20,000,000€**	**31.3** 경기당패스	**84.57** 패스성공률	**0**

11
CF

Niclas Fullkrug

니클라스 퓔크루크

국적 독일 | **나이** 31 | **신장** 189 | **체중** 83 | **평점** 6.96

분데스리가에서 주전으로 활약한 시즌은 하노버에서 14골을 기록했던 2017/18시즌이 유일했다. 기량이 꽃피나 싶었던 순간 십자인대 파열로 쓰러졌다. 하지만 이를 갈고 일어났다. 브레멘으로 돌아와 1부 리그 승격을 이끌었고 카타르 월드컵 직전 펼쳐진 리그 13경기에서 10골을 기록하며 막차로 한지 플릭 감독의 선택을 받

았다. 월드컵에서 실력을 증명, 이후 도르트문트로 이적해 챔피언스리그 준우승을 이끌었고 2024/25시즌 체질 개선을 선언한 웨스트햄에 합류했다. 세밀한 연계 능력과 속도는 부족하지만 페널티 박스 안에서 힘과 높이를 활용해 확실한 존재감을 드러낸다.

2023/24시즌

	29 GAMES	**2,225** MINUTES	**12** GOAL	**8** ASSISTS		
1	**1.8** 경기당슈팅	**23** 유효슈팅	추정가치: **15,000,000€**	**19.5** 경기당패스	**66.10** 패스성공률	**0**

9
CF

Michail Antonio

미카일 안토니오

국적 자메이카 | **나이** 34 | **신장** 180 | **체중** 82 | **평점** 6.60

프리미어리그 구단 최다 출장 3위, 득점은 67골로 1위다. 2019/20, 2020/21, 2021/22 3시즌 연속 리그 두 자릿수 득점에도 성공했다. 2010년대 웨스트햄 최고의 공격수임에는 이견이 없다. 하지만 체질 개선의 시간이 찾아왔다. 고질적인 결정력 이슈는 여전했고 30대 중반으로 접어들면서 장점이던 신체 능력마저 떨어졌다. 부진에 부상

까지 겹치면서 장기간 이탈했다. 본인이 만족한다면 짧은 시간 동안은 존재감을 드러낼 수 있다. 하지만 2선이 풍부해졌고 보웬은 지난 시즌 수준급 원톱 공격수가 될 수 있음을 증명했다. 어쩌면 마지막 동행이 될 수도 있다.

2023/24시즌

	26 GAMES	**1,711** MINUTES	**6** GOAL	**2** ASSISTS		
6	**1.2** 경기당슈팅	**14** 유효슈팅	추정가치: **4,000,000€**	**10.3** 경기당패스	**58.40** 패스성공률	**0**

남윤성이 주목하는
웨스트햄의 원픽!
크리센시오 서머빌

리즈를 이끌던 제시 마치 감독은 시즌 개막을 앞두고 유망주에게 10번을 건넸다. 정말 이 번호를 달아도 되는지 주장에게 물어볼 만큼 부담을 느꼈던 어린 서머빌은 2년 만에 챔피언십 올해의 선수로 성장했고 이제 프리미어리그 정복에 나서려 한다. 리즈에서 강등의 아픔을 경험했지만 오히려 성장에는 도움이 됐다. 이전에 약점으로 꼽혔던 슈팅은 훈련을 통해 크게 개선됐고 그 결과 챔피언십에서 19골이나 기록했다.

왼쪽에서 중앙으로 들어오면서 파포스트를 향한 감아차기는 주요 득점 루트다. 이는 웨스트햄에게 굉장히 중요한데, 2023/24시즌 왼쪽 측면을 소화할 수 있는 오른발잡이 윙어가 마땅히 없어 플레이 다양성이 제한됐기 때문이다. 더군다나 중원에서 빌드업과 연계가 수월하지 않아 더욱 측면에 의존했는데 보웬이 최전방에 기용되고 쿠두스가 오른쪽에서 뛰기 전까지는 답답하고 단순한 공격패턴이 이어졌다. 폭풍 성장 서머빌의 합류에 구단은 에이스의 상징 7번으로 환영했다. 2년 전 자신 없어 하던 서머빌은 잊어라.

지금 **웨스트햄**에
이 선수가 있다면!
트렌트 알렉산더아놀드

웨스트햄은 이적시장을 주도했다. 최전방 공격수 퓔크루크, 챔피언십 올해의 선수 서머빌, 수비형 미드필더 귀도 로드리게스, 센터백으로 킬먼과 토디보를 동시 영입했다. 모예스 시절 단순한 롱볼 카운터에서 벗어나 꾸준히 유럽대항전에 출전하려는 의지를 드러내고 있다. 지난 시즌 에메르송까지 훌륭한 폼을 보였기에 오른쪽 풀백만 영입하면 된다. 완비사카를 영입하기는 했으나 공격력이 아쉽다.

상상일 뿐이지만 아놀드가 웨스트햄의 오른쪽 풀백이라면 챔피언스리그 진출도 꿈이 아니다. 아놀드가 전진하면 보웬은 중앙으로 좁혀 슈팅이 가능하고, 연계를 통해 아놀드가 날카로운 크로스를 올리면 이를 헤더로 마무리할 수 있는 퓔크루크가 최전방에 있다. 리버풀에서 하던 것처럼 중원에서 후방 플레이메이킹을 시도하면 파케타의 공격 부담은 줄어들 것이며 수비 뒷공간을 향하는 패스에는 서머빌, 쿠두스 같은 빠른 자원들이 언제든지 침투를 준비하고 있다. 로페테기 감독도 이런 생각을 하고 있을 것이다. 아놀드 같은 풀백 어디 없나?

DEAN HENDERSON

MATT TURNER

MARC GUEHI

ROB HOLDING

JOEL WARD

TYRICK MITCHELL

NATHANIEL CLYNE

CHRIS RICHARDS

JEFFERSON LERMA

EBERECHI EZE

WILL HUGHES

CHEICK DOUCOURE

TREVOH CHALOBAH

JEFFREY SCHLUPP

KADEN RODNEY

DAICHI KAMADA

REMI MATTHEWS

CHADI RIAD

DANIEL MUNOZ

ADAM WHARTON

JEAN-PHILIPPE MATETA

EDDIE NKETIAH

2024 2025

Crystal Palace

CRYSTAL PALACE

크리스탈팰리스 Crystal Palace

창단 년도 | 1905년
최고 성적 | 3위 (1990/91)
경기장 | 셀허스트 파크
(Selhurst Park)
경기장 수용 인원 | 25,486명
지난 시즌 성적 | 10위
별칭 | The Eagles (이글스),
The Glaziers (글레이저스)
상징색 | 블루, 레드
레전드 | 이안 라이트, 피터 심슨, 폴 하인셀우드,
짐 캐넌, 제프 토마스, 앤디 존슨,
나이젤 마틴, 윌프리드 자하 등

히스토리

영국 런던 크로이던 자치구 셀허스트를 연고로 하는 축구 클럽이다. 1951년 1회 만국박람회를 위해 유리와 철로 건물을 지었는데 이 건물을 "크리스탈팰리스"라 불렀고, 당시 건설 노동자들을 중심으로 1905년 창단한 클럽이 크리스탈팰리스다. 아직 1부 리그 우승 경험은 전무하고 어떠한 컵대회조차 우승 경험이 없다. 하지만 2012/13시즌 1부 리그 승격을 확정 지은 후 지금까지 12시즌 연속 잔류하는 데 성공했으며, 지난 시즌 후반기 글라스너 감독이 팀에 부임하면서 상당히 인상적인 모습을 보여줬기 때문에 올 시즌 PL의 다크호스로 더 기대되는 팀이 바로 크리스탈팰리스다. 한국 팬들에게는 '수정궁'이라는 예쁜 별명으로 불리며, 과거 이청용의 소속 구단으로도 잘 알려져 있다.

최근 5시즌 리그 순위 변동

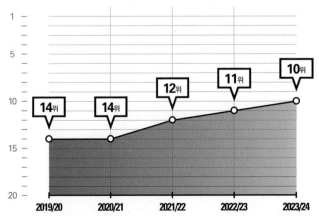

순위: 14위 (2019/20), 14위 (2020/21), 12위 (2021/22), 11위 (2022/23), 10위 (2023/24)

클럽레코드 IN & OUT

)))))))))))))))))) **최고 이적료 영입 IN**

크리스티안 벤테케
3,120만 유로
(2016년 8월,
from 리버풀)

최고 이적료 판매 OUT))))))))))))))))))
아론 완비사카
5,500만 유로
(2019년 7월,
to 맨유)

올리버 글라스너 Oliver Glasner

1974년 8월 28일 | 49세 | 오스트리아

크리스탈팰리스의 돌풍을 이끌 최고의 적임자!

지난 시즌 글라스너가 팀에 부임할 당시 팰리스의 상태는 그야말로 최악이었다. 11월 에버튼전부터 글라스너 부임 이전까지 3달 동안 단 2승밖에 거두지 못했고 순위는 계속해서 밑바닥으로 떨어지며 16위까지 추락한 상태였다. 하지만 팰리스의 절망적인 분위기는 글라스너 부임 후 완전히 뒤바뀌었다. 글라스너 부임 후 7승 3무 3패라는 놀라운 성적과 더불어 해당 기간 29득점 14실점이라는 압도적인 골 득실까지 만들어냈고, 맨유, 빌라, 뉴캐슬, 리버풀 같은 강팀들을 상대로까지 결과를 만들어냈다. 특유의 강한 전방 압박과 빠른 전환 속도, 트랜지션 상황에서의 조직된 포지셔닝을 통해 팰리스를 아예 다른 팀으로 만들어 놓은 것. 이러한 경기력을 올 시즌도 보인다면 팰리스는 분명 PL 최고의 다크호스가 될 수 있을 것이다.

📑 감독 인터뷰

"선수들이 경기에서 승리하는 것, 이런 느낌과 감정에 중독되기를 바란다."

감독 프로필

통산	선호 포메이션	승률
396 경기 **197** 승 **90** 무 **109** 패	**3-4-2-1**	**49.7%**

시즌 키워드

#유럽무대도전 | #PL최고성적 | #다크호스

우승 이력

- **UEFA 유로파 리그** (2021/22) | - **오스트리아 2. 리가** (2016/17)

 경력

2014~2015	2015~2019	2019~2021	2021~2023	2024~
	LASK			
SV리트	LASK	볼프스부르크	프랑크푸르트	크리스탈팰리스

CRYSTAL PALACE

IN

카마다 다이치
(라치오)

차디 리아드
(레알베티스)

이스마일라 사르
(마르세유)

막상스 라크루아
(볼프스부르크)

맷 터너
(노팅엄)

에디 은케티아
(아스날)

트레보 찰로바
(첼시)

OUT

데이비드 오조
(더비카운티)

조 윗워스
(엑스테르시티)

마이클 올리세
(바이에른뮌헨)

스콧 뱅크스
(장크트파울리)

코피 발머
(마더웰)

제수룬 락사키
(셰필드)

요아킴 안데르센
(풀럼)

조던 아이유
(레스터시티)

샘 존스턴
(울버햄튼)

나우이루 아하마다
(스타드렌)

FW

| 7 사르 | 9 은케티아 | 11 프란사 | 14 마테타 |

MF

| 8 레르마 | 10 에제 | 15 슐럽 |

| 18 카마다 | 19 휴즈 | 20 와튼 | 28 두쿠레 |

DF

| 2 워드 | 3 미첼 | 4 홀딩 | 5 라크루아 | 6 게히 |

| 12 무뇨스 | 17 클라인 | 26 리차즈 | 34 리아드 | - 찰로바 |

GK

| 1 헨더슨 | 31 매튜스 | - 터너 |

히든풋볼의 이적시장 평가

전체적으로 글라스너 감독의 전술 스타일에 맞는 유형의 선수들을 포지션별로 적절하게 영입했다. 그리고 영입 선수들의 퀄리티도 제법 괜찮았다는 점에서 이번 시즌 크리스탈팰리스는 더욱더 기대가 되며, 그 중에도 완발잡이 센터백으로 성장 가능성이 무궁무진한 리아드와 글라스너 감독의 전술에 대한 이해도가 누구보다도 높은 카마다에 대한 영입은 아주 탁월해 보인다.

히든풋볼 이적시장 평가단

2023/24시즌 스탯 Top 3

득점 Top 3

장필립 마테타 **16**골
에베레치 에제 **11**골
마이클 올리세 **10**골

도움 Top 3

조던 아이유 **7**도움
마이클 올리세 **6**도움
장필립 마테타 **5**도움

출전시간 Top 3

요아킴 안데르센 **3,418**분
타이릭 미첼 **3,209**분
조던 아이유 **2,551**분

히든풋볼의 순위 예측

지난 시즌 막판 글라스너 감독 성적을 보면 높은 점수를 줄 수밖에 없다. 올리세가 떠났지만 마테타와 에제가 있다.

글라스너 감독의 지난 시즌 후반 포스는 대단했다. 올리세는 나갔지만 에제를 지켰고 은케티아를 영입했다.

글라스너의 마법은 유효할까? 올리세가 떠났지만 보강을 착실히 했다. 지난 시즌 후반기 돌풍을 이어가야 한다.

감독과 스쿼드의 조화가 좋다. 올 시즌 최고의 다크호스. PL 출범 후 최초의 한 자릿수 순위를 기대해볼 만하다

글라스너 감독의 첫 풀시즌. 지난 시즌 어느 정도는 안정적이었지만 큰 임팩트는 없었다.

글라스너의 압박과 전술은 훌륭하다. 다만 올리세의 공백으로 인한 공격력 약화가 불가피하다.

9위 · 이주헌 ·

10위 · 박종윤 ·

11위 · 송영주 ·

9위 · 이완우 ·

11위 · 김형책 ·

12위 · 남윤성 ·

클럽 역사상 PL 최고성적 도전!

지난 시즌 팰리스의 출발은 좋지 못했다. 두 개의 컵대회에서 이른 시기에 탈락했고, 리그에서의 경기력도 들쑥날쑥하면서 글라스너 감독 부임 이전까지 리그 16위까지 추락, 자칫하면 강등위기에 빠질뻔했던 시기까지도 있었다. 하지만 글라스너 감독이 중간에 부임하면서 최종성적 리그 10위. 특히 시즌 마지막 7경기에서는 무려 6승 1무라는 엄청난 성과를 만들어내면서 후반기 최고의 다크호스로 맹위를 떨쳤던 크리스탈팰리스였다.

후반기 경기력이나 성적이 워낙 좋았다 보니 크리스탈팰리스 팬들은 글라스너가 조금만 더 일찍 부임했으면 어땠을까? 하는 생각도 당연히 해봤을 것이다. 기본적으로 팰리스는 최근 지난 두 시즌동안 계속해서 시즌 중도에 감독교체를 감행했던 팀이었다. 21/22시즌 비에이라 체제에서 상당히 좋은 축구를 보여주면서 구단 역사상 최초의 PL 골득실 +마진으로 끝마치며 다음시즌을 기대케 했지만, 22/23시즌 들어서는 높은 활동량과 전술적인 통제성을 요구하는 비에이라의 전술에 많은 선수들이 지쳐버렸다.

결국 22/23시즌 비에이라가 중도경질되고 호지슨이 다시 팀에 돌아오면서 팀의 반등을 이끌어냈지만, 23/24시즌도 결국 호지슨체제에서의 팰리스는 한계를 보이면서 중간에 팀을 떠나야만 했다. 여기서 호지슨의 대체자로 글라스너를 선임했는데, 글라스너 부임 후 팰리스는 완전히 다른 팀으로 변모했다. 글라스너 특유의 시스템을 몇 경기의 짧은 과도기 이후 빠르게 팀에 정착시켰고, 그 시스템이 돌아가기 시작하면서 리그에서 가장 상대하기 까다로운 팀으로 변화한 것이다.

디테일한 압박체계와 트렌지션 상황에서 선수의 디테일한 포지셔닝과 역할배분, 공수전환의 속도, 이전과 완전히 차원이 다른 모습을 보여주면서 강팀들을 상대로도 계속해서 경기력과 결과를 모두 만들어냈다. 지난 시즌 막판에 보여졌던 이러한 경기력과 결과들이 올 시즌 프리시즌부터 제대로 풀시즌을 소화하게 되는 글라스너의 팰리스를 더욱더 기대하게 만드는 요소이다.

기본적으로 글라스너의 전술적 역량과 더불어 팰리스의 스쿼드 자체도 상당히 괜찮고, 지난 시즌 글라스너가 부임하고도 오랫동안 부상으로 나오지 못했던 주축 선수들도 있었다. 올 시즌 올리세 같은 핵심선수의 이탈변수가 있지만, 기존 부상선수들이 건강하게 돌아오고 새로운 영입생들과 조화가 잘 이뤄진다면 팰리스의 PL 역사상 최초로 한 자릿수 순위에 도전하는 것도 현실가능한 도전이 될 것이다.

1
GK

Dean Henderson

딘 헨더슨

국적 잉글랜드 | **나이** 27 | **신장** 188 | **체중** 73 | **평점** 6.49

놀라운 선방 능력과 좋은 발밑 능력을 통해 현대 축구에 필요한 유형의 골키퍼로서 능력을 많이 입증해왔던 딘 헨더슨이다. 하지만 글라스너 감독이 지난 시즌 중간 팀에 부임하면서 샘 존스턴에게 주전 자리를 내주는가 싶었던 순간도 있었다. 그러나 존스턴의 부상으로 인해 다시 한 번 주전 자리를 차지했던 헨더슨이었다. 올 시즌

도 존스턴과의 치열한 주전 경쟁이 예상되었으나, 여름이적시장 마감 전 존스턴이 울버햄튼으로 이적함에 따라 노팅엄에서 임대 온 맷 터너와 경쟁하게 될 것으로 보인다. 자신이 가장 좋았던 때의 선방 능력과 빌드업 능력을 다시 보여줘야 유리한 고지를 점할 수 있을 것이다.

2023/24시즌

	18 GAMES	1,620 MINUTES	30 실점	66.30 선방률		
2	57 세이브	4 클린시트	추정가치: 12,000,000€	22.20 클린시트 성공률	0/1 PK 방어 기록	0

막상스 라크루아

국적 프랑스 | **나이** 24 | **신장** 190 | **체중** 88 | **평점** 6.71

5
CB

Maxence Lacroix

라크루아는 프랑스 소쇼 유스팀에서 커리어를 시작해서 2020/21시즌 볼프스부르크로 이적하여 4시즌간 뛰어난 활약을 펼쳤다. 기본적으로 라크루아는 장점이 상당히 많은 센터백이라 볼 수 있다. 높은 신장과 탄탄한 피지컬에 더해 발밑 능력과 뛰어난 경합 능력을 자랑하며, 패스의 정확도도 높은 성공률을 자랑한다. 특히 상대

의 패스 길이나 크로스 경로를 미리 예측하고 있다가 차단하는 능력, 좋은 수비 포지셔닝을 통한 상대의 슈팅을 블록하는 모습이나 적절한 타이밍의 태클 능력도 라크루아의 큰 강점이다. 라크루아의 영입을 통해 올 시즌 팰리스의 수비 퀄리티는 한층 더 올라갔다고 평가할 수 있다.

2023/24시즌

	28 GAMES	2,365 MINUTES	4 GOALS	1 ASSISTS		
3	0.46 경기당슈팅	8 유효슈팅	추정가치: 20,000,000€	51.3 경기당패스	85.20 패스성공률	3

마크 게히

국적 잉글랜드 | **나이** 24 | **신장** 182 | **체중** 82 | **평점** 6.55

게히는 지난 몇 년간 크리스탈팰리스의 최고 핵심 센터백으로 활약했다. 이번 유로 2024에서도 잉글랜드 대표팀의 주전 센터백으로 전경기 풀타임 출전하며 팀의 준우승을 이끌었다. 중앙수비로서는 다소 작은 신장을 가졌지만, 탄탄한 피지컬과 빠른 주력, 안정적인 발밑과 뛰어난 대인방어 능력을 과시하며 잉글랜드 최고의 센터

백 중 한 명으로 떠올랐다. 특히 순간적인 예측 수비와 전진성이 좋아서 상대 공격을 끊어내고 팀 역습의 시발점 역할을 하기도 한다. 여러모로 다재다능한 선수이기 때문에 올 시즌도 팀의 핵심으로서 활약해줘야 한다.

6
CB

Marc Guehi

2023/24시즌

	25 GAMES	2,023 MINUTES	0 GOALS	1 ASSISTS		
2	0.2 경기당슈팅	0 유효슈팅	추정가치: 38,000,000€	52 경기당패스	87.20 패스성공률	0

Trevoh Chalobah

- CB
RB

트레보 찰로바

국적 잉글랜드 | **나이** 25 | **신장** 190 | **체중** 74 | **평점** 6.74

트레보 찰로바는 8세 때부터 첼시 유스에 입단 해서 성장한 "첼시맨"이다. 챔피언십 클럽과 리 그앙 임대를 거치면서 어릴 때부터 좋은 기량을 선보이며 기대주로 성장했고, 2021/22시즌 본격 적으로 첼시에서의 성인무대 데뷔를 이뤄내면 서 데뷔 시즌에만 공식전 30경기 4골 1도움을 기 록하며, 성공적인 프로 첫 시즌을 만들기도 했

다. 찰로바의 강점은 높은 신장에서부터 나오는 경합능력, 긴 리치의 다리를 활용한 태클 능력이 상당히 돋보이는 수비수이다. 특히 풀백과 센터 백을 모두 소화할 수 있는 멀티성도 찰로바의 강 점 중에 하나이며, 이러한 멀티성은 올시즌 글라 스너 감독의 전술에서도 요긴하게 쓰일 것으로 예상된다.

2023/24시즌

1	**13** GAMES	**951** MINUTES	**1** GOALS	**0** ASSISTS	0
	0.19 경기당슈팅	**2** 유효슈팅	추정가치: **13,000,000€**	**58.5** 경기당패스	**89.60** 패스성공률

Chadi Riad

34
CB

차디 리아드

국적 모로코 | **나이** 21 | **신장** 186 | **체중** 78 | **평점** 6.6

차디 리아드는 모로코 국가대표에서 활약 중인 21살의 젊은 왼발잡이 센터백이다. 그동안 크리 스탈팰리스에 왼발잡이 센터백 자원이 늘 부족 했는데 이번 리아드 영입을 통해 그 부분을 확실 하게 보강했다. 187cm의 신장과 탄탄한 피지컬, 빠른 주력, 수비 지능이 상당히 좋고 수비 커버 범위도 넓은 편이다. 무엇보다 라마시아 출신이

기 때문에 발밑이 상당히 좋고, 안정감 있는 기 본기를 바탕으로 무리한 패스보다는 안전한 빌 드업 플레이를 선호한다. 아직 어리지만, 3백을 활용하는 글라스너 체제에서는 충분히 좌측 주 전 센터백으로 기용될 가능성이 높다.

2023/24시즌

1	**26** GAMES	**2,165** MINUTES	**0** GOALS	**0** ASSISTS	0
	0.4 경기당슈팅	**5** 유효슈팅	추정가치: **15,000,000€**	**46** 경기당패스	**89.70** 패스성공률

Chris Richards

26
CB
RB
DM

크리스 리차즈

국적 미국 | **나이** 24 | **신장** 188 | **체중** 81 | **평점** 6.72

지난 시즌 초반까지는 줄곧 벤치에 머물렀으나, 주력 선수들이 줄줄이 부상을 당하자 센터백, 수 비형 미드필더 자리를 오가며 깜짝 활약을 선보 이며 본인의 가치를 증명해냈다. 바이에른뮌헨 유스팀에서 활약했으며 미국 국가대표팀에서도 핵심 자원으로 분류되는 선수다. 가지고 있는 툴 이 상당히 좋으며, 여러 포지션을 소화할 수 있

는 멀티플레이어 능력까지 보유하고 있다. 준수 한 발밑과 운동능력을 두루 갖췄다. 다양한 포지 션을 소화할 수 있기 때문에 올 시즌도 크리스탈 팰리스에서 중요한 자원 중 하나로 중용될 것으 로 보인다.

2023/24시즌

3	**26** GAMES	**2,092** MINUTES	**1** GOALS	**1** ASSISTS	0
	0.4 경기당슈팅	**3** 유효슈팅	추정가치: **12,000,000€**	**35.5** 경기당패스	**83.30** 패스성공률

CRYSTAL PALACE

3
LB

Tyrick Mitchell

타이릭 미첼

국적 잉글랜드 **| 나이** 24 **| 신장** 175 **| 체중** 66 **| 평점** 6.78

타이릭 미첼은 유년 시절 윔블던과 브렌트퍼드에 잠깐 머무른 이후, 크리스탈팰리스 아카데미를 거쳤고 성인 무대에서는 오직 크리스탈팰리스에서만 뛰고 있는 팰리스맨이다. 데뷔 후 빠른 시간 안에 팰리스의 좌측 주전 수비수로 떠올랐으며, 폭넓은 활동량과 스피드, 준수한 공수 밸런스를 보여주고 있으며 왼발 크로스 능력도 상

당히 좋은 편이다. 특히 과거 비에이라 체제 때 빌드업 축구를 경험하며 발밑이나 경기운영 능력도 한층 더 성장했다. 다가오는 시즌에도 3백 위에서 무난하게 좌측 윙백 주전으로 활약할 것으로 예상된다.

2023/24시즌

6	**37** GAMES	**3,209** MINUTES	**2** GOAL	**3** ASSISTS		0
	0.3 경기당슈팅	**4** 유효슈팅	추정가치: **25,000,000€**	**32.6** 경기당패스	**74.20** 패스성공률	

12
RB

Daniel Munoz

다니엘 무뇨즈

국적 콜롬비아 **| 나이** 28 **| 신장** 183 **| 체중** 79 **| 평점** 7.17

다니엘 무뇨즈는 지난 시즌 후반기 크리스탈팰리스가 영입한 최고의 카드 중 한 명이다. 그동안 우측 수비에 확실한 기량을 가진 자원이 없던 팰리스였기에 이적하자마자 바로 오른쪽 풀백 주전으로 자리잡았다. 공수의 밸런스가 상당히 좋고 다부진 피지컬, 넘치는 활동량과 더불어 우측에서의 경기운영 능력도 상당히 좋다. 콜롬

비아 대표팀으로 이번 2024 코파아메리카 대회에서도 엄청난 활약을 펼쳤으며, 다가오는 시즌에도 측면 공격을 강조하는 글라스너의 전술에서 핵심 역할을 할 것으로 예상된다. 다만 불필요한 반칙으로 카드를 받는 리스크는 줄여야 한다.

2023/24시즌

4	**16** GAMES	**1,440** MINUTES	**0** GOAL	**4** ASSISTS		0
	0.5 경기당슈팅	**0** 유효슈팅	추정가치: **23,000,000€**	**35.4** 경기당패스	**79.20** 패스성공률	

17
RB
CB

Nathaniel Clyne

나다니엘 클라인

국적 잉글랜드 **| 나이** 33 **| 신장** 175 **| 체중** 67 **| 평점** 6.52

팰리스에서 부상과 폼 저하로 인해 줄곧 벤치에 머무는 시간이 많았던 나다니엘 클라인이다. 하지만 지난 시즌 글라스너의 3백에서 우측 스토퍼로 시즌 막판 주전으로 나섰고, 그 기간 동안 보여준 활약이 굉장히 좋았다. 공격 시에는 어느 정도 전진해서 측면 공격에 같이 관여해주고 수비 시에는 5백으로 전환하며 옆의 파트너들과

협력으로 노련하게 수비하는 퍼포먼스가 매우 좋았다. 30대 중반을 향해 가는 적지 않은 나이가 되었지만, 지난 시즌 막판의 활약을 봤을 때 앞으로도 팀의 뎁스 자원으로 충분히 활용가치가 높은 선수다.

2023/24시즌

0	**19** GAMES	**1,339** MINUTES	**0** GOALS	**0** ASSISTS		0
	0.2 경기당슈팅	**0** 유효슈팅	추정가치: **1,500,000€**	**28.1** 경기당패스	**84.20** 패스성공률	

2
RB
CB
Ⓒ
Joel Ward

조엘 워드

국적 잉글랜드 | **나이** 34 | **신장** 188 | **체중** 82 | **평점** 6.45

조엘 워드는 크리스탈팰리스의 리빙 레전드로 부를 수 있는 베테랑 수비수다. 2012/13시즌 챔피언십에 있던 팰리스로 이적해온 이후 팰리스의 프리미어리그 승격을 이끌었고, 팰리스가 2013/14시즌 PL로 승격한 이후 지금까지 남아있는 유일한 선수가 바로 워드다. 센터백과 풀백을 모두 소화할 수 있는 멀티플레이어이지만 이제는 나이가 차면서 신체 능력이 많이 떨어졌고 수비력도 다소 불안하다. 그럼에도 불구하고 팰리스의 상징적인 존재이고 스쿼드 플레이어로서의 가치는 충분한 선수이기 때문에 올 시즌도 적재적소에 활용될 것으로 보인다.

2023/24시즌

	26 GAMES	**1,982** MINUTES	**0** GOALS	**1** ASSISTS		
4	**0.4** 경기당슈팅	**0** 유효슈팅	추정가치: **1,000,000€**	**30.9** 경기당패스	**75.70** 패스성공률	**0**

19
CM
Will Hughes

윌 휴즈

국적 잉글랜드 | **나이** 29 | **신장** 185 | **체중** 74 | **평점** 6.53

윌 휴즈는 어릴 적 잉글랜드 전역에서 주목할 정도로 상당히 촉망받는 재능이었으나 기대만큼 성장하지는 못했다. 팰리스에 이적 온 후 부상과 폼 저하로 주로 백업자원으로 활약했다. 그러나 지난 시즌은 미드필드진의 부상이 상당히 많이 발생하며 예상보다 훨씬 더 많은 출전기회를 얻으면서 주전급으로 활약했다. 번뜩이는 패스 한 방이 있고 패스 앤 무브를 통한 공간창출, 적극적인 수비가담이 장점이다. 지난 시즌 글라스너 감독이 꽤나 적극적으로 기용했던 선수이기 때문에 올 시즌도 팀의 중요한 스쿼드 자원으로 중용될 것으로 보인다.

2023/24시즌

	30 GAMES	**1,899** MINUTES	**0** GOALS	**1** ASSISTS		
6	**0.3** 경기당슈팅	**3** 유효슈팅	추정가치: **9,000,000€**	**28.2** 경기당패스	**85.10** 패스성공률	**0**

20
DM
CM
Adam Wharton

아담 와튼

국적 잉글랜드 | **나이** 20 | **신장** 182 | **체중** 77 | **평점** 6.93

아담 와튼은 크리스탈팰리스가 역대 10대 선수에게 투자한 이적료 중 가장 비싼 이적료를 주고 데려온 선수다. 그만큼 이 선수의 성장 가능성과 가치를 높게 보고 영입한 것인데, 이적하자마자 그야말로 팰리스의 핵심 그 자체로 존재감을 입증했다. 넓은 시야를 활용한 양질의 패스 능력과 좋은 구질의 킥, 영리한 경기운영 능력에 더해 수비적인 센스까지 뛰어나다. 아직 20세에 불과하지만, 다가오는 시즌 팰리스 중원의 핵심이 될 것으로 예상되며 새 시즌 와튼이 과연 어느 정도까지 성장세를 보여주는지 지켜보는 것도 PL을 즐기는 하나의 포인트가 될 전망이다.

2023/24시즌

	16 GAMES	**1,305** MINUTES	**0** GOALS	**3** ASSISTS		
2	**0.6** 경기당슈팅	**1** 유효슈팅	추정가치: **30,000,000€**	**35.1** 경기당패스	**81.10** 패스성공률	**0**

8
DM
CM
CB

Jefferson Lerma

제퍼슨 레르마

국적 콜롬비아 **| 나이** 29 **| 신장** 179 **| 체중** 70 **| 평점** 6.82

레르마는 지난 시즌 본머스로부터 영입한 상당히 터프한 수비형 미드필더이다. 몸이 단단하고 엄청난 활동량과 적극성을 통해 효과적으로 경합에 나선다. 온몸을 날리는 태클도 마다하지 않으며, 그러한 플레이로 인해 카드를 꽤 많이 받는 유형의 선수이기도 하다. 지난 시즌에도 8장의 옐로우카드를 받았다. 터프한 플레이만 돋보이는 선수는 아니다. 은근히 롱패스나 중거리슛도 좋고, 순간적인 공격가담 능력도 제법 출중하다. 팀동료 무뇨스와 함께 콜롬비아 대표로 활약하고 있으며 장점이 많은 선수이기 때문에 올 시즌도 팰리스 중원의 중요한 스쿼드 자원이 될 것으로 기대된다.

2023/24시즌

28 GAMES	**2,404** MINUTES	**1** GOAL	**1** ASSISTS	
1.2 경기당슈팅	**9** 유효슈팅	추정가치: **20,000,000€**	**43.8** 경기당패스	**82.40** 패스성공률

(8 / 0)

28
DMF

Cheick Doucoure

체이크 두쿠레

국적 말리 **| 나이** 24 **| 신장** 180 **| 체중** 73 **| 평점** 6.87

체이크 두쿠레는 2022/23시즌 크리스탈팰리스에 합류하기 이전 이미 리그앙에서도 수준급 활약을 펼치며 빅리그 레이더에 포착됐다. 리그앙에 있을 당시 추아메니와 더불어 가장 많은 인터셉트를 기록한 선수로 중원에서 수비적으로 상당한 강점을 보여줬던 미드필더였다. 프리미어리그에 넘어와서도 상대 볼 탈취나 패스 차단에 있어서 최상위 수치를 보여줬을 만큼 기량을 즉시 입증해 냈다. 지난 시즌 부상으로 거의 출전하지 못하면서 팰리스 팬들이 많은 아쉬움을 느낀 선수인데, 올 시즌 가동될 두쿠레-와튼 중원 조합에 큰 기대를 거는 이들이 많다.

2023/24시즌

11 GAMES	**922** MINUTES	**0** GOAL	**0** ASSISTS	
0.5 경기당슈팅	**2** 유효슈팅	추정가치: **35,000,000€**	**38.3** 경기당패스	**87.20** 패스성공률

(2 / 0)

18
AM
CM

Daichi Kamada

카마다 다이치

국적 일본 **| 나이** 28 **| 신장** 184 **| 체중** 72 **| 평점** 6.62

일본 대표팀의 미드필더인 카마다 다이치는 프랑크푸르트 시절 글라스너 감독의 애제자 중에 한 명이었다. 카마다는 말 그대로 팔방미인형 미드필더인데, 준수한 수비력에 뛰어난 테크닉, 부지런한 침투 움직임과 양발 슈팅 능력까지 장점이 상당히 많은 선수이다. 직접 볼을 운반할 수도 있고 움직임을 통해서도 동료를 지원할 수 있는 다재다능한 유형인데다 글라스너 감독의 전술 스타일을 누구보다 가장 잘 이해하는 선수이다. 이런 점들을 봤을 때 올 시즌 카마다는 이적하자마자 출전 기회를 부여받으며 주전급으로 중용되지 않을까 예상된다. 기복 없이 일관성 있는 퍼포먼스를 보이는 것이 중요하다.

2023/24시즌

29 GAMES	**1,546** MINUTES	**2** GOALS	**2** ASSISTS	
1 경기당슈팅	**8** 유효슈팅	추정가치: **18,000,000€**	**31.2** 경기당패스	**89.00** 패스성공률

(3 / 0)

10
AM
WF

Eberechi Eze

에베레치 에제

국적 잉글랜드 | **나이** 26 | **신장** 178 | **체중** 73 | **평점** 7.45

에베레치 에제는 크리스탈팰리스 최고의 크랙 자원 중 한 명이다. 지난 시즌 윌프리드 자하가 이적했고, 올리세마저 이번 시즌 바이에른뮌헨으로 떠났기 때문에 이제는 에제가 크리스탈팰리스의 간판스타라고 볼 수 있다. 온 더 볼 상황에서의 뛰어난 테크닉과 드리블 돌파 능력, 동료를 활용하는 연계 능력이 상당히 뛰어난데다가 직접 프리킥을 처리할 수 있을 정도로 훌륭한 킥력까지 갖췄다. 일단 공을 보유하면 무에서 유를 창조할 수 있는 능력이 있는 선수이기 때문에 올 시즌도 명실상부 팰리스의 에이스로서의 활약을 보여줘야 한다.

2023/24시즌

	27 GAMES	2,064 MINUTES	11 GOALS	4 ASSISTS	
3	3.1 경기당슈팅	33 유효슈팅	추정가치: 55,000,000€	29.3 경기당패스	83.70 패스성공률	0

15
LM
CM
LB

Jeffrey Schlupp

제프리 슐럽

국적 가나 | **나이** 31 | **신장** 178 | **체중** 72 | **평점** 6.48

어느덧 크리스탈팰리스에서의 9시즌 차를 맞이하는 베테랑 제프리 슐럽이다. 제프리 슐럽은 과거 레스터시티의 기적 같은 우승 동화의 멤버 중 한 명으로 활약하기도 했었는데, 슐럽의 가장 큰 강점은 멀티성이다. 윙어, 풀백 등 측면 포지션은 기본이고, 중앙미드필더까지 모두 소화할 수 있는 특유의 멀티성 덕분에 레스터 시절에도 팰리스에서도 다양한 쓰임새를 자랑했다. 빠른 스피드와 적극적인 활동량, 은근히 날카로운 왼발 킥을 무기로 올 시즌 적재적소에 다양한 활용성을 보여줄 것으로 기대된다. 확고한 주전은 아니어도 언제든 믿고 투입할 수 있는 자원이다.

2023/24시즌

	29 GAMES	1,357 MINUTES	2 GOALS	2 ASSISTS	
1	1.26 경기당슈팅	11 유효슈팅	추정가치: 7,000,000€	11.1 경기당패스	75.90 패스성공률	0

11
AM
CF
WF

Matheus Franca

마테우스 프란사

국적 브라질 | **나이** 20 | **신장** 178 | **체중** 67 | **평점** 6.22

마테우스 프란사는 브라질 플라멩구 유스 출신으로 이미 어린 나이 때부터 브라질과 유럽의 다수의 팀에서 많은 주목을 받은 유망주이다. 상당히 빠르고 좋은 테크닉을 지니고 있으며, 어린 나이 답지 않게 좁은 공간에서의 침착성도 돋보인다. 동료를 활용하는 연계 플레이에도 일가견이 있으며, 수비 시 압박도 생각보다 성실하게 가져가는 유형이기 때문에 일반적인 브라질리언보다는 성실한 팀플레이어라고 볼 수 있다. 지난 시즌은 약간의 잔부상과 리그 적응의 시기였기 때문에 이번 시즌이 프란사 본인에게도 진정 중요한 시험대일 것이다.

2023/24시즌

	10 GAMES	225 MINUTES	0 GOALS	1 ASSISTS	
1	0.8 경기당슈팅	2 유효슈팅	추정가치: 15,000,000€	6.5 경기당패스	73.80 패스성공률	0

7
WF
CF

Ismaila Sarr

이스마일라 사르

국적 세네갈 | **나이** 26 | **신장** 180 | **체중** 69 | **평점** 6.73

이스마일라 사르는 어릴 때부터 프랑스 1부 리그에서 바로 주전으로 뛰어난 활약을 펼치며 세간의 주목을 받았던 공격자원이다. 스타드렌에서 뛰어난 활약을 펼친 이후 잉글랜드 왓포드로 둥지를 옮기며 4시즌을 뛰었는데, 그중 2년은 프리미어리그에서 보내며 이미 프리미어리그 무대에 대해서도 충분히 경험을 한 바 있다. 특히 이

스마일라 사르의 가장 큰 장점은 폭발적인 스피드와 돌파능력이다. 그동안 팰리스를 거쳤던 윙어들과 유사한 프로필을 지니고 있으며, 드리블 이외에도 은근히 오프 더 볼 움직임이 좋아서 직접적인 득점까지도 기대해볼 수 있는 올 시즌 주목할 만한 자원이다.

2023/24시즌

	23 GAMES	1,449 MINUTES	3 GOAL	4 ASSISTS	
1	1.55 경기당슈팅 / 10 유효슈팅	추정가치: 18,000,000€		19.1 경기당패스 / 80.90 패스성공률	0

에디 은케티아

국적 잉글랜드 | **나이** 25 | **신장** 175 | **체중** 66 | **평점** 6.53

9
CF

Eddie Nketiah

에디 은케티아는 어릴 적 첼시 유스에서 유년기 커리어를 본격적으로 시작하여 16살 때부터 아스날 아카데미로 넘어가 성장했다. 이후 아스날에서 프로 데뷔 이후 7시즌 간 168경기에 출전해 38골을 득점했다. 어릴 때부터 뛰어난 득점력으로 주목받았던 선수였고, 박스 안에서의 성실한 움직임과 상대수비를 등지고 순간적으로 돌아

서서 슈팅으로 연결하는 능력은 은케티아의 가장 큰 강점이다. 아스날 출신이기 때문에 연계 플레이에도 강점이 있고 다양한 슈팅스킬도 갖추고 있는 공격수여서 크리스탈팰리스에서 주전급으로 꾸준한 출전 기회만 주어진다면 드디어 그의 재능을 만개할 수도 있지 않을까 싶다.

2023/24시즌

	27 GAMES	1,073 MINUTES	5 GOAL	2 ASSISTS	
3	3.16 경기당슈팅 / 12 유효슈팅	추정가치: 30,000,000€		7.7 경기당패스 / 79.90 패스성공률	0

장필립 마테타

국적 프랑스 | **나이** 27 | **신장** 192 | **체중** 88 | **평점** 6.88

14
CF

Jean-Philippe Mateta

지난 시즌 후반기 글라스너 감독이 팀에 부임하면서 말 그대로 글라스너의 황태자로 떠올랐다. 글라스너 부임 이전 리그에서 단 3골밖에 터트리지 못했으나, 부임 후에는 리그 13경기에서 13골을 터트리는 압도적인 득점력을 보여줬다. 그러면서 본인 커리어 한 시즌 최다골까지 달성하며 후반기 PL 최고의 스트라이커 중 한 명으

로 급부상한 모습 보여줬다. 새로운 감독 아래서 그동안 잘 드러나지 않았던 전방 압박 능력, 동료와의 연계 플레이 등 모든 것을 보여줬고 올 시즌도 팀의 넘버원 스트라이커 역할을 해줄 것으로 예상된다.

2023/24시즌

	35 GAMES	2,285 MINUTES	16 GOALS	5 ASSISTS	
3	1.3 경기당슈팅 / 25 유효슈팅	추정가치: 20,000,000€		11.8 경기당패스 / 73.80 패스성공률	0

전지적 작가 시점

이완우가 주목하는 크리스탈팰리스의 원픽!

아담 와튼

지난 시즌 올리버 글라스너 감독이 팀에 오면서 막판 7승 3무 3패 엄청난 성적을 만들어냈는데, 그 중심에는 팀에 합류하자마자 바로 주전 자리를 꿰찬 20세의 어린 선수. 바로 아담 와튼이 팰리스 구단 역사를 통틀어 10대 선수에게 지불했던 이적료 중 최고의 거액으로 영입할 만큼 기대가 큰 유망주였다.

어린 나이에 세계 최고 리그인 프리미어리그에서의 첫 시즌임에도 불구하고 전혀 긴장하는 기색 없이 여유 있게 본인의 장점을 어김없이 뽐냈다. 좋은 구질의 킥과 정확한 패스 능력, 나이가 믿기지 않는 영리한 경기 운영 능력. 특히 수비 상황에서 상대의 패스 길을 미리 예측하고 차단하는 모습까지 공수 전체에서 발군의 모습을 보여줬다.

특히 올 시즌은 기존에 호흡을 맞췄던 미드필드진의 다른 파트너들보다 훨씬 더 수비 능력이 출중한 두쿠레가 부상에서 돌아오기 때문에 두쿠레와 와튼의 중원 3선 조합은 올 시즌 팰리스 팬들을 더욱더 기대하게끔 만든다. 두쿠레의 안정적인 수비 커버와 예리한 인터셉트, 그리고 아담 와튼의 영리한 조율과 키 패스 한방. 팰리스 팬들이 가장 기대하고 있는 시나리오가 아닐까?

지금 크리스탈팰리스에 이 선수가 있다면!

마에다 다이젠

올리버 글라스너의 프랑크푸르트에는 아시안 커넥션이 있었다. 바로 하세베 마코토와 카마다 다이치. 실제로 카마다 다이치가 처음 프랑크푸르트에 왔을 때 하세베가 적응에 매우 큰 도움을 줬다. 그만큼 한 팀에 같은 국적의 선수가 함께 한다는 것은 선수가 그 팀에 적응하는 데 있어서 훨씬 수월하게 작용할 수 있다.

특히 셀틱에서 3시즌간 정상급 활약을 펼치며 이제 더 큰 팀으로의 도약을 꿈꾸는 마에다 다이젠에게 있어서 크리스탈팰리스는 전술적으로도 그렇고 같은 국적의 카마다가 왔다는 점까지 충분히 좋은 선택지가 될 것으로 보인다.

기본적으로 마에다 다이젠은 측면에서 모든 위치를 소화할 수 있고 엄청난 활동량과 에너지를 통해 측면 공수에 아주 크게 관여하는 플레이가 특징이다. 특히 측면 자원의 움직임을 전술적으로 중시하고 잘 활용하는 글라스너의 전술 특징상 팰리스에 마에다가 합류할 수 있다면 더욱더 많은 장점과 시너지를 보여줄 수 있을 것이다. 마에다는 피지컬에 강점이 있는 선수는 아니지만, 거칠기로는 PL 못지 않은 스코티시 프리미어십에서도 꾸준한 활약을 보였다.

BART VERBRUGGEN

IGOR JULIO

JAN PAUL VAN HECKE

LEWIS DUNK

TARIQ LAMPTEY

ADAM WEBSTER

PERVIS ESTUPINAN

JOEL VELTMAN

MATT O'RILEY

SOLLY MARCH

MATS WIEFFER

CARLOS BALEBA

JAMES MILNER

YASIN AYARI

JAKUB MODER

KAORU MITOMA

JACK HINSHELWOOD

SIMON ADINGRA

DANNY WELBECK

JULIO ENCISO

JOAO PEDRO

EVAN FERGUSON

2024 2025

Brighton and Hove Albion

BRIGHTON AND HOVE ALBION

브라이튼 & 호브알비온
Brighton and Hove Albion

창단 년도 | 1901년
최고 성적 | 6위 (2022/23)
경기장 | 아메리칸 익스프레스 커뮤니티 스타디움
(The American Express-Community Stadium)
경기장 수용 인원 | 30,750명
지난 시즌 성적 | 11위
별칭 | The Seagulls (시걸스),
Albion (알비온)
상징색 | 블루, 화이트
레전드 | 미셸 쿠니퍼스, 캐리 마요, 버트 스티븐스,
보비 자모라, 글렌 머레이, 키트 네이피어,
토미쿡, 터그 윌슨 등

히스토리

잉글랜드 남동부에 있는 이스트서식스주 브라이튼앤드호브를 연고로 한 팀이다. 1901년에 창단했으며 창단 후 대부분을 하부 리그에서 머무르면서 1910년 FA커뮤니티실드 우승 외에는 뚜렷한 메이저 우승 경력이 없는 팀이다. 하지만 16/17시즌 PL 승격을 확정지은 이후 지금까지 프리미어리그에 꾸준하게 안착하고 있으며 19/20시즌 그레이엄 포터 감독이 부임하면서 팀이 명확한 색깔을 갖추기 시작했다. 이후 데제르비 감독이 부임하고 특유의 패싱 축구를 팀에 잘 조화시키면서 FA컵 4강, 구단 첫 유럽 대항전 진출 등 높은 성과를 이끌어냈지만, 데제르비가 팀을 떠났다. 이 과정에서 본인들의 색깔을 유지하면서 좋은 성적을 만들어낼 수 있을지, 신임감독 파비안 휘르첼러의 역할이 중요한 시즌이다.

최근 5시즌 리그 순위 변동

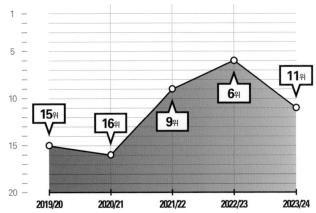

클럽레코드 IN & OUT

〉〉〉〉〉〉〉〉〉〉〉〉〉〉〉〉 **최고 이적료 영입 IN**

조르지니오 뤼테르
4,670만 유로
(2024년 8월,
from 리즈)

최고 이적료 판매 OUT 〉〉〉〉〉〉〉〉〉〉
모이세스 카이세도
1억 1,600만 유로
(2023년 8월,
to 첼시)

파비안 휘르첼러 Fabian Hürzeler | 1993년 2월 26일 | 31세 | 독일

PL 역대 최연소 감독 휘르첼러를 주목하라!

브라이튼이 또 하나의 주목받는 젊은 감독을 데려왔다. 그 주인공은 바로 파비안 휘르첼러. 브라이튼 특유의 팀에 필요한 유형의 적임자를 찾아내는 데이터 기반 시스템이 이번에는 휘르첼러를 선택했다. 브라이튼은 지난 몇 년 동안 그레이엄 포터로 시작해서 데제르비로 이어졌던 체계적인 빌드업 기반의 축구를 이어왔다. 그리고 휘르첼러 역시 그들과 같은 스타일을 이어갈 수 있는 적임자이다. 지난 시즌 장크트파울리를 이끌면서 체계적인 빌드업과 높은 위치에서의 타이트한 압박, 조직적인 5백 수비를 통해 공수에서 모두 안정적인 밸런스를 보이며 팀을 13년 만에 1부 리그로 승격시켰다. 과연 이러한 인상적인 모습을 브라이튼에서도 이어가면서 좋은 성적을 만들어낼 수 있을 것인지, 올 시즌 휘르첼러의 브라이튼 행보가 주목된다.

📋 감독 인터뷰

"기존 체제에 도전하고 싶다. 우리는 강렬하게 축구를 하고 그 누구도 상대하고 싶어하지 않는 팀이 되고 싶다."

감독 프로필

통산

55 경기 **36** 승 **11** 무 **8** 패

선호 포메이션 | **승률**

3-4-3 | **65.4%**

시즌 키워드

#패싱축구 | #부상그만 | #빅리그검증

우승 이력

- **독일 2부리그** (2023/24)

경력 🔖	2022~2024 FC장크트파울리	2024~ 브라이튼 & 호브알비온

BRIGHTON AND HOVE ALBION

IN

말마츠 뷔페르
(페예노르트)

얀쿠바 민테
(뉴캐슬)

브리얀 그루다
(마인츠)

조르지니오 뤼테르
(리즈)

페르디 카디오글루
(페네르바체)

맷 오라일리
(셀틱)

OUT

마르크 레너드
(버밍엄)

토마스 맥길
(MK돈스)

제임스 비들
(셰필드웬즈데이)

애덤 랄라나
(사우샘프턴)

파스칼 그로스
(도르트문트)

데니스 운다브
(슈투트가르트)

파쿤도 부오나노테
(레스터시티, 임대)

발렌티 바르코
(세비야, 임대)

앤드류 모란
(스토크시티)

칼 러쉬워스
(헐시티)

빌리 길모어
(나폴리)

FW
7 마치 · 9 페드루 · 10 엔시소 · 14 뤼테르
17 민테 · 18 웰백 · 22 미토마 · 24 아딩그라 · 28 퍼거슨

MF
6 밀너 · 8 그루다 · 15 모데르 · 20 발레바
25 오라일리 · 26 아야리 · 27 뷔페르 · 41 힌셸우드

DF
2 램프티 · 3 이고르 · 4 웹스터 · 5 덩크
29 반헤케 · 30 에스투피냔 · 34 펠트만 · - 카디오글루

GK
1 베르브뤼헌 · 23 스틸 · 38 카힐

히든풋볼의 이적시장 평가

마츠 뷔페르 영입을 통해 중앙 미드필드 쪽에 대한 보강을 잘 해냈고 솔리 마치의 복귀 시기를 대비해서 측면에 민테와 그루다까지 영입하는 데에도 성공했다. 거기에 더해 좌우 윙백을 모두 소화할 수 있으며 유럽에서 각광받고 있는 페네르바체 출신의 카디오글루의 영입, 지난 시즌 유럽 최고의 대어 중 하나였던 셀틱 출신의 오라일리까지 영입하면서 이번 여름 알찬 보강을 성공해냈다.

히든풋볼 이적시장 평가단

2023/24시즌
스탯 Top 3

득점 Top 3

⚽ 주앙 페드루 **9**골

⚽ 퍼거슨, 아당그라 **6**골

⚽ 대니 웰백 **5**골

도움 Top 3

✏ 파스칼 그로스 **10**도움

✏ 미토마 카오루 **4**도움

✏ 주앙 페드루 **3**도움

출전시간 Top 3

⏱ 파스칼 그로스 **3,114**분

◎ 루이스 덩크 **2,873**분

◎ 얀 폴 반헤케 **2,368**분

히든풋볼의 순위 예측

독일에서 장크트파울리를 1부로 승격시키고 PL에 입성한 3세의 어린 감독을 응원한다. 이 정도만 해도 대박이다.

1993년생 감독을 2024년에 보게 될 줄은 꿈에도 몰랐다. 그리고 브라이튼이 이렇게 계속 잘할지도 몰랐다.

31세 휘르첼러 감독이 부임했다. 선수단도 세대교체 단행 중. 브라이튼의 선택은 모험을 넘어 마치 도박 같다.

전술적으로 많은 잠재력을 보여준 휘르첼러 감독이지만, 여전히 초짜 감독이다. 혹독한 PL 신고식을 치를 것이다.

팀의 본체라고 해도 과언이 아닌 데제르비 감독이 떠났다. 뒤숭숭한 분위기는 쉽게 잡히지 않을 것으로 예상된다.

휘르첼러는 완벽한 적임자를 선임했다. 공격진 보강도 성공적이다. 단, 주전들의 부상은 주의해야 한다.

13위 · 이주헌 ·

12위 · 박종윤 ·

12위 · 송영주 ·

14위 · 이완우 ·

15위 · 김형책 ·

11위 · 남윤성 ·

브라이튼의
팀 컬러는
지속된다!

브라이튼은 지난 몇 년간 프리미어리그에서 가장 아름다운 축구를 해온 몇 팀 중에 하나이다. 조직적인 압박 시스템과 골키퍼와 센터백으로부터 시작되는 체계적인 빌드업은 지난 몇 시즌 동안 브라이튼을 대표하는 축구였다. 그레이엄 포터로부터 시작된 브라이튼의 이러한 시스템을 데제르비가 지난 두 시즌간 더욱더 발전시키면서 팀 최초 유럽대항전 진출까지도 경험해 봤던 브라이튼이었다.

지난 시즌은 유럽대항전을 처음으로 병행하는 과정에서 선수단의 체력적인 변수, 그리고 부상 악재 등 여러 이슈가 겹치면서 11위로 순위가 조금 쳐졌던 브라이튼이었고, 엎친데 덮친 격으로 팀 전력의 절반이라고도 볼 수 있었던 데제르비 감독이 올 시즌 마르세유로 떠나버렸다. 그러면서 브라이튼의 최우선 숙제는 데제르비를 어떤 감독이 대체할 것인가에 대한 문제였는데, 브라이튼의 구단주 토니 블룸의 선택은 "3세 초짜감독" 파비안 휘르첼러였다.

하지만 토니블룸의 안목은 믿을 만하다. 데이터에 기반한 스카우팅 시스템을 팀에 주입시키면서 그동안 팀에 필요한 유형의 감독, 팀에 필요한 유형의 선수를 철저한 알고리즘을 통해 영입하면서 성공사례를 써냈던 인물이다. 실제로 토니 블룸은 올 시즌도 지난 몇 시즌간 해왔던 브라이튼 특유의 패싱 축구를 이어가고자 했고, 그 적임자로 파비안 휘르첼러를 선택한 것이다.

파비안 휘르첼러는 이미 지난 시즌 장크트파울리를 이끌면서 골키퍼로부터 시작되는 체계적인 숏패스 빌드업과 조직적인 팀 압박, 수비 시 유연하게 5백으로 전환하면서 좁은 간격의 타이트한 수비조직을 선보이며 리그에서 가장 안정적인 수비조직을 자랑하는 팀으로 만들어냈다. 공격 시에는 측면윙백과 측면윙어들 간의 약속된 패턴플레이도 상당히 잘 만들어내는 인물로 알려져 있고, 감독으로서는 상당히 젊은 나이임에도 이미 전술적으로 능력을 입증한 인물이다.

실제로 토니블룸 구단주는 이미 수많은 감독 리스트 중에 파비안 휘르첼러가 가장 기존의 스타일을 이어갈 수 있는, 가장 리스크가 없는 적임자라고 밝혔다. 그만큼 데제르비가 떠난 현 상황에서 휘르첼러의 부임은 오히려 새로운 시즌을 기대하게끔 만든다. 독일 2부 리그와 프리미어리그는 분명 차이가 있겠지만, 기존의 브라이튼의 전력이 나쁘지 않고 데제르비와 비슷한 색채를 보여주는 휘르첼러의 전술에 선수단이 적응하는데도 큰 문제는 없을 것이다. 과연 뚜껑을 열었을 때 휘르첼러호의 브라이튼은 어떤 축구가 나올지 눈여겨보자.

1
GK

Bart Verbruggen

바트 베르브뤼헌

국적 네덜란드 | **나이** 22 | **신장** 194 | **체중** 82 | **평점** 6.64

지난 시즌 제이슨 스틸과 번갈아 나오면서 리그에서 21경기를 소화했다. 네덜란드 대표팀에서는 이제 새로운 No.1 자리를 확고하 거머쥔 베르브뤼헌이다. 벨기에 리그에서 활약할 때 당시에도 패스 관련 기록 리그 1위, 세이브 2위 등 어린 나이부터 이미 압도적인 수치를 보여주면서 빅리그로 넘어온 케이스다. 특유의 발밑 능력으로 데제르비 축구에서도 활약했으며, 이번 유로 2024 대회에서도 패스와 선방에 있어서 엄청난 활약을 펼쳐 보였다. 올 시즌 역시도 아마 휘르첼러 체제에서 팀의 확실한 주전으로서 후방 빌드업, 선방, 수비 조율 등 여러 부분에서 더 많은 기여를 해줄 것으로 예상된다.

2023/24시즌

	21 GAMES	**1,890** MINUTES	**28** 실점	**72.50** 선방률		
3	**63** 세이브	**4** 클린시트	추정가치: **18,000,000€**	**19.00** 클린시트 성공률	**0/3** PK 방어	0

29
CB

Jan Paul van Hecke

얀 폴 반헤케

국적 네덜란드 | **나이** 24 | **신장** 189 | **체중** 78 | **평점** 6.72

얀 폴 반헤케는 어릴 때부터 타고난 피지컬과 영리한 경기운영 능력으로 주목받았다. 블랙번 임대 시절에는 어린 나이에 임대 신분임에도 팀 최우수선수에 선정될 정도로 재능을 증명했었고, 임대 이후 조금씩 출전 기회를 늘리더니 이제는 브라이튼의 핵심 수비수로 성장했다. 상대의 패스 루트에 대한 예측과 판단이 상당히 좋고 대인 방어에도 능하다. 거기에 더해 발기술이나 빌드업 능력도 한층 더 성장한 모습을 꾸준히 보여주고 있기 때문에 올 시즌 휘르첼러 체제 에서도 주전 센터백으로 입지를 공고히 할 것으로 보인다. 활약도에 따라 네덜란드 대표팀 승선까지도 노려볼 만하다..

2023/24시즌

	28 GAMES	**2,368** MINUTES	**0** GOALS	**0** ASSISTS		
4	**0.5** 경기당슈팅	**6** 유효슈팅	추정가치: **18,000,000€**	**85.7** 경기당패스	**92.50** 패스성공률	0

3
CB

Igor Julio

이고르 줄리우

국적 브라질 | **나이** 26 | **신장** 185 | **체중** 79 | **평점** 6.52

이탈리아 피오렌티나에서 수준급 활약을 펼치면서 지난 시즌 브라이튼으로 둥지를 옮겼다. 브라이튼 1군 센터백 자원 중 유일한 왼발잡이 센터백이며, 탄탄한 피지컬과 경합 능력이 장점이다. 발밑이나 전진성도 갖췄기 때문에 브라이튼의 축구에 부합하는 유형의 센터백이라 볼 수 있고, 지난 시즌 수비에 부상 자원이 워낙 많다 보니 측면풀백으로 나선 경기도 제법 있었다. 종종 나오는 실책성 플레이가 치명적인 단점이기 때문에 이 부분은 반드시 보완해야만 할 것이며, 주전 경쟁에서 입지를 다지기 위해서는 특유의 운동 능력과 왼발잡이라는 이점을 이번 시즌 잘 살릴 필요가 있어 보인다.

2023/24시즌

	24 GAMES	**1,638** MINUTES	**0** GOALS	**0** ASSISTS		
4	**0.27** 경기당슈팅	**0** 유효슈팅	추정가치: **17,000,000€**	**58.2** 경기당패스	**93.8** 패스성공률	0

5 CB

C

Lewis Dunk

루이스 덩크

국적 잉글랜드 | **나이** 32 | **신장** 192 | **체중** 87 | **평점** 6.73

브라이튼의 캡틴이자 수비라인의 핵심이다. 브라이튼의 성골 유스이기 때문에 브라이튼 팬들이 가장 사랑하는 선수 중 한 명이기도 하다. 특유의 탄탄한 피지컬로 제공권과 힘싸움에 능한 모습을 보여주며 가장 큰 강점은 발밑과 패스 능력이다. 숏패스와 롱패스를 가리지 않고 상당히 좋은 구질의 정확한 패스를 뿌리면서 팀의 빌드업을 이끌며 킥력이 좋다 보니 종종 직접 프리킥을 처리하기도 한다. 느린 속도와 떨어지는 순발력이 단점으로 지적되기도 하지만 다른 장점들로 이를 충분히 보완한다. 올 시즌도 브라이튼의 수비진을 진두지휘 해야 할 임무를 맡고 있다.

2023/24시즌

	33 GAMES	**2,873** MINUTES	**3** GOALS	**1** ASSISTS	
7	**1** 경기당슈팅	**12** 유효슈팅	추정가치: **12,000,000€**	**97.3** 경기당패스	**92.50** 패스성공률	**1**

30 LB

Pervis Estupiñán

페르비스 에스투피냔

국적 에콰도르 | **나이** 26 | **신장** 175 | **체중** 78 | **평점** 6.73

이적 첫 시즌만 하더라도 에스투피냔은 브라이튼 좌측의 믿을맨이었다. 그러나 지난 시즌 부상으로 상당히 많은 경기에 결장했고, 부상 복귀 후 이전 시즌만큼의 폼이 나타나지 않았다. 실수가 상당히 잦았고 무리한 드리블 시도로 턴오버를 하는 횟수도 급증했다. 올 시즌은 그러한 세밀함에서 보완된 모습이 필요하며 경쟁자인 카디오글루까지 영입이 확정됐기 때문에 한참 좋았을 때 보여줬던 특유의 좌측에서의 전개 능력과 빠른 스피드, 공격성, 강력한 왼발 킥력 여러 부분에서 살아나는 모습을 빠르게 보여줄 필요가 있다.

2023/24시즌

	19 GAMES	**1,248** MINUTES	**2** GOALS	**3** ASSISTS	
4	**0.6** 경기당슈팅	**6** 유효슈팅	추정가치: **30,000,000€**	**43.2** 경기당패스	**88.70** 패스성공률	**0**

25 CMF

Matt O'Riley

맷 오라일리

국적 덴마크 | **나이** 23 | **신장** 187 | **체중** 77 | **평점** 7.74

맷 오라일리는 풀럼 유스에서 커리어를 보냈으며 이후 셀틱으로 넘어오면서 만개했다. 특히 지난 시즌 셀틱에서 미드필더임에도 불구하고 모든 공식전에서 19골 18도움을 기록하며 엄청난 퍼포먼스를 시즌 내내 꾸준하게 선보였다. 오라일리의 가장 큰 강점은 하프스페이스를 공략하는 오프 더 볼 움직임이다. 이러한 움직임으로 동료를 살려주기도 하고 직접 공격포인트를 생산해내기도 한다. 여기에 더해 특유의 강력한 왼발킥을 활용하여 중거리슛으로 직접 골문을 노리고 크로스를 통한 어시스트를 만들어내기도 한다. 오라일리의 상승세가 PL에서도 이어질 수 있을지 지켜보자.

2023/24시즌

	37 GAMES	**3,249** MINUTES	**18** GOALS	**13** ASSISTS	
3	**3.03** 경기당슈팅	**43** 유효슈팅	추정가치: **20,000,000€**	**53.6** 경기당패스	**83.50** 패스성공률	**0**

7
RW
RB
LB

Solly March

솔리 마치

국적 잉글랜드 | **나이** 30 | **신장** 180 | **체중** 72 | **평점** 7.43

지난 시즌 심각한 부상으로 인해 리그 경기를 단 7경기밖에 소화하지 못했다. 루이스 덩크 외에 또 다른 브라이튼의 유스 출신 원클럽맨이기 때문에 브라이튼 팬들이 가장 좋아하는 선수 중에 한 명이다. 기본적으로 측면에서는 모든 포지션에서 공격, 수비 어떤 역할이든 소화할 수 있는 멀티성을 지니고 있다. 부상만 없다면 휘르첼러의 3백에서도 크게 기능할 수 있는 특징을 지니고 있으며, 솔리 마치 특유의 정교한 드리블이나 패스 능력, 적절한 공수 밸런스와 영리한 경기운영 능력은 올 시즌 휘츠첼러 감독에게 반드시 필요한 옵션이다. 복귀 후 이전의 폼을 빠르게 보여주는 것이 관건이 될 것으로 보인다.

2023/24시즌

1	**7** GAMES	**559** MINUTES	**3** GOAL	**1** ASSIST	
	2 경기당슈팅	**6** 유효슈팅	추정가치: **18,000,000€**	**31.6** 경기당패스	**81.40** 패스성공률	**0**

27
DM
CM

Mats Wieffer

마츠 뷔페르

국적 네덜란드 | **나이** 24 | **신장** 188 | **체중** 76 | **평점** 7.61

뷔페르는 지난 두 시즌 동안 아르네 슬롯의 페예노르트에서 아주 핵심적인 역할을 맡았던 미드필더다. 6번과 8번에서 모두 활약할 수 있는 다양성을 지니고 있으며, 미드필더로서 갖춰야 할 볼배급, 패스 능력, 피지컬을 활용한 키핑 능력 모두 우수하다. 특히 지난 시즌 챔피언스리그 조별리그 당시에는 대회 본선에 참가한 모든 선수를 통틀어 MF 부문 볼 리커버리 전체 1위에 올랐을 정도로 중원에서 폭넓은 활동량과 수비력도 과시한다. 적응 여부에 따라 올 시즌 팀의 핵심 MF로 자리잡을 수 있는 역량을 갖췄기 때문에 올 시즌 브라이튼의 중원에서 뷔페르는 특별히 더 주목해봐야 할 것이다.

2023/24시즌

2	**29** GAMES	**2,591** MINUTES	**5** GOAL	**3** ASSISTS	
	1.3 경기당슈팅	**9** 유효슈팅	추정가치: **30,000,000€**	**62.6** 경기당패스	**83.60** 패스성공률	**0**

20
DM

Carlos Baleba

카를로스 발레바

국적 카메룬 | **나이** 20 | **신장** 179 | **체중** 75 | **평점** 6.33

지난 시즌 브라이튼이 거액을 들여 야심차게 데려온 재능 있는 수비형 미드필더다. 이제 갓 10대를 넘긴 어린 나이에 비해 상당히 침착한 경기운영이 돋보이고 중원에서의 볼 운반과 탈압박 능력, 완발 패스 능력도 갖췄다. 다만 확실히 프리미어리그의 템포에는 아직 적응하는 데 어려움을 겪는 모습이며, 종종 불필요한 미스나 잔실수도 잦았다. 기본적인 수비력도 어느 정도 있는 선수인 만큼 침착성만 조금 더 갖추고 실수만 개선시킬 수 있다면 올 시즌 한층 더 성장한 모습을 기대해볼 수 있는 자원이다. 수비형 미드필더라는 포지션 특성상 파울과 카드 관리에도 더 신경을 기울여야 한다.

2023/24시즌

7	**27** GAMES	**1,324** MINUTES	**0** GOALS	**0** ASSISTS	
	0.8 경기당슈팅	**5** 유효슈팅	추정가치: **22,000,000€**	**28.6** 경기당패스	**92.20** 패스성공률	**0**

Ferdi Kadioglu

페르디 카디오글루

국적 튀르키예 **|** **나이** 24 **|** **신장** 174 **|** **체중** 63 **|** **평점** 7.25

카디오글루는 튀르키예인 아버지와 네덜란드계 캐나다인 어머니 사이에서 태어났다. 나고 자란 곳은 네덜란드이고, 그러다 보니 자연스레 유스 커리어도 네덜란드 네이메헌에서 처음 시작했다. 어릴 때부터 뛰어난 재능으로 주목받았던 카디오글루였기 때문에 데뷔 때부터 인상적인 퍼포먼스를 선보였고, 두 시즌을 네이메헌에서 활약한 뒤 페네르바체로 이적해서 총 7시즌 활약하며 튀르키예 최고의 풀백으로 명성을 떨쳤다. 볼 다루는 기술이나 드리블이 상당히 좋고, 엄청난 활동량과 기동성을 통해 측면과 중앙을 가리지 않고 공격에 관여한다. 측면 풀백 쪽이 아쉬웠던 브라이튼에게는 최고의 영입이 될 수 있는 자원이다.

2023/24시즌

		37 GAMES		3,328 MINUTES		1 GOALS		4 ASSISTS		
3	0.89 경기당슈팅	14 유효슈팅		추정가치: 30,000,000€			53.9 경기당패스	84.80 패스성공률		0

James Milner

제임스 밀너

국적 잉글랜드 **|** **나이** 38 **|** **신장** 176 **|** **체중** 69 **|** **평점** 6.49

이미 여러 빅클럽에서 수많은 우승 트로피를 들어 올리며 활약한 국가대표 출신의 백전노장 베테랑이다. 실제로 브라이튼이 지난 시즌 밀너를 영입한 이유도 다양한 포지션을 소화할 수 있는 멀티성도 있지만 특유의 풍부한 경험과 경기장 안팎에서의 영향력을 기대하고 불러들인 것이기도 했다. 다만 지난 시즌 경기에 나올 때마다 이렇다 할 영향력을 보여주지 못했고 기동성도 다소 떨어진 모습이었다. 그래도 전술 이해도가 워낙 좋은 선수이기 때문에 어느 정도 쓰임새가 있을 것이라 예상된다. 부상이 잦았기 때문에 올 시즌은 부상 없이 뛰는 게 중요하며 계약 마지막 시즌인 만큼 본인에게도 유종의 미가 필요하다.

2023/24시즌

		15 GAMES		779 MINUTES		0 GOALS		2 ASSISTS		
3	0.3 경기당슈팅	1 유효슈팅		추정가치: 1,000,000€			33.3 경기당패스	86.40 패스성공률		0

Julio Enciso

훌리오 엔시소

국적 파라과이 **|** **나이** 20 **|** **신장** 168 **|** **체중** 63 **|** **평점** 6.5

브라이튼 이적 첫 시즌 후반기 막판 활약이 워낙 좋았기 때문에 지난 시즌 엔시소에 대한 기대치는 매우 컸다. 하지만 시즌 초부터 반월판 부상을 당하면서 전체적으로 폼이 많이 떨어진 듯한 모습을 보였고 결국 단 한 골도 득점하지 못하면서 아쉽게 시즌을 마쳤다. 드리블능력이 상당히 좋고 순간적인 패스 센스, 거기에 양발 모두 활용이 가능하며 강력한 슈팅파워를 지니고 있다. 다가오는 시즌 부상만 없다면 엔시소의 진정한 시험 무대이자 본인의 진가를 펼칠 수 있는 시즌이 될 것으로 예상되며, 휘르첼러 체제에서도 충분히 기회는 많이 부여받을 것으로 보인다.

2023/24시즌

		12 GAMES		475 MINUTES		0 GOALS		2 ASSISTS		
2	2.3 경기당슈팅	8 유효슈팅		추정가치: 22,000,000€			13.9 경기당패스	77.20 패스성공률		0

22
LW

Kaoru Mitoma

미토마 카오루

국적 일본 | **나이** 27 | **신장** 178 | **체중** 71 | **평점** 6.88

브라이튼 이적 첫 시즌부터 종횡무진 활약하며 브라이튼 팬들의 눈길을 사로잡았던 미토마였다. 하지만 지난 시즌 전체적으로 드리블 패턴이 읽히는 듯한 모습을 보이며 첫 시즌 때만큼의 파괴력을 보여주지 못했고, 유럽대항전을 병행하면서 체력적인 변수, 그리고 부상 문제까지 겹치며 많은 경기를 소화하지 못한 채 시즌을 마감했

다. 올 시즌은 리그에만 집중하는 브라이튼이고, 휘르첼러 감독도 측면자원의 공격성을 적극 활용하는 인물이기 때문에 미토마는 전술적 수혜를 충분히 받을 수 있다. 그러한 관점에서 올 시즌 미토마가 다시 한번 떠오를 수 있을지 귀추가 주목된다.

2023/24시즌

	GAMES	MINUTES	GOAL	ASSISTS	
4	**19**	**1,488**	**3**	**4**	0
	1.8 경기당슈팅	15 유효슈팅	추정가치: 45,000,000€	31.4 경기당패스	83.40 패스성공률

9
CF
LW

Joao Pedro

주앙 페드루

국적 브라질 | **나이** 22 | **신장** 182 | **체중** 69 | **평점** 6.93

지난 시즌 명실상부 팀 공격진에서 가장 뛰어난 활약을 펼쳐 보였다. 컵대회를 포함하면 무려 20골을 터트렸을 정도로 좋은 득점력과 높은 페널티킥 성공률을 보여줬으며, 측면과 전방을 오가면서 전방에서 상당히 영향력 있는 모습을 보여줬다. 챔피언십 때부터 드리블 돌파 능력에 자신감이 있는 선수였으며, 피지컬을 활용한 키핑,

주변 선수와의 연계 플레이 모든 부분에서 인상적인 모습을 보여줬다. 골결정력만 조금 더 개선한다면 더 높은 선수로 성장할 여지가 충분히 큰 선수이기 때문에 올 시즌 결정력 부분에서 더 나아진 모습을 기대해보면 좋을 것 같다.

2023/24시즌

	GAMES	MINUTES	GOAL	ASSISTS	
2	**31**	**2,046**	**9**	**3**	0
	2.4 경기당슈팅	20 유효슈팅	추정가치: 45,000,000€	25 경기당패스	82.70 패스성공률

28
CF

Evan Ferguson

에반 퍼거슨

국적 아일랜드 | **나이** 19 | **신장** 183 | **체중** 78 | **평점** 6.49

2022/23시즌 혜성처럼 나타나 시즌 통합 10골을 터트리며 축구팬들의 엄청난 기대를 받았던 퍼거슨이다. 특유의 골결정력과 적극적인 움직임을 통한 위치 선정, 어린 나이에 완성된 피지컬과 연계 능력은 모두의 기대를 받기에 충분했다. 하지만 모두의 기대를 등에 업고 펼쳐졌던 지난 시즌, 퍼거슨의 활약은 생각보다 저조했다. 부상

문제도 있었고 본인의 자신감이나 폼도 오히려 그전 시즌보다 떨어진 듯한 모습이었다. 그럼에도 불구하고 워낙에 가진 툴이 좋은 선수이고 아일랜드 대표팀에서도 이제는 핵심으로 올라서야 하는 선수이기 때문에 올 시즌 자신감만 회복하면 더 성장하는 모습을 기대할 수 있을 것이다.

2023/24시즌

	GAMES	MINUTES	GOALS	ASSISTS	
1	**27**	**1,366**	**6**	**0**	0
	1.2 경기당슈팅	20 유효슈팅	추정가치: 50,000,000€	11.1 경기당패스	81.30 패스성공률

이완우가 주목하는 브라이튼의 원픽!

주앙 페드루

주앙 페드루는 작년 브라이튼에 합류하여 한 시즌 만에 팀 공격의 에이스로 단번에 등극했다. 전방과 측면을 오가면서 과감하고 적극적인 드리블 돌파 능력을 보여줬고, 준수한 연계 플레이와 피지컬을 활용한 버티는 능력, 전방에서의 성실한 압박까지 공격수로서 상당히 많은 장점을 증명해냈던 시즌이다.

특히 최전방 스트라이커뿐만 아니라 윙어, 세컨드 스트라이커, 공격형 미드필더 등 다양한 역할을 소화할 수 있는 멀티플레이어 성향도 장점이며, 높은 성공률의 페널티킥 마무리 능력 또한 페드루가 가진 최고의 무기 중 하나이다.

지난 시즌 팀이 어려운 상황 속에서도 컵대회를 포함한 공식전 40경기 20골 3도움이라는 엄청난 공격 포인트도 만들어냈기 때문에 지난 시즌 부상으로 많이 나서지 못했던 미토마나 솔리 마치 같은 좋은 조력자들이 건강하게 시즌을 잘 소화해준다면 주앙 페드루는 23/24시즌보다 더 많은 득점과 공격 포인트를 생산할 수 있을 것이다. 그는 여전히 22세에 불과한 신성으로 충분히 더 큰 성장을 기대해볼 수 있다.

지금 브라이튼에 이 선수가 있다면!

페타르 스토야노비치

휘르첼러의 축구에서는 윙백의 역할이 상당히 중요하다. 공격상황에서 적극적으로 공격에 같이 가담하면서 과감한 플레이를 주문하는데, 스토야노비치는 엠폴리에서의 첫 시즌 때부터 상당히 적극적이고 공격적인 플레이가 일품인 사이드백이었다. 공격성이 강해서 가끔씩 윙어로 나서기도 하는데, 현재 우측 풀백에 확실한 믿을맨이 없는 브라이튼에게 있어서는 충분히 고려해 볼 만한 선택지가 되지 않을까 싶다.

우측에서의 공격력뿐 아니라 수비력도 어느 정도 밸런스가 좋은 수비수이기 때문에 5백으로 전환할 때도 유효적절하게 기능을 해줄 수 있으며, 공격 전환 시에는 특유의 공격성과 과감한 플레이가 팀의 측면 플레이에 이점을 가져다줄 것이다. 이번 유로 2024에서도 슬로베니아의 오른쪽 측면 붙박이로 활약하며 상당히 인상적인 퍼포먼스를 펼쳐 보였고 팀의 16강 진출을 이끌어냈다. 공수 밸런스가 좋은 우측 윙백을 원한다면 스토야노비치도 충분히 브라이튼과 휘르첼러에게 있어 훌륭한 카드가 될 것으로 보인다.

KEPA

MILOS KERKEZ

WILL DENNIS

ADAM SMITH

JAMES HILL

MARCOS SENESI

MAX AARONS

LEWIS COOK

DAVID BROOKS

RYAN CHRISTIE

ILLYA ZABARNYI

ALEX SCOTT

MARCUS TAVERNIER

PHILIP BILLING

DANGO OUATTARA

TYLER ADAMS

ANTOINE SEMENYO

LUIS SINISTERRA

JUSTIN KLUIVERT

DEAN HUIJSEN

ENES UNAL

EVANILSON

2024 2025

AFC Bournemouth

AFC BOURNEMOUTH

본머스 AFC Bournemouth

창단 년도 | 1899년
최고 성적 | 9위 (2016/17)
경기장 | 바이탈리티 스타디움
(Vitality Stadium)
경기장 수용 인원 | 11,364명
지난 시즌 성적 | 12위
별칭 | The Cherries (체리스),
Boscombe (보스콤)
상징색 | 레드, 블랙
레전드 | 스티브 플레처, 브렛 피트먼,
제임스 헤이터, 스티브 쿡,
사이먼 프란시스, 마크 퓨,
찰리 대니얼스, 앤드류 서먼, 애덤 스미스 등

히스토리

1899년 보스콤FC로 창단해 본머스&보스콤애슬래틱을 거쳐 1971년 AFC본머스로 자리 잡았다. 하부 리그를 전전하던 2009년 구단 레전드 에디 하우가 부임하면서 새로운 구단 역사가 쓰이기 시작했다. 번리를 거쳐 2012년 본머스로 돌아온 에디 하우는 2014/15시즌 구단 최초의 프리미어리그 승격을 이끌었고 2016/17시즌에는 팀을 9위에 안착시키며 지도력을 인정받았다. 2019/20시즌 강등의 아픔을 겪었지만 두 시즌 만인 2021/22시즌 재승격에 성공했다. 2023/24시즌을 앞두고 라리가에서 전술 능력을 인정 받은 이라올라를 감독으로 임명, 후반기부터 화끈한 공격축구를 선보이며 강력한 인상을 심어줬다. 이라올라 감독과의 두 번째 시즌 본머스는 새로운 역사를 쓸 준비를 마쳤다.

최근 5시즌 리그 순위 변동

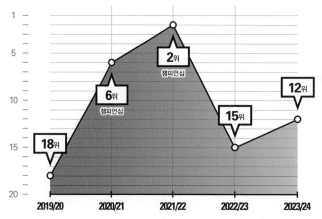

- 18위 2019/20
- 6위 챔피언십 2020/21
- 2위 챔피언십 2021/22
- 15위 2022/23
- 12위 2023/24

클럽레코드 IN & OUT

〉〉〉〉〉〉〉〉〉〉〉〉 **최고 이적료 영입 IN**

에바니우송
3,700만 유로
(2024년 8월,
from 포르투)

최고 이적료 판매 OUT 〉〉〉〉〉〉〉〉〉〉〉〉

도미닉 솔란케
6,430만 유로
(2024년 8월,
to 토트넘)

안도니 이라올라 Andoni Iraola | 1982년 6월 22일 | 42세 | 스페인

라리가에서 통했다! 트렌드를 아는 유능한 전술가

현역 시절 영리하고 헌신적인 플레이로 빌바오 팬들의 사랑을 받았다. 그런 이라올라가 감독에 도전했을 때 대부분 성공을 예측했다. 하지만 이토록 과감한 공격축구는 예상하지 못했다. 이라올라의 축구 컨셉은 강한 압박과 빠른 수비 전환, 직선적인 측면 활용, 풀백의 전진, 측면 연계와 박스 진입, 충분한 공격 숫자 확보, 하프스페이스 활용이다. 이러한 스타일을 구사하기 위해 빠르고 기동성이 좋은 유형을 선호하며 팀을 위해 뛰는 선수들을 주전으로 기용한다. 이라올라 축구를 표현한 문장을 보면 떠오르는 감독이 있다. 바로 스승 마르셀로 비엘사다. 끊임없는 공간 침투, 빠른 템포와 다이내믹함, 혼란스러운 공격전술 등 비엘사로부터 많은 영감을 받았다고 밝힌 이라올라는 스페인을 넘어 잉글랜드까지 깜짝 놀래킬 준비를 마쳤다.

📋 감독 인터뷰

"선수 시절보다 감독 생활이 더 즐겁다. 위험을 감수해야 한다. 공격적으로 라인을 올려서 플레이하지 않으면 차이를 만들 수 없다. 팀이 수비적으로 내려앉으면 화가 난다."

감독 프로필

통산	선호 포메이션	승률
258 경기 **104** 승 **64** 무 **90** 패	**4-2-3-1**	**40.31**%

시즌 키워드

#2년차 | #다이내믹 | #닥공축구

우승 이력

- **키프로스슈퍼컵** (2018/19)

경력 🔖	2018~2019  AEK라르나카	2019~2020 CD미란데스	2020~2023 라요바예카노	2023~ 본머스

AFC BOURNEMOUTH

IN

알렉스 폴센
(웰링턴)

아메드 트라오레
(나폴리, 임대복귀)

루이스 시니스테라
(리즈)

에네스 위날
(헤타페)

다니엘 제비손
(셰필드)

에바니우송
(포르투)

후이센
(유벤투스)

딘 후이센
(유벤투스)

케파 아리사발라가
(첼시, 임대)

OUT

로이드 켈리
(뉴캐슬)

조 로스웰
(리즈)

키퍼 무어
(셰필드)

자말 로우
(셰필드)

도미닉 솔란케
(토트넘)

로맹 패브르
(브레스투아, 임대)

아메드 트라오레
(옥세르, 임대)

크리스 메팜
(선더랜드, 임대)

제이든 앤서니
(번리, 임대)

네투
(아스날, 임대)

다니엘 제비손
(왓포드, 임대)

FW
7 브룩스 / 9 에바니우송 / 11 와타라

16 타버니어 / 17 시니스테라 / 24 세메뇨 / 26 위날

MF
4 쿡 / 8 스콧 / 10 크리스티

12 아담스 / 19 클라위버르트 / 29 빌링

DF
2 후이센 / 3 케르케즈 / 5 세네시 / 15 스미스

22 아라우호 / 23 힐 / 27 자바르니 / 37 아론스

GK
13 케파 / 40 데니스 / 42 트래버스

히든풋볼의 이적시장 평가

에네스 위날 완전 영입, 에바니우송 영입으로 이탈한 솔란케 이적 공백을 최소화했다. 2시즌 간 3차례 감독 변화, 부상에 따른 영입으로 선수단이 비대해져 영입보다 판매에 초점을 둬야 한다. 아담스, 스콧 등은 부상으로 결장한 경기가 많아 거의 새로운 영입이나 다름없다. 안정감 있는 골키퍼 케파가 영입되었으니, 왼쪽 풀백 케르케즈의 백업만 추가로 영입한다면 완벽에 가까운 이적시장이다.

히든풋볼 이적시장 평가단

2023/24시즌 스탯 Top 3

득점 Top 3

⚽ 도미닉 솔란케	**19**골
⚽ 앙투안 세메뇨	**8**골
⚽ 저스틴 클라위버르트	**7**골

도움 Top 3

✏ 크리스티, 세네시	**5**도움
✏ 마커스 타버니어	**4**도움
✏ 쿡, 솔란케	**3**도움

출전시간 Top 3

⏱ 도미닉 솔란케	**3,333**분
⏱ 일리야 자바르니	**3,330**분
⏱ 라이언 크리스티	**2,920**분

히든풋볼의 순위 예측

이라올라의 매직이 지난 시즌 본머스를 변화시켰다. 그러나 솔란케의 득점력을 메워줄 공격수가 필요하다.

지난 시즌 조용한 돌풍을 보여준 이라올라의 본머스. 솔란케의 공백을 에바니우송이 얼마나 채워줄지가 관건.

솔란케가 떠났다. 그의 빈자리를 메우는 것은 이라올라 감독에게도 어려운 임무가 될 것이 분명하다.

이라올라의 전술이 녹아들면서 떠오르는 다크호스로 급부상했다. 10위권 이내도 기대할 수 있다.

선수들이 이라올라 감독의 축구를 이해하기 시작했다는 건 희망적이나, 더 나은 결과로 이어질지는 미지수다.

이라올라의 전술과 지도력은 젊은 선수단의 능력을 끌어올릴 것이다. 솔란케가 떠난 공격진의 결정력이 문제다.

11위 · 이주헌 ·

11위 · 박종윤 ·

13위 · 송영주 ·

10위 · 이완우 ·

16위 · 김형책 ·

10위 · 남윤성 ·

새로운
역사를 쓸
준비완료!

본머스와 첫 인연을 맺은 이라올라 감독의 2023/24시즌. 13승 9무 16패, 승점 48점, 54득점 67실점, 리그 12위. 물론 성공과는 거리가 먼 성적표다. 하지만 후반기 달라진 경기력은 다음을 기대하게 만들기 충분했다. 감독을 원흉으로 꼽는 건 아니라는 점을 분명하게 밝힌다. 시즌 초반 이라올라 감독의 전술이 제대로 심어지지 않은 점도 있다. 하지만 재승격의 주연 로이드 켈리와 필립 빌링, 영입생 맥스 아론스가 주전으로 나섰던 11R까지 본머스는 리그에서 1승 3무 7패의 늪에 빠졌다. 그러다 세네시와 자바르니가 주전 센터백 라인, 애덤 스미스가 오른쪽 풀백 주전, 루이스 쿡의 3선 파트너로 라이언 크리스티, 클라위베르트가 측면에서 중앙으로 자리를 옮긴 12라운드 뉴캐슬전을 기점으로 본머스는 완전히 다른 팀이 됐다.

스승 비엘사에 영향을 많이 받은 이라올라는 강한 전방 압박과 빠른 공수전환, 동시다발적인 공간침투, 박스 내 많은 공격 숫자, 빠른 템포와 다이내믹함을 추구한다. 그리고 이는 젊고 재능 있는 본머스 선수단 특성과 완벽하게 맞아떨어졌다. 감독의 철학에 확신이 생긴 선수들은 자신감을 되찾았고 개인 기량에 의존하던 플레이를 줄이면서 팀을 위해 뛰기 시작했다. 차이는 지표로도 드러났다. 이전 11경기에서는 경기당 0.36 승점, 0.72 득점, 2.55 실점이었는데 이후 27경기에서는 1.56 승점, 1.7 득점, 1.44 실점으로 큰 차이를 보였다. 최다 득점자 솔란케의 경기당 득점 또한 0.36(11경기 4골)에서 0.55(27경기 15골)로 늘었으며 클라위베르트와 앙투안 세메뇨 역시 시즌 득점의 87%(15골 중 13골)를 이 기간 기록했다.

다가오는 2024/25시즌 본머스는 더욱 강해지고 날카로워질 예정이다. 하지만 전제조건이 있다. 주전 골키퍼의 안정감 회복, 왼쪽 풀백 케르케즈의 백업 영입 그리고 부상의 최소화다. 지난 시즌 타일러 아담스와 알렉스 스콧을 비롯해 중요한 순간 주전급 선수들의 부상이 없었다면 본머스는 분명 더 좋은 성적을 기대할 수 있었다. 분위기는 최고다. 선수들은 감독과 본인들의 능력에 더 큰 확신을 갖고 새로운 시즌을 준비하고 있다. 이라올라 감독은 본인의 축구를 이렇게 정의한다. 정돈되지 않은 또는 '혼란스러운(disorder)' 공격 축구. 개성 있는 선수단과 본머스의 새로운 역사를 쓸 준비를 마쳤다.

13
GK

Kepa Arrizabalaga

케파 아리사발라가

국적 스페인 **| 나이** 29 **| 신장** 188 **| 체중** 88 **| 평점** 6.87

승격 이후 지난 2시즌 간 골키퍼는 본머스의 가장 불안한 포지션이었다. 결국 이라올라 감독은 이적시장 종료를 앞두고 골키퍼 교체를 단행했다. 네투를 아스날로 보내고 첼시에서 케파를 데려왔다. 지난 시즌 레알마드리드 임대를 떠나 전반기를 주전으로 소화했지만 후반기는 안드리 루닌에 밀렸기에 케파 입장에서도 본머스 합류

는 동기부여가 충분하다. 골키퍼로서 리치가 길지 않아 간혹 아쉬운 모습이 드러나긴 하지만 뛰어난 반사 신경과 준수한 발밑 기술을 갖췄고 유연한 신체를 활용해 다이내믹한 선방들을 자주 보여준다. 떨어진 주목도를 끌어올리기에 본머스는 최고의 선택이다.

2023/24시즌

	14 GAMES	1,197 MINUTES	9 실점	76.30 선방률	
1	30 세이브	7 클린시트	추정가치: 12,000,000€	61.50 클린시트 성공률	0/0 PK 방어 기록	0

3
LB

Milos Kerkez

밀로스 케르케즈

국적 헝가리 **| 나이** 20 **| 신장** 180 **| 체중** 71 **| 평점** 6.42

AC밀란에서는 기회를 얻지 못했지만 알크마르에서 잠재력을 보이며 본머스로 이적했고 한 시즌 만에 빅클럽들의 관심을 받고 있다. 왼쪽 측면을 직선적으로 활용하는 이라올라 감독의 전술적 프로필에 정확히 부합한다. 라요바예카노에서 프란 가르시아를 이렇게 활용했고 레알마드리드로 입성시켰다. 케르케즈의 강점은 폭발

적인 스피드를 활용한 돌파력과 직선적인 움직임이다. 무게 중심이 낮고 밸런스가 좋아 대인 수비에서 쉽게 제쳐지지 않는다. 왼발 킥력까지 갖춰 크로스와 컷백 등 다양한 형태로 공격진을 지원하며 직접 슈팅까지 날카롭다. 케르케즈를 보면 테오 에르난데스가 떠오른다.

2023/24시즌

	28 GAMES	1,976 MINUTES	0 GOAL	1 ASSISTS	
4	0.6 경기당슈팅	5 유효슈팅	추정가치: 20,000,000€	22.4 경기당패스	72.60 패스성공률	1

5
CB

Marcos Senesi

마르코스 세네시

국적 아르헨티나 **| 나이** 27 **| 신장** 185 **| 체중** 78 **| 평점** 6.8

승격팀 본머스로 넘어올 때만 하더라도 세네시를 주목한 사람들은 많지 않았다. 하지만 카타르 월드컵이 열리기 전부터 프리미어리그에 빠르게 적응하더니 후반기부터 수비 에이스로 등극하면서 불안한 후방을 지켰다. 2023/24시즌은 세네시의 해였다. 세트피스 공격에 가담해 4골을 득점했고 후방에서 퀄리티 높은 롱패스로 도

움을 5개나 기록했다. 힘으로 플레이하는 공격수들에게 고전하는 경향이 있지만 영리한 수비로 위험을 최소화한다. 잘 알려지지 않았지만 세네시의 볼을 다루는 능력과 왼발 롱패스는 리그 내 센터백 중에서도 최고 수준이다. 빅클럽 입성, 아르헨티나 대표팀 주전도 머지않았다.

2023/24시즌

	31 GAMES	2,247 MINUTES	4 GOALS	5 ASSISTS	
13	0.4 경기당슈팅	4 유효슈팅	추정가치: 22,000,000€	40.6 경기당패스	77.50 패스성공률	0

27
CB

Ilya Zabarnyi

일리야 자바르니

국적 우크라이나 | **나이** 21 | **신장** 189 | **체중** 81 | **평점** 6.7

어려서부터 우크라이나 축구 신동, 수비의 미래로 불렸다. 디나모키이우에서 능력을 증명하고 본머스 유니폼을 입은 자바르니는 프리미어리그에서 더욱 단단해졌다. 페널티 박스에서 영리한 위치 선정으로 슈팅을 막아낸다. 상대의 속임 동작에 쉽게 속지 않으면서 수비에 성공한다. 넓은 범위의 태클로 공간을 커버하는 능력도 훌륭하다. 볼을 다루는 능력이 좋아 상대 압박에도 당황하지 않고 동료들에게 좋은 패스를 연결한다. 빌드업 시 정확한 롱패스로 본머스의 빠른 측면 자원들에게 패스를 전달한다. 자바르니의 뚜렷한 성장세에 구단도 재계약을 서둘렀고 2029년까지 본머스에 머무르게 됐다.

2023/24시즌

	37 GAMES	3,330 MINUTES	1 GOALS	0 ASSISTS	
5	0.22 경기당슈팅	2 유효슈팅	추정가치: 32,000,000€	48.7 경기당패스	81.50 패스성공률	0

4
DM
CM

Lewis Cook

루이스 쿡

국적 잉글랜드 | **나이** 27 | **신장** 175 | **체중** 71 | **평점** 6.83

2차례 십자인대 부상만 없었어도 대표팀의 더 많은 부름을 받았을 것이다. 과거 조금 더 높은 위치에서 공격적인 역할도 소화했지만 부상 이후 스타일에 변화를 줬다. 최근 2시즌은 6번 미드필더로 뛰며 과거 퍼포먼스를 완벽히 되찾았다. 뛰어난 예측력으로 사전에 볼을 끊어내는 횟수가 많아졌고 후방에서 경기를 조율하다가도 어느 순간 전진해 공격에 관여한다. 원터치로 경기를 쉽게 풀어 나오는 축구 도사의 자질까지 갖췄다. 2023/24시즌 팀 내 미드필더 중 전체 패스와 인터셉트 지표 1위다. 돋보이지 않지만 자세히 보면 인정할 수밖에 없는 진정한 본머스의 언성 히어로.

2023/24시즌

	33 GAMES	2,792 MINUTES	0 GOALS	3 ASSISTS	
5	0.4 경기당슈팅	4 유효슈팅	추정가치: 12,000,000€	40.7 경기당패스	76.30 패스성공률	1

10
CM
AM
WF

Ryan Christie

라이언 크리스티

국적 스코틀랜드 | **나이** 29 | **신장** 178 | **체중** 70 | **평점** 6.89

이라올라 감독이 빚어낸 또 하나의 작품. 커리어 대부분을 2선에서 뛰다가 2023/24시즌 루이스 쿡의 3선 파트너로 활약했다. 루이스 쿡이 후방에서 경기를 조율했다면 크리스티는 한 칸 위에서 볼을 전달 받아 전방으로 연결하는 역할을 수행했다. 볼을 다루는 기술과 왼발 드리블이 좋아 중원에서 뛰면서 더욱 존재감을 드러냈다. 지난 시즌 본머스에서 어시스트와 기회 창출 1위를 기록할 만큼 성공적인 포지션 변화를 이뤄냈다. 동료들이 고립될 때면 어느새 전진해 영리하게 공간으로 침투하는 등 2선에서 뛰었던 공격 재능까지 뽐낸다.

2023/24시즌

	37 GAMES	2,918 MINUTES	0 GOAL	5 ASSISTS	
6	1.2 경기당슈팅	13 유효슈팅	추정가치: 12,000,000€	33 경기당패스	76.00 패스성공률	0

8
CM
AM
RW

Alex Scott

알렉스 스콧

국적 잉글랜드 | **나이** 21 | **신장** 178 | **체중** 72 | **평점** 6.46

챔피언십 브리스톨시티에서 재능을 증명했다. 낮은 위치에서는 드리블과 패스로 상대 골문을 향해 볼을 운반하는 프로그레시브 능력이 돋보인다. 상대 진영에서는 화려하거나 빠르지 않지만 타이밍을 보고 치는 드리블로 탈압박은 물론 슈팅으로 연결되는 키패스와 찬스 메이킹까지 공격적 재능이 특별하다. 이러한 활약에 힘입어

2023/24시즌 본머스로 이적했지만 부상으로 전반기를 날렸고 후반기에는 팀에 녹아들 시간이 부족했다. 자신을 비롯해 스콧 집안은 대대로 토트넘의 팬이다. 응원하는 팀의 러브콜을 받으려면 다가오는 시즌 부상 없이 본인의 천재성을 프리미어리그에서도 증명해야만 한다.

2023/24시즌

	23 GAMES	1,010 MINUTES	1 GOAL	1 ASSISTS	
3	0.7 경기당슈팅	3 유효슈팅	추정가치: 20,000,000€	18.8 경기당패스	76.20 패스성공률	0

12
DM
RB

Tyler Adams

타일러 아담스

국적 미국 | **나이** 25 | **신장** 173 | **체중** 72 | **평점** 6.54

기민한 움직임과 예측력으로 상대 패스를 사전에 끊고 빠른 협력수비로 볼을 탈취한다. 타고난 운동능력으로 많이 뛰면서 수비라인 보호에도 일가견이 있다. 경기를 조율하는 능력과 좌우로 뿌려주는 전환 패스 퀄리티까지 좋다. 어느 팀에서든 중원의 살림꾼, 핵심이었다. 다만 전제조건이 있다. 건강한 경우에만 그렇다. 2023/24시

즌 기동력이 부족한 본머스 중원에 구단 이적료 2위라는 기록으로 입성했다. 하지만 고작 리그 3경기 출전에 그쳤다. 고질적인 햄스트링과 등부상이 시즌 내내 따라다녔다. 아담스가 건강한 모습을 보인다면 본머스는 중상위권 도약도 가능하다.

2023/24시즌

	3 GAMES	118 MINUTES	0 GOALS	0 ASSISTS	
0	0 경기당슈팅	0 유효슈팅	추정가치: 15,000,000€	23.0 경기당패스	83.10 패스성공률	0

29
CM
AM

Philip Billing

필립 빌링

국적 덴마크 | **나이** 28 | **신장** 193 | **체중** 88 | **평점** 6.47

본머스 승격의 주연이었다. 승격한 2022/23시즌 리그 7골로 공격을 이끌었다. 희망차게 2023/24시즌을 시작했지만 개막 후 11경기 1승에 그치는 동안 기동성과 영향력 모두 실망스러웠다. 이라올라 감독은 클라위베르트를 공격형 미드필더에 배치했고 필립 빌링은 주전에서 밀려났다. 박스 안 득점력과 파이널 서드에서 위협적

인 기술을 갖췄다. 연계도 잘해서 적극적으로 동료들에게 접근해 볼을 받고 패스하며 공격을 풀어나간다. 하지만 낮은 위치에서는 수비 집중력이 떨어지고 태클이 서툴러 파울과 경고가 잦다. 신뢰를 되찾기 위해서는 더욱 성숙한 플레이가 필요하다.

2023/24시즌

	29 GAMES	1,393 MINUTES	2 GOALS	2 ASSISTS	
3	1 경기당슈팅	8 유효슈팅	추정가치: 22,000,000€	17.3 경기당패스	75.20 패스성공률	1

2 CB

Dean Huijsen

딘 후이센

국적 스페인 | **나이** 19 | **신장** 197 | **체중** 84 | **평점** 6.27

좌우 풀백은 케르케즈와 아라우호, 자바르니의 센터백 파트너로 후이센을 유벤투스에서 영입하며 수비 라인 세대교체에 성공한 본머스다. 양발을 자유자재로 활용해 패스를 전달하며 적극적으로 빌드업에 가담한다. 타이밍을 포착한 뒤 순간적으로 공과 함께 전진하는 능력은 최대 강점이다. 큰 키에 유연성까지 갖췄다. 로마에 임대로 합류한 2023/24시즌 후반기 프로시노네 전에서 보여준 전진성과 중거리슛 득점은 후이센의 장점을 집약한 장면이다. 물론 수비적으로는 성장이 필요하고 압박이 강하거나 빠른 템포의 경기에 고전한다는 단점도 있지만 그는 아직 2005년생에 불과하다.

2023/24시즌

	13 GAMES	521 MINUTES	2 GOALS	0 ASSISTS	
4	0.46 경기당슈팅	2 유효슈팅	추정가치: 10,000,000€	34.7 경기당패스	87.10 패스성공률	0

16 LW RW CM

Marcus Tavernier

마커스 타버니어

국적 잉글랜드 | **나이** 26 | **신장** 178 | **체중** 70 | **평점** 6.86

공격 포인트가 많지 않아 상대적으로 주목도는 떨어지지만 부상을 제외하면 입단 후 가장 많은 출장시간을 부여받는 선수다. 선발 변화가 많은 본머스 2선에서 언제나 주전을 지켰다. 커리어 초반 윙백으로 활약해 수비로 전환하는 반응이 빠르다. 주발인 왼발을 고집하고 직선적인 움직임만 취한다는 아쉬움이 있었지만 미들즈브러에서 크리스 와일더 감독을 만나 중앙 미드필더로 뛰면서 다양한 플레이를 익혔다. 속도를 활용한 드리블 돌파와 유연한 방향전환, 이타적인 플레이와 찬스 메이킹 등 측면과 중앙을 가리지 않는다. 이번 시즌도 타버니어의 입지는 굳건하다.

2023/24시즌

	30 GAMES	2,129 MINUTES	3 GOALS	4 ASSISTS	
3	1.8 경기당슈팅	16 유효슈팅	추정가치: 20,000,000€	25.3 경기당패스	71.50 패스성공률	0

19 AM LW RW

Justin Kluivert

저스틴 클라위버르트

국적 네덜란드 | **나이** 25 | **신장** 171 | **체중** 67 | **평점** 6.55

익숙하던 측면이 아닌 중앙에서 뛰면서 부활의 신호탄을 쏘아 올렸다. 슈팅만큼은 레전드 공격수인 아버지를 쏙 빼닮았지만 기복 있는 플레이, 무모한 드리블 돌파, 피지컬적인 한계를 드러내며 한 팀에서 자리잡지 못하고 임대 생활을 전전했다. 본머스 입단 직후에도 기대감은 크지 않았다. 하지만 필립 빌링을 대신해 측면이 아닌 중앙에서 뛴 1경기로 이라올라 감독의 마음을 사로잡았다. 측면으로 빠져나가며 볼을 받는 움직임, 2선 동료들과의 연계, 적극적인 압박 여기에 강점인 날카로운 슈팅까지. 지난 시즌 모든 대회 9골을 기록하며 시들던 재능을 다시 꽃피우기 시작했다.

2023/24시즌

	32 GAMES	1,934 MINUTES	7 GOAL	1 ASSISTS	
5	1.8 경기당슈팅	20 유효슈팅	추정가치: 14,000,000€	11.9 경기당패스	68.40 패스성공률	0

24
RW
LW
CF

Antoine Semenyo

앙투안 세메뇨
국적 가나 | **나이** 24 | **신장** 185 | **체중** 79 | **평점** 6.88

처음 브리스톨시티에서 넘어왔을 땐 당고 와타라에 밀려 험난한 주전 경쟁이 예고됐다. 하지만 새롭게 부임한 이라올라 체제에서 본인의 가치를 증명했다. 주로 터치라인으로 움직이는 다른 측면 자원들과 달리 중앙과 측면을 오가며 동료들이 전진할 수 있는 공간을 창출했다. 여기에 양발잡이에 가깝게 왼발까지 잘 활용해 드리블 패턴이 다양했으며 하프스페이스 연계도 준수했다. 슈팅 기술이 높은 편은 아니지만 빠른 타이밍의 슈팅과 저돌적인 돌파 시도, 쉽게 밀리지 않는 단단한 피지컬까지 갖췄다. 2023/24시즌 리그에서만 8골을 기록하며 주득점원 솔란케의 공격 부담을 덜어줬다.

2023/24시즌

	33 GAMES	**2,111** MINUTES	**8** GOAL	**2** ASSISTS	
6	**2.1** 경기당슈팅 / **30** 유효슈팅	추정가치: **10,000,000€**		**17.8** 경기당패스 / **69.90** 패스성공률	0

9
CF

Evanilson

에바니우송
국적 브라질 | **나이** 24 | **신장** 183 | **체중** 77 | **평점** 7.48

토트넘으로 떠난 솔란케의 대체자로 포르투에서 발 빠르게 영입했다. 솔란케와 스타일은 다르지만 분명 본머스 공격에 큰 도움이 될 영입이다. 넓은 활동 반경과 이타적으로 동료들을 활용하는 능력을 지녔다. 문전으로 침투 타이밍, 동물적인 득점 감각, 어려운 자세에서도 가능한 슈팅 등은 전 포르투 선배 라다멜 팔카오를 연상시킨다. 포르투갈 리그에 비해 훨씬 더 강력한 프리미어리그 수비수들의 피지컬 경합과 빠른 경기 템포에만 잘 적응할 수만 있다면 주역이 되어 본머스의 돌풍을 이끌 수 있다. 다만 우려점도 있는데 2022/23시즌부터 근육 부상의 빈도가 잦다는 것이다.

2023/24시즌

	27 GAMES	**2,069** MINUTES	**13** GOALS	**3** ASSISTS	
5	**2.52** 경기당슈팅 / **22** 유효슈팅	추정가치: **0,000,000€**		**18.6** 경기당패스 / **78.80** 패스성공률	1

26
CF

Enes Ünal

에네스 위날
국적 튀르키예 | **나이** 27 | **신장** 187 | **체중** 78 | **평점** 6.36

강등 위기의 팀을 수차례 구해냈던 헤타페의 수호신. 하지만 2022/23시즌 리그 막판 십자인대가 끊어지는 부상으로 장기간 이탈했다. 복귀한 위날을 이라올라 감독이 강력히 원했고 2023/24시즌 겨울 이적시장을 통해 본머스에 합류했다. 감각을 끌어올리는 것이 급선무였기에 주어진 출장 시간이 많지는 않았지만 35라운드 브라이튼전에서 능력을 증명했다. 솔란케와 함께 투톱으로 나섰는데 두 공격수 모두 장점인 연계와 넓은 활동반경으로 위치를 번갈아가며 팀의 매끄러운 공격 전개를 도왔다. 동료들을 향한 어시스트와 직접 득점까지 노릴 수 있는 수준 높은 위날의 합류로 본머스의 공격은 더욱 날카로워질 예정이다.

2023/24시즌

	16 GAMES	**320** MINUTES	**2** GOALS	**2** ASSISTS	
1	**1.4** 경기당슈팅 / **8** 유효슈팅	추정가치: **18,000,000€**		**4.5** 경기당패스 / **73.30** 패스성공률	0

전지적 작가 시점

남윤성이 주목하는 본머스의 원픽!
알렉스 스콧

재승격 후 본머스에 가장 부족했던 건 창의적인 공격 작업이었다. 다재다능한 공격자원, 공간으로 다이렉트하게 침투하는 2선을 향한 창의적인 패스와 직접 득점까지 해주는 미드필더가 있다면 본머스는 더 높은 위치를 바라볼 수 있다. 알렉스 스콧이 여기에 부합한다. 후방에서 돌파로 탈압박이 가능하며 상대 골문을 향해 볼을 운반하고 패스하는 프로그레시브 캐리는 스콧의 최대 강점이다. 이러한 스콧의 플레이로 2~3명의 압박과 상대 수비의 시선을 끌어낸다면 공간을 향한 2선의 침투는 더욱 활발해진다.

물론 수비적으로 보완할 점이 많아 당장 루이스 쿡의 파트너로 3선에 배치되기는 어렵다. 하지만 루이스 쿡과 라이언 크리스티도 지난 시즌 수비력이 상당 부분 개선됐는데 스콧이라고 그러지 못할 이유는 없다. 스콧의 천재성 발휘와 수비력 향상 여부에 따라 이라올라 감독도 4-2-3-1과 4-4-2를 다양하게 활용할 것이다. 그 중심에 스콧이 있다면 훗날 자신의 드림 클럽인 토트넘 입성도 더 이상 꿈이 아니다. 물론 자신과 가족의 꿈인 토트넘 입단에 이르기 위해서는 본머스에서 꾸준히 발전된 퍼포먼스를 보이는 것이 중요하다.

지금 본머스에 이 선수가 있다면!
로베르트 산체스

지난 시즌 본머스는 리그 최다 5위에 해당하는 67실점을 허용했다. 재승격 후 2시즌 간 골키퍼는 주전이 없었다. 네투와 트래버스 모두 뛰어난 반사 신경과 넓은 선방 범위를 자랑하지만 번갈아가며 실수가 나왔다. 더군다나 둘 모두 발을 능숙하게 활용하는 편이 아니어서 강하게 압박하는 상대를 만났을 때 센터백의 빌드업 부담이 커졌다. 그래서 로베르트 산체스를 추천한다.

첼시에서는 빌드업 미스와 선방 능력 저하로 비판받았고 주전을 페트로비치에 내주기까지 했지만 본머스에는 산체스 같은 골키퍼가 필요하다. 산체스가 수문장이 된다면 수비 라인을 높게 형성하면서 생기는 뒷공간 불안감을 줄일 수 있다. 빌드업 시에는 센터백이 더욱 넓게 서면서 풀백들은 지금보다 한 칸 위에서 볼을 받게 되고 윙어들은 하프스페이스로 좁혀 더욱 공격적인 포지셔닝을 갖출 수 있다. 스페인 국가대표로서 유로 2000과 카타르 월드컵에 나섰지만 경기에 출전하지는 못했고, 이번 유로 2024에서는 명단 탈락의 설움까지 겪었다. 물음표로 바뀐 대중의 평가, 떨어진 자신감. 본머스에서 뒤집을 수 있다.

BERND LENO

KENNY TETE

CALVIN BASSEY

TIMOTHY CASTAGNE

ISSA DIOP

HARRISON REED

TOM CAIRNEY

ANDREAS PEREIRA

SASA LUKIC

RAUL JIMENEZ

HARRY WILSON

ADAMA TRAORE

RODRIGO MUNIZ

CARLOS VINICIUS

JORGE CUENCA

ANTONEE ROBINSON

RYAN SESSEGNON

EMILE SMITH ROWE

ALEX IWOBI

SANDER BERGE

REISS NELSON

STEVEN BENDA

20242025

Fulham

FULHAM

풀럼 Fulham FC

창단 년도 | 1879년

최고 성적 | 7위 (2008/09)

경기장 | 크레이븐 코티지
(Craven Cottage)

경기장 수용 인원 | 22,384명

지난 시즌 성적 | 13위

별칭 | The Cottagers (카티저스)

상징색 | 블랙, 화이트

레전드 | 바비 롭슨, 조니 헤인즈, 조지 코헨,
고든 데이비스, 에디 로우,
아더 레이놀즈 등

히스토리

잉글랜드 런던 풀럼 지역 교회 축구단으로 시작한 풀럼은 대부분을 하부 리그에서 보냈기 때문에 프리미어리그 우승과는 거리가 먼 역사를 보내왔다. 2부 리그와 3부 리그에서 우승을 차지한 이력이 있기는 하다. 창단 150년 가까운 긴 역사를 자랑하지만 아직까지 1부 리그나 컵대회에서의 우승 경력은 하나도 없는 풀럼인데, 2009/10 UEFA컵(현 유로파리그) 결승전에 올라 준우승을 거둔 것이 구단 역사상 최대 성과였다. 승격과 강등을 반

복했던 시기가 있었지만 마르코 실바 감독이 지휘봉을 잡으면서 첫 시즌 바로 1부 리그 승격, 이후 1부 리그에서도 안정적인 경기력과 순위를 만들어내고 있고, 올 시즌 더 나은 성과를 기대하고 있는 풀럼이다. 2024/25시즌을 잘 치른다면 중위권 레벨로의 도약을 꿈꿔볼 수 있을 것이다.

최근 5시즌 리그 순위 변동

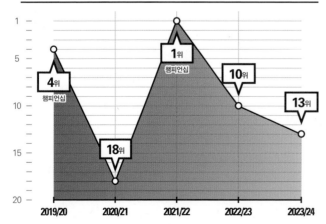

4위 챔피언십	**18위**	**1위** 챔피언십	**10위**	**13위**
2019/20	2020/21	2021/22	2022/23	2023/24

클럽레코드 IN & OUT

〉〉〉〉〉〉〉〉〉〉〉〉〉〉〉〉 **최고 이적료 영입 IN**

에밀 스미스로우
3,180만 유로
(2024년 8월, from 아스날)

최고 이적료 판매 OUT 〉〉〉〉〉〉〉〉〉〉〉〉〉〉〉〉

알렉산다르 미트로비치
5,260만 유로
(2023년 8월, to 알힐랄)

마르코 실바 Marco Silva

1977년 7월 12일 | 47세 | 포르투갈

위기의 시즌, 중위권을 사수하라!

지난 시즌 승격 첫 시즌이었던 2022/23시즌에 비해 순위는 조금 떨어졌지만 리그 13위를 차지하면서 안정적으로 팀을 중위권에 안착시켰다. 팀 스쿼드의 뎁스가 그렇게 두껍지 않기 때문에 스몰 스쿼드로 한정적인 자원 내에서 대부분의 선발 라인업이 비슷하게 이뤄진다는 점을 생각했을 때 마르코 실바의 지난 두 시즌 동안의 성과는 충분히 칭찬받을 만하다. 특히 풀백을 가장 적극적으로 활용하는 팀이라고 불러도 좋을 정도로 측면에서 공격 전개가 될 때는 풀백들의 공격 가담이 반드시 동반되는 것이 마르코 실바 특유의 공격 전술의 특징이다. 올 시즌은 팀 주축 선수들의 이탈도 있고 수비의 중심인 팀 림의 이적 등 걱정거리가 많은 풀럼이다. 위기가 될 수 있는 이번 시즌, 이를 마르코 실바가 어떻게 극복해나갈지 주목해 보자.

📋 감독 인터뷰

"우리는 지난 3년간 훌륭한 성과들을 만들어냈다. 이제 우리는 더 많은 것을 원한다."

감독 프로필

통산				선호 포메이션	승률
465 경기 **229** 승 **92** 무 **144** 패				**4-2-3-1**	**49.2%**

시즌 키워드

#팔리냐공백 | **#풀백활용** | **#스미스로우부활**

우승 이력

- 포르투갈 컵 (2014/15)
- 그리스 리그 (2015/16)
- 잉글랜드 챔피언십리그 (2021/22)

| 경력 📖 | 2011~2014 이스토릴프라이아 | 2014~2015   스포르팅 | 2015~2016 올림피아코스 | 2017   헐시티 | 2017~2018   왓포드 | 2018~2019 에버튼 | 2021~   풀럼 |

FULHAM

IN

에밀 스미스로우
(아스날)

라이언 세세뇽
(토트넘)

호르헤 쿠엔카
(비야레알)

산더 베르게
(번리)

요아킴 안데르센
(크리스탈팰리스)

리스 넬슨
(아스날)

OUT

주앙 팔리냐
(바이에른뮌헨)

토신 아다라비오요
(첼시)

바비 레이드
(레스터시티)

마렉 로닥
(알이티파크)

루크 해리스
(버밍엄)

데이븐 탠턴
(체스터필드)

팀 림
(샬럿)

키어런 보위
(하이버니언)

윌리안
(계약종료)

케빈 음바부
(미트윌란)

제이 스탠스필드
(버밍엄)

FW

| 7 히메네스 | 8 윌슨 | 9 무니즈 |

| 11 트라오레 | 17 이워비 | 19 넬슨 | - 비니시우스 |

MF

| 6 리드 | 10 케어니 | 16 베르게 |

| 18 페레이라 | 20 루키치 | 32 스미스로우 |

DF

| 2 테테 | 3 베이시 | 5 안데르센 | 15 쿠엔카 |

| 21 카스타뉴 | 30 세세뇽 | 31 디오프 | 33 로빈슨 |

GK

| 1 레노 | 23 벤다 |

히든풋볼의 이적시장 평가

지난 몇 시즌 동안 부족했던 안토니 로빈슨의 백업 문제, 팀 림의 대체자 영입, 이 부분을 해결해냈고 에밀 스미스로우를 영입하면서 미드필드진에서의 창의성을 한층 높였다. 여기에 더해 프리미어리그 경험이 풍부한 요아킴 안데르센과 산더 베르게까지 영입하면서 중원보강까지 잘 마쳤다. 확실히 각 포지션에 적절한 보강을 잘 해낸 이번 시즌이다.

히든풋볼 이적시장 평가단

2023/24시즌 스탯 Top 3

득점 Top 3

⚽ 로드리구 무니즈	**9** 골
⚽ 라울 히메네스	**7** 골
⚽ 해리슨 리드	**6** 골

도움 Top 3

🖊 안드레아스 페레이라	**7** 도움
🖊 로빈슨, 윌슨	**6** 도움
🖊 톰 케어니	**4** 도움

출전시간 Top 3

⏱ 베르트 레노	**3,420** 분
⏱ 안토니 로빈슨	**3,269** 분
⏱ 주앙 팔리냐	**2,711** 분

히든풋볼의 순위 예측

최근 몇 년간 중위권 성적을 유지하고 있다. 젊어진 스쿼드로 인해 활력이 느껴진다. 스미스 로우에게 기대가 크다.

리그 내 준수한 자원들을 잘 데려왔다. 아스날 출신 선수들이 올 시즌의 키. 팔리냐의 공백을 잘 메우는 것이 중요.

실전에 나설 선수들을 영입하며 전력 상승을 꾀했다. 실바 감독이 제 역할을 한다면 순위 상승에 성공할 것이다.

팔리냐의 대체자를 찾지 못하면 어려운 시즌 맞이할 것 같다. 스쿼드의 한계가 이번 시즌 드러날 것으로 보인다.

여러 알짜 선수들의 영입에 성공한 풀럼. 시즌 내내 중위권을 지킬 것으로 예상된다.

토신보다 팔리냐의 공백을 어떻게 메우느냐가 더 중요한 과제다. 마르코 실바의 수비 전술은 다소 불안하다.

12위 · 이주헌 ·

14위 · 박종윤 ·

11위 · 송영주 ·

16위 · 이완우 ·

13위 · 김형책 ·

18위 · 남윤성 ·

마르코 실바의 역량이 더 중요해졌다

마르코 실바 감독의 풀럼은 순항 중이다. 풀럼을 맡은 첫해에 챔피언십리그 우승을 거머쥐며 부임 첫 시즌 만에 팀을 PL로 승격시켰고, 승격 첫 시즌 리그 10위, 두 번째 시즌 13위에 오르며 팀을 안정적인 중위권으로 안착시켰다. 특히 지난 시즌의 경우 팀의 주포였던 미트로비치가 갑작스레 팀을 떠나면서 최전방 쪽에서의 득점력이 이전 시즌과 비교했을 때 많이 부족했던 풀럼이었는데, 다른 자원들이 득점에 고르게 관여해주고 후반기에는 로드리고 무니즈의 득점력까지 폭발하면서 나름대로 미트로비치의 공백을 잘 매웠던 풀럼이었다.

하지만 여기서 또 다른 변수가 발생한다. 올 시즌을 앞두고 팀의 핵심 수비형 미드필더였던 주앙 팔리냐가 바이에른뮌헨으로 떠났다. 주앙 팔리냐는 지난 두 시즌 연속으로 프리미어리그 전체 태클 수도 1위에 올랐을 만큼 투쟁적인 수비형 미드필더다. 실제로 풀럼의 전술 특징상 풀백들이 높게 전진할 때 그 뒷공간을 지속적으로 커버하고 상대의 역습을 저지하는 데 있어서 아주 중요한 역할을 해왔던 선수가 팔리냐였다. 심지어 팀의 숏패스 빌드업 시에는 1차 빌드업에서 중추적인 역할까지 담당했을 정도로 팔리냐의 지분은 풀럼에서 굉장히 큰 존재였는데, 그가 빠진 중원 공백을 과연 어떤 선수가 대체할 것인지, 대체자가 팔리냐 만큼의 퍼포먼스를 보여줄 수 있을지가 올 시즌 중요한 과제다.

팀의 주축 핵심 센터백인 팀 림 또한 팀을 떠나면서 어떤 선수가 수비진의 중심을 잡아줄지도 관건이다. 전체적으로 스쿼드 뎁스가 다른 팀에 비해 얇은 편이라고 평가받는 풀럼이기 때문에 이번 여름이적시장에서 반드시 충분히 더 많은 보강을 이뤄내야만 할 것이며 이적생과 기존의 선수단을 얼마나 잘 조화시켜서 시즌을 운영할 수 있는지에 대한 마르코 실바의 역량도 올 시즌 더욱더 중요하게 작용할 것으로 보인다.

하지만 풀럼에게 밝은 전망도 충분히 있다. 쿠엔카나 스미스로우 같은 적절한 보강도 있었고, 지난 시즌 후반기 무니즈가 터지면서 올 시즌 무니즈의 득점력을 초반부터 기대할 수 있다는 점, 라울 히메네즈도 리그 최종전 멀티골을 터트리면서 건재함을 보여줬고 팀 유스 출신의 프랜차이즈스타 스탠스필드 역시도 지난 시즌 버밍엄 임대 기간 동안 뛰어난 득점력을 보이고 성장하여 팀으로 복귀했다. 올 시즌 풀럼에게 고비의 시기가 분명 찾아올 것인데, 과연 PL경험이 풍부한 마르코 실바가 그 고비를 얼마나 잘 넘길 것이냐, 감독의 역량이 그 어느 때보다도 중요한 풀럼이다.

베른트 레노

국적 독일 | **나이** 32 | **신장** 190 | **체중** 78 | **평점** 6.68

1
GK

VC

Bernd Leno

풀럼으로 이적하면서 제2의 전성기를 맞고 있다. 풀럼에서의 첫 시즌 이적 후 모든 경기에 출전하면서 최고의 활약을 펼쳐 보였고, 지난 시즌 역시 리그 전경기에 출전하며 무수히 많은 세이브를 기록하며 팀의 수호신으로서의 역할을 톡톡히 해냈다. 특히 2023년으로 한정했을 때는 유럽 5대 리그 전체 세이브 1위의 기록까지 만들어냈을 정도로 엄청난 선방쇼를 선보였고, 지난 시즌도 100개 이상의 세이브를 기록하며 이름값을 해냈다. 올 시즌 역시 풀럼이 기대 이상의 성과를 거두기 위해서는 수문장 레노가 골문을 든든히 지켜주면서 안정감과 빛나는 선방쇼를 연이어 보여줄 필요가 있겠다.

2023/24시즌

	38 GAMES	**3,420** MINUTES	**61** 실점	**72.10** 선방률		
3	**133** 세이브	**10** 클린시트	추정가치: **13,000,000€**	**26.30** 클린시트 성공률	**0/8** PK 방어 기록	**0**

이사 디오프

국적 프랑스, 세네갈 | **나이** 27 | **신장** 194 | **체중** 89 | **평점** 6.51

31
CB

Issa Diop

거의 10년 가까이 풀럼에서 활약한 베테랑 팀 림이 고국 MLS 무대로 떠나면서 올 시즌 팀 수비에서 더욱더 중심적인 역할을 해줘야 하는 이사 디오프다. 풀럼 이적 첫 시즌부터 타고난 피지컬과 운동 능력을 활용한 대인방어가 상당히 돋보였으며, 발도 빠른 편이라 직접 볼을 몰고 전진하는 플레이도 즐겨한다. 다만 부상이 잦으며 실수가 종종 있는 편이며, 지난 시즌도 잔부상으로 인해 리그에서 단 18경기밖에 소화하지 못했다. 부상만 없다면 현 풀럼 수비진 중에서는 가장 안정감 있는 센터백이라 볼 수 있기 때문에 올 시즌은 부상 빈도를 줄이고 건강한 상태로 시즌에 임하는 것이 관건이고, 그렇게만 된다면 주전 한 자리를 차지할 가능성이 굉장히 높은 선수이다.

2023/24시즌

	18 GAMES	**1,426** MINUTES	**0** GOALS	**0** ASSISTS		
2	**0.3** 경기당슈팅	**1** 유효슈팅	추정가치: **20,000,000€**	**59.8** 경기당패스	**88.10** 패스성공률	**1**

칼빈 베이시

국적 나이지리아 | **나이** 24 | **신장** 185 | **체중** 76 | **평점** 6.46

3
CB
LB

Calvin Bassey

지난 시즌 이적 첫 시즌에 서서히 주전 센터백으로 자리를 잡으며 리그에서 29경기를 소화했다. 피지컬이 상당히 탄탄하고 빠른 스피드와 괜찮은 킥 능력도 갖추고 있으며 풀백도 소화할 수 있는 재능 있는 수비수이다. 운동 능력이 뛰어나다 보니 대인방어에는 강점이 있지만 뒷공간으로 돌아 뛰어 들어가는 상대선수의 움직임은 종종 놓치는 경향이 있다. 거기에 더해 생각보다 큰 실수도 종종 있는 선수이기 때문에 이러한 개인의 리스크와 빌드업적인 능력을 조금 더 보완할 수 있다면 올 시즌 베이시는 한 단계 더 성장할 수 있을 것이다.

2023/24시즌

	29 GAMES	**2,302** MINUTES	**1** GOALS	**0** ASSISTS		
4	**0.2** 경기당슈팅	**1** 유효슈팅	추정가치: **16,000,000€**	**57.5** 경기당패스	**86.20** 패스성공률	**1**

15
CB

Jorge Cuenca

호르헤 쿠엔카

국적 스페인 | **나이** 24 | **신장** 187 | **체중** 74 | **평점** 6.69

지난 시즌 비야레알에서 주전급으로 활약하며 상당히 인상 깊은 활약을 펼쳐 보였다. 왼발잡이 센터백으로 대인방어와 제공권에 상당히 능하며, 무엇보다 롱패스 빌드업에 능한 선수이기 때문에 팀을 떠난 정신적 지주 팀 림의 역할을 대체할 것으로 기대를 모은다. 그리고 190cm의 장신이지만 은근히 스피드가 빠르고 기동성이 좋아서 측면 풀백도 소화가 가능하다. 올 시즌 빌드업 능력이 뛰어난 왼발 센터백으로 많은 풀럼 팬들이 쿠엔카에 대해 기대를 걸고 있는 만큼 빠르게 리그의 템포에 적응해서 본인의 기량을 증명할 필요가 있다.

2023/24시즌

	29 GAMES	1,963 MINUTES	3 GOALS	1 ASSISTS	
7	0.7 경기당슈팅	7 유효슈팅	추정가치: 6,000,000€	37.7 경기당패스	84.00 패스성공률	0

33
LB

Antonee Robinson

안토니 로빈슨

국적 미국 | **나이** 27 | **신장** 179 | **체중** 72 | **평점** 6.92

안토니 로빈슨은 프리미어리그에서 생각보다 과소평가된 최고의 좌측 풀백 중 한 명이다. 좌측에서 엄청난 활동량과 기동성을 보여주며 팀이 앞쪽으로 전진할 때는 끊임없이 직선적인 오버래핑을 통해 좌측 공격 작업을 지원한다. 오버래핑, 언더래핑 다양한 형태를 통해 팀 좌측 공격을 지원하며 빠른 스피드와 날카로운 왼발킥으로 좋은 컷백 패스와 크로스를 공격수들에게 제공한다. 안토니 로빈슨의 엄청난 에너지 레벨은 풀럼 좌측 공격의 메인 전술 그 자체이며, 부상을 잘 당하지 않는 것도 로빈슨의 최고 장점이다. 올 시즌도 풀럼의 좌측을 이끄는 선봉장으로서의 책임감이 막중하다.

2023/24시즌

	37 GAMES	3,269 MINUTES	0 GOALS	6 ASSISTS	
6	0.4 경기당슈팅	7 유효슈팅	추정가치: 25,000,000€	44 경기당패스	75.90 패스성공률	0

30
LB
LW

Ryan Sessegnon

라이언 세세뇽

국적 잉글랜드 | **나이** 24 | **신장** 170 | **체중** 69 | **평점** –

라이언 세세뇽은 원래 풀럼 유스에서 커리어를 시작한 선수이다. 그리고 어린 시절 상당히 촉망받는 유망주로 주목받으며 만 16세 나이에 프로에 데뷔하여 엄청난 활약을 펼치기도 했었다. 특히 만 17세에 풀럼에서 윙어로서 에이스급 활약을 펼치며 16골을 터뜨린 적도 있다. 이후 토트넘에서는 잦은 부상과 폼 저하로 만개하지 못했지만 올 시즌 다시 한번 본인의 친정팀에서 재기를 노린다. 특유의 장점이었던 폭발적인 스피드와 드리블 돌파 능력을 올 시즌 얼마나 회복하여 보여줄 수 있을지가 관건이며, 출전 시에는 일단 안토니 로빈슨의 백업으로서 일정 시간 활약할 가능성이 높아 보인다.

2023/24시즌

	- GAMES	- MINUTES	- GOALS	- ASSISTS	
-	경기당슈팅	유효슈팅	추정가치: 10,000,000€	경기당패스	패스성공률	

21
RB
LB
CB

Timothy Castagne

티모시 카스타뉴

국적 벨기에 | **나이** 28 | **신장** 185 | **체중** 79 | **평점** 6.63

카스타뉴는 지난 시즌 풀럼 최고의 영입생 중 한 명이라고 평가할 수 있다. 이미 아탈란타 시절부터 공격적인 윙백으로 명성을 떨쳤고, 레스터시티에서도 좋은 활약을 펼친 바 있어 프리미어리그에서의 경험이 풍부한 선수이다. 특히 풀럼의 주전술은 좌우 풀백을 모두 공격적으로 활용하는 특징을 가지고 있는데 좌측에 로빈슨이 있다면 우측에서 카스타뉴가 그 역할을 톡톡히 해냈다. 측면 수비수로서 큰 키에 빠른 스피드, 부지런한 활동량에 기술도 있고 공간 활용과 전술 이해도도 뛰어나다. 올 시즌도 우측의 붙박이 주전으로 나설 가능성이 높으며, 센터백도 소화가 가능하기 때문에 여러모로 카스타뉴는 올 시즌도 팀의 핵심적인 수비 자원이라고 평가할 수 있다.

2023/24시즌

	34 GAMES	2,634 MINUTES	1 GOAL	3 ASSISTS	
3	0.4 경기당슈팅	4 유효슈팅	추정가치: 17,000,000€	39.7 경기당패스	81.30 패스성공률	0

6
CM

Harrison Reed

해리슨 리드

국적 잉글랜드 | **나이** 29 | **신장** 176 | **체중** 74 | **평점** 6.34

풀럼에서 어느덧 6시즌 차를 맞이하면서 풀럼에서 두 번의 승격과 한 번의 강등을 모두 경험해 본 몇 안 되는 선수 중의 한 명이다. 전술적으로 오른쪽 중앙미드필더로 나서면서 오른쪽 공수의 톱니바퀴 역할을 한다. 우측 수비가 비어 있으면 성실하게 수비 커버에 임하고, 우측 공격의 지원이 필요하면 성실하게 박스 침투라든지 박스 외곽 쪽의 크로스를 통해 우측공격을 지원한다. 부지런한 활동량과 정확한 킥능력, 성실한 플레이스타일이 가장 큰 강점이며, 올 시즌도 팀의 중요선수 중 한 명으로 뽑을 수 있는 자원이다. 팔리냐가 팀을 떠났기 때문에 루키치나 베르게와 새롭게 파트너십을 이룰 것으로 보인다.

2023/24시즌

	27 GAMES	1,325 MINUTES	0 GOAL	2 ASSISTS	
6	0.3 경기당슈팅	2 유효슈팅	추정가치: 15,000,000€	26.7 경기당패스	85.30 패스성공률	0

5
CB

Joachim Andersen

요아킴 안데르센

국적 덴마크 | **나이** 28 | **신장** 190 | **체중** 74 | **평점** 6.88

요아킴 안데르센은 2020/21시즌 이미 풀럼에서 한 시즌 뛴 경험이 있다. 이후 크리스탈팰리스로 이적하여 3시즌을 뛰고 다시 이번 시즌 풀럼으로 돌아왔다. 지난 몇 년간 꾸준히 좋은 활약을 펼쳤던 안데르센의 장점은 일단 192cm의 장신 센터백이다 보니 제공권에 상당히 능하고 세트피스에서 위력을 발휘하기도 한다. 무엇보다도 빌드업 능력이 상당히 좋은데, 지난 몇 년간 프리미어리그에서 압도적으로 롱패스 시도를 많이 한 선수가 요아킴 안데르센이다. 속도나 순발력이 떨어지는 단점이 있지만 뛰어난 패스 능력과 노련함을 통해서 그 단점을 보완하고 있으며 올 시즌 풀럼의 수비진에서도 바로 주전급으로 활약할 것으로 예상된다.

2023/24시즌

	38 GAMES	3,418 MINUTES	2 GOALS	3 ASSISTS	
7	0.6 경기당슈팅	8 유효슈팅	추정가치: 35,000,000€	56.7 경기당패스	79.50 패스성공률	0

18
AM
CM

Andreas Pereira

안드레아스 페레이라
국적 브라질 | **나이** 28 | **신장** 177 | **체중** 66 | **평점** 6.75

맨유에서 기대만큼 성장하지 못하면서 오랜 기간 기량이 정체된 모습이었는데 풀럼으로 이적하면서 어떻게 보면 본인의 전성기를 맞이하고 있다. 풀럼에서 주전으로 자리잡으면서 특유의 날카로운 킥력을 앞세워 공격 연결고리 역할을 톡톡히 해내고 있으며, 측면으로 빠지는 움직임을 통해 위협적인 크로스를 시도하기도 한다. 한층 더 간결해진 플레이와 더 나아진 활동량도 눈에 띄는 부분이며, 중원 뎁스가 약한 풀럼인 만큼 올 시즌도 부상 없이 팀 내 핵심적인 역할을 해줘야만 한다. 스미스로우와 이워비 같은 좋은 플레이메이커가 있기 때문에 조금 더 낮은 위치로 내려가 플레이할 가능성도 있다.

2023/24시즌

6	**37** GAMES	**2,638** MINUTES	**3** GOALS	**7** ASSISTS	**0**
	1.4 경기당슈팅	**16** 유효슈팅	추정가치: **20,000,000€**	**28.7** 경기당패스	**78.80** 패스성공률

17
LW
AM
CM

Alex Iwobi

알렉스 이워비
국적 나이지리아 | **나이** 28 | **신장** 180 | **체중** 74 | **평점** 6.77

에버튼에서 에이스급 활약을 펼치며 팀을 강등 위기에서 구해낸 후 풀럼으로 합류했다. 공격적인 볼 운반과 전진성, 적재적소에 박스침투 능력이 돋보이며 패스를 통한 연결고리역할도 상당히 능하다. 에버튼 시절에도 전진 패스나 키 패스 어시스트에 있어서 가장 뛰어난 모습을 선보였고 풀럼에서도 지난 시즌 주전으로 활약하며 본인의 장점을 잘 보여줬다. 올 시즌 에밀 스미스로우가 합류하면서 아스날 커넥션의 콤비네이션도 많은 팬들이 기대하고 있는 부분이며 측면과 중앙을 오가면서 팀의 찬스 메이킹에 많은 지분을 차지할 것으로 큰 기대를 모은다.

2023/24시즌

2	**30** GAMES	**2,205** MINUTES	**5** GOALS	**2** ASSISTS	**0**
	1.7 경기당슈팅	**18** 유효슈팅	추정가치: **25,000,000€**	**32.7** 경기당패스	**81.80** 패스성공률

8
RW
AM

Harry Wilson

해리 윌슨
국적 웨일스 | **나이** 27 | **신장** 173 | **체중** 69 | **평점** 6.52

부상 없는 건강한 해리 윌슨은 확실히 위협적이다. 지난 시즌 팀의 경기 대부분에 출전하며 리그 35경기동안 4골과 6개의 도움을 기록했다. 챔피언십 시절 승격 당시 29개의 공격포인트를 기록하며 엄청난 파괴력을 선보이기도 했다. 특유의 왼발 킥 능력은 어릴 적부터 본인의 가장 큰 무기였으며, 직접적인 돌파보다는 주변 선수들과 연계 플레이를 주고받으며 왼발킥 한방으로 양질의 패스와 직접슈팅을 노리는 데 능하다. 올 시즌도 건강하게 팀의 주요 공격 옵션으로 활약할 것으로 예상되며, 훌륭한 2선 자원들이 많이 합류했기 때문에 치열한 주전경쟁은 불가피해 보이긴 하다.

2023/24시즌

6	**35** GAMES	**1,616** MINUTES	**4** GOALS	**6** ASSISTS	**0**
	1.1 경기당슈팅	**13** 유효슈팅	추정가치: **17,000,000€**	**16.6** 경기당패스	**79.20** 패스성공률

32
AM
WF

Emile Smith Rowe

에밀 스미스로우

국적 잉글랜드 | **나이** 24 | **신장** 182 | **체중** 72 | **평점** 6.35

아스날 유스 출신으로 잉글랜드 내에서도 큰 기대를 받았고 실제로 아스날에서 핵심적인 역할을 했던 시즌도 있었을 정도로 촉망받는 재능이었지만 반복적인 부상이 발목을 잡으면서 기대만큼 성장하지 못했다. 기본기와 볼터치가 상당히 좋고 특유의 간결한 플레이와 원투패스를 통한 하프 스페이스 공략에 매우 능하며 간결한 숏패스를 활용한 플레이메이킹에 특별한 재능이 있다. 그동안 중앙 쪽에서의 전개에 아쉬움이 있었던 풀럼이었는데 그 부분을 해소해줄 수 있는 자원으로 기대를 모으고 있으며, 풀럼에서 만큼은 확실한 주전으로 공격 전개에 있어 핵심적인 역할을 할 것으로 예상된다.

2023/24시즌

	13 GAMES	347 MINUTES	0 GOALS	1 ASSISTS	
0	1.2 경기당슈팅	5 유효슈팅	추정가치: 22,000,000€	16.2 경기당패스	88.60 패스성공률	0

7
CF

Raúl Jiménez

라울 히메네스

국적 멕시코 | **나이** 33 | **신장** 188 | **체중** 79 | **평점** 6.67

울버햄튼 시절 선수 커리어에 치명적인 머리 부상으로 오랜 기간 경기에 나서지 못하면서 폼이 오를 기미가 보이지 않았던 라울 히메네스. 풀럼 이적 후에도 초반 계속해서 무득점에 시달리면서 고생했던 시기가 있었으나, 중반기부터 나름대로 득점포를 쏘아 올리기 시작했고 리그 마지막 경기에서 멀티골을 터뜨리며 어느 정도 살아난 모습을 보여줬다. 아직 전성기 시절의 연계 플레이와 결정력을 100% 기대할 수는 없겠지만 울버햄튼 막바지 시절보다는 훨씬 더 살아난 모습이기에 혹시 모를 부활의 가능성의 여지는 남아 있으며, 호드리구 무니즈에 이어서 팀의 2옵션 공격수로 활약할 것으로 보인다.

2023/24시즌

	24 GAMES	1,404 MINUTES	7 GOAL	0 ASSISTS	
3	1.7 경기당슈팅	17 유효슈팅	추정가치: 5,000,000€	15.5 경기당패스	69.70 패스성공률	1

9
CF

Rodrigo Muniz

호드리구 무니즈

국적 브라질 | **나이** 23 | **신장** 178 | **체중** 67 | **평점** 6.79

2021/22시즌 풀럼에 합류한 이후 잉글랜드 무대에 적응하는 데 상당히 오랜 시간이 걸렸다. 그리고 지난 시즌 드디어 본인의 기량을 증명해냈다. 리그 26경기에서 9골을 터뜨리며 팀의 후반기 상승세에 결정적인 역할을 톡톡히 해냈다. 단단한 피지컬과 박스 안팎에서의 활동폭도 넓은 편이고, 다양한 슈팅 스킬을 구사하며 헤더에도 능하다. 올 시즌도 이러한 장점을 바탕으로 지난 시즌 후반기의 활약을 이어가는 것이 관건이며, 새로운 공격 자원을 따로 더 영입을 하진 않았기 때문에 사실상 팀의 1옵션 공격수로 활약할 것으로 예상된다.

2023/24시즌

	26 GAMES	1,598 MINUTES	9 GOAL	1 ASSISTS	
1	2.8 경기당슈팅	26 유효슈팅	추정가치: 20,000,000€	8.4 경기당패스	62.10 패스성공률	0

이완우가 주목하는 풀럼의 원픽!

안토니 로빈슨

풀럼의 경기 스타일은 풀백의 직선적인 오버래핑과 공격 가담이 가장 뚜렷한 특징이다. 실제로 그 역할을 지난 몇 년간 안토니 로빈슨과 티모시 카스타뉴가 굉장히 잘해줬는데, 그중에서도 좌측 풀백인 안토니 로빈슨의 움직임이나 플레이는 볼 때마다 항상 놀라움을 자아냈다. 90분 동안 지칠 줄 모르게 쉴 새 없이 오버래핑을 시도하고, 체력이나 기동성이 떨어질 법한 시간대가 됐음에도 불구하고 끝까지 에너지레벨이 떨어지지 않고 적극적인 수비와 공격 가담을 보여준다.

이러한 타고난 에너지 레벨을 갖추고 있다 보니 이미 미국 대표팀과 풀럼 두 팀에서 모두 안토니 로빈슨은 붙박이 주전이자 팀 좌측 공격의 핵심 자원으로 활약하고 있다. 올 시즌도 여전히 마르코 실바 감독의 풀럼은 풀백을 적극적으로 활용하는 측면 공략이 메인 전술이 될 것이기 때문에 로빈슨의 역할이 올 시즌 역시나 중요하다고 볼 수 있으며, 로빈슨이 그 동안 유일한 단점으로 지적됐던 개인의 득점력만 어느 정도 끌어올릴 수 있다면 프리미어리그 최고의 좌측 풀백으로 한 걸음 더 다가가는 시즌이 될 수 있지 않을까 싶다.

지금 풀럼에 이 선수가 있다면!

리드반 일마즈

풀럼은 풀백을 활용한 측면 오버래핑과 적극적인 크로스 지원이 가장 큰 특징이다. 실제로 로빈슨과 카스타뉴가 주전으로서 그 역할을 굉장히 잘해줬고, 우측의 카스타뉴는 테테라는 좋은 백업 자원이 있기도 하다. 문제는 현재 좌측의 로빈슨은 마땅한 백업이 없다는 점이다. 그러다 보니 실제로 지난 시즌 필드플레이어 중 가장 많은 출전시간을 소화한 선수가 안토니 로빈슨이기도 하다.

그나마 다행인 점은 로빈슨이 지난 두 시즌동안 별다른 부상 없이 좌측 수비를 든든하게 지켜줬다는 점인데 부상의 변수는 언제든 찾아올 수 있다. 라이언 세세뇽을 영입하긴 했지만 보다 더 직선적으로 양질의 크로스를 올려줄 수 있는 리드반 일마즈는 풀럼의 전술스타일에 부합하는 최적의 자원이라 볼 수 있다.

이미 10대 때부터 튀르키예의 떠오르는 신성으로 주목받았고, 적극적인 오버래핑에 이은 날카로운 크로스는 일마즈의 시그니처이기도 하다. 스타일을 보면 과거 레이튼 베인스를 떠올리게 하기도 한다. 일마즈가 풀럼에 합류할 수 있다면 로빈슨이 나올 수 없을 때 좌측에서 본인의 역할을 충분하게 수행해 줄 수 있을 것이다.

JOSE SA

DAN BENTLEY

TOM KING

CRAIG DAWSON

MATT DOHERTY

SANTIAGO BUENO

NELSON SEMEDO

RAYAN AIT-NOURI

TOTI GOMES

MARIO LEMINA

BOUBACAR TRAORE

JOAO GOMES

JEAN-RICNER BELLEGARDE

PABLO SARABIA

RODRIGO GOMES

MATHEUS CUNHA

ENSO GONZALEZ

YERSON MOSQUERA

LUKE CUNDLE

TOMMY DOYLE

HEE-CHAN HWANG

JORGEN STRAND LARSEN

20242025

Wolverhampton Wanderers

울버햄튼원더러스
Wolverhampton Wanderers

창단 년도 | 1877년
최고 성적 | 우승 (1953/54, 1957/58, 1958/59)
경기장 | 몰리뉴 스타디움
(Molineux Stadium)
경기장 수용 인원 | 32,050명
지난 시즌 성적 | 14위
별칭 | Wolves (울브스),
The Wanderers (원더러스)
상징색 | 골드(옐로우), 블랙
레전드 | 빌리 라이트, 스티브 불, 존 리처즈,
피터 브로드벤트, 조니 핸콕스,
후뱅 네베스 등

히스토리

울버햄튼은 영국 울버햄튼을 연고로 하는 축구 클럽으로 1877년 창단, 147년의 역사를 자랑한다. 풋볼 리그의 원년부터 참여하면서 1부 리그 우승 3회, FA컵 우승 4회, 리그컵 우승 2회 등 화려한 우승 기록과 찬란한 역사를 보유했다. 특히, 1950년대 스탠 컬리스 감독이 지휘하고 빌리 라이트가 이끌던 시절에 최고의 전성기를 구가하며 1부 리그 우승만 세 차례나 차지했다. 하지만 1964/65시즌 2부 리그로 강등 당한 이후로는 1부와 2부 리그를 오가며 이렇다 할 성적을 거두지 못했다. 2017/18시즌 챔피언십 1위로 승격한 후, 최근 프리미어리그에서 7시즌을 보내고 있다. 한때는 2년 연속으로 리그 7위를 기록하며 더 높은 위치로 갈 수 있는 클럽으로 주목받았으나, 최근 3시즌 성적은 하향세다. 과거 설기현(2004~2006)에 이어 황희찬이 활약함에 따라 국내에서도 사랑 받는 클럽이다.

최근 5시즌 리그 순위 변동

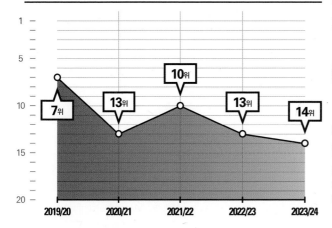

	7위	13위	10위	13위	14위
	2019/20	2020/21	2021/22	2022/23	2023/24

클럽레코드 IN & OUT

〉〉〉〉〉〉〉〉〉〉〉〉〉〉 **최고 이적료 영입 IN**

마테우스 쿠냐
5,000만 유로
(2023년 7월,
from 아틀레티코마드리드)

최고 이적료 판매 OUT 〉〉〉〉〉〉〉〉〉〉〉〉〉〉
마테우스 누네스
6,200만 유로
(2023년 9월,
to 맨시티)

개리 오닐 Gary O'Neil

1983년 5월 18일 | 41세 | 잉글랜드

개리 오닐 감독, 더 큰 도약을 꿈꾸다

개리 오닐 감독은 지난 시즌 울버햄튼의 구세주라고 해도 과언이 아니다. 지난 시즌 개막하기 직전에 훌렌 로페테기 감독이 구단과의 마찰로 사임하자마자 갑작스레 지휘봉을 잡았음에도 울버햄튼을 성공적으로 이끌었다. 프리미어리그 14위라는 성적이 초라해 보여도 내우외환으로 고생하던 울버햄튼 입장에선 나쁘지 않은, 아니 그런대로 만족할 수 있는 성적임이 분명하다. 울버햄튼이 2024/25시즌이 시작하기 전 개리 오닐 감독과 새로운 계약을 원했을 정도였다. 지난 시즌 팀 상황에 따라 다양한 포메이션과 전술을 보여준 개리 오닐 감독은 이번 시즌 울버햄튼을 한 단계 더 발전시킬 계획이다.

📑 감독 인터뷰

"우린 현재 정말 좋은 스쿼드를 보유하고 있다. 물론, 능력 있는 선수들이 많기 때문에 그들을 어떻게 활용할지에 대한 과제가 남아 있다. 여전히 스쿼드의 균형을 이루고 모든 선수들이 적절히 기여할 방법을 찾아야 한다."

감독 프로필

통산	선호 포메이션	승률
82 경기 **28** 승 **14** 무 **40** 패	**4-2-3-1**	**34.15%**

시즌 키워드

#포메이션변화	#재계약	#황희찬

경력 🔖

2022~2023	2023~
본머스	울버햄튼

WOLVERHAMPTON WANDERERS

IN

예르겐 스트란드
라르센
(셀타비고)

토마스 도일
(맨시티)

호드리구 고메스
(브라가)

페드루 리마
(스포르트헤시피)

바스티엥 뫼피유
(낭트)

안드레
(플루미넨세)

샘 존스톤
(크리스탈팰리스)

카를루스 포브스
(아약스)

OUT

맥스 킬먼
(웨스트햄)

벤데구스 볼라
(라피드빈)

페드루 네투
(첼시)

루이 몰든
(계약종료)

우고 부에노
(페예노르트, 임대)

키야나 회버
(옥세르, 임대)

조 호지
(허더스필드, 임대)

타완다 치레와
(더비카운티, 임대)

파비우 실바
(라스팔마스, 임대)

네이선 프레이저
(질터바러험, 임대)

쳄 캠벨
(레딩, 임대)

FW
- 9 라르센
- 10 포덴스
- 11 황희찬
- 12 쿠냐
- 18 칼라이지치
- 19 R.고메스
- 29 게드스
- 30 곤살레스

MF
- 5 르미나
- 6 트라오레
- 7 안드레
- 8 J.고메스
- 20 도일
- 21 사라비아
- 27 벨가르드
- 39 컨들

DF
- 2 도허티
- 3 아이트누리
- 4 부에노
- 14 모스케라
- 15 도슨
- 22 세메두
- 24 토티
- 37 리마
- 67 허브너

GK
- 1 사
- 25 벤틀리
- 31 존스톤

히든풋볼의 이적시장 평가

울버햄튼은 2024년 여름 나름대로 효율적인 영입에 성공했다. 스트란드 라르센, 토마스 도일, 호드리구 고메스, 페드루 리마, 바스티엥 뫼피유 등 젊은 선수들을 영입하며 공수 전력을 강화했다. 특히, 지난 시즌 라리가에서 13골을 넣은 스트란드 라르센을 임대 영입해 최전방을 보강한 것은 고무적이다. 다만, 수비의 중심인 맥스 킬먼이 웨스트햄으로 떠남에 따라 수비라인을 조정해야 하고, 크랙 네투의 이탈이 큰 출혈이다.

히든풋볼 이적시장 평가단

2023/24시즌 스탯 Top 3

득점 Top 3

황희찬, 쿠냐	12골	
사라비아, 르미나	4골	
아이트누리, 네투 등	2골	

도움 Top 3

페드루 네투	9도움	
쿠냐, 사라비아	7도움	
황희찬, 고메스	3도움	

출전시간 Top 3

맥스 킬먼	3,420분	
넬슨 세메두	3,091분	
주제 사	3,039분	

히든풋볼의 순위 예측

그 어느때보다 힘들 것이다. 에이스 네투가 떠났다. 안 그래도 공격력이 좋지 않은 팀인데 황희찬의 어깨가 무겁다.

네투가 빠진 공격진. 킬먼이 빠진 수비진. 주축 자원들의 공백이 너무나 크다. 황희찬이 잘 해줘야 한다.

적지 않은 영입에도 공수의 핵 네투와 킬먼이 떠났다. 개리 오닐 감독은 공격 전개와 수비 라인을 재정비해야 한다.

공격과 수비 모두 핵심 자원이 이탈했다. 힘든 시즌이 예상되며 황희찬의 분투가 더욱더 필요한 시즌이다.

에이스가 떠난 울브스. 남은 기간 특별한 보강이 없다면 시즌 내내 지부진할 가능성이 높다고 본다.

공수 핵심 킬먼과 네투를 동시에 잃었다. 시즌 초 고전이 예상된다. 황희찬의 어깨가 무겁다.

15위 · 이주헌 ·

16위 · 박종윤 ·

16위 · 송영주 ·

15위 · 이완우 ·

14위 · 김형책 ·

16위 · 남윤성 ·

울버햄튼,
다시
비상할까?

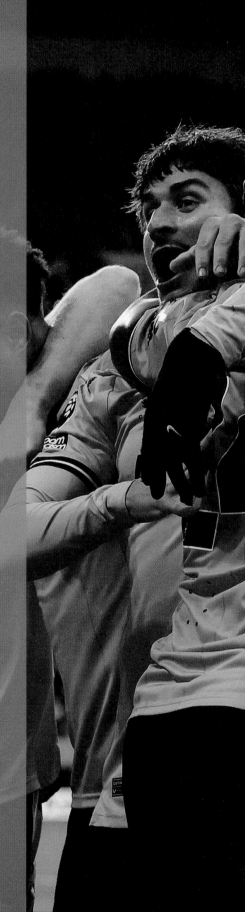

울버햄튼은 2023/24시즌 내내 위기의 연속이었다. 시즌이 시작되기 직전에 로페테기 감독에서 개리 오닐 감독으로 감독 교체를 단행했고, FFP 문제로 선수 보강은 미흡했다. 또한, 시즌 내내 부상 선수가 적지 않아 제 힘을 발휘하기 쉽지 않았다. 일부 언론들은 강등 후보라고 악평을 내놓았을 정도. 그럼에도 개리 오닐 감독의 울버햄튼은 쉽게 흔들리지 않았고, 결국 프리미어리그 14위란 성적으로 잔류에 성공했다. 14위라는 순위에 성공이란 단어는 어울리지 않지만 이것이 긍정적인 결과라는 사실은 부인할 수 없다.

울버햄튼의 성공 비결은 무엇보다 오닐 감독의 지도력에 존재한다. 개리 오닐 감독은 개막 후 6경기에서 1승 1무 4패를 기록하자 과감하게 포백에서 스리백으로 변화를 꾀하며 수비의 안정감을 높였다. 그리고 팀 사정에 따라 4-4-2, 4-2-3-1, 3-4-3 등 다양한 포메이션을 구사하면서 끈끈하면서도 위력적인 공격력을 선보였다. 비록 잔류가 확정된 후 마지막 3경기에서 연패를 당했지만 개리 오닐 감독의 울버햄튼은 기존의 수비적인 울버햄튼과 다른 모습이었다.

두 번째는 공격력의 상승이다. 울버햄튼은 지난 시즌 리그에서 총 50골을 기록, 리그 득점 순위 16위를 기록했다. 높은 순위는 아니지만, 이는 2019/20시즌 51골을 기록한 이후 한 시즌 최다 득점이다. 울버햄튼이 2020/21시즌 36골, 2021/22시즌 38골, 2022/23시즌 31골 등 빈곤한 득점력에 고생했다는 사실은 부인할 수 없다. 개리 오닐 감독은 울버햄튼의 공격의 속도와 강도를 높였고, 페드루 네투와 황희찬, 마테우스 쿠냐 등은 개리 오닐 감독의 기대에 부응했다.

황희찬은 12골 3도움을 기록하며 해결사 역할을 했고, 페드루 네투는 2골 9도움을 기록하며 에이스다운 모습을 보여줬다. 쿠냐는 12골 7도움을 기록하며 공격의 선봉장 역할을 톡톡히 했다. 물론, 에이스 페드루 네투가 2024년 여름 첼시로 이적했다. 그럼에도 2024년 여름 스트란드 라르센과 호드리구 고메스를 영입함에 따라 공격력이 유지될 것으로 기대를 모으고 있다.

그러나 수비에 대한 부정적 시선이 존재한다. 지난 시즌 무려 65골이나 허용한 수비는 반드시 개선해야 함에도 이번 여름 수비의 중심인 맥스 킬먼을 웨스트햄으로 이적시켰다. 오닐 감독은 프리시즌 내내 포백을 테스트했고 나름 만족할 만한 결과를 얻었다. 그럼에도 리그에서 시즌 내내 효과를 발휘할진 미지수다. 과연 울버햄튼은 10위권 안으로 도약할 수 있을까? 개리 오닐 감독의 존재감을 고려하면 불가능한 것은 아니지만 페드루 네투와 맥스 킬먼이 떠난 자리는 역시 크게 느껴진다.

1
GK

José Sá

주제 사

국적 포르투갈 | **나이** 31 | **신장** 192 | **체중** 86 | **평점** 6.72

울버햄튼의 No. 1 골키퍼. 탁월한 위치 선정과 뛰어난 판단력, 놀라운 반사 신경을 통해 선방 능력을 과시한다. 특히, 1대1 상황이나 PK 상황에서 강한 모습을 보여준다. 그러나 캐칭 미스가 적지 않아 그로 인한 실수가 나오곤 한다. 2021년 여름 올림피아코스에서 800만 유로의 이적료에 울버햄튼으로 이적하자마자 후이 파트리시우가

떠난 자리를 메우며 골문을 단단하게 만들었다. 마르티모와 포르투를 거치며 성장했지만 주전으로 도약하진 못했다. 그러나 2018년 여름 올림피아코스로 이적한 후, 3시즌 동안 83경기에 출전했고 울버햄튼 이적 후에도 3시즌 동안 리그 108경기에 출전하며 주전으로 활약하고 있다.

2023/24시즌

	35 GAMES	**3,039** MINUTES	**58** 실점	**73.40** 선방률
1	**131** 세이브	**4** 클린시트	추정가치: **14,000,000€**	**11.40** 클린시트 성공률	**0/8** PK 방어 기록	0

2
RB
LB

Matt Doherty

맷 도허티

국적 아일랜드 | **나이** 32 | **신장** 182 | **체중** 76 | **평점** 6.38

베테랑 라이트백. 드리블과 스피드를 활용해 높은 공격 기여도를 보여준다. 오프 더 볼 상황에서의 효과적인 움직임과 동료와의 뛰어난 연계 플레이, 정확한 패스를 통해 공격 포인트를 기록하곤 한다. 그러나 공격력에 비해 수비력이 부족하다는 평을 듣고 있다. 따라서 포백의 풀백보다 스리백의 윙백이 어울린다는 평이 지배적이다.

2010년 울버햄튼에서 데뷔했지만 토트넘, 아틀레티코마드리드를 거치며 2023년 7월 3년 만에 자유계약으로 울버햄튼에 복귀했다. 2018년부터 아일랜드 대표팀에서 중심으로 활약하고 있다. 참고로 그의 아버지는 아일랜드인이고 어머니는 네덜란드인이며, 외할머니는 인도네시아인이어서 3개의 대표팀 선택지가 있었다.

2023/24시즌

	30 GAMES	**1,144** MINUTES	**1** GOALS	**0** ASSISTS
2	**0.3** 경기당슈팅	**3** 유효슈팅	추정가치: **3,000,000€**	**18.8** 경기당패스	**79.30** 패스성공률	0

3
LB

Rayan Aït-Nouri

라얀 아이트누리

국적 알제리 | **나이** 23 | **신장** 179 | **체중** 69 | **평점** 6.76

알제리 대표팀에서 활약하는 공격적인 왼쪽 풀백. 빠른 드리블과 비교적 정확한 크로스, 과감한 침투, 오프 더 볼에서의 효과적인 움직임 등을 보여주며 공격에 기여한다. 하지만 공격에서 수비로 전환할 때 위치 선정에서 문제를 노출하고, 대인마크도 약해 전체적으로 수비력이 부족하다는 평을 듣는다. 앙제 유스 출신으

로 2020년 여름 1시즌 울버햄튼에 임대되었다가 2021년 여름 980만 파운드의 이적료에 완전 이적했다. 울버햄튼에서 지난 4시즌 동안 공식 116경기에 출전해 7골을 넣으며 제 역할을 했다. 프랑스 몽트뢰유 태생으로 프랑스 연령별 대표팀에서 뛰었지만, 성인 레벨에서는 2023년 1월 알제리 대표팀을 선택했다.

2023/24시즌

	33 GAMES	**2,347** MINUTES	**2** GOALS	**1** ASSISTS
7	**0.7** 경기당슈팅	**8** 유효슈팅	추정가치: **35,000,000€**	**31.5** 경기당패스	**86.60** 패스성공률	0

4
CB

Santiago Bueno

산티아고 부에노

국적 우루과이 | **나이** 25 | **신장** 190 | **체중** 78 | **평점** 6.3

190cm의 장신 센터백으로 공중볼에 강하고, 대인마크와 몸싸움에 능하다. 위치 선정, 수비 센스, 협력 플레이 등을 바탕으로 안정된 수비를 보여주고, 수준급의 패스로 빌드업에 관여한다. 다만 오른발 의존도가 너무 높아 상대 압박에 고전하고, 종종 실수를 범하곤 한다. 바르셀로나 유스 출신으로 지로나를 거쳐 2023년 6월

850만 파운드의 이적료에 울버햄튼으로 이적했다. 지난 시즌 울버햄튼에서 공식 17경기에 출전하며 프리미어리그에 적응하는 데 집중했다. 2023년부터 우루과이 대표팀에서 활약 중이다. 참고로 친형 가스톤 부에노는 몬테비데오 센터백이고, 사촌형 곤살로 부에노는 다누비오의 스트라이커이다.

2023/24시즌

	12 GAMES	821 MINUTES	0 GOALS	0 ASSISTS	
1	0 경기당슈팅	0 유효슈팅	추정가치: **8,000,000€**	39.7 경기당패스	89.30 패스성공률	0

15
CB

Craig Dawson

크레이그 도슨

국적 잉글랜드 | **나이** 34 | **신장** 188 | **체중** 82 | **평점** 6.81

1990년생의 베테랑 센터백으로 2023년 1월 웨스트햄에서 울버햄튼으로 이적 후 No.3 센터백 역할을 주로 소화하고 있다. 2022/23시즌 후반기 리그 17경기, 지난 시즌 리그 25경기를 소화하며 수비에서 높은 기여도를 보여줬다. 큰 신장과 노련함을 바탕으로 대인 마크와 공중볼 장악 능력을 과시하며 안정된 수비를 보여준다. 특히, 헤

더가 워낙 뛰어나 세트피스 상황에서 골을 넣곤 한다. 하지만 테크닉과 패스력이 뛰어난 수비수가 아니라 빌드업에 한계가 있고, 종종 집중력이 결여되면서 실수를 범하곤 한다. 참고로 프로축구 선수가 되기 전에 로치데일 크리켓 클럽에서 크리켓 선수로 뛰기도 했다.

2023/24시즌

	25 GAMES	2,211 MINUTES	1 GOALS	1 ASSISTS	
7	0.6 경기당슈팅	5 유효슈팅	추정가치: **2,000,000€**	50.9 경기당패스	86.70 패스성공률	0

22
RB
RW
CB

Nélson Semedo

넬손 세메두

국적 포르투갈 | **나이** 30 | **신장** 177 | **체중** 64 | **평점** 6.6

공격력이 뛰어난 라이트백으로 엄청난 스피드와 활동량, 준수한 테크닉을 통해 위협적인 오버래핑을 보여주며 상대의 왼쪽 수비를 파괴한다. 또한, 종종 스리백에서 오른쪽 센터백 역할을 소화하기도 한다. 그러나 크로스의 정확도가 높지 않아 공격의 영양가가 떨어지고, 수비로 전환할 때 위치 선정에 문제를 노출하곤 한다. 신

트렌스, 벤피카, 바르셀로나를 거쳐 2020년 여름 3,000만 유로의 이적료에 울버햄튼으로 이적했다. 울버햄튼으로 이적 후, 4시즌 동안 리그 131경기에 출전하면서 주전으로 활약하고 있다. 2015년부터 포르투갈 대표팀에서도 주축으로 활약 중이다.

2023/24시즌

	36 GAMES	3,091 MINUTES	0 GOAL	1 ASSISTS	
11	0.5 경기당슈팅	4 유효슈팅	추정가치: **12,000,000€**	42.1 경기당패스	80.90 패스성공률	1

24
CB

Toti Gomes

토티 고메스

국적 포르투갈 | **나이** 25 | **신장** 188 | **체중** 78 | **평점** 6.55

포르투갈 출신의 센터백이자 레프트백. 상대 공격수를 만나면 직접적으로 충돌하는 파이터형 수비수로 몸싸움이나 대인마크에서 뛰어난 모습을 보여준다. 워낙 운동신경이 뛰어나 민첩성과 스피드, 점프력 등을 바탕으로 스피드 경쟁과 높이 경쟁에서 위력을 발휘한다. 그러나 상황 판단력이 부족해 지능적인 플레이를 보여주지 못하고 패스 능력이 떨어져 빌드업 관여도 미흡하다. 2020년 9월 에스토릴에서 울버햄튼으로 이적한 후 2시즌 동안 그라스호퍼에 임대되어 경험을 쌓았다. 울버햄튼에서 2022/23시즌 리그 17경기, 지난 시즌 리그 35경기를 소화하며 주전으로 도약했다. 2023년부터 포르투갈 대표팀에서도 활약하고 있다.

2023/24시즌

	GAMES	MINUTES	GOAL	ASSISTS	
7	**35**	**2,779**	**1**	**3**	**0**
	0.3 경기당슈팅	5 유효슈팅	추정가치: 20,000,000€	48.9 경기당패스	82.80 패스성공률

5
DM

C

Mario Lemina

마리오 르미나

국적 가봉 | **나이** 30 | **신장** 183 | **체중** 83 | **평점** 6.85

울버햄튼 미드필드의 핵심으로 2024/25시즌 팀의 주장을 맡는다. 수비형 미드필더로 탄탄한 피지컬과 왕성한 활동량, 뛰어난 수비 센스 등을 바탕으로 중원에서 상대 패스를 차단하고, 상대 공격을 지연시킨다. 또한, 수준급의 드리블과 패싱력으로 빌드업에 관여하며 공격에 기여한다. 종종 라이트백, 센터백, 수비형 미드필더 등 다양한 임무를 소화한다. 그러나 거친 수비가 많아 지난 시즌 10개의 경고를 받을 정도로 카드 관리에 취약하다. 피지컬에 비해 공중볼에 약하다는 단점도 있다. 로리앙, 마르세유, 유벤투스, 사우샘프턴, 니스 등에서 활약한 후 2023년 1월 1,000만 유로의 이적료에 울버햄튼으로 이적했다. 2015년부터 가봉 대표팀에서 활약 중이다.

2023/24시즌

	GAMES	MINUTES	GOALS	ASSISTS	
10	**35**	**2,976**	**4**	**1**	**1**
	1.4 경기당슈팅	18 유효슈팅	추정가치: 10,000,000€	41.1 경기당패스	86.70 패스성공률

6
CM
DM

Boubacar Traoré

부바카르 트라오레

국적 말리 | **나이** 22 | **신장** 175 | **체중** 67 | **평점** 6.2

말리 대표팀 출신의 수비형 미드필더. 풍부한 활동량과 탄탄한 피지컬, 강한 압박, 효과적인 볼 탈취 능력을 통해 미드필드에서 전투적인 모습을 보여준다. 그러나 테크닉이 부족해 볼을 간수하는 능력이 떨어지고 종종 공격의 흐름을 끊는 실수를 범한다. 메츠 유스 출신으로 2022년 9월 울버햄튼으로 1시즌 임대 후 2003년 여름 1,100만 유로의 이적료에 완전 이적했다. 2022/23시즌 부상으로 리그 10경기만 출전했지만 지난 시즌 리그 22경기에 출전하며 서서히 중용 받고 있다. 말리 바마코 태생으로 말리 연령별 대표팀을 거쳐 2022년부터 말리 대표팀에서 활약하고 있다.

2023/24시즌

	GAMES	MINUTES	GOALS	ASSISTS	
4	**24**	**806**	**0**	**0**	**0**
	0.5 경기당슈팅	1 유효슈팅	추정가치: 6,000,000€	18.5 경기당패스	84.90 패스성공률

19
RW
LW

Rodrigo Gomes

호드리구 고메스

국적 포르투갈 | **나이** 21 | **신장** 170 | **체중** 62 | **평점** 6.84

포르투갈 출신의 오른쪽 윙어이자 윙백. 빠른 스피드와 위력적인 돌파, 동료와의 연계 플레이, 수준급의 크로스, 강력한 슈팅 등을 바탕으로 오른쪽 측면을 지배한다. 아직 경험이 부족해 종종 개인 플레이에 집착하고 실수를 범하곤 한다. 브라가 유스 출신으로 2023/24시즌 에스토릴에 임대되어 7골을 넣으며 스타로 부상했다. 그 결과, 2024년 6월 1,270만 파운드에 울버햄튼으로 이적했다. 프리시즌 평가전에서 연이어 골을 넣으며 득점력을 과시해 기대를 모으고 있다. 하지만 프리미어리그에 적응할 시간이 필요해 선발보다는 교체로 더 많이 출전할 것으로 예상된다. 포르투갈 U16 대표팀부터 U21 대표팀까지 연령별 대표팀을 거치며 성장했다.

2023/24시즌

	30 GAMES	2,449 MINUTES	7 GOALS	7 ASSISTS		
5	1.7 경기당슈팅	17 유효슈팅	추정가치: 12,000,000€	23.1 경기당패스	75.20 패스성공률	1

10
LW
RW
CF

Daniel Podence

다니엘 포덴스

국적 포르투갈 | **나이** 28 | **신장** 165 | **체중** 58 | **평점** 7.06

포르투갈 대표팀 출신의 윙어. 스포르팅 유스 출신으로 올림피아코스를 거쳐 2020년 1월 1,690만 파운드의 이적료에 울버햄튼으로 이적했다. 이후 3시즌 반 동안 1.5군으로 활약하며 팀의 중심으로 자리매김하는 듯 보였지만 2023/24시즌 올림피아코스로 임대됐다. 올림피아코스에서 리그 11골 6도움을 기록하며 건재를 과시했고, 임대 복귀함에 따라 이번 시즌 울버햄튼에서 출전 기회를 잡을 것으로 예상된다. 스피드를 동반한 드리블, 정확한 크로스, 동료와의 연계 플레이를 통해 상대 수비를 파괴하는 데 능숙하나 과거 PL에서는 공격 포인트 생산 능력이 부족했다.

2023/24시즌

	31 GAMES	1,992 MINUTES	11 GOAL	6 ASSISTS		
7	1.8 경기당슈팅	22 유효슈팅	추정가치: 13,000,000€	27.5 경기당패스	82.40 패스성공률	1

21
AM
CM
RW

Pablo Sarabia

파블로 사라비아

국적 스페인 | **나이** 32 | **신장** 176 | **체중** 69 | **평점** 6.72

정교한 왼발을 자랑하는 플레이메이커로 2선의 모든 포지션을 소화할 수 있다. 왼발을 활용한 창의적인 패스와 강력한 슈팅, 효과적인 드리블, 테크닉을 활용한 탈압박 능력 등을 과시하며 공격을 이끈다. 테크닉이 워낙 뛰어나고 전술 이해력이 탁월하며 다양한 위치에서 예측하기 어려운 플레이를 펼치곤 한다. 다만, 오프 더 볼 상황에서의 위치 선정과 수비가담에서 문제를 노출할 때가 있다. 레알마드리드 유스 출신으로 헤타페, 세비야, 파리생제르망을 거쳐 2023년 1월 울버햄튼으로 이적했다. 2019년 9월 루마니아전을 통해 스페인 대표팀에서 데뷔한 후, 중용받았지만 아쉽게도 유로 2024에는 출전하지 못했다.

2023/24시즌

	30 GAMES	1,752 MINUTES	4 GOALS	7 ASSISTS		
5	1.5 경기당슈팅	16 유효슈팅	추정가치: 10,000,000€	27.6 경기당패스	77.10 패스성공률	0

11
RW
LW
CF

Hee-Chan Hwang

황희찬

국적 대한민국 **| 나이** 28 **| 신장** 177 **| 체중** 69 **| 평점** 6.79

한국 국가대표 공격수로 최전방 스트라이커, 세컨드 스트라이커, 좌우 윙어 등 다양한 포지션을 소화한다. 2021년 8월 라이프치히에서 울버햄튼으로 1시즌 임대되어 리그 5골 1도움을 기록하면서 2022년 여름 1,670만 유로의 이적료에 완전 이적했다. '성난 황소'를 연상시키는 폭발적인 드리블과 빠른 스피드, 끊임없이 뛰는 체력, 누구에게도 밀리지 않는 피지컬, 동료와의 연계 플레이 등을 앞세워 상대 수비를 파괴한다. 또한, 지난 시즌 리그에서 무려 12골을 넣으면서 마무리 능력이 부족하다는 비판에서 벗어났다. 득점에 눈을 뜬 상황이므로 다가오는 시즌 파괴력을 보여줄 가능성이 농후하다. 부상만 조심하면 된다.

2023/24시즌

	29 GAMES		2,133 MINUTES	12 GOAL	3 ASSISTS		
6	1.6 경기당슈팅	17 유효슈팅	추정가치: 25,000,000€		18.3 경기당패스	77.70 패스성공률	0

12
CF
AM
LW

Matheus Cunha

마테우스 쿠냐

국적 브라질 **| 나이** 25 **| 신장** 183 **| 체중** 76 **| 평점** 7.13

브라질 대표팀 출신의 스트라이커로 부족했던 득점력을 해결하며 울버햄튼의 공격을 이끌고 있다. 풍부한 활동량과 뛰어난 테크닉을 바탕으로 최전방과 2선에서 폭넓게 움직이면서 공격의 윤활유 역할을 한다. 또한 적절한 타이밍의 수비 가담과 강한 압박을 보여주며 최전방부터 수비하는 모습을 보여준다. 2022년 12월 아틀레티코 마드리드에서 반 시즌 임대된 후 2003년 여름 5,000만 유로의 이적료에 완전 이적했다. 2022/23시즌 후반기 기대 이하의 득점력을 보여주면서 팬들에게 실망감을 선사했지만 지난 시즌 12골 7도움을 기록하며 공격의 중심으로 자리매김했다.

2023/24시즌

	32 GAMES		2,454 MINUTES	12 GOALS	7 ASSISTS		
9	2.3 경기당슈팅	36 유효슈팅	추정가치: 45,000,000€		24.6 경기당패스	81.60 패스성공률	0

9
CF
RW
LW

Jørgen Strand Larsen

예르겐 스트란드 라르센

국적 노르웨이 **| 나이** 24 **| 신장** 193 **| 체중** 87 **| 평점** 6.82

울버햄튼이 기대하는 새로운 해결사. 사르프스보르그 유스 출신으로 흐로닝언과 셀타비고를 거쳐 2024년 7월 3,000만 유로의 이적료에 매수 의무 조항이 포함된 임대 계약으로 울버햄튼에 합류했다. 흐로닝언과 셀타비고에서 첫 시즌에는 적응하는 데 어려움을 겪었지만 2번째 시즌에 파괴력을 과시했다. 흐로닝언에서 2021/22시즌 14골을, 셀타비고에서 2023/24시즌 13골을 넣었다. 193cm의 신장에도 빠른 스피드와 위력적인 드리블, 뛰어난 문전 마무리 등을 보여준다. 하지만 전체적으로 공격에 미치는 영향력은 떨어지는 편이다. 노르웨이 연령별 대표팀을 거치며 성장했고, 2020년부터 노르웨이 대표팀에서 활약하고 있다.

2023/24시즌

	37 GAMES		2,889 MINUTES	13 GOALS	3 ASSISTS		
5	2.2 경기당슈팅	35 유효슈팅	추정가치: 25,000,000€		16.1 경기당패스	70.10 패스성공률	0

송영주가 주목하는 울버햄튼의 원픽!

황희찬

황희찬이 드디어 본색을 드러냈다. 2023/24시즌 프리미어리그 29경기에 출전해 12골 3도움을 기록한 것이다. 2021/22시즌 PL에 등장한 후 처음으로 두 자릿수 골을 넣었을 뿐 아니라 2016/17시즌 잘츠부르크에서 기록한 자신의 한 시즌 최다골(12골)을 다시 기록했다. 2023/24시즌에도 부상으로 고생했지만 출전할 때마다 위력적인 모습을 보여줬다. 공격의 모든 포지션에 기용됐을 뿐 아니라 모든 위치에서 골을 넣으며 한 단계 업그레이드된 파괴력을 과시했다.

타 클럽들의 관심을 받은 것은 당연지사. 프랑스의 마르세유는 황희찬을 영입하고자 2,100만 파운드를 울버햄튼에 제안했으나 울버햄튼은 이를 단칼에 거절했다. 오닐 감독은 프리시즌 인터뷰를 통해 "나는 황희찬과 이야기를 나눴고, 그는 내게 있어 얼마나 중요한 선수인지 잘 알고 있다"라고 말했다. 오닐 감독은 황희찬의 결정력 향상, 그의 전술적 활용 가치를 누구보다 잘 안다. 그리고 이는 라르센과 고메스 등 새로운 공격수들의 영입에도 황희찬의 입지는 흔들리지 않는다는 이야기다. 어쩌면 황희찬의 고민은 건강 그 자체일지 모른다. 부상만 없다면 황희찬에게 장애물은 없을 것이다.

지금 울버햄튼에 이 선수가 있다면!

트레보 찰로바

울버햄튼의 고민은 수비에 존재한다. 지난 시즌 포백에서 스리백으로 변경했음에도 실점을 꾸준히 허용했고, 이번 여름 수비의 중심인 맥스 킬먼이 웨스트햄으로 떠났다. 물론 수비 자원은 부족하지 않다. 상황에 따라선 세메두를 센터백으로 활용할 수도 있다. 이에 더해 개리 오닐 감독이 프리시즌 내내 포백으로 경기에 임함에 따라 지난 시즌보다 센터백 자원이 수적으로 많은 이유는 없어 보인다. 하지만 주전 경쟁을 하는 토티와 부에노, 도슨 등은 여전히 불안감을 숨기지 못한다. 따라서 울버햄튼은 믿을 수 있는 센터백을 영입할 필요가 있다.

울버햄튼의 재정적인 측면을 고려할 때, 임대 영입을 추진할 가능성이 크다. 그렇다면 센터백 포화 상태인 첼시를 주목할 필요가 있다. 특히, 첼시의 정리 대상인 트레보 찰로바가 울버햄튼에 어울리지 않을까? 찰로바는 센터백, 수비형 미드필더, 라이트백 등 다양한 포지션을 소화할 수 있고, 190cm의 신장을 바탕으로 강력한 피지컬과 힘을 보여준다. 여기에 수비 범위도 넓은 편이다. 다만, 빌드업 능력이 부족하고, 순간 스피드가 느려 1대1 수비에서 문제를 노출하곤 한다. 그럼에도 울버햄튼에게 있어 매력적인 수비수라는 사실은 부인할 수 없다.

JORDAN PICKFORD

JOAO VIRGINIA

ARMANDO BROJA

SEAMUS COLEMAN

JAMES TARKOWSKI

JAKE O'BRIEN

MICHAEL KEANE

JARROD BRANTHWAITE

VITALIY MYKOLENKO

ASHLEY YOUNG

ROMAN DIXON

ABDOULAYE DOUCOURE

IDRISSA GUEYE

JESPER LINDSTROM

JAMES GARNER

BETO

JACK HARRISON

TIM IROEGBUNAM

DWIGHT MCNEIL

YOUSSEF CHERMITI

ILIMAN NDIAYE

DOMINIC CALVERT-LEWIN

20242025

Everton

EVERTON

에버튼 Everton FC

창단 년도 | 1878년

최고 성적 | 우승 (1890/91, 1914/15, 1927/28, 1931/32, 1938/39, 1962/63, 1969/70, 1984/85, 1986/87)

경기장 | 구디슨 파크 (Goodison Park)

경기장 수용 인원 | 40,569명

지난 시즌 성적 | 15위

별칭 | The Toffees (토피스), The People's Club (피플스 클럽)

상징색 | 블루, 화이트

레전드 | 딕시 딘, 테드 사가, 밥 배치포드, 그레엄 샤프, 네빌 사우스홀, 레이턴 베인스, 팀 케이힐 등

히스토리

에버튼FC는 잉글랜드 리버풀 에버튼을 연고로 하는 구단으로, 역사와 전통을 자랑하는 클럽이다. 1878년에 창단되어 146년의 역사 속에도 잉글랜드 1부 리그 우승 9회, FA컵 우승 5회 등을 기록하며 찬란한 전성기를 구가했다. 풋볼 리그 원년 멤버로 단 한 번도 2부 리그로 강등된 적이 없고, 축구 전용 구장을 설립한 최초의 클럽이다. 또한, 2004/05시즌 프리미어리그 4위를 차지하며 빅 4의 아성을 깨고 챔피언스리그 진출권을 획득하기도 했

다. 그러나 2018/19시즌 프리미어리그 8위를 기록한 이후, 프리미어리그 10위권 안으로 들어오지 못하고 있다. 하물며 최근 3시즌 동안 각각 16위–17위–15위 등을 기록하며 강등 위기를 겪었다. 당연히 에버튼은 이번 시즌 반등을 꾀해야 한다.

최근 5시즌 리그 순위 변동

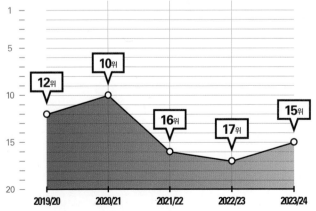

클럽레코드 IN & OUT

〉〉〉〉〉〉〉〉〉〉〉〉〉〉〉〉 최고 이적료 영입 IN

길피 시구르드손
4,940만 유로
(2017년 8월, from 스완지시티)

최고 이적료 판매 OUT 〉〉〉〉〉〉〉〉〉〉〉〉〉〉〉〉

로멜로 루카쿠
8,470만 유로
(2017년 7월, to 맨체스터유나이티드)

션 다이치 Sean Dyche

1971년 6월 28일 | 53세 | 잉글랜드

션 다이치 감독, 스타일에 변화를 줄까?

션 다이치 감독은 왓포드와 번리를 이끌면서 4-4-2 바탕의 롱볼 축구를 구사하는 확고한 스타일을 보여줬다. 수비의 안정감을 모색하면서 긴 패스와 크로스를 통해 득점을 추구함에 따라 상대를 압도하는 파괴력을 현저히 부족하지만 끈끈한 경기력과 효율적인 경기운영을 보여줬다. 이런 스타일로 번리 시절 유로파리그 진출권을 획득하기도 했다. 2023년 1월 위기의 에버튼의 지휘봉을 잡은 후에도 션 다이치의 스타일에 변화는 없었고, 2022/23시즌 17위, 지난 시즌 15위로 에버튼의 프리미어리그 잔류를 이끌었다.

조던 픽포드 골키퍼의 놀라운 선방과 광범위한 패스, 브랜스웨이트와 타코우스키의 안정된 중앙 수비, 칼버트 르윈과 두쿠레의 마무리 등은 션 다이치 감독의 선택이 틀리지 않았음을 대변했다. 하지만 지난 시즌 '프리미어리그의 수익성 및 지속 가능성 규칙'(PSR) 위반으로 승점 6점이 삭감되었다는 사실을 고려하더라도 리그 15위라는 성적은 에버튼과 션 다이치 감독으로선 만족할 수 있는 결과는 아니다. 이에 따라 션 다이치 감독은 중앙과 측면에서 조금 더 연계성과 유동성을 높일 계획이다. 과연 션 다이치가 추구하는 변화는 성공할 수 있을까?

📑 감독 인터뷰

"현재 클럽 내외적으로 어려움을 겪고 있지만, 팀이 보여주는 경기장에서의 활약을 통해 클럽의 재정을 발전시키고 보호할 수 있다. 우린 힘과 속도를 유지하면서도 모든 라인을 효율적으로 연결해야 한다. "

감독 프로필

통산	선호 포메이션	승률
537 경기 **188** 승 **152** 무 **197** 패	**4-4-2**	**35.01%**

시즌 키워드

#명가재건 | #재정위기 | #잔류전쟁

경력	2011~2012 왓포드	2012~2022 번리	2023~ 에버튼

EVERTON

IN

제이크 오브라이언
(리옹)

일리만 은디아예
(마르세유)

팀 이로에그부남
(애스턴빌라)

예스페르 린스트룀
(나폴리)

아스미르 베고비치
(QPR)

아르만도 브로야
(첼시, 임대)

오렐 망갈라
(리옹, 임대)

OUT

아마두 오나나
(애스턴빌라)

루이스 도빈
(애스턴빌라)

벤 고드프리
(아탈란타)

앤디 로너건
(위건)

안드레 고메스
(계약종료)

델레 알리
(계약종료)

닐 모페이
(마르세유, 임대)

해리 타이러
(블랙풀, 임대)

메이슨 홀게이트
(웨스트브롬위치, 임대)

빌리 크렐린
(애크링턴, 임대)

FW
- 7 맥닐
- 9 칼버트르윈
- 10 은디아예

- 11 해리슨
- 14 베투
- 17 셰르미티
- - 브로야

MF
- 8 망갈라
- 16 두쿠레
- 27 게예

- 29 린스트룀
- 37 가너
- 42 이로에그부남

DF
- 2 패터슨
- 5 킨
- 6 타코우스키
- 15 오브라이언

- 18 영
- 19 미콜렌코
- 23 콜먼
- 32 브랜스웨이트

GK
- 1 픽포드
- 12 버지니아
- 31 베고비치

히든풋볼의 이적시장 평가

에버튼은 재정적 압박과 클럽 소유권에 대한 지속 불확실성으로 인해 이적시장에서 어려움이 많았다. 미드필드의 핵심이었던 오나나를 비롯해 적지 않은 선수들을 이적시키며 거금을 획득한 것에 비해 선수영입은 2% 부족했다. 비록 은디아예와 브로야, 망갈라, 린스트룀, 오브라이언 등을 영입해 공수에 걸쳐 전력을 보강했지만 충분한 수준은 아니었다. 따라서 에버튼은 기대보다 우려가 앞서는 것이 사실이다.

히든풋볼 이적시장 평가단

2023/24시즌 스탯 Top 3

득점 Top 3

⚽ 칼버트르윈, 두쿠레	**7**	골
⚽ 이드리사 게예	**4**	골
⚽ 브랜스웨이트, 베투 등	**3**	골

도움 Top 3

🖊 드와이트 맥닐	**6**	도움
🖊 잭 해리슨	**3**	도움
🖊 칼버트르윈, 두쿠레	**2**	도움

출전시간 Top 3

⏱ 조던 픽포드	**3,420**	분
⏱ 제임스 타코우스키	**3,419**	분
⏱ 재러드 브랜스웨이트	**3,117**	분

히든풋볼의 순위 예측

에버튼에 와서 편할 날이 없었던 션 다이치. 올 시즌도 그의 미소를 보기 쉽지 않아 보인다.

최악의 분위기로 시작했지만, 이적시장도 잘 보냈고, 올라갈 여지도 있다. 다만 감독이 버틸 수 있을지 미지수.

션 다이치는 롱볼 축구에 창의성을 더하길 원하지만, 쉽지 않다. 결국 잔류를 위해 기존 스타일을 유지할 듯.

이적시장에서 할 수 있는 최선을 했다. 구디슨 파크에서의 마지막 시즌인 만큼 선수단의 동기부여도 강할 것 같다.

션 다이치 감독의 축구는 분명 매력적이고 효율적이다. 하지만 그에 따른 한계점도 명확하다.

브랜스웨이트를 지켰으니 됐다. 션 다이치의 올드 스쿨은 특별하다. 공격진의 부상과 부진만 없으면 된다.

16위 · 이주헌 ·

13위 · 박종윤 ·

17위 · 송영주 ·

12위 · 이완우 ·

12위 · 김형책 ·

14위 · 남윤성 ·

위기 또 위기! 변화는 선택이 아닌 필수

에버튼은 지난 시즌 프리미어리그 15위를 기록하며 잔류에 성공했다. 1878년 창단해 풋볼리그 원년 멤버이자 잉글랜드 1부 리그 우승 9회에 빛나는 명문 구단은 이제 잔류를 걱정하는 처지에 놓이게 됐다. 에버튼은 '잉글랜드 1부 리그에서 단 한 번도 강등된 적이 없는 클럽'이란 역사가 무색하게 2021/22시즌 16위, 2022/23시즌 17위, 그리고 지난 시즌 15위 등을 기록하며 3시즌 연속으로 강등 위험 속에서 불안한 항해를 할 수밖에 없었다.

설상가상, 2023/24시즌 '프리미어리그의 수익성 및 지속 가능성 규칙'(PSR) 위반으로 승점 10점이 삭감되어 강등 위기에 직면하기도 했다. 그나마 항소를 통해 6점 삭감으로 처리되면서 잔류에 성공할 수 있었다. 솔직히 현재의 에버튼은 미래가 불투명한 상황이다. 무엇보다 대주주인 파하드 모시리는 에버튼을 매각할 계획이고 3개 이상의 인수 제안을 받았지만 매각은 제대로 진행이 되지 않고 있다.

앞서 언급했듯 에버튼은 '프리미어리그의 수익성 및 지속 가능성 규칙'(PSR)에서 자유롭지 못한 상황이다. 최근 몇 년 동안 가열차게 선수들을 영입하며 높은 이적료와 주급으로 재정에 타격을 입었다. 이런 상황에서 3시즌 연속 강등 위기를 겪었으니 말 그대로 내우외환이라고 할 수 있다. 물론, 클럽 사정과 상관없이 에버튼의 축구는 계속 된다. 그렇기에 에버튼 입장에선 2024/25시즌이 어느 때보다 중요하다고 단언할 수 있다.

그럼에도 에버튼이 드라마틱한 반전을 꾀할 가능성은 희박하다. 일단 과거만큼 이적시장에서 거금을 사용할 수 없는 처지다. 그렇기에 미드필드의 중심인 아마두 오나나를 5,000만 파운드에 애스턴빌라로 이적시켰을 뿐 아니라 벤 고드프리, 루이스 도빈, 안드레 고메스, 델레 알리 등을 정리하며 영입 자금을 확보하면서도 주급을 낮추는 데 집중했다.

이와 동시에 제이크 오브라이언, 일리만 은디아예, 팀 이로에그부남, 예스페르 린스트룀 등을 영입하며 공수를 보강하고자 노력했다. 은디아예의 득점력, 린스트룀 득점 기회 창출, 오브라이언의 수비력 등을 기대하지만 영입이 모두 성공으로 마무리될지 미지수인 상태. 또한, 미드필드의 창의성 부족과 측면 수비의 불안함을 해결하지 못했다는 사실도 간과할 수 없다. 결국, 션 다이치 감독은 기존의 롱패스 축구를 유지하면서도 중앙에서 연계를 더 강화하길 원하지만 꿈을 실현시키기엔 자원이 부족하다는 사실은 자명하다.

1
GK

Jordan Pickford

조던 픽포드

국적 잉글랜드 | **나이** 30 | **신장** 185 | **체중** 77 | **평점** 6.71

에버튼과 잉글랜드 대표팀의 주전 수문장. 선덜랜드 유스 출신으로 다양한 클럽에서 임대 생활을 하며 경험을 쌓았고, 2017년 6월 2,500만 파운드의 이적료에 에버튼으로 이적했다. 동물적인 반사 신경과 뛰어난 예측 능력으로 놀라운 선방을 보여주고, 롱킥을 바탕으로 빌드업의 시발점 역할을 보여주면서도 넓은 범위를 수비하며 마지막 수비수 역할까지 수행한다. 또한, 에버튼에서 8시즌 동안 일관되게 훌륭한 퍼포먼스를 보여줬고, 지난 시즌 리그 38경기 모두를 선발 풀타임으로 출전하기도 했다. 잉글랜드 U16 대표팀부터 모든 연령별 대표팀을 거치며 성장했고, 2017년부터 잉글랜드 대표팀에서 활약하고 있다.

2023/24시즌

	38 GAMES	**3,420** MINUTES	**51** 실점	**73.90** 선방률		**0**
5	**117** 세이브	**13** 클린시트	추정가치: **22,000,000€**	**34.20** 클린시트 성공률	**0/8** PK 방어 기록	

6
CB

James Tarkowski

제임스 타코우스키

국적 잉글랜드 | **나이** 31 | **신장** 185 | **체중** 81 | **평점** 7.08

잉글랜드 대표팀 출신의 센터백. 2011년부터 올덤애슬래틱, 브렌트퍼드, 번리 등을 거치며 실력을 입증했고, 2022년 7월 에버튼으로 이적했다. 번리 소속이었던 2018/19시즌부터 프리미어리그에서 매 시즌 30경기 이상 소화했을 정도로 꾸준히 제 실력을 발휘하고 있다. 뛰어난 위치 선정과 위력적인 헤더 능력, 효과적인 1 대 1 대인 마크, 놀라운 수비 센스 등을 보여주며 안정된 수비력을 과시한다. 다만, 스피드가 부족해 빠른 공격수를 상대로 고전하고, 패스의 정확도가 낮아 빌드업에 미치는 영향이 미비하다. 할아버지가 폴란드인이므로 폴란드 대표팀을 선택할 수 있었지만 2018년 잉글랜드 대표팀을 선택했다.

2023/24시즌

	38 GAMES	**3,419** MINUTES	**1** GOALS	**1** ASSISTS		**0**
11	**0.7** 경기당슈팅	**4** 유효슈팅	추정가치: **13,000,000€**	**40.1** 경기당패스	**77.80** 패스성공률	

15
CB

Jake O'Brien

제이크 오브라이언

국적 아일랜드 | **나이** 23 | **신장** 197 | **체중** 92 | **평점** 6.59

아일랜드 대표팀의 장신 센터백. 197cm의 신장을 활용한 고공 장악력, 탄탄한 피지컬을 바탕으로 한 대인마크 능력, 엄청난 거구임에 비해 빠른 스피드, 뛰어난 패싱력을 통한 빌드업 주도 등을 통해 안정된 수비력을 과시한다. 다만, 빌드업 과정에서 상대 압박에 당황하곤 한다. 코크 시티 유스 출신으로 크리스탈팰리스, 리옹을 거쳐 2024년 7월 1,950만 유로의 이적료에 에버튼으로 이적했다. 타코우스키와 브랜스웨이트에 이어 제 3의 센터백 역할을 수행할 것으로 기대를 모으고 있다. 2024년 6월부터 아일랜드 대표팀에 차출되어 헝가리전을 통해 A매치 데뷔전을 치렀다.

2023/24시즌

	27 GAMES	**2,370** MINUTES	**4** GOALS	**2** ASSISTS		**1**
4	**0.7** 경기당슈팅	**8** 유효슈팅	추정가치: **12,000,000€**	**52.9** 경기당패스	**88.30** 패스성공률	

18
LB
RB
RW

Ashley Young

애슐리 영

국적 잉글랜드 | **나이** 39 | **신장** 175 | **체중** 63 | **평점** 6.4

다재다능한 베테랑 라이트백. 주로 라이트백으로 활약하지만 좌우 윙어와 풀백, 중앙 미드필더와 최전방 스트라이커 등 다양한 포지션을 소화할 수 있다. 뛰어난 위치 선정과 효과적인 연계 플레이, 위력적인 크로스, 나이를 무색하게 하는 체력 등을 바탕으로 공격 기여도가 높은 모습을 보여준다. 다만, 1985년생으로 40대를 바라보는 나이이므로 기동력과 스피드에서 전성기만큼의 위력을 발휘하지 못할 가능성이 존재한다. 왓포드 유스 출신으로 애스턴빌라, 맨체스터유나이티드, 인테르 등을 거치며 활약했고, 2023년 7월 에버튼으로 이적했다. 2007년부터 2018년까지 잉글랜드 대표팀에서 A매치 39경기 출전, 9골을 기록했다.

2023/24시즌

	31 GAMES	2,291 MINUTES	0 GOALS	0 ASSISTS	
5	0.4 경기당슈팅	2 유효슈팅	추정가치: 500,000€	25 경기당패스	72.40 패스성공률	1

19
LB
CB

Vitaliy Mykolenko

비탈리 미콜렌코

국적 우크라이나 | **나이** 25 | **신장** 180 | **체중** 73 | **평점** 6.85

공수 밸런스가 뛰어난 레프트백으로 뛰어난 체력과 풍부한 기동력, 왼발을 활용한 크로스, 위력적인 1 대 1 대인마크, 동료와의 연계 플레이 등으로 안정된 수비와 효과적인 공격을 보여준다. 다만 최근 들어 잔부상이 많아졌다. 디나모 키이우 유스 출신으로 2021년 1월 에버튼으로 이적했다. 이적하자마자 주전으로 도약했고, 지난 2시즌 반 동안 프리미어리그 75경기에 출전해 3골을 기록했다. 우크라이나 U17 대표팀부터 연령별 대표팀을 거치며 성장해 2018년부터 우크라이나 대표팀에서 활약하고 있다.

2023/24시즌

	28 GAMES	2,472 MINUTES	2 GOAL	0 ASSISTS	
1	0.9 경기당슈팅	5 유효슈팅	추정가치: 28,000,000€	31.5 경기당패스	74.90 패스성공률	0

23
LB
CB
Ⓒ

Séamus Coleman

셰이머스 콜먼

국적 아일랜드 | **나이** 35 | **신장** 177 | **체중** 67 | **평점** 6.36

1988년생의 베테랑 라이트백이자 에버튼의 주장. 2009년 1월 스라이고로버스에서 6만 파운드의 이적료에 에버튼으로 이적했다. 이후, 2010년 반 시즌 블랙풀로 임대 생활을 한 기간을 제외하면 약 15시즌 동안 에버튼에서 활약했다. 에버튼에서 공식 422경기에 출전해 28골을 넣었다. 물론, 나이가 들어감에 따라 기동력과 체력이 떨어짐에 따라 지난 시즌 리그 12경기만을 소화했다. 그럼에도 에버튼의 정신적 지주이자 수비의 상징으로 위치 선정과 정확한 크로스를 통해 노련한 플레이를 보여주고 있다. 참고로 2011년부터 아일랜드 대표팀의 중심으로 활약하고 있다.

2023/24시즌

	12 GAMES	664 MINUTES	0 GOAL	0 ASSISTS	
0	0 경기당슈팅	0 유효슈팅	추정가치: 500,000€	18.3 경기당패스	67.30 패스성공률	0

32
CB

Jarrad Branthwaite

재러드 브랜스웨이트

국적 잉글랜드 | **나이** 22 | **신장** 195 | **체중** 82 | **평점** 6.9

에버튼와 잉글랜드 대표팀 수비의 미래. 195cm의 장신을 이용한 고공 장악력, 수비 예측력을 통한 뛰어난 위치 선정, 신체에 비해 빠른 스피드, 주발인 왼발임에도 능숙하게 오른발도 활용한다는 점 등 장점이 많은 센터백이다. 다만 경험이 부족해 실수가 잦은 편이다. 칼라일 유스 출신으로 2020년 1월 18세의 나이에 에버튼으로 이적했다. 이후 블랙번, PSV에서 임대 생활하며 경험을 쌓았고, 지난 시즌 본격적으로 에버튼 주전 선수로 활약했다. 지난 시즌 공식 41경기에 출전해 3골을 넣으며 에버튼 팬들을 흥분시켰다. 2024년 6월 잉글랜드 대표팀에서 A매치 데뷔전을 치르기도 했다.

2023/24시즌

	35 GAMES	3,117 MINUTES	3 GOAL	0 ASSISTS		
8	0.4 경기당슈팅	4 유효슈팅	추정가치: 42,000,000€		39.2 경기당패스	80.10 패스성공률	0

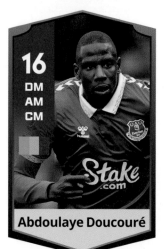

16
DM AM CM

Abdoulaye Doucouré

압둘라예 두쿠레

국적 말리 | **나이** 31 | **신장** 180 | **체중** 75 | **평점** 6.63

공수 능력을 겸비한 중앙 미드필더로 단단한 피지컬과 왕성한 활동량을 통해 저돌적인 플레이를 펼친다. 주로 공격형 미드필더로 기용될 정도로 오프 더 볼 상황에서의 침투 능력, 동료와의 연계 플레이, 묵직한 슈팅 등 공격력을 과시한다. 또한, 강한 압박과 공간 커버 등 수비 기여도도 높은 편이다. 그러나 창의성과 정교함이 부족하고, 수비 테크닉도 2% 부족한 모습을 노출하곤 한다. 스타드렌 유스 출신으로 왓포드를 거쳐 2020년 9월 2,000만 파운드의 이적료에 에버튼으로 이적했다. 이후 주전으로 활약하며 4시즌 동안 공식 130경기에 출전해 17골을 넣었다. 프랑스 연령별 대표팀을 거쳤지만 2022년 말리 대표팀을 선택했다.

2023/24시즌

	32 GAMES	2,643 MINUTES	7 GOALS	2 ASSISTS		
7	1.5 경기당슈팅	21 유효슈팅	추정가치: 10,000,000€		27.1 경기당패스	78.50 패스성공률	0

27
CM DM

Idrissa Gueye

이드리사 게예

국적 세네갈 | **나이** 34 | **신장** 174 | **체중** 66 | **평점** 6.83

에버튼의 1차 수비 저지선 역할을 수행하는 수비형 미드필더. 지치지 않는 체력과 왕성한 기동력을 바탕으로 중원에서 태클과 인터셉트를 통해 상대 공격을 차단한다. 특히, 순간적으로 전진 압박을 할 때 실력을 제대로 발휘한다. 그러나 기본적인 테크닉이 부족해 수비력에 비해 공격력은 아쉬운 편이다. 디암바스 유스 출신으로 릴, 애스턴빌라, 에버튼, PSG를 거쳐 2022년 9월 200만 파운드의 이적료에 에버튼으로 복귀했다. 2011년부터 세네갈 대표팀의 중심으로 활약 중이다. 2021년 세네갈이 아프리카네이션스컵에서 우승한 후, 당시 세네갈의 마키 살 대통령에게 국가사자훈장을 받기도 했다.

2023/24시즌

	25 GAMES	1,896 MINUTES	4 GOALS	0 ASSISTS		
8	1 경기당슈팅	7 유효슈팅	추정가치: 3,000,000€		35.2 경기당패스	85.60 패스성공률	0

29
CM
AM
RW
✚

Jesper Lindstrøm

예스페르 린스트룀

국적 덴마크 | **나이** 24 | **신장** 180 | **체중** 63 | **평점** 6.2

2선의 모든 포지션을 소화하는 공격수로 좌우 윙어와 공격형 미드필더로 뛸 수 있다. 효율적이고 민첩한 움직임과 효과적인 연계 플레이, 날카로운 침투 능력, 강력한 오른발 슈팅을 통해 공격에 기여한다. 다만 피지컬과 테크닉이 뛰어난 편이 아니라서 상대의 강한 압박에 고전하곤 한다. 브뢴비 유스 출신으로 프랑크푸르트와 나폴리를 거쳐 2024년 7월 에버튼으로 임대이적했다. 2022/23시즌 프랑크푸르트 소속으로 공식 38경기에 출전해 9골을 넣기도 했다. 덴마크 U19 대표팀부터 연령별 대표팀을 거치며 성장했고, 2020년부터 덴마크 대표팀에서 활약하고 있다.

2023/24시즌

2	22 GAMES	418 MINUTES	0 GOALS	0 ASSISTS	0
	0.6 경기당슈팅	2 유효슈팅	추정가치: 22,000,000€	9.6 경기당패스	84.40 패스성공률

37
CM
DM
RW

James Garner

제임스 가너

국적 잉글랜드 | **나이** 23 | **신장** 182 | **체중** 77 | **평점** 6.84

에버튼의 오른쪽 윙어이자 중앙 미드필드. 중앙 미드필드로 뛸 때는 3선에서 탈압박과 볼배급, 기동력을 통해 빌드업을 주도하는 역할을 수행한다. 그러나 오른쪽 측면을 책임질 땐 연계 플레이와 오프 더 볼 움직임, 크로스, 중거리 슈팅 등으로 공격에 기여한다. 하지만 종종 경험 부족을 노출하며 비효율적인 패스나 움직임을 보여준다. 맨체스터유나이티드 유스 출신으로 2022년 9월 1,500만 파운드의 이적료에 에버튼으로 이적했다. 에버튼에선 지난 2시즌 동안 주로 오른쪽 윙어로 활약하면서 공식 61경기에 출전해 2골을 넣었다. 잉글랜드 대표팀은 없지만 잉글랜드 U16부터 U21까지 각 연령별 대표팀을 경험했다.

2023/24시즌

7	37 GAMES	3,006 MINUTES	1 GOALS	2 ASSISTS	0
	1.1 경기당슈팅	10 유효슈팅	추정가치: 22,000,000€	30 경기당패스	82.80 패스성공률

7
LW
CF

Dwight McNeil

드와이트 맥닐

국적 잉글랜드 | **나이** 24 | **신장** 177 | **체중** 72 | **평점** 6.97

에버튼의 왼쪽 날개로 드리블과 테크닉, 왼발을 이용한 크로스가 위력적이다. 오프 더 볼 움직임을 통해 동료와 뛰어난 연계 플레이를 보여주고 강력한 중거리 슈팅으로 골을 넣곤 한다. 축구 센스가 뛰어나 중앙과 오른쪽 측면에서 활약할 수 있다. 다만 스피드를 잘 살리는 드리블보다 테크닉을 이용한 드리블을 하는 편이라 공격속도를 늦추는 경향이 있다. 번리 유스 출신으로 2022년 7월 2,000만 파운드의 이적료에 에버튼으로 이적했다. 이후 2시즌 동안 에버튼에서 공식 80경기에 출전해 10골을 넣었다. 번리 시절에 비해 득점력이 상승했지만 조금 더 파괴력을 향상시킬 필요성이 있다.

2023/24시즌

2	35 GAMES	2,900 MINUTES	3 GOAL	6 ASSISTS	0
	1.6 경기당슈팅	14 유효슈팅	추정가치: 22,000,000€	28.6 경기당패스	78.30 패스성공률

9
CF

Dominic Calvert-Lewin

도미닉 칼버트르윈

국적 잉글랜드 | **나이** 27 | **신장** 189 | **체중** 72 | **평점** 6.79

에버튼의 간판 스트라이커. 본 포지션은 윙어였지만 최전방 스트라이커로 포지션을 변경한 후 득점력이 향상됐다. 워낙 뛰어난 운동 신경을 보유해 스피드, 피지컬, 높이 경쟁 등에서 쉽게 밀리지 않으며 간결하고 정확한 슈팅으로 마무리 능력을 과시한다. 그러나 테크닉이 부족해 온 더 볼 상황에서 실수를 범하고 2021년부터 2년 동안은 부상으로 제 실력을 발휘하지 못했다. 셰필드유나이티드 유스 출신으로 2016년 8월 150만 파운드의 이적료에 에버튼으로 이적했다. 지난 8시즌 동안 에버튼에서 공식 248경기 68골을 넣었다. 특히, 2019/20시즌 13골, 2020/21시즌 16골을 넣으며 해결사의 면모를 과시했다.

2023/24시즌

	GAMES	MINUTES	GOALS	ASSISTS	
2	32	2,189	7	2	**0**
	2.3 경기당슈팅	28 유효슈팅	추정가치: 22,000,000€	13.6 경기당패스	56.90 패스성공률

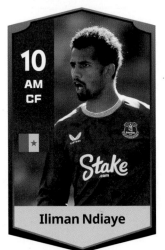

10
AM
CF

Iliman Ndiaye

일리망 은디아예

국적 세네갈 | **나이** 24 | **신장** 180 | **체중** 74 | **평점** 6.61

세네갈 대표팀의 스트라이커이자 공격형 미드필더. 본 포지션은 공격형 미드필더로 최전방 스트라이커, 세컨드 스트라이커 등 중앙에서 다양한 임무를 소화할 수 있다. 테크닉과 드리블이 뛰어나고 효과적인 연계 플레이와 위력적인 공감 침투를 보여준다. 다만, 기복이 심한 편이고, 문전에서의 결정력도 부족하다. 셰필드유나이티드에서 데뷔한 후 마르세유를 거쳐 2024년 7월 1,850만 유로의 이적료에 에버튼으로 이적했다. 아버지가 세네갈인이고 어머니가 프랑스인이라서 프랑스 대표팀에 도전해볼 수도 있었지만 2022년부터 세네갈 대표팀을 선택해 활약하고 있다.

2023/24시즌

	GAMES	MINUTES	GOAL	ASSISTS	
0	30	1,626	3	3	**1**
	1.2 경기당슈팅	9 유효슈팅	추정가치: 15,000,000€	18.1 경기당패스	85.10 패스성공률

11
RW
CF
AM

Jack Harrison

잭 해리슨

국적 잉글랜드 | **나이** 27 | **신장** 175 | **체중** 69 | **평점** 6.62

에버튼의 오른쪽 날개. 2016년 뉴욕시티에서 데뷔한 후, 맨시티와 리즈를 거쳐 2023년 여름 에버튼으로 임대 이적했다. 그리고 지난 시즌 에버튼에서 리그 29경기에 출전해 3골 3도움을 기록하며 제 역할을 함에 따라 에버튼으로 1년 재임대가 되었다. 주로 오른쪽에서 반대발 윙어 역할을 하지만 왼쪽 측면에서도 활약할 수 있다. 뛰어난 스피드와 수준급의 테크닉, 강력한 슈팅, 동료와의 연계 플레이 등을 통해 측면에 활기를 불어 넣는다. 또한, 활동량을 바탕으로 압박도 능해 수비 기여도도 높은 편이다. 다만 경기마다 기복이 심하고 피지컬이 약하다는 평을 듣고 있다.

2023/24시즌

	GAMES	MINUTES	GOALS	ASSISTS	
1	29	2,220	3	3	**0**
	1.2 경기당슈팅	9 유효슈팅	추정가치: 18,000,000€	18.4 경기당패스	72.70 패스성공률

송영주가 주목하는 에버튼의 원픽!

Everton 1878
NIL SATIS NISI OPTIMUM

지금 에버튼에 이 선수가 있다면!

도미닉 칼버트르윈

루카스 바스케스

션 다이치 감독은 4-4-2 혹은 4-2-3-1을 바탕으로 롱볼 축구를 구사한다. 1~2번의 패스로 최전방 스트라이커에게 득점 기회를 만들어주고자 노력한다. 따라서 션 다이치 감독의 팀이 득점력을 높이려면 적은 기회를 골로 연결할 수 있는 해결사는 필수다. 에버튼은 지난 시즌 리그 38경기에서 40골을 넣으며 경기당 1골을 간신히 넘는 득점력을 보여줬다. 이마저도 7골 2도움을 기록한 칼버트르윈의 활약이 없었다면 불가능했을 것이다. 특히 칼버트르윈은 시즌 막판 자신이 출전한 7경기에서 4골 1도움을 기록하며 높은 공격 기여도를 보여줬다.

하지만 칼버트르윈의 최근 득점력은 2% 아쉽다. 칼버트르윈은 2019/20시즌 13골, 2020/21시즌 16골을 넣으며 득점력을 입증했었다. 하지만 최근 3시즌 동안 리그에서 각각 5골, 2골, 7골에 그치며 성장이 멈춘 모습이다. 지난 시즌 칼버트르윈을 보좌하던 압둘라예 두쿠레는 7골을 넣으며 득점 지원을 했지만 칼버트르윈에게 효과적으로 득점 기회를 만들어주지 못했다. 따라서 션 다이치 감독은 칼버트르윈 득점력을 극대화하는 방법을 찾아야 한다. 칼버트르윈의 득점력에 따라 에버튼의 득점력이 달라질 것이기 때문이다.

에버튼의 고민 중에 하나는 측면 수비다. 제이크 오브라이언을 영입하며 센터백 자원은 풍부한 상황인 반면 측면 수비수는 부족하다. 왼쪽에 비탈리 미콜렌코와 애슐리 영, 오른쪽에 셰이머스 콜먼과 네이선 패터슨이 있지만 안정감이 부족하다. 애슐리 영은 1985년생이고, 콜먼은 1988년생으로 이미 전성기에서 내려온 상황이고, 네이선 패터슨은 기대만큼의 활약을 하지 못하고 있다. 설상가상, 주전 레프트백 미콜렌코는 부상을 당해 시즌 초반 출전이 불가능한 상태다. 따라서 에버튼 입장에선 측면 보강이 급선무인 것은 당연지사.

이런 측면에서 에버튼에 가장 잘 어울리는 측면 자원은 레알 마드리드 루카스 바스케스가 아닐까? 비록 1991년생으로 30대가 넘은 나이가 꺼림칙하지만 바스케스가 영입된다면 풀백과 윙어로 뛰면서 에버튼의 오른쪽 측면을 더욱 강하게 만들 가능성이 농후하다. 미콜렌코가 부상에서 회복되어 왼쪽 측면 수비를 책임지고, 루카스 바스케스는 오른쪽 풀백으로 특유의 스피드와 드리블, 크로스를 통해 공격에 힘을 더한다면 좌우 밸런스도 맞출 수 있다. 물론, 에버튼이 루카스 바스케스를 영입한다는 의견은 발칙한 상상에 불과할 뿐이다.

MARK FLEKKEN

NATHAN COLLINS

KRISTOFFER AJER

ETHAN PINNOCK

CHRISTIAN NORGAARD

AARON HICKEY

RICO HENRY

MATHIAS JENSEN

BEN MEE

SEPP VAN DEN BERG

JI-SOO KIM

MIKKEL DAMSGAARD

VITALY JANELT

KEVIN SCHADE

JOSH DASILVA

YEHOR YARMOLIUK

KEANE LEWIS-POTTER

MADS ROERSLEV

YOANE WISSA

IGOR THIAGO

BRYAN MBEUMO

FABIO CARVALHO

2024 2025

Brentford

BRENTFORD

브렌트포드 Brentford

창단 년도 | 1889년
최고 성적 | 5위 (1935/36)
경기장 | 지테크 커뮤니티 스타디움
(Gtech Community Stadium)
경기장 수용 인원 | 17,250명
지난 시즌 성적 | 16위
별칭 | The Bees (비즈),
The Reds (레즈)
상징색 | 레드, 화이트
레전드 | 이드리스 홉킨스, 켄 쿠트, 짐타워스,
조지 브리스토, 게이 케이크브레드,
피터 젤슨, 케빈 오코너 등

히스토리

서런던을 연고로 하고 있는 클럽. 1889년 창단되었고 1947년 강등된 이후 2020년까지 무려 70년을 넘는 시간을 하부 리그에서 보냈다. 그리고 2020/21시즌 74년 만의 1부 리그 승격을 이뤘다. 결정적인 터닝포인트는 매튜 밴햄 구단주의 부임. 당시 축구에서는 보기 힘들었던 데이터 기반의 운영은 결과적으로 긍정적인 결과가 따랐다. 그리고 토마스 프랑크 감독의 지도력과 시너지를 일으키면서 팀은 성장했고 결국 대망의 프리미어리그 안착에 성공했다. 첫 시즌 13위, 두 번째 시즌 9위. 나름 순항을 이어가고 있었던 프랑크호는 지난 시즌 징계와 부상 속 주전 선수들의 연이은 이탈로 16위로 순위를 마감했다. 브렌트포드의 목표는 강등권 생존이 아니다. 돌아오는 2024/25시즌은 팀에게나 프랑크 감독에게나 매우 중요한 시즌이다.

최근 5시즌 리그 순위 변동

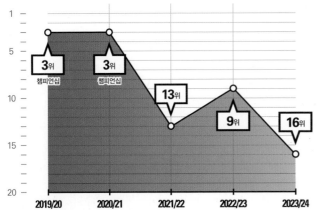

3위 챔피언십	**3**위 챔피언십	**13**위	**9**위	**16**위
2019/20	2020/21	2021/22	2022/23	2023/24

클럽레코드 IN & OUT

〉〉〉〉〉〉〉〉〉〉〉〉 **최고 이적료 영입 IN**

이고르 치아구
3,300만 유로
(2024년 8월,
브뤼허KV)

최고 이적료 판매 OUT 〉〉〉〉〉〉〉〉〉〉〉〉
올리 왓킨스
3,400만 유로
(2020년 9월,
to 아스톤빌라)

토마스 프랑크 Thomas Frank | 1973년 10월 9일 | 50세 | 덴마크

그 어느 때보다 중요한 프랑크 감독의 새로운 시즌

프랑크 감독은 고향팀 프레데릭스베르크BK의 유스팀에서 커리어를 시작했다. 어린 선수 발굴에 능력을 보인 프랑크 감독은 이후 10년 넘게 다양한 유스팀에서 선수들을 육성했다. 덴마크 대표팀에서도 연령별 대표팀을 이끌며 자국의 유망주 발굴에 힘썼으며 이름을 본격적으로 알렸던 건 브뢴뷔IF를 이끌고 UEL 진출에 성공하면서였다. 그리고 2016년 브렌트포드 수석코치로 둥지를 옮겼고 2년 뒤 정식 감독으로서 브렌트포드를 이끌게 된다. 대망의 2020/21시즌. 꿈만 같았던 브렌트포드의 1부 리그 승격까지 만들어내며 74년 만의 첫 역사를 만들었다. 전술적으로 뛰어난 면모를 증면한 프랑크 감독은 체계적인 빌드업을 중시한다. 강팀을 상대로는 역습 공략에서도 날카로움을 보여준다. 지난 시즌의 아쉬움을 뒤로하고 다시 달릴 준비를 하고 있는 프랑크 감독의 새 시즌을 기대해 보자.

📃 감독 인터뷰

"이번 시즌을 잘 치르기 위해선 동기부여가 필요하다. 뭐든 당연하게 여겨서는 안 된다."

감독 프로필

통산				선호 포메이션	승률
483 경기	**218** 승	**115** 무	**150** 패	**4-3-3**	**45.13%**

시즌 키워드

#분위기쇄신 | #유럽대항전진출 | #건강한시즌

경력 🔖	2013~2016 브뢴뷔 IF	2016~2018 브렌트포드 수석코치	2018~ 브렌트포드 감독

BRENTFORD

IN

이고르 치아구
(브뤼허KV)

파비우 카르발류
(리버풀)

패리스 마고마
(임대복귀)

구스타부 누네스
(그레미우)

OUT

다비드 라야
(아스날)

토마스 스트라코샤
(AEK아테네)

센든 밥티스트
(루턴타운)

아이반 토니
(알아흘리)

프랑크 오녜카
(아우크스부르크, 임대)

마일스 퍼트해리스
(스완지시티, 임대)

FW
- 7 샤데
- 9 치아구
- 11 위사

MF
- 19 음뵈모
- 23 루이스포터
- 24 담스고르
- 39 누네스
- 6 뇌르고르
- 8 옌센
- 10 다실바
- 14 카르발류
- 18 야르몰류크
- 27 아넬트
- 28 트레빗
- 32 마고마
- 26 코낙

DF
- 2 히키
- 3 헨리
- 5 피녹
- 16 미
- 20 아예르
- 22 콜린스
- 30 로르슬레우
- 36 김지수

GK
- 1 플레컨
- 12 발디마르손
- 13 콕스

히든풋볼의 이적시장 평가

분위기 반전을 원하는 브렌트포드는 이번 여름이적시장에서 공격진 보강에 심혈을 기울였다. 벨기에 리그에서 파괴력을 보여줬던 이고르 치아구를 영입했고 풀럼과 리버풀에서 경험을 쌓았던 파비우 카르발류도 계약했다. 하지만 갑작스레 사우디 알아흘리로 떠난 이반 토니의 대체자원이 필요하고, 수비에서의 즉시전력감 선수들도 필요하다.

히든풋볼 이적시장 평가단

2023/24시즌 스탯 Top 3

7 샤데	**11** 위사	**19** 음뵈모
27 야넬트	**6** 뇌르고르	**8** 옌센
3 헨리	**5** 피녹	**22** 콜린스 / **30** 뢰르슬레우
	1 플레컨	

득점 Top 3

⚽ 요아네 위사 — **12**골
⚽ 브라이언 음뵈모 — **9**골
⚽ 닐 모페 — **6**골

도움 Top 3

🏃 브라이언 음뵈모 — **6**도움
🏃 세르히오 레길론 — **4**도움
🏃 옌센, 야넬트, 모페 등 — **3**도움

출전시간 Top 3

⏱ 마크 플레컨 — **3,286**분
⏱ 비탈리 야넬트 — **3,072**분
⏱ 네이선 콜린스 — **2,650**분

히든풋볼의 순위 예측

원정에서 승점을 따내는 방식을 확실히 아는 프랭크 감독이 지난 시즌보다 안정적으로 팀을 이끌 것이다.

프랭크 감독의 전술적인 역량과 유니크함은 확실하지만 이번 시즌 이적해버린 토니의 빈자리가 매우 크다.

토니가 건재함을 입증한다면 반전을 꾀할 가능성도 충분하다. 하지만 올 여름에 큰 플러스 요소가 없었다.

지난 시즌 부상 병동이 됐고 토니의 징계로 어려움이 많았다. 올 시즌은 중위권으로 다시 자리잡을 수 있을 것이다.

공격진들의 폭발력이 시즌 초반부터 터진다면 예년보다 조금 더 높은 순위를 기록할 수도 있다.

만족스럽지 않은 이적시장을 보냈다. 토니의 팀 잔류 여부와 별개로 프랭크 감독이 어떻게든 강등은 막을 것이다.

14위 · 이주헌 ·

15위 · 박종윤 ·

14위 · 송영주 ·

13위 · 이완우 ·

10위 · 김형책 ·

15위 · 남윤성 ·

잔류
그 이상의
목표를 향해

74년 만의 프리미어리그 진출 이후 줄곧 성공 가도를 달렸던 토마스 프랑크 감독과 브렌트포드가 흔들렸다. 빅리그 승격 2년 차 징크스는 우려와 걱정을 무색하게 할 정도로 좋은 활약이었지만 3년 차는 너무나 불안했다. 원인은 부상과 이탈. 시즌 초반 에이스 아이반 토니의 징계 결장과 더불어 주전 선수들이 연이은 줄부상으로 신음했다. 다양한 이유로 선발 선수단 구성에 어려움을 겪은 토마스 감독의 브렌트포드는 결국 시즌 중반까지 난항의 흐름이 이어졌고, 오랜 시간 동안 악재를 끊어내지 못했다. 베스트 11 구성에 무리가 있었기에 직전 시즌 보였던 전술의 단단함은 물렁해졌고 강팀 상대로 보였던 날카로웠던 역습은 더욱 무뎌졌다. 특히나 연말 박싱데이 전후로 몰렸던 기나긴 연패의 흐름은 팀의 순위를 강등권으로 밀어 넣었다. 그나마 아이반 토니가 1월에 복귀를 하게 되면서 가까스로 분위기를 끌어올리는 데 성공했고 결국 16위라는 아찔한 순위로 시즌을 마감했다.

이번 시즌은 건강한 시즌이 되어야한다. 특히나 브렌트포드처럼 선수단이 두텁지 않은 팀들은 선수들 관리가 가장 중요한 과제이다. 토마스 프랑크 감독이 아무리 훌륭한 전술가라도 선수단이 버텨주지 못하면 아무 의미가 없다. 그런 연유에서 여름이적시장에서의 움직임이 더욱 중요했다. 하지만 아이반 토니는 결국 팀을 떠나게 됐고 언제 또 주전 선수들이 부상과 부진으로 전력에서 이탈하게 될지 모른다. 가뜩이나 이번 시즌은 유로 2024, 코파아메리카 2024, 파리 올림픽 등 시즌 개막 이전부터 많은 빅이벤트들이 펼쳐졌다. 부상의 위험도가 높다는 의미다. 때문에 지난 시즌의 실패를 교훈 삼아 부지런하게 대책을 마련할 수 있는 시즌이 되어야한다.

매 시즌 위기라는 예상을 뒤엎고 프리미어리그에서 순항을 이어갔던 프랑크 감독의 브렌트포드. 어느덧 프랑크 감독은 꿀벌 군단의 감독으로서 일곱 번째 시즌을 맞이하고 있다. 더 이상 브렌트포드의 목표는 잔류가 아니다. 지난 시즌 16위라는 아찔한 순위는 실패의 역사이다. 성공의 역사를 위해선 지난 시즌을 꼼꼼하게 돌이키고 미리 준비를 해야 한다. 어쩌면 토마스 프랑크 감독에게는 이번 시즌이 본인의 브렌트포드 커리어에서 가장 중요한 시즌이 될 수도 있다.

1
GK

Mark Flekken

마크 플레컨

국적 네덜란드 **│ 나이** 31 **│ 신장** 195 **│ 체중** 87 **│ 평점** 6.65

브렌트포드의 No.1. 네덜란드 대표팀 골키퍼이기도 하다. 지난 시즌 다비드 라야의 임대 공백을 메꾸기 위해 영입했다. 큰 신장과 뛰어난 반사신경, 빌드업 능력은 라야의 빈자리를 채워주기에 적합한 옵션이었다. 하지만 시즌 초반 프리미어리그에 적응하는 데 어려움을 겪었고 선방과 상황 판단 능력에서 아쉬움을 보였다. 그래도 발밑이 좋아 빌드업 능력 면에서는 준수했다는 평가. 시즌 중반 이후엔 선방과 판단력에서도 나아진 모습을 보이며 생각보다 빠르게 안정화된 모습을 보여줬다. 다비드 라야가 아스날로 완전 이적하면서 브렌트포드의 골문은 이번 시즌도 플레컨이 책임지게 되었다.

2023/24시즌

	37 GAMES	3,286 MINUTES	63 실점	65.30 선방률	
3	113 세이브	7 클린시트	추정가치: 12,000,000€	18.90 클린시트 성공률	0/2 PK 방어 기록	0

22
CB

Nathan Collins

네이선 콜린스

국적 아일랜드 **│ 나이** 23 **│ 신장** 193 **│ 체중** 81 **│ 평점** 6.66

지난 시즌을 앞두고 울버햄튼 원더러스에서 영입했다. 당시 클럽 레코드를 세우며 영입했기 때문에 많은 기대를 받았고 어느 정도 무난하게 기대에 부응했던 시즌이었다. 출중한 피지컬을 통한 공중 장악 그리고 도전적이고 정확도 높은 블로킹 능력은 브렌트포드에서도 여전했다. 하지만 역시나 우려했던 부분은 느린 발과 압박 대처 능력. 특히나 적극적으로 전방 압박을 시도하는 팀을 상대로는 큰 실수도 보이며 전전긍긍하는 모습이었다. 이번 시즌은 단점을 얼마나 극복하느냐가 관건. 아직 젊고 어린 선수이기에 아일랜드 대표팀 주전 센터백의 성장 가능성은 충분히 열려있다.

2023/24시즌

	32 GAMES	2,650 MINUTES	1 GOALS	1 ASSISTS	
3	0.3 경기당슈팅	2 유효슈팅	추정가치: 25,000,000€	45.9 경기당패스	81.50 패스성공률	0

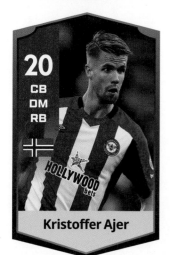

20
CB
DM
RB

Kristoffer Ajer

크리스토퍼 아예르

국적 노르웨이 **│ 나이** 26 **│ 신장** 198 **│ 체중** 92 **│ 평점** 6.61

2021/22시즌 셀틱에서 브렌트포드로 이적했다. 이적 후 곧바로 주전으로 자리를 잡았고 팀에 잘 녹아드는 모습까지 보여줬다. 미드필더 출신으로 부드러운 발밑도 소유하고 있어 지공에서도 좋은 능력을 보인다. 2미터에 가까운 신장과 엄청난 피지컬을 이용해 확률 높은 세트피스 수비와 공중볼 경합을 보여준다. 게다가 먼 거리의 공도 태클로 자주 따내는 모습을 보인다. 지난 시즌은 직전 시즌보다 살짝 아쉬웠던 시즌이었다. 전반적으로 잔실수가 늘었고 대인방어에 있어서 쉽게 벗어지는 모습을 보였다. 하지만 여전히 좋은 빌드업 능력으로 센터백뿐 아니라 풀백으로도 출전해 연속 골도 기록하는 등 옵션이 많은 선수임을 증명했다.

2023/24시즌

	28 GAMES	1,836 MINUTES	2 GOALS	1 ASSISTS	
5	0.4 경기당슈팅	4 유효슈팅	추정가치: 15,000,000€	25.8 경기당패스	75.90 패스성공률	0

5
CB

Ethan Pinnock

이선 피녹

국적 자메이카 | **나이** 31 | **신장** 192 | **체중** 81 | **평점** 6.88

브렌트포드 수비라인의 중심. 특히 지난 시즌 최고의 활약까지 더하며 브렌트포드의 핵심 선수로 자리잡았다. 대인방어 능력은 한 단계 더 단단해졌고 엄청난 공중볼 장악 능력 그리고 동료 선수들의 실수도 커버해 주는 활동량은 지난 시즌 브렌트포드 올해의 선수상을 받기 충분한 활약이었다. 나아가 23/24시즌 프리미어리그 수

비수 클리어 1위를 기록하며 리그 정상급 수비 스탯까지 찍어냈다. 여기서 끝이 아니다. 피녹의 최대 장점은 내구성. 지난 시즌 전까지 다섯 시즌 연속 30경기 이상 출전하며 철강왕의 모습까지 보여주는 브렌트포드의 핵심 수비수다.

2023/24시즌

1	29 GAMES	2,521 MINUTES	2 GOALS	0 ASSISTS		0
	0.7 경기당슈팅	4 유효슈팅	추정가치: 12,000,000€	48.2 경기당패스	84.00 패스성공률	

36
CB

Ji-soo Kim

김지수

국적 대한민국 | **나이** 19 | **신장** 192 | **체중** 84 | **평점** –

양민혁 이전의 한국인 최연소 프리미어리그 진출 선수. 성남FC의 유스 클럽을 거쳐 2022시즌 K리그 최연소 선수 기록을 썼다. 연령별 대표팀에 순차적으로 소집되어 국제무대 경험도 충분히 쌓았다. 토트넘 방한 당시 상대했던 팀 K리그 올스타에도 선발되어 어린 나이지만 능력을 인정받았다. 빅리그에서도 통할 만한 훌륭한 하드웨

어와 양발 빌드업은 김지수의 가장 큰 장점이다. 브렌트포드 이적 후에는 주로 2군인 B팀에서 활약했다. 그리고 지난 6월, B팀 감독인 닐 맥팔레인 감독이 김지수의 1군 승격을 발표했다. 1군 선수로 분류된 김지수의 진짜 빅리그 도전은 2024/25시즌 바로 지금부터다.

2023/24시즌

–	- GAMES	- MINUTES	- GOALS	- ASSISTS		-
	- 경기당슈팅	- 유효슈팅	추정가치: 600,000€	- 경기당패스	- 패스성공률	

30
RB
RM

Mads Roerslev

마스 뢰르슬레우

국적 덴마크 | **나이** 25 | **신장** 184 | **체중** 77 | **평점** 6.44

지난 시즌은 출전수가 대폭 늘어났다. 포지션 경쟁자 애런 히키가 시즌 내내 부상으로 이탈해 입단 후 가장 많은 경기 수를 소화했다. 뢰르슬레우는 측면 수비 자원으로는 꽤나 큰 키를 가지고 있다. 게다가 빠른 발까지 보유하고 있다. 높은 활동량을 기반으로 끈기 있는 수비도 보여준다. 단점은 큰 키를 보유했음에도 경합에서 적극

적이지 못하고 발밑도 투박하다는 점. 이제 다시 애런 히키와 무한 경쟁에 돌입한다. 물론 애런 히키가 주전으로 기용될 가능성이 높지만 장담할 수는 없다. 어느덧 5년 차에 접어든 뢰르슬레우의 런던 생활이 어떤 식으로 흘러갈지 궁금하다.

2023/24시즌

1	34 GAMES	1,985 MINUTES	1 GOALS	2 ASSISTS		0
	0.2 경기당슈팅	1 유효슈팅	추정가치: 10,000,000€	17.8 경기당패스	68.90 패스성공률	

BRENTFORD

비탈리 야넬트

27
DM
CM
LB

Vitaly Janelt

국적 독일 | **나이** 26 | **신장** 184 | **체중** 79 | **평점** 6.68

지난 시즌 브렌트포드에서 유일하게 전 경기에 출전했다. 브렌트포드가 프리미어리그에 입성한 이후 세 시즌 연속 30경기 이상 출전하며 부상 없이 가장 꾸준한 활약을 보여주는 꿀벌 군단의 중앙 미드필더. 특히나 높은 에너지 레벨과 왕성한 활동량, 날카로운 킥력은 브렌트포드 중원 빌드업의 핵심이다. 수비력도 준수하여 측면 수비와 중앙 수비도 설 수 있는 만큼 전술 활용도도 높다. 통상 가장 좋은 선수는 동료들이 인정하는 선수라고 한다. 지난 시즌 브렌트포드 선수들이 선정한 23/24시즌 올해의 선수, 비탈리 야넬트의 새로운 시즌을 기대해보자.

2023/24시즌

	GAMES	MINUTES	GOAL	ASSISTS	
8	38	3,072	1	3	0
	0.6 경기당슈팅	7 유효슈팅	추정가치: 22,000,000€	34.4 경기당패스	79.90 패스성공률

크리스티안 뇌르고르

6
DM
CM

Ⓒ

Christian Nørgaard

국적 덴마크 | **나이** 30 | **신장** 187 | **체중** 73 | **평점** 6.8

브렌트포드 클럽 역사상 첫 덴마크인 캡틴. 팀을 떠난 폰투스 얀손에게 주장 완장을 건네 받았다. 승격 당시 최고의 활약을 보이며 브렌트포드를 세계 최고의 리그인 프리미어리그에 올려놓았다. 지난 시즌도 중원에서 높은 활동량과 튼튼한 피지컬을 통해 단단한 1차 수비 라인을 만들었다. 빌드업에서도 출중한 패싱 능력으로 중원에서 마티아스 옌센과 함께 데니시 커넥션의 힘을 보여줬다. 직전 시즌에는 아킬레스 부상으로 이탈이 꽤나 많았던 뇌르고르지만 지난 시즌은 서른 경기 이상 출전하며 시즌 전부터 이어진 우려의 분위기를 완전히 사라지게 만들었다.

2023/24시즌

	GAMES	MINUTES	GOAL	ASSISTS	
8	31	2,513	2	1	0
	1.1 경기당슈팅	7 유효슈팅	추정가치: 18,000,000€	46.5 경기당패스	81.20 패스성공률

마티아스 옌센

8
CM
DM

Mathias Jensen

국적 덴마크 | **나이** 28 | **신장** 180 | **체중** 72 | **평점** 6.71

브렌트포드 중원의 핵심 자원. 직전 시즌 스쿼드 자원에서 중심 자원으로 성장한 후 이제는 완벽하게 주전 미드필더로 거듭났다. 매 시즌 서른 경기 이상 출전하며 내구성과 꾸준함을 보여주고 있다. 나아가 많은 활동량과 비상한 축구 지능을 바탕으로 보여주는 패싱플레이는 브렌트포드 빌드업의 가장 주요 옵션이다. 게다가 롱스로인 능력도 출중해 세트피스에서도 마티아스 옌센의 입지는 확고하다. 캡틴 크리스티안 뇌르고르와 함께하는 데니시 커넥션은 브렌트포드를 대표하는 아이콘이 되었다. 이번 시즌에도 프랑크 감독이 옌센에게 거는 기대가 크다.

2023/24시즌

	GAMES	MINUTES	GOALS	ASSISTS	
5	32	2,220	3	3	0
	0.4 경기당슈팅	7 유효슈팅	추정가치: 28,000,000€	30.4 경기당패스	78.60 패스성공률

18
CM
AM

Yehor Yarmoliuk

예호르 야르몰류크

국적 우크라이나 | **나이** 20 | **신장** 180 | **체중** 72 | **평점** 6.27

2022년 7월 브렌트포드에 영입된 중원 유망주. 2022/23시즌 카라바오컵 질링엄과의 3라운드 경기에서 프랑크 오녜카와 교체되며 1군 데뷔 전을 치르게 됐다. 그리고 지난 시즌 입단 1년 만에 1군으로 승격한다. 우크라이나에서도 연령별 대표를 모두 거치며 순차적으로 성인 대표팀을 향해 달려가고 있다. 높은 활동량과 폭넓은 커버

범위, 넓은 시야와 정확한 패스는 야르몰류크의 가장 큰 잠재 능력. 지난 시즌에는 1군 승격 뒤 27경기에 출전하며 성인 무대 경험을 쌓았다. 대부분 교체 출전이었지만 성장 가능성을 몸소 보여줬던 의미 있는 시즌이었다.

2023/24시즌

	27 GAMES	676 MINUTES	0 GOALS	0 ASSISTS	
2	0.4 경기당슈팅	5 유효슈팅	추정가치: 10,000,000€	10.4 경기당패스	77.30 패스성공률	0

11
LW
RW
ST

Yoane Wissa

요아네 위사

국적 콩고민주공화국 | **나이** 27 | **신장** 176 | **체중** 74 | **평점** 6.87

지난 시즌 브렌트포드의 최다 득점자. 토니가 징계로 빠지게 되면서 자연스럽게 위사의 역할이 커졌다. 하지만 전반기 활약은 기대에 비해 아쉬웠다. 오히려 후반기 이반 토니가 복귀한 이후 나아진 모습. 본인의 장점인 빠른 스피드와 유연하고 탄력적인 운동 능력을 바탕으로 한 위력적인 드리블은 여전했다. 박스 안 결정력도 지난

시즌보다 좋아진 모습. 결국 프리미어리그 입성 후 가장 많은 득점인 12골을 기록하며 본인의 리그 커리어 하이 시즌을 만들어냈다. 이번 시즌에도 위사는 브렌트포드 공격 라인에서 가장 중요한 옵션 중 하나이다.

2023/24시즌

	34 GAMES	2,509 MINUTES	12 GOALS	3 ASSISTS	
7	2 경기당슈팅	24 유효슈팅	추정가치: 28,000,000€	12.9 경기당패스	73.20 패스성공률	0

23
LW
LM
AM

Keane Lewis-Potter

킨 루이스포터

국적 잉글랜드 | **나이** 23 | **신장** 170 | **체중** 67 | **평점** 6.47

2022/23시즌 헐시티에서 영입한 유망주. 영입 당시 브렌트포드의 클럽 레코드를 갱신했다. 공격라인에서 다양한 포지션을 소화할 수 있는 공격수로 빠른 발을 통해 역습 전개에 능하다. 드리블이 좋고 오프 더 볼 움직임도 준수해 라인브레이킹이나 수비 뒷공간 공략을 즐긴다. 단점은 문전 침착성과 왼발 사용 능력. 지난 시즌에도

번번하게 빅 찬스를 놓쳤다. 하지만 어린 시절 유망주로 거듭났던 모습들을 생각한다면 충분히 개선할수 있는 단점이다. 오히려 빅리그에 적응하면 사라질 단점일 가능성도 있다. 어쩌면 생각보다 빠르게 주전자리를 차지할 가능성도 충분하다.

2023/24시즌

	30 GAMES	1,442 MINUTES	3 GOALS	1 ASSISTS	
0	1.4 경기당슈팅	20 유효슈팅	추정가치: 15,000,000€	11.9 경기당패스	77.40 패스성공률	0

BRENTFORD

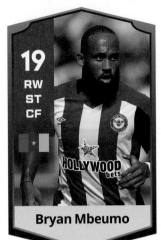

19
RW
ST
CF

Bryan Mbeumo

브라이언 음뵈모

국적 카메룬 | **나이** 25 | **신장** 172 | **체중** 65 | **평점** 7.02

지난 시즌 위사와 함께 브렌트포드의 공격을 이끌었다. 위사보다 골 기록은 적었지만 경기 내용으로 봤을 때 영향력은 더 컸다고 할 수 있다. 특히나 공격 전개에 있어서 음뵈모가 있고 없고의 차이는 명백하게 드러났다. 정확하고 강력한 왼발 킥은 중원과 측면, 세트피스에서 모두 돋보였다. 빠른 발을 통한 드리블은 상대 수비수들의 혼란을 야기하며 브렌트포드 역습의 첨병이 됐다. 아쉬웠던 건 부상 이탈. 매 시즌 건강하게 공격 라인을 이끌었지만 지난 시즌은 잔부상으로 출전 시간이 대폭 줄어들었다. 하지만 원래 내구성이 좋은 선수인 만큼 새로운 시즌은 달라질 가능성이 크다.

2023/24시즌

	25 GAMES	1,960 MINUTES	9 GOAL	6 ASSISTS	
2	2.1 경기당슈팅	16 유효슈팅	추정가치: 40,000,000€	26 경기당패스	72.30 패스성공률	0

7
LW
RW
CF

Kevin Schade

케빈 샤데

국적 독일 | **나이** 22 | **신장** 183 | **체중** 72 | **평점** 6.35

2023/24시즌 기대를 잔뜩 받고 브렌트포드로 둥지를 옮겼다. 하지만 부상으로 11경기 331분 출전이라는 아쉬운 성적만 남겼다. 분데스리가 시절부터 최고 속도 40km/h에 육박하는 빠른 발을 통해 유망주로 자리매김했다. 양발을 사용할 수 있어 왼쪽, 오른쪽을 가리지 않고 과감한 슈팅을 자주 시도한다. 역습 전개를 자주 시도하는 브렌트포드 입장에서는 유용하게 쓸 수 있는 공격 자원이다. 아이반 토니가 팀을 떠났고 위사, 음뵈모와 함께 짝을 이룰 남은 한 장의 공격 카드는 샤데가 될 가능성이 높다. 결국 가장 중요한 건 부상 관리. 건강한 몸을 유지한다면 기대에 부응할 수 있는 성장 가능성을 내재하고 있는 유망한 자원이다.

2023/24시즌

	11 GAMES	331 MINUTES	2 GOAL	1 ASSISTS	
0	0.7 경기당슈팅	4 유효슈팅	추정가치: 22,000,000€	8 경기당패스	63.60 패스성공률	0

9
ST
CF

Igor Thiago

이고르 치아구

국적 브라질 | **나이** 23 | **신장** 188 | **체중** 85 | **평점** 7.09

지난 시즌 클뤼프브뤼허KV 첫 시즌에 26경기 16골을 만들어냈다. 벨기에 주필러리그를 접수하고 한 시즌 만에 빅리그 입성에 성공한다. 계약기간은 2029년까지. 심지어 브렌트포드의 클럽 IN 레코드, 브뤼허의 클럽 OUT 레코드를 모두 동시에 갈아치우면서 둥지를 옮겼다. 이렇게 치아구의 영국 생활은 큰 기대 속에 시작됐다. 하지만 기쁨은 오래 가지 못했다. AFC윔블던과의 프리시즌 경기. 반월판 부상을 당하며 수술대 올랐고 빨라야 연말에 복귀할 수 있다. 지난 시즌 토니의 징계 결정으로 이어졌던 브렌트포드의 포워드 잔혹사는 아직 끝나지 않았다.

2023/24시즌

	26 GAMES	2,268 MINUTES	18 GOALS	3 ASSISTS	
5	2.3 경기당슈팅	21 유효슈팅	추정가치: 25,000,000€	17.3 경기당패스	72.30 패스성공률	1

전지적 작가 시점

김형책이 주목하는 브렌트포드의 원픽!

이선 피녹

지난 시즌 브렌트포드 최고의 선수. 선수단 구성에 허덕였던 꿀벌 군단에게 그나마 위안거리가 됐다. 물론 리그 기준 서른 경기를 채우지 못했던 건 아쉬운 부분. 하지만 나올 때만큼은 그 어느 팀의 센터백 부럽지 않은 단단한 모습을 보여줬다. 특히 엄청난 공중볼 장악 능력 그리고 최고의 클리어 능력은 시즌 중반까지 난항을 이어갔던 브렌트포드의 반등 원동력이 되었다. 이전 시즌과는 달랐던 중원, 종종 집중력이 흐트러지는 동료 수비들의 실수들도 능수능란하게 처리했다.

세트피스에서도 힘과 높이 등 피지컬을 바탕으로 거칠게 싸워줬으며 간간이 득점까지 기록하며 소중한 승점들을 챙겨줬다. 물론 빌드업에서 종종 실수를 보이는 점은 줄여야 한다. 하지만 분위기 반전이 절실한 브렌트포드에겐 수비 안정화를 위해 이선 피녹이 중심을 잡아줘야 한다. 2023/24시즌 프리미어리그 수비 클리어 성공 1위 그리고 브렌트포드 올해의 선수상에 빛나는 이선 피녹의 어깨가 무겁다. 하지만 7부 리그에서 시작해 1부 리그까지 온 그에게 그 정도 부담은 감사히 즐길 수 있는 도전일 뿐이다.

지금 브렌트포드에 이 선수가 있다면!

제임스 맥아티

콜 팔머는 지난 시즌 맨시티에서 첼시로 둥지를 옮겼다. 결과는 대성공. 지난 시즌 프리미어리그 전체 선수들 중 가장 센세이션한 활약을 보이며 엘링 홀란드에 이어 리그 득점 2위를 마크했다. 이뿐만 아니었다. 벼랑 끝에 몰렸던 첼시를 수없이 구해내며 해결사의 능력을 보여줬다. 이 모든 일은 콜 팔머가 친정팀 맨시티를 떠났기 때문에 가능한 일이었다. 아무리 잠재력이 풍부한 선수라도 세계 최고의 클럽이 된 맨체스터시티에서 자리를 잡는 건 어렵다. 콜 팔머도 마찬가지였다.

제임스 맥아티는 팔머와 함께 가장 대표적인 맨시티의 유망주였다. 지난 시즌은 셰필드에서 팀의 강등을 막지 못했지만 직전 시즌 셰필드 승격의 영광을 안겼던 주연이었다. 맥아티가 가지고 있는 3선 침투 타이밍, 동료의 움직임을 읽는 눈, 측면에서 수비 간격이 벌어진 틈을 타 파고드는 타이밍 등은 맥아티의 대표적인 능력이다. 2.5선에서 박스 침투까지 할 수 있는 선수가 부족한 브렌트포드에게 맥아티는 제2의 콜 팔머가 될 수 있는 재능과 잠재력이 있다.

MATZ SELS

CARLOS MIGUEL

MURILLO

ANDREW OMOBAMIDELE

NECO WILLIAMS

IBRAHIM SANGARE

DANILO

NICOLAS DOMINGUEZ

HARRY TOFFOLO

OLA AINA

JAMES WARD-PROWSE

WILLY BOLY

ELLIOT ANDERSON

MORGAN GIBBS-WHITE

RYAN YATES

NIKOLA MILENKOVIC

CALLUM HUDSON-ODOI

JOTA SILVA

ERIC DA SILVA MOREIRA

ANTHONY ELANGA

TAIWO AWONIYI

CHRIS WOOD

20242025

Nottingham Forest

NOTTINGHAM FOREST

노팅엄포레스트
Nottingham Forest FC

창단 년도	1865년
최고 성적	우승 (1877/78)
경기장	시티 그라운드 (The City Ground)
경기장 수용 인원	30,602명
지난 시즌 성적	17위
별칭	Forest (포레스트), The Tricky Trees (트리키 트리즈)
상징색	레드, 화이트
레전드	이안 스토리무어, 존 로버트슨, 밥 맥킨리, 마틴 오닐, 비브 앤더슨, 피터 실튼, 스튜어트 피어스 등

히스토리

잉글랜드 중부 교통의 중심지 노팅엄을 연고로 하는 클럽. 1970년대 후반과 1980년대 초반으로 거슬러 올라가면 노팅엄의 영광스러운 순간을 마주할 수 있다. 당시 1부 리그 우승뿐만 아니라 UEFA챔피언스리그의 전신인 유러피언컵을 2년 연속 우승하며 타이틀 방어까지 성공한다. 하지만 1990년대 들어와 부진이 시작됐고 결국 강등과 함께 명문 구단의 몰락은 깊어졌다. 하부 리그에서 전전긍긍하던 노팅엄은 스티브 쿠퍼 감독과 함께 23년

만에 프리미어리그 승격에 성공한다. 하지만 최상위 리그의 텃세는 녹록지 않았고, 두 시즌 연속 강등권에서 허덕이며 결국 승격의 주역 쿠퍼 감독과의 동행을 마무리했다. 꽤나 많은 변화와 함께하는 노팅엄의 새로운 시즌은 어떻게 마무리될까?

최근 5시즌 리그 순위 변동

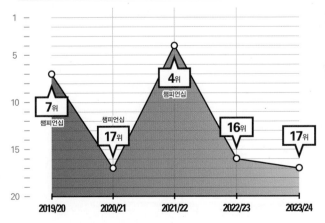

7위 챔피언십 — 2019/20
17위 챔피언십 — 2020/21
4위 챔피언십 — 2021/22
16위 — 2022/23
17위 — 2023/24

클럽레코드 IN & OUT

최고 이적료 영입 IN
엘리엇 앤더슨
4,120만 유로
(2024년 7월, from 뉴캐슬)

최고 이적료 판매 OUT
브레넌 존슨
5,500만 유로
(2023년 9월, to 토트넘)

누누 산투 Nuno Santo

1974년 1월 25일 | 50세 | 포르투갈

늘어난 부담감, 무거워진 누누의 어깨

노팅엄포레스트가 23년 만에 프리미어리그 진출을 이끌었던 스티브 쿠퍼 감독과의 여정을 마무리 지었다. 후임 감독은 울브스와 토트넘을 이끌었던 누누 산투 감독. 수비적인 성향이 짙고 스쿼드 운영은 보수적이며 전술은 평면적이다. 어떻게 보면 중위권을 노리는 노팅엄에게 잘 맞는 감독일 수도. 지난 시즌 중도 부임한 이후 극초반을 제외하면 썩 만족할 만한 성적을 거두지는 못했다. 하지만 말 그대로 중도 부임이었고 풀시즌을 맞게 되는 이번 시즌은 다를 수 있다. 선수 시절 무리뉴 감독 밑에서 뛰었던 만큼 선수비 후역습에 능한 감독으로서 준족의 자원이 많은 노팅엄과의 궁합이 궁금해진다. 다양한 팀에서 산전수전을 겪었지만 이번에는 조금 더 어깨가 무거워 보이는 것도 사실. 과연 누누는 노팅엄의 구세주가 될 수 있을까?

📋 감독 인터뷰

"우리는 잘 하고 있다고 생각한다. 아직 완벽한 준비는 아니지만 우리가 원하는 방식대로 플레이하기 위해 노력하고 있다. 이적시장에서 올바른 결정을 내리는 것 또한 중요할 것이다."

감독 프로필

통산
269 경기 **135** 승 **63** 무 **71** 패

선호 포메이션
3-4-1-2

승률
50.2%

우승 이력

- **EFL 챔피언십** (2017/18)
- **사우디 프로페셔널 리그** (2022/23)
- **사우디 슈퍼컵** (2022)

경력

2010	2010~2012	2012~2014	2014~2015
말라가CF	파나티나이코스FC	히우아브FC	발렌시아 CF

2016~2017	2017~2021	2021	2022~2023	2023~
FC포르투	울버햄튼원더러스	토트넘홋스퍼	알이티하드	노팅엄포레스트

NOTTINGHAM FOREST

IN

엘리엇 앤더슨
(뉴캐슬)

니콜라 밀렌코비치
(피오렌티나)

조타 실바
(비토리아)

카를로스 미구엘
(코린치안스)

제임스
워드프라우스
(웨스트햄, 임대)

알렉스 모레노
(애스턴빌라, 임대)

라몬 소사
(타예레스)

모라투
(벤피카)

OUT

르모 프로일러
(볼로냐)

오렐 망갈라
(리옹)

무사 니아카테
(리옹)

조 워럴
(번리)

맷 터너
(크리스탈팰리스, 임대)

스콧 맥케나
(라스팔마스)

오마르 리차즈
(하우 아브, 임대)

알렉스 마이튼
(포트베일, 임대)

조시 보울러
(프레스턴, 임대)

FW
9 아워니이　11 우드　14 허드슨오도이

17 모레이라　20 실바　21 엘랑가　25 데니스

MF
6 상가레　8 앤더슨　10 깁스화이트　16 도밍게스

18 워드프라우스　22 예이츠　24 소사　28 다닐루

DF
4 모라투　5 무릴로　7 윌리엄스　12 오모바미델레　15 토플로

19 모레노　30 볼리　31 밀렌코비치　34 아이나　44 애보트

GK
26 셀스　33 미구엘

히든풋볼의 이적시장 평가

노팅엄은 이번 여름이적시장에서 모든 라인에 걸쳐 전력 보강에 성공했다. 포르투갈 리그에서 활약했던 공격수 조타 실바, 피오렌티나의 센터백 밀렌코비치 그리고 벤피카의 모라투까지 영입에 성공했다. 나아가 뉴캐슬 미드필더 엘리엇 앤더슨과 데드볼 마스터 제임스 워드프라우스까지 영입하면서 즉시 전력감을 스쿼드에 채울 수 있었다.

히든풋볼 이적시장 평가단

2023/24시즌 스탯 Top 3

득점 Top 3

크리스 우드	14골
칼럼 허드슨오도이	8골
타이워 아워니이	6골

도움 Top 3

모건 깁스화이트	10도움
안토니 엘랑가	9도움
해리 토폴로	3도움

출전시간 Top 3

모건 깁스화이트	3,164분
무릴로	2,793분
안토니 엘랑가	2,434분

히든풋볼의 순위 예측

지난 시즌 막판 마지막 힘을 쥐어짜내 잔류에 성공했다. 이번 시즌도 전술적인 색채가 달라지진 않을 것이다.

초반 분위기는 나쁘지 않고 전력 보강도 괜찮은 편이다. 다만 누누 감독이 이끄는 시즌 전체를 믿기는 쉽지 않다.

지난 2년 반복됐던 패턴. 전력 보강, 부진 간신히 잔류. 경쟁자들의 전력을 보면 올 시즌 역시 위험하다.

지난 시즌 승격팀 외에 가장 저조한 팀이었다. 올 시즌 승격팀들은 작년보다 무섭다. 노팅엄이 위태롭다.

누누 산투 감독의 전략은 그리 유연하지 못하다. 시즌 내내 하위권을 맴돌 가능성이 높다.

이번 시즌 승격팀들과 비교해 전력 차이가 크지 않다. 감독의 능력에서 한계가 드러날 것이다.

17위 이주헌

18위 박종윤

15위 송영주

19위 이완우

18위 김형책

20위 남윤성

강등권 탈출 그리고 자존심 회복

한때 잉글랜드를 넘어 유럽을 주름잡았던 명문팀 노팅엄포레스트. 물론 반세기나 흘러간 영웅담 같은 이야기지만 그 과정은 실로 대단했다. 1974/75시즌 2부 리그 16위에서 2년 만에 1부 리그 승격을 이뤄냈고 승격 직후 리그 우승까지 달성했다. 놀랍게도 이야기는 여기서 끝이 아니다. 리그 우승 다음 시즌에는 무려 두 시즌 연속이나 당대 유럽 최고 대회였던 유러피언컵 왕좌에 오르면서 영화보다 더 영화 같은 스토리를 만들어냈다. 이렇게 각본 없는 드라마의 절정을 보여줬으니 정말 영웅담으로 불릴 수밖에.

이후 오랜 암흑기를 거쳐 젊은 감독이었던 스티브 쿠퍼 감독과 함께 23년 만에 꿈에 그리던 1부 리그 진입에 성공한다. 프리미어리그 승격 이후 '명가재건'이라는 슬로건과 함께 힘찬 도약을 꿈꿨지만 현실은 차가웠다. 기대감에 영입했던 수많은 선수들은 그야말로 '오합지졸'의 결과로 이어졌다. 그나마 시간이 지나면서 전술적으로 조금씩 단단해지는 모습을 보였지만 또 한 번의 위기는 주전들의 연이은 부상 속에서 출발했다. 특히나 수비진들이 줄지어 부상으로 이탈하면서 '명가재건'의 슬로건은 '실패'라는 키워드로 마무리됐다.

지난 시즌도 나름 기대를 받으며 출발했지만 결과적으로 크게 달라지지 않았다. 오히려 최종 순위는 한 계단 더 떨어진 17위. 턱걸이로 잔류에 성공했다. 전반기엔 밥 먹듯 이어진 승점 드롭으로 결국 승격을 이끌었던 스티브 쿠퍼 감독과의 동행이 끝났다. 후임 누누 산투 감독 부임 후 초반에는 맨체스터유나이티드, 뉴캐슬 등 강팀들을 상대로 달라진 모습을 보여주나 싶었지만 그저 '오픈빨'에 불과했다. 승점 삭감이 없었음에도 불구하고 최종 승점 32점. 경기당 승점 1점도 챙기지 못한 초라한 성적은 다시 한번 걸었던 '명가재건'이라는 슬로건을 더욱더 초라하게 만들었다.

어찌 됐건 살아남았고 새로운 시즌이 시작된다. 그리고 누누 산투 감독과 프리시즌부터 함께하는 첫 풀시즌이다. 물론 우려의 목소리가 크다. 하지만 누누 산투 감독의 보수적이고 수비적인 성향, 역습 위주의 전술은 잘 다듬어진다면 노팅엄포레스트 같은 중하위권 팀들에게 오히려 제격일 수 있다. 두 시즌 연속 힘차게 걸어봤던 '명가재건'이라는 슬로건이 혹여나 부담이 됐던 것이라면, 이번 시즌은 소소하게 '중위권 도약'이라는 슬로건으로 출발해보는 건 어떨까.

NOTTINGHAM FOREST

26 GK

Matz Sels

마츠 셀스

국적 벨기에 | **나이** 32 | **신장** 188 | **체중** 75 | **평점** 6.3

지난 겨울이적시장 경험 많은 배테랑 골키퍼 셀스가 노팅엄의 유니폼을 입었다. 다양한 리그를 거쳤고 2016년부터 2018년까지는 뉴캐슬유나이티드에서 잉글랜드 무대도 경험한 바 있다. 골키퍼로서 신장이 크지는 않지만 위치 선정이, 판단력, 발밑은 매우 준수한 자원으로 평가된다. 그러한 장점들 때문에 영입 당시 주전 골키퍼였던 맷 터너가 빌드업과 판단력에서 불안 요소를 드러내자 생각보다 일찍 주전 자리를 차지했다. 블라호디모스 골키퍼도 스쿼드에 있지만 누누 산투 감독은 마츠 셀스를 넘버원 골리로 낙점했다. 2024/25시즌도 주전 골키퍼로 출전할 가능성이 크다.

2023/24시즌

1	16 GAMES	1,440 MINUTES	27 실점	57.40 선방률
	36 세이브	1 클린시트	추정가치: 7,000,000€	6.30 클린시트 성공률 · 0/1 PK 방어 기록 · 0

무릴로

국적 브라질 | **나이** 22 | **신장** 180 | **체중** 75 | **평점** 6.69

5 CB

Murillo

영입 첫 시즌에 노팅엄포레스트의 주전 센터백으로 올라섰다. 영입 당시 금액도 합리적이었기에 지난 시즌 최고의 발견이라고 할 수 있다. 180cm의 신장으로 센터백 포지션을 소화하기에는 어려움이 많지만 힘과 속도는 리그 정상급. 나아가 저돌적인 대인방어는 상대 공격수들을 위축되게 만든다. 브라질 선수 특유의 번뜩임과 유려한 발밑 기술을 통해 공격의 출발점 역할을 하기도 했다. 성공적으로 빅리그 검증을 마친 무릴로는 이미 수많은 빅클럽들의 관심 대상이다. 이번 시즌도 노팅엄 수비라인엔 무릴로가 필요하다. 노팅엄과 무릴로의 동행이 이번 시즌에도 이어질지 궁금하다.

2023/24시즌

5	32 GAMES	2,793 MINUTES	0 GOALS	2 ASSISTS
	0.5 경기당슈팅	6 유효슈팅	추정가치: 35,000,000€	45.1 경기당패스 · 77.60 패스성공률 · 0

앤드류 오모바미델레

국적 아일랜드 | **나이** 22 | **신장** 188 | **체중** 80 | **평점** 6.29

12 CB RB DM

Andrew Omobamidele

노리치 유스 출신의 센터백. 노리치에서 성인 무대에 데뷔한 뒤 어린 나이에 주전으로 올라섰다. 2020/21시즌에는 노리치의 챔피언십 우승을 이끌며 프리미어리그에 안착했다. 물론 한 시즌 만의 강등을 피할 수는 없었지만, 챔피언십에서도 주전 센터백으로 활약했다. 그리고 지난 시즌 노팅엄으로 팀을 옮기며 다시 프리미어리그에 입성한다. 오모바미델레의 가장 큰 장점은 침착한 수비에 있다. 나이는 어리지만 판단력도 준수하다. 하지만 민첩함이 떨어지고 발밑이 투박한 점은 고쳐야 할 단점이다. 여전히 입지는 불안하다. 새로운 시즌은 더 험난한 주전 경쟁이 예상된다.

2023/24시즌

2	11 GAMES	782 MINUTES	0 GOALS	0 ASSISTS
	0.1 경기당슈팅	0 유효슈팅	추정가치: 11,000,000€	28.1 경기당패스 · 87.40 패스성공률 · 0

7
RB
RM
LB

Neco Williams

네코 윌리엄스
국적 웨일스 | **나이** 23 | **신장** 183 | **체중** 72 | **평점** 6.66

미드필더 출신의 풀백 자원. 한때는 리버풀의 미래가 될 것으로 기대를 모았던 임팩트 있는 유망주였다. 리버풀과 풀럼 임대를 거쳐 2022/23시즌부터 노팅엄 유니폼을 입었다. 첫 시즌에는 서른 경기 이상 출전하며 주전으로서의 입지를 다졌다. 하지만 지난 시즌은 감독의 변화와 작은 부상들 그리고 경쟁자 올라 아이나의 활약에 출전 시간이 다소 감소했다. 여전히 미드필더 출신으로 준수한 테크닉을 보여준다 그러나 느린 발과 부족한 수비력은 여전히 성장 과제다. 이번 시즌 역시 확고한 주전으로 보기는 어렵다. 경쟁자 올라 아이나가 좋은 평가를 받고 있기에 불리한 상황 속에서의 주전 경쟁은 불가피하다.

2023/24시즌

	26 GAMES	**1,634** MINUTES	**0** GOALS	**1** ASSISTS	
4	**0.6** 경기당슈팅	**4** 유효슈팅	추정가치: **17,000,000€**	**23** 경기당패스	**72.40** 패스성공률	**0**

34
RB
LB
RM

Ola Aina

올라 아이나
국적 나이지리아 | **나이** 27 | **신장** 184 | **체중** 82 | **평점** 6.61

지난 시즌 FA로 영입된 양발잡이 풀백. 첼시, 헐시티, 토리노, 풀럼 등 다양한 구단을 거쳐 노팅엄으로 둥지를 옮겼다. 피지컬이 좋아 특유의 탄력을 바탕으로 저돌적인 움직임을 보여준다. 또한 활동량이 많고 기동력도 좋다. 한때 단점으로 지적됐던 수비력은 헐시티 임대 이후로 보완한 모습이다. 하지만 공격에서의 세밀함은 부족하다. 활동량이 많아 공격 가담을 자주 하지만 여전히 마무리가 투박하고 아쉽다. 영입 당시에는 로테이션 자원으로 분류됐지만 준수한 활약을 통해 주전급 스쿼드로 올라섰다. 이번 시즌에도 네코 윌리엄스와 경쟁을 펼칠 걸로 예상된다.

2023/24시즌

	22 GAMES	**1,701** MINUTES	**1** GOAL	**1** ASSISTS	
3	**0.5** 경기당슈팅	**1** 유효슈팅	추정가치: **12,000,000€**	**28.8** 경기당패스	**79.90** 패스성공률	**0**

18
CM
AM
RM

James Ward-Prowse

제임스 워드프라우스
국적 잉글랜드 | **나이** 29 | **신장** 173 | **체중** 66 | **평점** 6.99

데드볼 스페셜리스트가 노팅엄포레스트 유니폼을 입게 됐다. 사우샘프턴의 상징과도 같았던 선수였지만 챔피언십 강등으로 웨스트햄을 거쳐 노팅엄으로 건너왔다. 제임스 워드프라우스의 장점은 단연코 오른발이다. 정확하고 강력한 오른발 킥은 온 더 볼, 데드볼 가릴 것 없이 프리미어리그 최고 수준의 감각을 보여준다. 과장을 조금 보태면 킥 능력 하나로 잉글랜드 국가대표에 승선했다고 해도 과언이 아닐 만큼 킥력만큼은 월드클래스다. 워드프라우스 영입으로 노팅엄은 자연스럽게 세트피스 상황에서 더 많은 옵션이 생겼다. 이제는 경험치도 준수하게 쌓은 월드클래스 키커를 누누 산투 감독이 어떻게 활용할지 지켜보자.

2023/24시즌

	37 GAMES	**3,006** MINUTES	**7** GOAL	**7** ASSISTS	
4	**1.2** 경기당슈팅	**16** 유효슈팅	추정가치: **30,000,000€**	**39.8** 경기당패스	**89.60** 패스성공률	**0**

6
DM
CM

Ibrahim Sangaré

이브라힘 상가레

국적 코트디부아르 **ㅣ 나이** 26 **ㅣ 신장** 191 **ㅣ 체중** 77 **ㅣ 평점** 6.5

코트디부아르 A대표팀의 주전 미드필더. 지난 시즌 PSV 에인트호벤에서의 활약을 통해 프리미어리그에 입성했다. 박스 투 박스 유형의 중앙 미드필더로 엄청난 활동량과 전진 능력을 보유하고 있다. 특히나 인터셉트 이후 전진 드리블은 에레디비시 내에서 범접할 선수가 없었을 정도였다. 하지만 지난 시즌 프리미어리그에서는 빠른 템포에 좀처럼 적응하지 못하며 꽤나 긴 적응 시기를 걷고 있다. 그렇다고 수비나 공격에서 돋보였던 것도 아니었다. 사실상 지난 시즌만 놓고 본다면 실패한 영입에 가깝다. 과연 상가레는 이번 시즌 분위기 반전에 성공할 수 있을까?

2023/24시즌

	17 GAMES	1,040 MINUTES	0 GOAL	0 ASSISTS	
6	0.5 경기당슈팅	0 유효슈팅	추정가치: 30,000,000€	24.6 경기당패스	80.7 패스성공률	0

28
DM
CM
AM

Danilo

다닐루

국적 브라질 **ㅣ 나이** 23 **ㅣ 신장** 176 **ㅣ 체중** 69 **ㅣ 평점** 6.55

브라질의 차세대 수비형 미드필더는 지난 시즌 꾸준한 활약을 보여줬다. 울버햄튼원더러스의 주앙 고메즈와 함께 브라질 내에서도 주목하고 있는 영건 중앙 미드필더. 자국 리그에서 어린 나이부터 활약하며 검증을 마쳤다. 자연스레 많은 유럽팀들의 러브콜이 이어졌지만 결국 노팅엄포레스트의 유니폼을 입었다. 다닐루의 장점은 탁월한 위치 선정과 패스 차단 능력. 간결한 빌드업과 종종 시도하는 돌파를 통한 박스 타격도 준수하다. 지난 시즌에는 30경기 가까이 출전하며 무릴로와 함께 든든한 노팅엄 브라질 듀오로 성장했다. 이번 시즌도 다닐루를 향한 팬들의 기대는 크다.

2023/24시즌

	29 GAMES	1,792 MINUTES	2 GOALS	2 ASSISTS	
4	0.8 경기당슈팅	7 유효슈팅	추정가치: 28,000,000€	25 경기당패스	77.70 패스성공률	0

16
CM
DM
LM

Nicolás Domínguez

니콜라스 도밍게스

국적 아르헨티나 **ㅣ 나이** 26 **ㅣ 신장** 179 **ㅣ 체중** 73 **ㅣ 평점** 6.61

기대한 만큼 아쉬움도 컸다. 예상보다 많은 기회를 잡지 못하면서 라이언 예이츠, 다닐루에게 밀려 출전 시간을 보장받지 못했다. 발밑과 기술이 좋은 미드필더로서 활동량이 많고 폭넓은 움직임을 가져간다. 킥력도 준수해 퀄리티 높은 장거리 패스를 종종 시도한다. 지난 시즌에는 측면 미드필더로도 중용되며 멀티 자원으로서의 역할까지 보여줬다. 자주는 아니지만 출전하는 경기마다 번뜩이는 모습을 보여주며 이번 시즌의 기대감은 커졌다. 관건은 출전 시간이다. 과연 니콜라스 도밍게스는 누누 산투 감독의 마음을 사로잡을 수 있을까?

2023/24시즌

	26 GAMES	1,505 MINUTES	2 GOALS	2 ASSISTS	
4	0.8 경기당슈팅	6 유효슈팅	추정가치: 17,000,000€	31.9 경기당패스	85.40 패스성공률	0

라이언 예이츠

국적 잉글랜드 | **나이** 26 | **신장** 190 | **체중** 87 | **평점** 6.5

노팅엄포레스트 유스 출신의 성골 캡틴. 지난 시즌 35경기에 출전하며 건강하게 꾸준한 활약을 보여줬다. 예이츠는 타고난 피지컬을 이용해 파워풀한 플레이를 보여준다. 담대함을 가지고 있어 거친 플레이도 마다하지 않고 열심히 싸워준다. 박스 투 박스 유형으로 상당한 활동량까지 보여주고 궂은일도 도맡는다. 스티븐 쿠퍼 감독 시절 신뢰가 두터웠고 누누 산투 감독 부임 후에도 입지는 여전히 좋은 편이다. 브레넌 존슨, 조 워럴과 함께 노팅엄 유스 트리오를 형성했지만 이제 예이츠만 남게 됐다. 새로운 시즌 캡틴의 어깨는 다소 무겁게 느껴진다.

2023/24시즌

	35 GAMES	1,986 MINUTES	1 GOALS	1 ASSISTS		
6	0.9 경기당슈팅	7 유효슈팅	추정가치: 12,000,000€	23.3 경기당패스	80.30 패스성공률	0

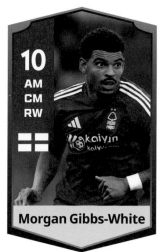

모건 깁스화이트

국적 잉글랜드 | **나이** 24 | **신장** 171 | **체중** 72 | **평점** 7

노팅엄포레스트에서 노팅엄포레스트를 맡고 있다고 해도 지나치지 않다. 셰필드 임대 시절 그리고 울버햄튼 시절에 비해 한층 더 성장했던 시즌. 팀의 뒤숭숭한 분위기 속에서도 홀로 꿋꿋하게 에이스다운 면모를 보여줬다. 특유의 저돌적인 움직임과 유려한 드리블은 상대 수비들을 곤란하게 만들었고 찬스 메이킹, 세트피스에서도 위력적인 모습을 보여줬다. 심지어 지난 시즌엔 유난히 이를 악물고 뛰는 모습을 많이 보여주면서 팬심까지 키워냈다. 영입 당시 비싼 이적료로 인해 팬들의 비난이 거셌지만 이제는 등번호 10번에 어울리는 활약을 보여주는 노팅엄의 에이스로 성장했다.

2023/24시즌

	37 GAMES	3,164 MINUTES	5 GOALS	10 ASSISTS		
9	1.9 경기당슈팅	13 유효슈팅	추정가치: 40,000,000€	34.6 경기당패스	76.90 패스성공률	0

칼럼 허드슨오도이

국적 잉글랜드 | **나이** 23 | **신장** 182 | **체중** 76 | **평점** 6.79

누누 산투 감독 부임 이후 입지가 달라졌다. 모건 깁스화이트와 함께 노팅엄에서 가장 중요한 선수로 거듭났다. 좌측면에서 인버티드 윙어로서 활약하며 왜 과거 자신이 첼시 유스 최고의 크랙이었는지 증명했다. 장점으로 꼽혔던 드리블 능력은 살아났고 크로스와 슈팅 등 킥 능력에서도 기대 이상의 결과를 보여줬다. 특히나 시즌 막판의 퍼포먼스는 노팅엄포레스트의 2년 연속 프리미어리그에 잔류에 지대한 역할을 했다. 확실히 누누 산투 감독 부임 이후 역습의 중심에 서며 재기에 성공했던 시즌. 다가올 시즌에도 노팅엄의 공격을 이끌 핵심 공격 옵션이다.

2023/24시즌

	29 GAMES	1,856 MINUTES	8 GOAL	1 ASSISTS		
0	1.3 경기당슈팅	20 유효슈팅	추정가치: 18,000,000€	22.3 경기당패스	85.30 패스성공률	0

21
RW
LW
ST

Anthony Elanga

안토니 엘랑가

국적 스웨덴 | **나이** 22 | **신장** 178 | **체중** 70 | **평점** 6.62

지난 시즌 프리미어리그 입성 후 가장 좋은 활약을 보여줬다. 노팅엄 최고의 유망주 에이스였던 브레넌 존슨의 대체자로서 기대를 뛰어넘는 퍼포먼스를 보여줬다. 특히 누누 산투 감독 부임 이후에는 역습의 첨병으로서 팀의 공격을 이끌었다. 출전시간이 늘어나며 자연스럽게 자신감을 충전했고 장점이었던 빠른발과 드리블 나아가 오프 더 볼 움직임까지 일취월장한 모습을 보여줬다. 게다가 시즌 내내 건강한 모습으로 풀타임급 활약까지 이어갔다. 물론 종종 이전의 소심했던 움직임과 탐욕을 보여주며 기복 있는 모습이 나타나기도 했지만 전반적으로 나쁘지 않은 경기력이었고 생산성도 좋았다.

2023/24시즌

		36 GAMES	2,434 MINUTES	5 GOALS	9 ASSISTS	
1	1.5 경기당슈팅	22 유효슈팅	추정가치: 22,000,000€		17.9 경기당패스	75.30 패스성공률	0

9
ST
CF

Taiwo Awoniyi

타이워 아워니이

국적 나이지리아 | **나이** 26 | **신장** 183 | **체중** 84 | **평점** 6.58

2022/23시즌 막판, 폭발적인 활약으로 노팅엄의 잔류를 이끌었던 스트라이커. 하지만 지난 시즌은 잦은 부상으로 팀을 이탈했던 시기가 길었다. 중요한 순간 팀이 필요로 할 때 자리에 없었고 결국 리그 20경기만을 소화한 채 한 시즌을 마무리 지었다. 부상 이슈는 아워니이의 떼고 싶은 꼬리표다. 매 시즌 잔부상에 시달렸고 지난 시즌도 다를 바 없었다. 강력한 피지컬과 볼 키핑 능력, 꽤나 정교한 마무리 능력은 부상으로 무색해졌다. 다음 시즌에는 그 무엇보다 부상 관리가 첫 번째다. 건강하게 한 시즌을 마무리한다면 충분히 빅리그에서도 경쟁력을 증명할 수 있다.

2023/24시즌

		20 GAMES	1,047 MINUTES	6 GOAL	3 ASSISTS	
2	1.1 경기당슈팅	11 유효슈팅	추정가치: 28,000,000€		8.6 경기당패스	73.80 패스성공률	0

11
ST
CF

Chris Wood

크리스 우드

국적 뉴질랜드 | **나이** 32 | **신장** 191 | **체중** 81 | **평점** 6.75

부진의 꼬리표를 떼고 부활에 성공했다. 무려 다섯 시즌 만에 프리미어리그에서 두 자릿수 득점에 성공했다. 어떻게 보면 노팅엄포레스트의 프리미어리그 잔류에 가장 큰 공헌을 했던 선수. 주전 스트라이커 아워니이가 부상으로 빠진 자리를 완벽하게 채워줬다. 결국 시즌 중후반부터는 오리기까지 밀어내고 주전 최전방 공격수로서 크게 활약했다. 전술적인 활용도가 높지는 않지만 압도적인 공중볼 장악 능력과 문전 침착성은 크리스 우드를 빛내주는 가장 강력한 무기다. 지난 시즌엔 이런 장점들이 더 빛났던 시즌으로 팬 선정 프리미어리그 올해의 팀 60인 후보에도 선정됐다.

2023/24시즌

		31 GAMES	1,810 MINUTES	14 GOAL	1 ASSISTS	
0	1.5 경기당슈팅	26 유효슈팅	추정가치: 7,000,000€		13.9 경기당패스	64.50 패스성공률	0

전지적 작가 시점

김형책이 주목하는 노팅엄의 원픽!
안토니 엘랑가

2014년 맨체스터유나이티드 유스팀에 스카우트되어 시작된 잉글랜드 생활. 승승장구하며 유스 레벨을 평정했고 많은 기대와 함께 1군에 입성했다. 하지만 기대와는 달랐던 퍼포먼스는 팬들이 외면하는 결과로 이어졌고 결국 2023/24시즌을 앞두고 노팅엄포레스트로 이적한다. 솔직하게 노팅엄 팬들도 안토니 엘랑가의 활약에 반신반의했을 것이다. 필자 또한 그랬다. 직전 시즌 노팅엄의 강등권 탈출을 이끌었던 에이스 브레넌 존슨의 공백을 어느 정도만이라도 채워줬으면 하는 작은 기대 정도는 있었을 것이다.

하지만 우려 섞인 예상은 완전히 깨졌다. 그것도 커리어 하이에 가까운 활약으로 브레넌 존슨의 그리움을 완벽하게 지워버렸다. 자신감이 붙어서일까 빠른 속도를 바탕으로 하는 공격 전개는 노팅엄 역습의 열쇠가 됐고 저돌적인 돌파는 동료 공격수들에게 더 많은 찬스를 만들어줬다. 단점으로 꼽히는 욕심만 조금 줄인다면 엘랑가는 이번 시즌도 더 완성도 높은 노팅엄 역습의 본체가 될 수 있다. 맨유에서 오랜 시간을 보냈지만, 아직도 겨우 22세에 불과한 어린 선수라는 것이 무한한 장점이다.

지금 노팅엄에 이 선수가 있다면!
후벵 네베스

과거 FC 포르투와 울버햄튼의 어리고 유능한 캡틴이었던 후벵 네베스. 스물여섯이라는 젊은 나이에 유럽 빅리그를 떠나 사우디아라비아 알힐랄로 둥지를 옮겼다. 아직 성장 가능성이 남아 있는 나이였기에 후벵 네베스의 이적은 팬들에겐 더 큰 아쉬움으로 남을 수밖에 없었다. 후벵 네베스의 사우디아라비아 생활은 이제 막 한 시즌이 끝났다. 아직 2년의 계약기간이 남았지만 만약 지금 네베스가 누누 산투 감독과 재회한다면 어떨까?

물론 노팅엄포레스트에는 라이언 예이츠, 다닐루 같은 출중한 중원 자원들이 자리를 잡고 있다. 하지만 그들의 후방 플레이메이킹 능력은 여전히 물음표가 그려진다. 상상을 해보자. 활동량 높은 노팅엄포레스트의 중원에 네베스의 플레이메이킹이 가미된다고 말이다. 발 빠른 2선의 역습은 더 날카로워질 수 있고, 중원 전술은 더욱 다채로워질 수 있다. 그리고 가장 중요한 한 가지. FC 포르투와 울버햄튼에서 함께했던 누누 산투 감독은 네베스를 가장 잘 아는 감독이라는 것이다. 네베스의 생각은 알 수 없지만, 누누 감독은 간절히 재회를 바랄 것이다.

DANNY WARD

MADS HERMANSEN

JAMES JUSTIN

WOUT FAES

CONOR COADY

RICARDO PEREIRA

JANNIK VESTERGAARD

WILFRED NDIDI

CALEB OKOLI

KASEY MCATEER

MICHAEL GOLDING

HARRY WINKS

HAMZA CHOUDHURY

ABDUL FATAWU

BOBBY DECORDOVA-REID

BOUBAKARY SOUMARE

OLIVER SKIPP

PASTON DAKA

LUKE THOMAS

JORDAN AYEW

STEPHY MAVIDIDI

JAMIE VARDY

20242025

Leicester City

레스터시티 Leicester City

창단 년도 | 1884년
최고 성적 | 우승 (2015/16)
경기장 | 킹 파워 스타디움 (King Power Stadium)
경기장 수용 인원 | 32,312명
지난 시즌 성적 | 챔피언십 1위
별칭 | The Foxes (폭시즈)
상징색 | 블루, 화이트
레전드 | 아르투르 로울리, 프랑크 맥린토크,
데릭 하인스, 고든 뱅크스, 피터 실튼,
게리 리네커, 앤디 킹, 제이미 바디 등

히스토리

레스터시티FC는 인구 30만의 작은 도시 레스터를 연고로 하는 클럽으로 1884년 창단된 유서 깊은 구단이다. 하지만 약 140년의 역사 속에서 프리미어리그와 FA컵에 단 한차례씩 우승을 차지했을 뿐이다. 사실 레스터는 잉글랜드 1부 리그보다 하위 리그에서 더 많은 시간을 보냈다. 1부 리그에서 55시즌을 보낸 반면에 2부 리그에서 63시즌을 보냈다. 그럼에도 레스터는 2008년 태국 부호인 스리바티나프라바 가문에 인수된 후부터 성장을 멈

추지 않고 있다. 3부 리그에서 1부 리그로 차례로 승격했을 뿐 아니라 2015/16시즌 무려 5,000분의 1의 확률을 뚫고 프리미어리그에서 기적 같은 우승을 차지하며 '레스터 동화'를 만들기도 했다. 그 결과, 레스터는 프리미어리그 출범 후 프리미어리그(1부), 챔피언십(2부), 리그원(3부)에서 우승을 달성한 유일무이한 구단이 되었다.

최근 5시즌 리그 순위 변동

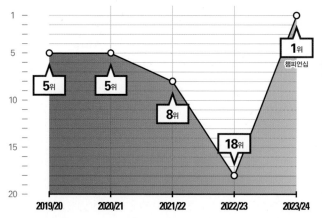

2019/20 5위 | 2020/21 5위 | 2021/22 8위 | 2022/23 18위 | 2023/24 1위 챔피언십

클럽레코드 IN & OUT

최고 이적료 영입 IN

유리 틸레만스
4,500만 유로
(2019년 8월,
from AS모나코)

최고 이적료 판매 OUT

해리 매과이어
8,700만 유로
(2019년 8월
to 맨유)

스티브 쿠퍼 Steve Cooper

1979년 12월 10일 | 44세 | 웨일스

스티브 쿠퍼 감독의 1차 목표는 잔류!

레스터시티는 2023/24시즌 챔피언십 1위로 승격을 이끌었던 마레스카 감독이 2024년 6월 첼시 감독으로 부임함에 따라 스티브 쿠퍼 감독을 새로 임명했다. 프리미어리그에 재등장한 레스터의 목표는 잔류였고, 이를 해낼 적임자로 스완지와 노팅엄에서 인상적인 지도력을 보여준 쿠퍼 감독을 낙점한 것이다. 쿠퍼 감독은 2022/23시즌 노팅엄을 PL에 잔류시켰지만 다음 시즌 바로 경질된 경험이 있다. 따라서 레스터의 선택은 위험한 도박처럼 보이는 것이 사실이다. 그럼에도 레스터가 쿠퍼 감독을 선택한 이유는 팀을 하나로 응집시키는 능력과 함께 선 수비 후 역습 전술에 탁월한 능력을 발휘하기 때문이다. 그러나 레스터가 쿠퍼 감독의 지휘 아래 성공가도를 달릴 수 있을지는 미지수다. 스타일 자체가 전임 감독인 마레스카와 차이가 크고, 선수 영입도 효과적으로 이뤄졌다고 평하기 어렵다. 레스터는 힘든 시즌을 보낼 것이다.

📃 감독 인터뷰

"우리는 개선할 부분을 잘 알고 있다. 단계적으로 전력 상승을 꾀하는 것은 매우 중요하다. 레스터 선수들은 모든 포지션에서 경쟁해야 한다. 어떤 선수도 자신의 자리가 절대적으로 확정되었다고 생각해서는 안 된다. 모두 경기에 나설 준비가 되어야 한다."

감독 프로필

통산
287 경기 **138** 승 **68** 무 **81** 패

선호 포메이션
4-3-3

승률
48.08%

시즌 키워드

#제이미바디 | #레스터동화 | #잔류전쟁

우승 이력

- FIFA U-17 월드컵 (2017)

경력

2014~2015	2015~2019	2019~2021	2021~2023	2024~
잉글랜드 U16 대표팀	잉글랜드 U17 대표팀	스완지	노팅엄포레스트	레스터시티

LEICESTER CITY

IN ▶▶▶

OUT ▶▶▶

FW
- 7 파타우
- 9 바디
- 10 마비디디
- 14 레이드
- 18 아예우
- 19 에두아르
- 20 다카
- 35 맥아티어

MF
- 6 은디디
- 8 윙크스
- 11 엘칸누스
- 22 스킵
- 24 수마레
- 34 골딩
- 40 부오나노테

DF
- 2 저스틴
- 3 파스
- 4 코디
- 5 오콜리
- 16 크리스티안센
- 21 페레이라
- 23 베스테르고르
- 33 토마스

GK
- 1 워드
- 30 헤르만센
- 31 이베르센

IN

이사하쿠 파타우
(스포르팅)

칼렙 오콜리
(아탈란타)

마이클 골딩
(첼시 U21)

바비 레이드
(풀럼)

올리버 스킵
(토트넘)

파쿤도 부오나노테
(브라이튼, 임대)

빌랄 엘칸누스
(헹크)

조던 아예우
(크리스탈팰리스)

오드손 에두아르
(크리스탈팰리스, 임대)

OUT

키어넌 듀스버리홀
(첼시)

칼레치 이헤나초
(세비야)

해리 사우타
(셰필드유나이티드)

데니스 프라트
(계약종료)

마크 올브라이턴
(계약종료)

톰 캐넌
(스토크시티, 임대)

벤 넬슨
(옥스포드, 임대)

와냐 마르샬
(더흐라프스합, 임대)

히든풋볼의 이적시장 평가

레스터시티는 2024년 여름 클럽의 매우 중요한 2명을 떠나보냈다. 한 명은 마레스카 감독이고, 다른 한 명은 에이스 듀스버리홀이다. 마레스카가 떠난 자리는 스티브 쿠퍼 감독으로 메웠지만 성공여부는 불투명하고 지난 시즌 12골 14도움을 기록한 듀스버리홀의 빈자리는 메우지도 못했다. 물론, 파타우, 아예우, 스킵 등을 영입하며 공수 보강에 힘썼다. 하지만 듀스버리홀의 공백을 메우진 못했기에 유동적인 전술이 필요하다.

히든풋볼 이적시장 평가단

2023/24시즌 스탯 Top 3

득점 Top 3

- 제이미 바디 **18**골
- 마비디디, 듀스버리홀 **12**골
- 파타르 다카 **7**골

도움 Top 3

- 키어넌 듀스버리홀 **14**도움
- 압둘 파타우 **13**도움
- 스테피 마비디디 **6**도움

출전시간 Top 3

- 해리 윙크스 **4,041**분
- 마스 헤르만센 **3,960**분
- 바우트 파스 **3,826**분

히든풋볼의 순위 예측

노팅엄을 이끌면서 강등 경험은 없었던 스티브 쿠퍼가 새로운 감독으로 왔다. 이번에도 쉽지 않아 보인다.

스티브 쿠퍼가 승격 후 첼시로 떠난 마레스카 감독의 빈자리를 채웠다. 하지만 잔류에 만족하는 시즌이 될 듯하다.

마레스카 감독과 듀스버리홀이 떠났다. 과연 레스터는 동화를 쓸 수 있을까? 결과는 진혹할 가능성이 농후하다.

마레스카의 대체자가 쿠퍼다. 전술이 많이 다르고 PL에서 실패했던 감독이다. 쉽지 않은 시즌이 예상된다.

다시 돌아온, 승격 첫 시즌. 엔초 마레스카 감독의 빈자리가 유난히 크게 느껴진다.

쿠퍼 감독은 레스터가 가장 잘했던 압박과 빠른 전환, 역습 전술을 되찾아왔다. 마레스카의 공백은 없다.

19위 · 이주헌 ·

17위 · 박종윤 ·

19위 · 송영주 ·

20위 · 이완우 ·

17위 · 김형책 ·

13위 · 남윤성 ·

레스터,
다시 동화를
쓸 수 있을까?

레스터시티가 프리미어리그로 돌아왔다. 레스터는 2022/23시즌 프리미어리그 18위로 강등됐지만 지난 시즌 챔피언십에서 31승 4무 11패를 기록, 승점 97점으로 1위를 기록하며 다이렉트 승격에 성공했다. 비록 시즌 후반 급격히 페이스가 떨어졌지만 리그 9연승을 포함해 시즌 내내 위력을 발휘했다. 엔조 마레스카 감독은 레스터 지휘봉을 잡자마자 4-3-3 또는 4-2-3-1 포메이션 하에서 팀의 조직력을 극대화했다. 해결사 제이미 바디는 18골을 넣었으며 에이스 키어넌 듀스버리홀은 12골 14도움을 기록하며 공격을 이끌었다. 또한, 제임스 저스틴, 바우트 파스, 야닉 베스테르고르, 히카르두 페레이라 등으로 구성된 포백은 41골밖에 실점하지 않으며 최소 실점을 기록했다. 다시 말해 레스터가 클럽 통산 8번째 챔피언십 리그 우승을 차지한 것은 지극히 당연한 결과였다.

프리미어리그 승격에 성공한 레스터의 현실적인 목표는 프리미어리그 잔류다. 물론, 많은 레스터시티 팬들은 레스터가 2015/16시즌 프리미어리그 우승 확률 0.0002%이었음에도 우승에 성공하며 '아름다운 동화'를 썼던 시절을 기억한다. 비록 당시 멤버들 중에서 제이미 바디만이 유일하게 레스터에 남아 있지만 레스터 팬들은 레스터가 아름다운 동화를 다시 쓰기를 원하고 있다. 하지만 꿈과 현실은 다르다. 사실 레스터의 현 상황은 결코 좋지 않다. 승격을 이끌었던 마레스카 감독과 에이스 듀스버리홀이 첼시로 이적한 것이다. 설상가상, 일부 잉글랜드 언론들은 레스터가 '프리미어리그가 수익성 및 지속 가능성 규칙(PSR)'을 위반해 승점 10점 이상 삭감될 수 있다고 보도했다.

레스터는 지난여름 스티브 쿠퍼 감독을 임명하며 팀 재정비에 들어갔다. 그리고 지난 시즌 임대 신분으로 놀라운 활약을 펼친 이사하쿠 파타우를 완전 영입했을 뿐 아니라 바비 데코르바레이드, 조던 아예우, 에두아르, 스킵, 부오나노테 등을 영입하며 전력 보강에 집중했다. 비록 듀스버리홀이 떠난 자리를 효과적으로 메우진 못했지만 나름 경쟁력을 갖춘 모습이다. 따라서 쿠퍼 감독의 어깨가 어느 때보다 무거울 수밖에 없다. 쿠퍼 감독은 프리시즌 경기에서 고전적인 4-3-3 포메이션을 바탕으로 전술을 구사했지만 포지션 유동성, 효율적인 로테이션, 승리에 대한 집념 등이 부족한 모습을 노출했다. 따라서 레스터는 시즌 중 경기를 치르며 더 발전된 모습을 보여야 잔류에 성공할 것으로 예상된다.

30
GK

Mads Hermansen

마스 헤르만센

국적 덴마크 | **나이** 24 | **신장** 187 | **체중** 81 | **평점** 6.64

레스터시티의 No.1 골키퍼. 덴마크 출신으로 1대 1 수비 능력과 PK 선방 능력이 탁월하고 패싱력이 뛰어나 빌드업에 적극 참여한다. 골키퍼로선 단신인 187cm의 신장으로 공중볼에 다소 약한 모습을 노출하곤 한다. 2020년 11월 브뢴뷔에서 데뷔한 이후 2021/22시즌부터 주전 골키퍼로 활약했다. 브뢴뷔에서 2021/22시즌 공식 38경기, 2022/23시즌 공식 31경기를 소화하며 수호신 역할을 톡톡히 했다. 이러한 활약을 바탕으로 2023년 7월 600만 유로의 이적료에 레스터로 이적했고, 지난 시즌 44경기에 출전하면서 주전으로 활약했다. 덴마크 U16대표팀부터 U21대표팀까지 엘리트 코스로 성장했다. A대표팀 데뷔도 시간 문제로 보인다.

2023/24시즌

2	**44** GAMES	**3,960** MINUTES	**41** 실점	**73.40** 선방률		**0**
	113 세이브	**13** 클린시트	추정가치: **9,000,000€**	**29.50** 클린시트 성공률	**1/1** PK 방어 기록	

2
RB
LB
CB

James Justin

제임스 저스틴

국적 잉글랜드 | **나이** 26 | **신장** 183 | **체중** 69 | **평점** 6.86

잉글랜드 대표팀 출신의 수비수로 좌우 풀백과 센터백 등 수비의 모든 포지션을 소화한다. 또한 전술 이해 능력이 탁월하고 공수 능력을 겸비해 팀의 사정에 따라 좌우 윙어, 중앙 미드필더로 출전하기도 한다. 중앙 미드필더 출신으로 테크닉이 뛰어나고 연계 플레이에 능숙하며 정확한 패스를 구사한다. 주로 라이트백을 소화했지만 히카르두 페레이라가 오른쪽 측면 수비를 책임짐에 따라 최근 레프트백으로 활약하고 있다. 다만, 크로스가 부정확하고 기복이 있는 편이다. 2022년 5월 잉글랜드 대표팀에 차출되어 헝가리전을 통해 A매치에 데뷔했지만 이후 대표팀과 연을 맺지 못하고 있다.

2023/24시즌

4	**39** GAMES	**2,613** MINUTES	**2** GOALS	**2** ASSISTS		**0**
	0.5 경기당슈팅	**4** 유효슈팅	추정가치: **15,000,000€**	**51.9** 경기당패스	**87.40** 패스성공률	

3
CB

Wout Faes

바우트 파스

국적 벨기에 | **나이** 26 | **신장** 188 | **체중** 79 | **평점** 6.9

2022년부터 벨기에 대표팀에서 주축으로 활약하는 센터백. 안더레흐트 유스 출신으로 오스텐더, 랭스를 거쳐 2022년 9월 1,500만 파운드의 이적료에 레스터시티로 이적했다. 레스터로 이적하자마자 주전 자리를 꿰차면서 수비의 중심으로 자리매김했다. 2022/23시즌 프리미어리그 31경기, 2023/24시즌 챔피언십 43경기를 소화했을 정도로 붙박이 주전이 됐다. 저돌적인 파이터형 센터백으로 힘과 스피드가 뛰어나 1 대 1 수비에 강하고, 전진 수비를 자주 보여준다. 다만, 거친 플레이로 카드를 많이 받고 제공권이 좋지 않다는 평가를 듣고 있다. 헤어스타일을 비롯한 외모가 브라질의 다비드 루이스를 많이 닮아 이슈가 되기도 했다.

2023/24시즌

6	**43** GAMES	**3,826** MINUTES	**2** GOALS	**0** ASSISTS		**0**
	0.6 경기당슈팅	**9** 유효슈팅	추정가치: **20,000,000€**	**77.3** 경기당패스	**90.00** 패스성공률	

4
CB

Conor Coady

코너 코디

국적 잉글랜드 | **나이** 31 | **신장** 185 | **체중** 78 | **평점** 6.56

프리미어리그에서 잔뼈가 굵은 베테랑 센터백. 수비형 미드필더 출신으로 정확한 패스를 통해 빌드업을 주도하고, 탄탄한 기본기와 타고난 신장을 바탕으로 투지 넘치는 수비를 보여주곤 한다. 그러나 수비의 안정감이 부족하고 포백보다는 스리백일 때 제 실력을 발휘하는 편이다. 리버풀 유스 출신으로 허더즈필드타운을 거쳐 울

버햄튼으로 이적하면서 두각을 나타내기 시작했다. 울버햄튼에서 무려 7시즌 동안 활약하며 공식 317경기를 소화, 수비의 중심으로 활약했다. 2023년 7월 750만 파운드의 이적료에 이적했다. 2020년부터 3년 동안 잉글랜드 대표팀에서 뛰면서 A매치 10경기를 소화하기도 했다.

2023/24시즌

	12 GAMES	699 MINUTES	0 GOALS	0 ASSISTS	
1	0 경기당슈팅	0 유효슈팅	추정가치: 3,000,000€	58.8 경기당패스	93.50 패스성공률	0

21
RB
RW

Ricardo Pereira

히카르두 페레이라

국적 포르투갈 | **나이** 30 | **신장** 175 | **체중** 69 | **평점** 7.02

공격력이 뛰어난 라이트백. 폭발적인 스피드와 풍부한 활동량을 바탕으로 공수에서 영향력이 높은 플레이를 펼친다. 측면에서 드리블 돌파, 연계 플레이, 공간 침투 등 다양한 모습으로 공격에 기여하며 넓은 범위를 커버하면서 안정적인 수비력을 과시한다. 그러나 크로스의 정확도는 떨어지는 편이고, 2020/21시즌 전방 십자인대

부상을 당한 후 복귀했지만 잔부상이 많아졌다. 포르투갈의 비토리아기마랑이스 유스 출신으로 포르투에서 5시즌 활약하며 실력을 인정받았다. 그 결과, 2018년 5월 2,500만 유로의 이적료에 레스터로 이적했다. 부상이 없다면 항상 주전으로 활약할 정도로 레스터에서의 입지는 탄탄하다.

2023/24시즌

	39 GAMES	3,284 MINUTES	3 GOALS	3 ASSISTS	
8	0.7 경기당슈팅	13 유효슈팅	추정가치: 8,000,000€	62.1 경기당패스	90.70 패스성공률	0

23
CB

Jannik Vestergaard

야닉 베스테르고르

국적 덴마크 | **나이** 32 | **신장** 199 | **체중** 97 | **평점** 6.98

199cm의 장신 센터백으로 큰 키를 이용한 헤더를 통해 고공장악력을 보여주고 피지컬을 바탕으로 몸싸움과 대인마크에 강한 모습을 보여준다. 또한, 정확한 롱 패스를 통해 빌드업에 관여하곤 한다. 하지만 순발력이 부족해 스피드 경쟁에서 문제를 노출한다. 호펜하임에서 데뷔해 브레멘과 묀헨글라트바흐, 사우샘프턴 등을 거쳐

2021년 8월 레스터시티로 이적했다. 그 후, 2시즌 동안 출전 기회를 제대로 잡지 못했지만 지난 시즌 챔피언십 42경기에 출전하며 주전으로 활약했다. 2013년부터 덴마크 대표팀에서 차출되었고 점차적으로 출전시간을 늘리면서 현재 주축으로 활약하고 있다.

2023/24시즌

	42 GAMES	3,722 MINUTES	2 GOAL	0 ASSISTS	
13	0.6 경기당슈팅	10 유효슈팅	추정가치: 3,000,000€	98.9 경기당패스	92.20 패스성공률	0

8
CM
DM

Harry Winks

9

해리 윙크스

국적 잉글랜드 | **나이** 28 | **신장** 178 | **체중** 64 | **평점** 6.79

레스터시티의 엔진으로 공수 조율에 능한 중앙 미드필더. 주로 3선에서 움직이면서 2선으로 볼을 운반하거나 패스를 통해 공격을 연결하는 역할을 수행한다. 또한, 풍부한 활동량과 민첩한 움직임을 통해 상대 공격 차단에도 일가견이 있다. 하지만 피지컬이 약하고 헤더 능력도 부족하다. 토트넘 유스 출신으로 2016/17시즌부터 두각을 나타내며 꾸준히 출전 기회를 잡았지만 장점보단 약점이 더 부각되며 비판을 들었다. 그 결과, 2023년 7월 1,000만 파운드의 이적료에 레스터로 이적했고 지난 시즌 챔피언십 45경기에 출전해 2골을 넣으며 미드필드의 중심으로 자리매김했다. 참고로 지난 시즌 레스터에서 최장 시간 출전했다.

2023/24시즌

	45 GAMES	4,041 MINUTES	2 GOAL	0 ASSISTS	
	0.7 경기당슈팅	8 유효슈팅	추정가치: 12,000,000€	87.7 경기당패스	94.00 패스성공률	0

22
DM
CM

Oliver Skipp

3

올리버 스킵

국적 잉글랜드 | **나이** 23 | **신장** 177 | **체중** 66 | **평점** 6.2

수비형 미드필더로 왕성한 활동량과 넓은 활동 범위, 강한 압박, 정확한 태클, 터프한 몸싸움 등을 통해 중원을 장악한다. 하지만 드리블과 패스를 통한 빌드업 능력이 2% 부족하다는 평을 듣는다. 패스 능력이 점차적으로 향상됐지만 볼 터치가 투박해 볼을 지키고 운반하는 능력이 떨어지기 때문에 빌드업 상황에서 상대 압박에 고전한다. 또한, 위험한 플레이를 하는 편으로 부상도 적지 않다. 토트넘 유스 출신으로 2020/21시즌 노리치로 임대되어 활약하며 두각을 나타냈지만 토트넘 복귀 후 주전으로 자리매김하지 못했다. 결국 2024년 8월 2,000만 파운드의 이적료에 레스터로 이적했다.

2023/24시즌

	21 GAMES	695 MINUTES	0 GOALS	0 ASSISTS	
	0.2 경기당슈팅	1 유효슈팅	추정가치: 15,000,000€	17.8 경기당패스	91.70 패스성공률	0

6
CM
DM

Wilfred Ndidi

5

윌프레드 은디디

국적 나이지리아 | **나이** 27 | **신장** 188 | **체중** 78 | **평점** 6.82

나이지리아 대표팀의 수비형 미드필더. 탄탄한 피지컬과 풍부한 활동량, 뛰어난 위치 선정, 강한 압박, 긴 다리를 이용한 인터셉트, 정확한 태클 등으로 안정된 수비력을 과시한다. 그러나 테크닉이 부족하고 패스가 부정확해 공격 전개에 대한 기여도가 현저히 떨어지고, 잔부상도 많은 편이다. 헹크에서 3시즌 동안 공식 83경기에 출전해 3골을 넣으며 실력을 입증했고, 2016년 12월 1,700만 파운드의 이적료에 레스터로 이적했다. 2015년부터 나이지리아 대표팀에서 활약하며 A매치를 50경기 이상 소화했다. 참고로 2019년부터 레스터에 위치한 데몬트포트 대학교에서 비즈니스와 경영학을 배우고 있다.

2023/24시즌

	32 GAMES	2,143 MINUTES	4 GOALS	5 ASSISTS	
	1.3 경기당슈팅	13 유효슈팅	추정가치: 16,000,000€	26.1 경기당패스	82.30 패스성공률	0

40
AM
CM
RW

Facundo Buonanotte

파쿤도 부오나노테

국적 아르헨티나 | **나이** 19 | **신장** 174 | **체중** 69 | **평점** 6.47

아르헨티나 대표팀 출신의 공격형 미드필더로 오른쪽 윙어로도 활약할 수 있다. 뛰어난 테크닉과 효과적인 드리블을 통해 공격을 전개하고 넓은 시야와 정확한 패스를 통해 공격 포인트를 기록한다. 특히, 왼발 킥을 통한 전진 패스와 중거리 슈팅이 위력적이다. 다만 왼발을 고집하다보니 상대 수비에 공격 패턴이 읽히는 경우가 적지 않고, 상대의 강한 압박에 고전하곤 한다. 로사리오센트랄 유스 출신으로 2023년 1월 브라이튼으로 이적했다. 어린 나이임에도 잠재력이 뛰어나 적지 않은 기회를 받았지만 성장 속도가 느려 2024년 8월 레스터로 임대됐다. 2023년 6월 인도네시아와의 평가전을 통해 아르헨티나 대표팀에 데뷔했다.

2023/24시즌

		27 GAMES	1,370 MINUTES	3 GOALS	1 ASSISTS		
7	0.8 경기당슈팅	8 유효슈팅	추정가치: 18,000,000€		17.4 경기당패스	85.30 패스성공률	0

7
LW
CF

Abdul Fatawu

압둘 파타우

국적 가나 | **나이** 20 | **신장** 177 | **체중** 73 | **평점** 7.41

파괴력을 보여주는 오른쪽 윙어. 현란한 드리블과 빠른 스피드, 강력한 왼발 슈팅, 강한 체력을 바탕으로 레스터의 오른쪽 공격을 책임진다. 반대발 윙어로서 왼발을 통해 골을 넣지만 오른발을 활용한 크로스도 정확한 편이다. 지난 시즌 스포르팅에서 레스터로 1시즌 임대되어 챔피언십 40경기에 출전해 6골 13도움을 기록했다. 비록 실수가 잦은 편이었지만 모험적이고 공격적인 플레이는 공격 포인트로 자주 연결되곤 했다. 이런 활약을 바탕으로 2024년 7월 스포르팅에서 1,700만 파운드의 이적료에 레스터로 완전 이적했다. 2021년 17세의 나이에 가나 대표팀에 차출된 이후 꾸준히 가나 대표팀에서 활약하고 있다.

2023/24시즌

		40 GAMES	2,828 MINUTES	6 GOALS	13 ASSISTS		
6	1.9 경기당슈팅	15 유효슈팅	추정가치: 10,000,000€		25.4 경기당패스	79.90 패스성공률	1

9
CF
C

Jamie Vardy

제이미 바디

국적 잉글랜드 | **나이** 37 | **신장** 178 | **체중** 76 | **평점** 6.75

설명이 필요 없는 레스터시티의 상징이자 주장, 그리고 해결사. 1987년생으로 30대 후반의 나이에도 여전히 레스터의 최전방을 책임지고 있는 스트라이커로 8부 리그 클럽에서 커리어를 시작해 잉글랜드 대표팀까지 승선하며 인생 역전을 보여준 입지전적인 인물이다. 테크닉이 부족하고, 신장도 크지 않지만 스피드와 적극성을 바탕으로 투지 넘치는 플레이를 보여주고 문전에서의 결정력이 매우 뛰어나다. 2015/16시즌 프리미어리그에서 24골을 넣으며 레스터의 우승을 이끌었고, 2019/20시즌 프리미어리그에서 23골을 넣으며 득점왕을 차지했다. 지난 시즌 챔피언십 35경기에 출전해 18골을 넣으며 건재함을 과시했다.

2023/24시즌

		35 GAMES	1,771 MINUTES	18 GOAL	2 ASSISTS		
4	1.7 경기당슈팅	27 유효슈팅	추정가치: 1,000,000€		9.7 경기당패스	75.10 패스성공률	0

10
LW
RW
CF

Stephy Mavididi

스테피 마비디디

국적 잉글랜드 **| 나이** 26 **| 신장** 177 **| 체중** 71 **| 평점** 7.09

다재다능한 공격수로 최전방과 측면 등 공격의 모든 위치에서 뛸 수 있다. 기복이 심해 결정적 기회를 놓치기도 하지만 특유의 탄력과 타고난 스피드, 효과적인 연계 플레이, 강력한 슈팅 등으로 공격을 주도한다. 아스날 유스 출신으로 유벤투스, 몽펠리에를 거쳐 2023년 7월 레스터로 이적했다. 몽펠리에에서 3시즌 동안 리그 21골을 넣으며 가능성을 보여주더니 지난 시즌 레스터에서 12골 6도움을 기록하며 파괴력을 과시했다 콩고민주공화국 태생이지만 영국 런던에서 성장해 연령별 대표팀으로 잉글랜드를 선택했고, 잉글랜드 U17부터 U20 대표팀까지 엘리트 코스로 성장했다. 아직 A대표팀에 선발되지는 못했다.

2023/24시즌

	46 GAMES	**3,600** MINUTES	**12** GOALS	**6** ASSISTS		
7	**2** 경기당슈팅	**34** 유효슈팅	추정가치: **11,000,000€**	**29.2** 경기당패스	**82.20** 패스성공률	0

14
LW
RW
AM

Bobby Decordova-Reid

바비 레이드

국적 자메이카 **| 나이** 31 **| 신장** 170 **| 체중** 66 **| 평점** 6.41

'바비 아마니 데코르도바레이드'란 긴 풀네임을 가진 공격수. 주로 왼쪽 윙어로 활약하지만 최전방 스트라이커와 공격형 미드필더, 윙어, 윙백 등 다양한 포지션을 소화할 수 있다. 비록 드리블 돌파와 결정력은 2% 부족하다는 평을 듣지만 동료와의 연계 플레이와 공간에 대한 이해, 왕성한 기동력 등으로 효과적인 플레이를 펼치곤 한다. 브리스톨시티 유스 출신으로 카디프와 풀럼을 거치며 두각을 나타냈다. 특히, 풀럼에서 5시즌 동안 공식 183경기에 출전해 28골을 넣었다. 그 결과, 2024년 7월 자유계약으로 레스터시티에 이적했다. 참고로 잉글랜드 태생이지만 자메이카 혈통으로 2019년부터 자메이카 대표팀에서 활약하고 있다.

2023/24시즌

	33 GAMES	**1,428** MINUTES	**6** GOAL	**2** ASSISTS		
4	**1** 경기당슈팅	**8** 유효슈팅	추정가치: **5,000,000€**	**13.4** 경기당패스	**79.00** 패스성공률	0

20
CF

Patson Daka

패트슨 다카

국적 잠비아 **| 나이** 25 **| 신장** 180 **| 체중** 71 **| 평점** 6.77

잠비아 대표팀의 스트라이커. 운동 신경이 뛰어나고 빠른 스피드를 통해 공간 침투를 보여주며 문전에서 강력한 슈팅을 시도한다. 동료와의 연계 플레이에 능하고 수비 가담도 적극적으로 한다. 하지만 중요한 순간 득점포가 침묵하고, 테크닉이 부족해 실수를 자주 범한다. 카푸에 셀틱 유스 출신으로 잘츠부르크에서 활약하며 두각을 나타냈다. 당시 엘링 홀란드, 황희찬과 호흡을 맞추며 2시즌 20골 이상을 넣으며 파괴력을 과시했다. 그 결과, 2021년 6월 2,300만 파운드의 이적료에 레스터로 이적했다. 하지만 레스터에서 3시즌 동안 공식 96경기에서 22골을 넣으면서 기대만큼의 득점력을 보여주지는 못하고 있다.

2023/24시즌

	20 GAMES	**1,094** MINUTES	**7** GOAL	**5** ASSISTS		
1	**2** 경기당슈팅	**11** 유효슈팅	추정가치: **12,000,000€**	**14.1** 경기당패스	**78.00** 패스성공률	0

전지적 작가 시점

송영주가 주목하는 레스터의 원픽!

제이미 바디

레스터시티의 상징이자 주장이며 해결사다. 제이미 바디는 8부 리그에서 선수 생활을 시작해 프리미어리그 득점왕에 등극하고 잉글랜드 대표팀에 선발되어 '인간 승리'를 보여준 선수로 유명하다. 바디는 2012년 여름 레스터시티로 이적한 후, 무려 13시즌 동안 최전방을 책임지며 레스터의 성공과 영광, 쇠락을 함께 했다. 레스터가 2015/16시즌 프리미어리그에서 우승하며 '아름다운 동화'를 완성했을 때에도, 2022/23시즌 18위로 강등되었을 때에도, 지난 시즌 챔피언십에서 1위를 차지하며 승격했을 때에도 팀의 최전방을 책임졌다. 특히 레스터의 챔피언십 우승에는 바디의 18골이 매우 컸다.

레스터의 2024/25시즌 목표는 잔류다. 레스터가 잔류하기 위해선 바디의 골이 필요하다는 사실은 당연지사. 팀의 생존을 위해 바디의 활약이 필요하다. 1987년생의 나이로 이젠 은퇴를 바라볼 나이지만 여전히 특유의 에너지와 순간 스피드, 정확한 마무리 능력을 과시하고 있다. 바디가 리그에서 3골 밖에 넣지 못했던 2022/23시즌 레스터가 강등되었다는 사실을 고려할 때, 어쩌면 레스터의 잔류는 바디의 득점력에 의해 결정될지도 모른다.

지금 레스터에 이 선수가 있다면!

지오바니 로셀소

레스터시티의 고민은 첼시로 이적한 키어넌 듀스버리홀의 빈자리를 메우지 못했다는 것이다. 듀스버리홀은 지난 시즌 챔피언십에서 12골 14도움을 기록하며 레스터의 승격에 기여했다. 제이미 바디가 18골로 팀 내 최다골을 넣었지만 듀스버리홀이 공격에서 더 큰 영향력을 행사했다는 것은 누구나 인정하는 사실이다. 이에 따라 레스터는 2024년 여름 올리버 스킵, 엘칸누스, 부오나노테 등 미드필더들을 다수 영입했지만 이들이 듀스버리홀이 떠난 자리를 메울 수 있을지는 미지수다.

이런 측면에서 토트넘의 지오바니 로셀소가 레스터에 어울리지 않을까? 로셀소는 공격형 미드필더와 중앙 미드필더를 소화할 수 있고, 드리블과 전진 패스, 슈팅 능력이 뛰어나 중앙에서 득점력과 플레이메이킹 능력을 과시할 수 있다. 비록 로셀소가 왼발에 너무 의존하고 오프더 볼 움직임이 좋지 않더라도 그 누구보다 듀스버리홀의 공백을 효과적으로 메웠을 공산이 크다. 하지만 레스터는 다른 선수들을 선택했다. 엘칸누스와 스킵, 부오나노테의 활약을 기대해야겠지만 듀스버리홀의 그림자를 벗어날 가능성은 커 보이지 않는다.

ARIJANET MURIC

JACOB GREAVES

LUKE WOOLFENDEN

CAMERON BURGESS

HARRY CLARKE

BEN JOHNSON

LEIF DAVIS

SAM MORSY

MASSIMO LUONGO

CONOR CHAPLIN

AXEL TUANZEBE

NATHAN BROADHEAD

JACK TAYLOR

CHRISTIAN WALTON

KALVIN PHILLIPS

CONOR TOWNSEND

WES BURNS

ALI AL-HAMADI

SAM SZMODICS

OMARI HUTCHINSON

GEORGE HIRST

LIAM DELAP

2024 2025

Ipswich Town

IPSWICH TOWN

입스위치타운 Ipswich Town

창단 년도 | 1878년

최고 성적 | 우승 (1961/62)

경기장 | 포트먼 로드 (Portman Road)

경기장 수용 인원 | 29,813명

지난 시즌 성적 | 챔피언십 2위

별칭 | The Blues (블루스),
The Tractor Boys (트랙터 보이즈)

상징색 | 블루

레전드 | 케빈 비티, 테리 버처, 알란 헌터,
믹 밀스, 존 워크, 레이 크로포드,
테드 필립스,폴 마리너, 로이 베일리,
폴 쿠퍼 등

히스토리

1878년 창단한 입스위치타운은 알프 램지 감독이 부임한 1955년부터 본격적으로 구단의 역사를 쓰기 시작한다. 3부 리그에 있던 팀을 맡은 알프 램지 감독은 1부 리그에 첫 도전장을 내민 1961/62시즌 바로 리그 우승을 차지하면서 잉글랜드 축구계에 입스위치를 각인시켰다. 중간에 강등을 겪기도 했지만 1970년대 꾸준히 유럽대항전에 진출할 만큼 구단은 성장을 거듭했다. 그리고 바비 롭슨 감독이 팀을 이끌던 1980/81시즌 UEFA컵 우승을 차지하면서 잉글랜드를 넘어 유럽 축구계에 입스위치라는 이름을 알렸다. 하지만 바비 롭슨 감독이 떠난 뒤 팀이 크게 흔들렸고 2001/02시즌을 마지막으로 20년 넘게 프리미어리그에 모습을 드러내지 못했다. 그러나 키에런 맥케나라는 새 감독이 부임하면서 22년 만에 프리미어리그 복귀에 성공했다.

최근 5시즌 리그 순위 변동

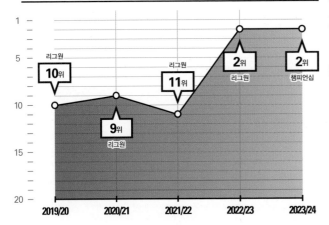

리그원 **10위**

9위 리그원

리그원 **11위**

2위 리그원

2위 챔피언십

2019/20 2020/21 2021/22 2022/23 2023/24

클럽레코드 IN & OUT

〉〉〉〉〉〉〉〉〉〉〉〉 **최고 이적료 영입 IN**

오마리 허친슨
2,350만 유로
(2024년 7월,
from 첼시)

최고 이적료 판매 OUT 〉〉〉〉〉〉〉〉〉〉〉〉

타이론 밍스
1,130만 유로
(2015년 7월,
to 본머스)

키에런 맥케나 Kieran McKenna

1986년 5월 14일 | 38세 | 북아일랜드

챔피언십 올해의 감독, 최고의 지략가!

23살 젊은 나이에 부상으로 선수 생활을 마감했지만 그는 좌절하지 않았다. 지도자로 전향해 위기를 기회로 삼았다. 노팅엄, 레스터, 토트넘 유스팀을 거쳐 2016년 맨체스터유나이티드 U18 감독으로 부임해 그린우드, 타히트 총, 앙헬 고메스, 제임스 가너를 육성하며 능력을 인정받았고 무리뉴 감독 눈에 띄어 2018년 1군 코치로 승격한다. 솔샤르 체제에서도 코치로 활약하던 2021년 12월 입스위치에 중도 부임하며 성인 무대 도전장을 내밀었다. 부임 후 2021/22시즌 리그원 11위에 그쳤던 팀을 이듬해 2위에 안착시키며 4년 만에 챔피언십 승격을 이끌었다. 돌풍은 멈추지 않았다. 2022/23시즌 3-2 빌드업, 빠른 공수전환 컨셉을 완성시켰고 22년 만에 팀을 프리미어리그 복귀로 이끌었고 자신은 올해의 감독상까지 수상했다.

📋 **감독 인터뷰**

"나는 언제나 구단에 영원히 남길 수 있는 것을 염두에 두면서 팀을 운영한다. 그래야 철학이 뿌리내린다. 프리미어리그 도전이 단순히 꿈에 그쳐서는 안 된다."

감독 프로필

통산				선호 포메이션	승률
185 경기 **109** 승 **44** 무 **32** 패				**4-2-3-1**	**38.25%**

시즌 키워드

#22년기다림	#승승장구	#잔류목표

경력 🔖	2021~ 입스위치타운

IPSWICH TOWN

IN

아리야네트 무리치
(번리)

제이콥 그리브스
(헐시티)

벤 존슨
(웨스트햄)

오마리 허친슨
(첼시)

리암 델랍
(맨체스터시티)

다라 오셔
(번리)

코너 타운샌드
(웨스트브롬위치)

칼빈 필립스
(맨체스터시티)

옌스 카유스테
(나폴리)

사미 스즈모딕스
(블랙번)

잭 클라크
(선더랜드)

OUT

바츨라프 흘라드키
(계약종료)

코리 은다바
(킬마녹)

엘 미주니
(옥스포드유나이티드)

케이든 잭슨
(계약종료)

가산 아하드미
(찰튼 애슬래틱)

라다포
(계약종료)

험프리스
(와이콤비, 임대)

도나시엔
(계약종료)

FW
7 번스 | 16 알하마디 | 19 델랍
20 허친슨 | 27 허스트 | 33 브로드헤드

MF
5 모르시 | 8 필립스 | 10 채플린
12 카유스테 | 14 테일러 | 23 스즈모딕스 | 25 루옹고

DF
2 클라크 | 3 데이비스 | 6 울펜든 | 15 버지스
18 존슨 | 22 타운센드 | 24 그리브스 | 26 오셔 | 40 튀앙제브

GK
1 무리치 | 13 슬리커 | 28 왈튼

히든풋볼의 이적시장 평가

빌드업 핵심 흘라드키와 재계약에 실패하며 불안한 이적 시장을 시작했다. 하지만 2023/24시즌 번리에서 미친 선방쇼를 보였던 무리츠를 영입해 공백을 최소화했고 챔피언십 최정상 센터백 그리브스를 깜짝 영입했다. 지난 시즌 임대로 합류해 공격 에이스로 성장한 허친슨을 첼시에서 영입했고 맨시티 유망주 리암 델랍을 영입해 키퍼 무어의 공백도 최소화했다.

히든풋볼 이적시장 평가단

2023/24시즌
스탯 Top 3

득점 Top 3

⊕ 채플린, 브로드헤드 **13**골

⊕ 오마리 허친슨 **10**골

⊕ 허스트, 무어 **7**골

도움 Top 3

🖊 리프 데이비스 **18**도움

🖊 코너 채플린 **8**도움

🖊 모르시 **6**도움

출전시간 Top 3

⏱ 바츨라프 홀라드키 **4,140**분

⏱ 리프 데이비스 **3,788**분

⏱ 샘 모르시 **3,752**분

히든풋볼의 순위 예측

지난 시즌에도 승격한 세 팀이 바로 다시 강등을 당했다. 프리미어리그에서 버틸 특별한 능력이 보이지 않는다.

높은 잠재성을 가지고 있는 맥케나 감독이지만 프리미어리그 잔류에 성공할 수 있는 역량은 부족해 보인다.

22년 만의 PL 복귀. 올라오는 것은 어렵지만 무너지는 것은 한순간이다. 돌풍을 기대하기보단 버티는 것이 중요.

선수 대부분 PL 경험이 부족하다. 맥케나 감독도 잠재성은 있지만 PL과 하부 리그의 차이를 크게 체감할 것이다.

PL 승격 첫 시즌은 누구에게도 녹록지 않다. 빅리그의 벽은, 프리미어리그의 벽은 생각보다 높다.

알짜배기들을 잘 영입했다. 맥케나의 다이렉트 공격, 상대 맞춤형 전술은 PL에서도 통할 가능성이 크다.

20위 · 이주헌 ·

20위 · 박종윤 ·

20위 · 송영주 ·

18위 · 이완우 ·

20위 · 김형책 ·

17위 · 남윤성 ·

연속된 승격,
다시 한 번
승승장구?

현 시점 영국 축구계에서 가장 실패를 모르는 인물은 맥케나 감독이다. 21년 12월 리그원으로 추락한 입스위치에 중도 부임한 맥케나는 이듬해인 2022/23시즌 챔피언십 승격에 성공했고 2023/24시즌에는 프리미어리그까지 연속해서 승격을 이끌었다. 물론 프리미어리그는 챔피언십과 비교조차 할 수 없을 정도로 수준이 다르다. 압도적인 성적과 경기력으로 승격한 챔피언십 팀들도 한 시즌을 버티지 못하고 재강등 당한 사례가 많다.

하지만 입스위치는 좀 다른 느낌이다. 우선 2023/24시즌 챔피언십에서 28승 12무 6패, 92득점 57실점, 2위로 승격했다. 리그 최다 득점과 최소 패배를 기록했다. 특이점은 평균 점유율(53.1%) 7위, 경기당 패스 성공(390.8) 10위로 패스 지표는 좋지 않았지만 기대득점(75.1) 3위, 기회창출(112) 4위로 공격 지표는 준수했다는 것이다. 바로 이러한 데이터가 맥케나 감독의 축구를 설명한다. 우선 맥케나 감독은 4-2-3-1을 기본 대형으로 설정하지만 공격 시 3-2-4-1로 변화를 준다. 골키퍼까지 활용하는 후방 빌드업으로 차근차근 패스를 전개하며 상대 압박을 유도한다.

여기에 상대가 끌려 나오면 왼쪽 풀백 리프 데이비스, 오른쪽 윙포워드 오마리 허친슨 또는 웨스 번스에게 패스를 전달하는데 이때 투 볼란치와 중앙으로 이동한 왼쪽 윙포워드, 공격형 미드필더 4명이 접근해 거기서부터 삼자패턴을 활용한 측면 부분전술로 빠르게 파이널서드로 볼을 전개한다. 1차적으로 상대 밸런스를 흔든 뒤 공격 유닛이 동시에 수비 뒷공간으로 침투하는 것이다. 측면이 막히는 경우에는 중앙에 사각형 형태로 밀집한 4명 또는 최전방 조지 허스트까지 내려와 5명이 서로 연계한다. 이 연계가 막히더라도 조지 허스트가 상대 수비를 달고 내려오기 때문에 상대 수비는 뒷공간을 허용하는데 이때 어김없이 측면 자원들이 공간으로 침투한다.

3-2 빌드업과 4명이 사각형 형성 그리고 뒷공간 침투. 이러한 맥케나의 전술은 바르셀로나 시절 차비 에르난데스의 전술과 매우 흡사하다. 물론 기존의 프리미어리그 팀들은 입스위치를 상대로 승점 3점 확보가 목표고 또 다양한 방식으로 맥케나 감독을 곤경에 빠뜨릴 것이다. 하지만 확고한 시스템 아래 선수들이 오랜 기간 호흡을 맞춰왔다는 점 그리고 상대에 따라 맞춤형 전술을 꺼내드는 능력이 있다는 점은 다가오는 2024/25시즌 맥케나의 입스위치가 기대되는 이유다.

1
GK

Arijanet Muric

아리야네트 무리치

국적 코소보 | **나이** 25 | **신장** 198 | **체중** 81 | **평점** 7.34

번리의 프리미어리그 복귀 일등공신이었지만 콤파니 감독이 본인의 빌드업 축구에 적합한 골키퍼 트래포드를 영입하면서 No.1 자리를 빼앗긴 무리치였다. 하지만 성적이 나오지 않자 시즌 막바지부터 다시 주전으로 도약한 무리치는 10경기에서 64개의 선방, 무려 80%라는 미친 선방율을 기록하는 활약으로 골키퍼에게 가장 중

요한 덕목은 공을 막는 것임을 증명했다. 프리미어리그 승격에 성공했지만 핵심 흘라드키와 재계약에 실패하면서 뒷문이 불안했던 입스위치였는데 무리치 영입으로 급한 불을 끄는데 성공했다. 맥케나 감독의 빌드업 시스템에서 무리치의 발밑은 우려가 되지만 선방 능력은 전혀 걱정할 필요 없다.

2023/24시즌

	10 GAMES	900 MINUTES	16 실점	80.80 선방률	
0	62 세이브	0 클린시트	추정가치: 7,000,000€	0.00 클린시트 성공률	1/2 PK 방어 기록	0

3
LB

Leif Davis

리프 데이비스

국적 잉글랜드 | **나이** 24 | **신장** 182 | **체중** 70 | **평점** 7.15

2022/23시즌 리그원, 2023/24시즌 챔피언십 도움 1위. 프리미어리그에서는 쉽지 않겠지만 이 성장세라면 기대를 하지 않을 수 없다. 리즈, 본머스에서는 활약이 미비했지만 입스위치에서 잠재력을 터뜨렸다. 맥케나 감독을 만나 측면공격의 핵심으로 성장한 데이비스는 높은 위치 공격 가담, 속도 변화를 활용한 돌파 후 컷백, 낮고

빠른 크로스로 입스위치 최고의 공격 패턴을 책임진다. 프리미어리그는 여지껏 뛰었던 무대와 수준이 다르고 공격 가담에 집중했다가는 뒷공간을 공략 당할 우려도 크다. 하지만 맥케나 감독의 전술이 프리미어리그에서도 통한다면 그 중심엔 데이비스가 분명 있을 것이다.

2023/24시즌

	43 GAMES	3,788 MINUTES	2 GOALS	18 ASSISTS	
5	0.7 경기당슈팅	11 유효슈팅	추정가치: 9,000,000€	36.1 경기당패스	71.10 패스성공률	0

6
CB

Luke Woolfenden

루크 울펜든

국적 잉글랜드 | **나이** 25 | **신장** 193 | **체중** 80 | **평점** 7

유스 출신으로 지난 3년간 리그원, 챔피언십, 프리미어리그로 연이어 승격할 때 수비의 중심이었다. 특유의 리더십으로 팀을 이끌며 2000년대 암흑기에 빠진 입스위치의 센터백 중 가장 많은 경기에 나섰다. 고른 능력치를 갖췄지만 사소한 수비 실수가 제법 많이 나와 구단 레전드로 꼽히기에는 아직 부족하다는 평가다. 프리미어리그

에서는 작은 실수가 치명적인 결과로 이어질 수 있다. 1981년 구단 첫 UEFA컵 우승을 이끌었던 케빈 비티, 테리 버처, 알란 헌터의 발자취를 조금이라도 따라가기 위해선 안정적인 수비로 다가올 2024/25시즌 입스위치의 잔류를 이끌어야 한다.

2023/24시즌

	41 GAMES	3,611 MINUTES	1 GOALS	1 ASSISTS	
5	0.15 경기당슈팅	1 유효슈팅	추정가치: 2,000,000€	60.2 경기당패스	87.80 패스성공률	0

15
CB

Cameron Burgess

카메론 버지스

국적 호주 | **나이** 28 | **신장** 194 | **체중** 81 | **평점** 6.93

과거 5부 리그에서 뛰기도 했다. 그랬던 그가 성인 무대 데뷔 10년 만에 프리미어리그에 도전한다. 빠르지는 않지만 안정적인 수비력을 갖췄다. 또한 리그 최상위권 공중 장악력과 준수한 빌드업을 바탕으로 공수에서 보탬이 됐다. 변형 백 3에서 왼쪽 센터백으로 뛰면서 리프 데이비스를 향한 또는 반대 측면으로 전환하는 롱패스를 적극적으로 시도한다. 다만 롱패스 성공률이 높지 않다는 건 아쉬운 대목이다. 입단 3시즌 만에 수비진의 믿을맨으로 성장한 버지스는 지난해 호주 대표팀의 부름까지 받으며 더욱 주가를 올렸고 아시안컵 차출 후에도 좋은 폼을 유지하면서 입스위치의 승격을 이끌었다.

2023/24시즌

	39 GAMES	3,421 MINUTES	2 GOALS	1 ASSISTS	
3	0.5 경기당슈팅	4 유효슈팅	추정가치: 1,500,000€	65.4 경기당패스	81.90 패스성공률	0

24
CB

Jacob Greaves

제이콥 그리브스

국적 잉글랜드 | **나이** 23 | **신장** 194 | **체중** 87 | **평점** 7.13

토트넘, 에버튼의 관심을 뿌리치고 챔피언십 최고의 센터백은 입스위치로 향했다. 2023/24시즌 리그 BEST 11에 선정될 만큼 최고의 시즌을 보냈다. 최대 강점은 볼을 직접 다루는 걸 좋아하는 왼발 센터백이라는 점이다. 침착한 돌파와 패스로 상대 압박을 풀어 나온다. 전방으로 향하는 롱패스 퀄리티는 압도적이다. 수비 시 파울 없이 상대 역습을 지연시키고 뚫리더라도 넓은 범위 태클능력으로 공간을 커버한다. 주력과 민첩성은 아쉬울 수 있지만 슈팅 각도를 차단하는 능력이 좋아 최종 수비에서 언제나 모습을 드러낸다. 그리브스가 있어 입스위치의 왼쪽은 믿고 보는 라인이 될 것이다.

2023/24시즌

	43 GAMES	3,870 MINUTES	2 GOALS	4 ASSISTS	
12	0.7 경기당슈팅	10 유효슈팅	추정가치: 15,000,000€	76.0 경기당패스	88.20 패스성공률	0

2
RB
CB

Harry Clarke

해리 클라크

국적 잉글랜드 | **나이** 23 | **신장** 180 | **체중** 80 | **평점** 6.60

아스날 유스 시절 수비형 미드필더로도 뛰었을 만큼 볼을 다루는 기술과 준수한 패싱력을 지녔다. 풀백일 때는 드리블 돌파와 오버래핑으로 전진성을, 센터백일 때는 순간 전진해 날카로운 중거리 슈팅을 선보인다. 다만 입스위치에서는 왼쪽 풀백 리프 데이비스가 전진하는 맥케나 감독의 전술 특성상 전형적인 풀백이 아닌 센터백과 같은 동선을 가져가며 수비에 집중했다. 센터백과 풀백을 오가는 클라크 덕분에 입스위치는 오른쪽 측면에서 전술적 유연함을 장착할 수 있었다. 다양한 포지션을 매끄럽게 소화하는 클라크는 맥케나 감독의 시스템에서 필수적인 존재다.

2023/24시즌

	35 GAMES	2,359 MINUTES	1 GOAL	1 ASSISTS	
7	0.6 경기당슈팅	5 유효슈팅	추정가치: 5,000,000€	43.5 경기당패스	78.20 패스성공률	0

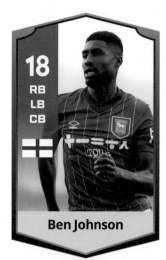

Ben Johnson

18
RB
LB
CB

벤 존슨

국적 잉글랜드 | **나이** 24 | **신장** 184 | **체중** 69 | **평점** 6.23

탄탄한 대인 수비로 수준급 풀백 초우팔을 잠시나마 밀어냈다. 좌우 모두에서 뛰면서 유스로서 웨스트햄의 자랑이었던 적도 있었다. 하지만 부족한 공격력과 시간이 지나 드러난 수비력 문제가 성장을 가로막았다. 한번 상대 공격진의 타깃이 되면 크게 흔들리면서 무너지는 경우가 종종 발생한다. 후반기 클라크가 부상으로 빠진 사이 출전한 튀앙제브도 만족스러운 활약을 보이지 못했다는 점에서 공격적인 풀백이 아닌 벤 존슨을 영입했다는 건 다가올 시즌에도 맥케나 감독은 변형 백3를 활용하겠다는 뜻이다. 벤 존슨의 출전 시간은 수비적인 안정감을 얼마나 빨리 되찾을 수 있느냐에 달렸다.

2023/24시즌

	14 GAMES	538 MINUTES	0 GOAL	0 ASSISTS	
1	0.4 경기당슈팅	2 유효슈팅	추정가치: 8,000,000€	18.7 경기당패스	73.70 패스성공률	0

Sam Morsy

5
CM
DM

C

샘 모르시

국적 이집트 | **나이** 32 | **신장** 175 | **체중** 75 | **평점** 6.98

입단 첫 시즌부터 주장으로 중원을 책임졌다. 그리고 3시즌 만에 프리미어리그 승격을 이끌었는데 성인 무대 데뷔 후 하부 리그를 전전한 끝에 일궈낸 성과다. 특히 유스로 뛰었던 친정팀 울버햄튼을 만나 감회가 새롭다. 공격과 수비 모두에서 단연 중원 핵심이다. 이는 수치로도 나타나는데 상대 골문을 향해 공을 운반하고 전진시키는 프로그레시브 캐리와 패스 그리고 소유권을 되찾아오는 리커버리 지표에서 팀 내 미드필더 중 1위다. 다만 무리하게 공을 뺏으려다가 카드를 받고 이로 인해 결장하는 경기도 제법 많다. 모르시가 빠지게 되면 입스위치도 맥케나 감독은 골치 아프다.

2023/24시즌

	42 GAMES	3,752 MINUTES	3 GOALS	6 ASSISTS	
14	0.8 경기당슈팅	14 유효슈팅	추정가치: 900,000€	65.0 경기당패스	84.90 패스성공률	0

Massimo Luongo

25
CM

마시모 루옹고

국적 호주 | **나이** 31 | **신장** 176 | **체중** 76 | **평점** 6.83

샘 모르시와 함께 중원을 든든하게 책임졌다. 조금 더 수비적인 역할에 집중했지만 그렇다고 공격적으로 부족하다는 의미는 아니다. 주장 모르시가 경고누적으로 결장할 때면 리더가 되어 중원을 책임졌고 공수에서 영리하게 움직이면서 팀의 밸런스를 잡아줬다. 특히 리프 데이비스가 전진하면서 생긴 뒷공간 리스크를 속도가 느린 버지스 대신 커버하면서 궂은일도 마다하지 않았다. 다만 본인의 박스 근처에선 수비를 위한 반응이 다소 둔해 모르시까지 수비 전환이 늦는 경우 센터백들의 부담이 커지곤 했다. 집중력과 기동성을 확보해야 중원의 경쟁력이 살아날 수 있다.

2023/24시즌

	43 GAMES	3,173 MINUTES	3 GOALS	0 ASSISTS	
11	0.9 경기당슈팅	12 유효슈팅	추정가치: 500,000€	43.2 경기당패스	83.80 패스성공률	0

10
AM

Conor Chaplin

코너 채플린

국적 잉글랜드 | **나이** 27 | **신장** 168 | **체중** 69 | **평점** 6.94

입스위치의 공격 에이스다. 후반기에는 임대생 허친슨이 맹활약하면서 주목도가 줄었지만 그럼에도 입스위치 공격은 채플린을 거쳐야만 비로소 완성됐다. 영국 하부 리그의 양투안 그리즈만이다. 원터치 패스로 공격의 속도를 끌어올렸고 내려와 볼을 받으면서 빌드업을 도왔다. 플레이메이킹을 하다가도 어느새 박스로 침투해 득점을 기록한다. 위치 선정의 신이다. 공이 없을 때 박스 안 움직임은 감탄을 자아낸다. 작은 신장에도 세트피스 시 헤더 득점이 많은 이유다. 하부 리그에서 뛰기에는 능력이 너무 좋다는 평가가 지배적이다. 마침내 본인의 기량을 프리미어리그에서 뽐낼 기회가 찾아왔다.

2023/24시즌

7	**44** GAMES	**3,368** MINUTES	**13** GOALS	**8** ASSISTS		**0**
	3.1 경기당슈팅	**40** 유효슈팅	추정가치: **7,000,000€**	**27.1** 경기당패스	**71.70** 패스성공률	

7
RW

Wes Burns

웨스 번스

국적 웨일스 | **나이** 29 | **신장** 173 | **체중** 68 | **평점** 6.81

직선적인 플레이와 과감한 돌파로 측면을 휘젓는다. 왼쪽에서는 리프 데이비스, 오른쪽에서는 웨스 번스가 공격 속도를 끌어올리는 역할을 수행한다. 기술적인 부분과 세밀한 플레이는 다소 떨어지지만 공간 침투 타이밍이 좋고 이타적인 플레이로 공격 포인트를 많이 생산한다. 특히 아웃사이드 킥과 컷백 크로스에 강점이 있어 왼발을 사용하지 않고도 측면에서 변칙적인 플레이가 가능하다. 번스의 또 다른 장점은 수비 기여다. 헌신적인 스프린트로 수비 전환을 하며 내려앉았을 때에는 윙백처럼 뛰면서 측면 수비에 가담한다. 전형적인 하드워커 스타일로 부상도 적지 않은 편인데, 컨디션 유지가 관건이다.

2023/24시즌

7	**35** GAMES	**2,403** MINUTES	**6** GOALS	**4** ASSISTS		**0**
	1.5 경기당슈팅	**18** 유효슈팅	추정가치: **1,500,000€**	**17.8** 경기당패스	**67.10** 패스성공률	

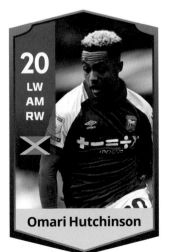

20
LW
AM
RW

Omari Hutchinson

오마리 허친슨

국적 자메이카 | **나이** 20 | **신장** 174 | **체중** 65 | **평점** 6.78

2023/24시즌 임대로 맹활약했고 결국 클럽 레코드 금액에 완전 이적했다. 후반기에만 8골 4도움을 기록 에이스로 성장했다. 위력적인 드리블 돌파와 박스 밖 왼발 마무리 능력을 갖췄다. 좌우 측면과 중앙을 가리지 않고 일정한 퍼포먼스를 보인다. 피지컬은 성장이 필요하지만 판단 속도가 빨라 불필요한 신체 경합을 하지 않고 볼의 흐름을 살리는 능력이 좋다. 이타적인 플레이와 성실한 압박도 강점이다. 특히 어린 나이임에도 드리블 타이밍과 동료를 활용할 타이밍을 명확하게 구분하면서 플레이하는 부분이 이 선수가 얼마나 영리하고 성장 가능성을 지녔는지 알 수 있는 대목이다.

2023/24시즌

3	**44** GAMES	**2,179** MINUTES	**10** GOAL	**5** ASSISTS		**0**
	1.5 경기당슈팅	**30** 유효슈팅	추정가치: **7,000,000€**	**17.1** 경기당패스	**71.80** 패스성공률	

IPSWICH TOWN

33 LW

Nathan Broadhead

네이선 브로드헤드

국적 웨일스 | **나이** 26 | **신장** 178 | **체중** 73 | **평점** 6.88

2023/24시즌 채플린과 함께 팀 내 최다득점자다. 에버튼 유스 시절 스트라이커로 뛰면서 2군 리그에서 두 자릿수 득점을 기록했을 만큼 슈팅력도 날카롭다. 하지만 오히려 쉬운 기회를 놓치거나 기복 있는 플레이로 영향력이 사라지는 경우들이 종종 있다. 그래도 입스위치에서 측면 공격수로 자리 잡으면서 웨일스 대표팀의 부름까

지 받았다. 저돌적인 돌파와 스트라이커 본능을 앞세운 한 방이 강점이다. 기술적으로 다소 투박했지만 입스위치 입단 후 하프스페이스 움직임을 자주 가져가면서 개선됐다. 프리미어리그에서 꾸준히 기회를 받으려면 온더볼과 연계플레이의 세밀함을 키워야 한다.

2023/24시즌

	38 GAMES	2,311 MINUTES	13 GOALS	3 ASSISTS	
3	2 경기당슈팅	23 유효슈팅	추정가치: 5,000,000€	16.8 경기당패스	75.20 패스성공률	0

27 CF

George Hirst

조지 허스트

국적 잉글랜드 | **나이** 25 | **신장** 191 | **체중** 81 | **평점** 6.7

부상만 없었다면 '올해의 기량발전상' 수상자가 유력했다. 오프 더 볼 움직임, 일대일 마무리, 제공권 옵션까지. 허스트가 전방에서 수비수들과 경합해주면서 다른 공격진들은 2차, 3차의 기회를 맞이할 수 있었다. 맥케나 감독의 전술이 더욱 다양하고 위력적이었던 이유도 중앙을 거칠 수 있었기 때문이다. 볼을 지켜낸 뒤 연계하고

직접 마무리까지 하는 허스트가 없었다면 입스위치는 중앙을 활용하지 못한 채 단순하게 측면 공격에 의존했을 것이다. 아쉬운 점은 근육 부상으로 후반기를 거의 뛰지 못했다. 다행히 임대생 키퍼 무어의 활약으로 승격에 성공했지만 허스트의 부재는 크게 느껴졌다.

2023/24시즌

	26 GAMES	1,785 MINUTES	7 GOAL	6 ASSISTS	
3	2 경기당슈팅	23 유효슈팅	추정가치: 4,000,000€	12.4 경기당패스	65.50 패스성공률	0

19 CF

Liam Delap

리암 델랍

국적 잉글랜드 | **나이** 21 | **신장** 186 | **체중** 80 | **평점** 6.81

'인간 투석기' 로리 델랍의 아들. 맨시티 유스로 성장해 2023/24시즌 챔피언십 헐시티에서 임대로 뛰었다. 전반기에만 6골을 기록하며 기대를 샀지만 무릎 부상으로 흐름이 끊겼다. 장신임에도 빠르고 민첩하다. 스텝까지 좋아 방향 전환과 제2 동작도 매끄럽다. 허스트와 비교해 제공권과 힘은 아쉽지만 맨시티 출신답게 기술과 연계

능력이 좋다. 측면으로 돌아 나가는 폭넓은 움직임으로 2선과 연계하거나 침투를 이끌어낸다. 헐시티에서는 볼 운반과 기회 창출 등 득점 이외의 역할까지 맡으면서 공격 포인트가 많지 않았다. 주전으로 뛰기 위해서는 무엇보다 득점으로 증명해야 한다.

2023/24시즌

	31 GAMES	2,215 MINUTES	8 GOAL	2 ASSISTS	
6	2.1 경기당슈팅	30 유효슈팅	추정가치: 8,000,000€	10.2 경기당패스	67.40 패스성공률	0

전지적 작가 시점

남윤성이 주목하는 입스위치의 원픽!

오마리 허친슨

아스날 유스 시절 최고 재능으로 평가받았다. 하지만 재계약을 거부하고 첼시로 향하며 범상치 않은 행보를 예고했다. 야심 차게 이적했지만 보엘리가 새로운 구단주로 등장하며 계획이 틀어졌다. 막대한 투자를 단행한 첼시는 2선에 스털링, 무드리크, 마두에케, 콜 팔머, 은쿤쿠 등 즉시전력감을 영입했고 허친슨의 자리는 없었다.

때마침 챔피언십에 승격한 입스위치는 오른쪽 측면에 빠르고 창의적인 공격 자원을 찾고 있었다. 그리고 허친슨이 레이더에 들어왔다. 그렇게 입스위치 임대를 떠난 허친슨은 전반기 무모한 드리블과 기복을 드러내며 아쉬운 활약을 펼쳤지만 후반기 180도 달라진 모습으로 공격 에이스가 됐다.

타이밍 좋은 공간 침투, 이타적인 플레이, 위협적인 드리블 돌파 그리고 마무리 능력까지. 후반기에만 8골 4도움을 기록하며 입스위치의 연속 승격을 이끈 허친슨은 여름 이적 시장을 통해 완전히 입스위치로 유니폼을 갈아입었다. 무려 2,350만 유로에 달하는 구단 역사상 최고 이적료 영입이었다. 이제 그는 다가올 2024/25시즌 프리미어리그에서 아스날과 첼시를 상대한다.

지금 입스위치에 이 선수가 있다면!

은골로 캉테

4-2-3-1과 3-2-4-1을 오가는 시스템을 활용하는 맥케나 감독은 왼쪽은 데이비스, 오른쪽은 허친슨을 필두로 다이렉트한 공격을 시도한다. 위협적인 공격력과 달리 수비는 약점인데 가장 큰 문제는 중원의 기동력과 센터백의 수비력이다. 이런 입스위치에 전성기 은골로 캉테가 합류한다면 어떨까? 그렇다면 16위로 예상한 입스위치의 시즌 순위를 12위까지 올려주고 싶다. 그 정도로 입스위치에는 캉테 같은 선수가 필요하다.

프리미어리그의 전환 속도, 압박 강도는 챔피언십과는 차원이 다르다. 수비 시 잔 실수가 많은 울펜든을, 기동력이 떨어지고 역습에 취약한 샘 모르시와 마시모 루옹고 둘이서 잘 지켜줄 수 있을지 걱정이다. 공격과 수비의 연결고리 역할을 수행하고 정교한 태클로 상대 역습을 차단하며 미친 활동량과 예측력으로 패스 길목을 차단했던 전성기 시절 캉테는 단연 월드클래스였다. 아니 전성기 시절까지도 필요 없다. 당장 이번 여름 프랑스 대표팀에 복귀해 유로 2024에서 맹활약한 33살의 캉테로도 충분하다고 본다.

GAVIN BAZUNU

ALEX MCCARTHY

AARON RAMSDALE

TAYLOR HARWOOD-BELLIS

JAN BEDNAREK

RONNIE EDWARDS

NATHAN WOOD

KYLE WALKER-PETERS

YUKINARI SUGAWARA

CHARLIE TAYLOR

FLYNN DOWNES

WILL SMALLBONE

ADAM LALLANA

RYAN FRASER

JOE ARIBO

TYLER DIBLING

KAMALDEEN SULEMANA

MATEUS FERNANDES

BEN BRERETON DIAZ

SAMUEL EDOZIE

ADAM ARMSTRONG

ROSS STEWART

Southampton

SOUTHAMPTON

사우샘프턴 Southampton

창단 년도 | 1885년
최고 성적 | 2위 (1983/84)
경기장 | 세인트 메리즈 스타디움
(St. Mary's Stadium)
경기장 수용 인원 | 32,384명
지난 시즌 성적 | 챔피언십 4위
별칭 | The Saints (세인츠)
상징색 | 레드, 화이트
레전드 | 테리 페인, 피터 쉴튼, 맷 르티시에,
믹 채넌, 제이슨 도드, 빌 롤링스 등

히스토리

사우샘프턴은 1885년 세인트 메리즈 교회 청년부 학생들이 "세인트 메리즈FC"라는 이름으로 창단한 팀에서 역사가 시작됐고, 1897년 현재의 명칭으로 변경되었다. 리그에서는 아직 우승 경험이 없는 사우샘프턴이지만, 클럽의 유스 시스템은 수많은 스타플레이어들을 배출해냈을 정도로 훌륭하고 뿌리깊다. 그런 배경이 있기에 우승 이력이 없음에도 이 팀을 잉글랜드 남부의 명문 클럽으로 생각하는 팬들이 많다. 프리미어리그에서는 승격과 강등을 오가면서 뚜렷한 성적을 내고 있지 못하고 있으나, 올 시즌은 예년과 다른 모습을 보일 수 있을 것으로 기대를 모은다. 러셀 마틴 감독의 점유율 축구가 과연 프리미어리그에서도 통할 수 있을 것인지 지켜봐야 할 것이다.

최근 5시즌 리그 순위 변동

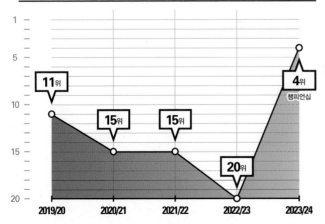

2019/20	2020/21	2021/22	2022/23	2023/24
11위	15위	15위	20위	4위 (챔피언십)

클럽레코드 IN & OUT

〉〉〉〉〉〉〉〉〉〉〉 **최고 이적료 영입 IN**

버질 반다이크
8,465만 유로
(2018년 1월,
to 리버풀)

최고 이적료 판매 OUT 〉〉〉〉〉〉〉〉〉〉〉
티노 리브라멘토
2,620만 유로
(2023년 8월,
from 첼시)

러셀 마틴 Russell Martin

| 1986년 1월 4일 | 38세 | 스코틀랜드

점유율 변태, 프리미어리그에 상륙하다!

떠오르는 점유율 축구의 대가로 주목할 만한 인물을 꼽으라면 단연코 러셀 마틴이다. 러셀 마틴의 지난 감독 커리어에서 나타나는 공통점은 패스와 관련된 지표는 MK돈스에서의 첫 시즌 중도 부임한 것을 제외하면 어느 팀을 가든 항상 해당 리그 1위의 기록을 차지했다는 점이다. 심지어 점유율과 패스 시도에 있어서 2021/22시즌 스완지를 이끌 당시 15위의 중하위권이었음에도 해당 수치는 1위였고, 2022/23시즌 리그 순위도 10위였지만 당시 우승팀 콤파니의 번리보다 더 높은 패스 정확도와 숏패스 빈도를 보여줬다. 지난 시즌도 당연히 패스와 관련된 수치는 압도적으로 리그 1위. 색깔은 확실하다. 러셀 마틴 감독이 과연 PL 무대에서도 특유의 주도적인 점유율 축구로 성공할 수 있을지 주목해 보자.

📋 **감독 인터뷰**

"올해 프리미어리그는 우리에게 큰 도전이 될 것이다. 힘든 시기와 순간이 있겠지만, 우리가 느끼는 기대와 흥분을 유지할 것이고, 팀과 클럽의 비전, 그리고 우리가 경기를 풀어가는 방식을 유지할 것이다."

감독 프로필

통산	선호 포메이션	승률
233 경기 **97** 승 **54** 무 **82** 패	**4-3-3**	**41.6%**

시즌 키워드

#점유율	#패스패스패스	#잔류그이상

경력 🔖	2019~2021 MK던스	2021~2023 스완지시티	2023~ 사우샘프턴

SOUTHAMPTON

IN

플린 다운스
(웨스트햄)

유키나리 스가와라
(AZ알크마르)

로니 에드워즈
(피터보로)

네이선 우드
(스완지)

찰리 테일러
(번리)

애덤 랄라나
(브라이턴)

테일러
하우드벨리스
(맨시티)

브레레턴 디아스
(비야레알)

카메론 아처
(애스턴빌라)

레슬리 우고추쿠
(첼시)

애런 램스데일
(아스날)

OUT

쿠류 마츠키
(괴즈테페)

루이스 페인
(첼트넘)

두예 찰레타차르
(리옹)

리안코
(아틀레티코미네이루)

로망 페로
(레알베티스)

세쿠 마라
(스트라스부르)

마테우스 리스
(괴즈테페)

카를로스 알카라스
(플라멩구)

셰어 찰스
(셰필드웬즈데이, 임대)

FW

| 9 암스트롱 | 11 스튜어트 | 17 디아스 | 19 아처 | 20 술레마나 |
| 22 코르네 | 23 에도지 | 32 오누아추 | 33 디블링 | - 프레이저 |

MF

| 4 다운스 | 7 아리보 | 8 스몰본 |
| 10 랄라나 | 18 페르난데스 | 26 우고추쿠 |

DF

2 워커피터스	3 매닝	5 스티븐스	6 하우드벨리스
12 에드워즈	14 브리	14 브리	15 우드	16 스가와라
21 테일러	28 라리오스	35 베드나렉	37 벨라코찹

GK

| 1 맥카시 | 13 럼리 | 30 램스데일 | 31 바주누 |

히든풋볼의 이적시장 평가

필요한 포지션에 대한 영입을 어느 정도 잘 해냈다. 지난 시즌 워커피터스를 제외한 나머지 풀백 라인이 부진한 편이었는데 그에 대한 보강을 잘 해냈고, 핵심자원인 플린 다운스를 완전 영입하는 데에도 성공했다. 이외 재능 있는 젊은 센터백들과 팀 정신적 지주 역할을 해줄 수 있는 베테랑 랄라나의 영입까지, 공격수, 골키퍼 보강도 어느 정도 이뤄지면서 최선의 이적시장을 보냈다.

히든풋볼 이적시장 평가단

2023/24시즌
스탯 Top 3

득점 Top 3

아담 암스트롱	24골
체 아담스	16골
윌 스몰본	7골

도움 Top 3

아담 암스트롱	13도움
스튜어트 암스트롱	7도움
브룩스	6도움

출전시간 Top 3

카일 워커피터스	4,130분
아담 암스트롱	4,014분
안 베드나렉	3,818분

히든풋볼의 순위 예측

챔피언십에서도 수비력이 좋지 않아 많은 골을 허용했다. 실점을 최소화해야 하지만 현재 그런 안정감은 없다.

PL로 승격하기에는 적합한 팀이었을지 모르겠지만, 잔류 경쟁에서 살아남을 수 있는 팀으로 보긴 어렵다.

플레이오프를 거쳐 간신히 승격했고 PL 잔류를 위해 10여 명을 영입했다. 꽤 고전하겠지만 저력을 입증할 듯.

철학이 확고한 커리어를 가진 감독과 PL 경험이 풍부한 선수가 다수 포함된 점은 잔류 경쟁에 고무적이다.

시즌 초반 부지런히 승점을 챙기지 못한다면 반등하지 못하고 한없이 미끄러질 가능성이 높다.

확실한 전술을 갖춘 마틴 감독이다. 하지만 작년 번리의 콤파니도 그랬다. 챔피언십과 PL의 차이는 매우 크다.

18위 · 이주헌

19위 · 박종윤

18위 · 송영주

17위 · 이완우

19위 · 김형책

19위 · 남윤성

챔피언십 최고 점유율, PL에서도?!

올 시즌 승격팀들은 확실한 개성을 지니고 있다. 특히 그 중에서도 러셀 마틴의 사우샘프턴은 독보적이다. 특히 지난 시즌 리그 1, 2위를 거두며 조기에 승격을 확정 지었던 레스터시티, 입스위치와 비교했을 때 사우샘프턴은 리그 4위로 플레이오프를 거쳤다. 어렵게 승격했음에도 불구하고 사우샘프턴은 챔피언십의 그 어떤 팀과 비교해도 가장 확실한 팀컬러를 보여줬다. 지난 시즌 사우샘프턴의 시즌 평균 점유율은 66%. 역대 챔피언십의 어떤 승격팀보다도 높은 점유율을 보여줬으며, 경기당 평균 숏패스 시도가 평균 633회에 달할 정도로 엄청나다. 역대 어떤 승격팀도 승격 시즌에 평균 600개 이상의 숏패스 수치를 보여준 팀은 없었다.

그만큼 철저하게 경기 내내 소유권을 이어가고 주도하는 축구를 해왔고 상황상 황마다 선수단의 통제력도 그 어느 팀과 비교해도 단단했다. 그렇다면 여기서 팬들은 "챔피언십에서 아무리 통계가 좋다 해도 PL에서는 다르다"라고 합리적인 의심을 할 수도 있을 것이다. 충분히 가능한 의심이다. 그동안 승격팀들을 보면 챔피언십에서 아무리 막강한 공수 밸런스를 보여주고 좋은 축구를 했다 하더라도 PL 승격 이후에는 리그의 난이도에 적응하지 못하면서 바로 강등 당한다거나 기존의 스타일을 버리고 실리적인 운영을 통해서 PL에 간신히 잔류하는 팀들이 대부분이었기 때문이다.

솔직히 올 시즌 사우샘프턴의 성적도 쉽게 예측할 수 없고 장담할 수 없다. 어쩌면 바로 강등 당할 수도 있다. 하지만 적어도 러셀 마틴 감독은 팀의 성적이나 결과와 별개로 확실히 본인의 축구를 할 것이라고 자신 있게 얘기해볼 수 있을 듯하다. 러셀 마틴이 사우샘프턴에 오기 전 커리어를 보면 MK돈스에서의 두 시즌동안 순위는 19위, 13위, 스완지에서의 두 시즌동안 순위는 15위, 10위였다.

강등권에 떨어질 뻔한 적도 있고 전부 중위권의 평범한 순위로 시즌을 마무리했지만 저 기간 동안 MK돈스에서의 점유율은 4위, 1위, 스완지에서는 점유율 1위, 2위를 차지했을 정도로 성적과 별개로 본인의 스타일을 확실히 했던 러셀 마틴이었다. 플랜 A의 극대화를 중시하는 러셀 마틴의 스타일상 다가오는 PL 무대에서도 결과와 별개로 기존의 점유율축구를 지속적으로 이어갈 가능성이 높다. 여기서 러셀 마틴은 과연 타협을 하는 순간이 찾아올지, 아니면 본인의 스타일을 시즌 끝까지 이어갈 것인지, 올 시즌 사우샘프턴의 경기를 흥미 있게 지켜볼 수 있는 포인트이다.

31
GK

Gavin Bazunu

가빈 바주누

국적 아일랜드 | **나이** 22 | **신장** 189 | **체중** 79 | **평점** 6.5

지난 시즌 팀의 주전 골키퍼였으나 시즌 막바지에 아킬레스건 파열로 인해 막판 몇 경기를 뛸 수 없었던 바주누였다. 2025년 초쯤 복귀가 예상이 되며 선방 능력이나 반사 신경에 있어서는 번뜩이는 세이브를 종종 보여주긴 하지만 과거부터 나와야 할 때와 나오지 말아야 할 때의 판단 능력, 발밑에 대한 불안감이 항상 지적됐던 골키퍼였는데 지난 시즌도 그러한 단점들은 여전히 노출됐다. 아직 어린 선수인 만큼 발전의 여지는 충분하며, 더 강인하게 회복해서 하루 빨리 팀에 복귀하는 것이 일단 관건이다. 램스데일이 영입되었기에 주전 자리 경쟁이 더 치열해졌다.

2023/24시즌

1	**41** GAMES	**3,690** MINUTES	**54** 실점	**63.60** 선방률	**0**
	89 세이브	**11** 클린시트	추정가치: **15,000,000€**	**26.80** 클린시트 성공률	**0/3** PK 방어 기록

카일 워커피터스

국적 잉글랜드 | **나이** 27 | **신장** 173 | **체중** 63 | **평점** 7.08

2
RB
LB

Kyle Walker-Peters

지난 몇 시즌 동안 사우샘턴 측면의 빛과도 같은 존재다. 포지션은 측면 수비수이지만 사실상 사우샘턴의 측면 공격에 아주 큰 비중을 차지하고 있으며, 러셀 마틴 감독 이전부터도 그러한 역할을 도맡아왔다. 공수의 밸런스가 상당히 좋으며 폭넓은 활동량과 빠른 스피드를 활용해 팀의 측면공격을 주도한다. 우측뿐 아니라 왼쪽에서도 충분히 제몫을 해주는 선수이기 때문에 올 시즌도 사우샘턴 측면 수비수 중에서는 가장 핵심자원이 될 전망이며, 러셀 마틴 감독이 부임하고서는 인버티드 역할까지도 수행 중이기 때문에 올 시즌도 여전히 전술적으로나 팀적으로나 해줘야 할 일이 많은 선수다.

2023/24시즌

4	**46** GAMES	**4,130** MINUTES	**2** GOALS	**4** ASSISTS	**0**
	0.9 경기당슈팅	**9** 유효슈팅	추정가치: **20,000,000€**	**65.3** 경기당패스	**91.00** 패스성공률

얀 베드나렉

국적 폴란드 | **나이** 28 | **신장** 189 | **체중** 77 | **평점** 6.85

35
CB

Jan Bednarek

지난 시즌 팀 내에서 3번째로 많은 출전시간을 소화하면서 팀의 센터백 라인을 든든하게 지켜줬다. 특히 팀이 1부 리그에 있었을 당시에는 불안한 발밑과 느린 발이 단점으로 크게 작용하며 불안한 모습을 자주 노출했는데, 그런 점이 많이 개선됐다. 지난 시즌 챔피언십에서만큼은 전체적으로 안정감을 보여주면서 팀의 승격에 크게 기여했다. 다가오는 시즌 PL의 공격수들은 훨씬 더 압박의 강도가 거세고 기술적이고 빠른 자원이 많기 때문에 프리미어리그에서도 수비적으로 안정감을 보여줄 수 있는지 여부가 관건이며 특유의 불안한 발밑을 개선하지 못한다면 현실적으로 PL에서는 다시 한번 고전할 가능성도 높아 보인다.

2023/24시즌

13	**45** GAMES	**3,818** MINUTES	**2** GOALS	**0** ASSISTS	**0**
	0.5 경기당슈팅	**6** 유효슈팅	추정가치: **11,000,000€**	**93** 경기당패스	**95.40** 패스성공률

6
CB

Taylor Harwood-Bellis

테일러 하우드벨리스
국적 잉글랜드 **|** **나이** 22 **|** **신장** 188 **|** **체중** 78 **|** **평점** 6.89

맨시티 출신 선수답게 기본기가 상당히 좋고 패스 능력이 뛰어난 유형의 센터백이다. 2022/23시즌 번리로 임대 가서 팀의 승격을 이끌었고 지난 시즌도 사우샘프턴에 합류해서 팀의 승격을 이끌어낸 만큼 승격전도사의 면모도 갖추고 있다. 특히 러셀 마틴의 빌드업축구에 있어서 중요한 역할을 하고 있으며, 끌려 나온 상대 수비라인 뒷공간으로 쐬주는 롱패스의 정확도가 상당히 좋다. 숏패스를 통한 빌드업에도 일가견이 있으며 전체적으로 수비력도 한층 더 성장했기 때문에 다가오는 시즌에도 소튼 수비의 핵심이 될 전망이다. 다만 종종 나오는 큰 실책성 플레이는 반드시 고쳐야만 한다.

2023/24시즌

	43 GAMES	3,772 MINUTES	2 GOALS	3 ASSISTS	
6	0.7 경기당슈팅	6 유효슈팅	추정가치: 22,000,000€	92.3 경기당패스	92.40 패스성공률	0

잭 스티븐스
국적 잉글랜드 **|** **나이** 30 **|** **신장** 185 **|** **체중** 74 **|** **평점** 6.57

5
CB
LB

C

Jack Stephens

플리머스 유스팀에서 어린 나이때부터 사우샘프턴 리저브팀으로 넘어오면서 지금까지 사우샘프턴맨으로 10년 이상 활약하며 팀 내 최고참의 역할을 맡고 있다. 과거 주장 역할을 맡기도 했으며 지난 시즌 승격 플레이오프에서도 모든 경기에 풀타임 활약하면서 팀의 승격에 기여했다. 전체적으로 신장에 비해 경합 능력이 그렇게 뛰어나지 못하고 속도가 느린 단점도 있다 보니 주전급으로 분류되진 않지만 나쁘지 않은 패스 능력과 수비 지역 전체를 소화할 수 있는 멀티성이 있기 때문에 다가오는 시즌도 주전 수비수들의 부상 이탈이 발생하거나 변수가 있을 때마다 적재적소에 활용이 될 것으로 보인다.

2023/24시즌

	26 GAMES	1,761 MINUTES	0 GOALS	0 ASSISTS	
7	0.4 경기당슈팅	2 유효슈팅	추정가치: 2,000,000€	65.2 경기당패스	92.50 패스성공률	0

찰리 테일러
국적 잉글랜드 **|** **나이** 30 **|** **신장** 176 **|** **체중** 69 **|** **평점** 6.47

21
LB

Charlie Taylor

지난 시즌 러셀 마틴의 애제자였던 라이언 매닝이 기대 이하의 퍼포먼스를 보이면서 왼발잡이 전문 풀백을 한 명 더 데려올 필요가 있었는데 그 선수가 바로 찰리 테일러이다. 특히 번리에서 오랜 기간 활약하면서 프리미어리그 경험이 풍부하고 좌측에서 부지런한 활동량과 괜찮은 수비력을 보유하고 있다. 게다가 공격 시에는 부지런한 오버래핑에 이은 날카로운 크로스 패스를 시도하기도 한다. 올 시즌은 워커피터스가 좌측에서 많이 나설 것으로 예상되기 때문에 사실상 백업 역할이 유력하지만 적재적소에 백업으로서 자신의 가치를 증명할 필요가 있겠다.

2023/24시즌

	28 GAMES	2,332 MINUTES	1 GOALS	1 ASSISTS	
8	0.4 경기당슈팅	1 유효슈팅	추정가치: 3,000,000€	37.2 경기당패스	78.90 패스성공률	0

Ronnie Edwards

12
CB

로니 에드워즈

국적 잉글랜드 | **나이** 21 | **신장** 180 | **체중** 74 | **평점** 6.88

현재 잉글랜드에서 제2의 존 스톤스로 주목받고 있는 재능 있는 유망 센터백이다. 이 선수의 가장 큰 강점은 일단 부상을 잘 당하지 않는 유형의 수비수라는 점인데, 지난 시즌 피터보로에서 공식전 55경기를 뛰었을 정도로 시즌 내내 단단한 모습을 보여줬다. 이뿐만 아니라 기술적으로도 러셀 마틴 감독의 이목을 끌었던 점은 수비시에 상당히 영리하게 수비를 펼치며 상대의 압박에도 당황하지 않고 전진 패스를 뿌릴 수 있는 능력이 있다는 점이다. 튼튼하고 영리하고 기술적인 수비수, 아직 경험이 부족하기 때문에 어느 정도 출전 기회를 부여받을지는 예측하기 어렵지만 적어도 사우샘프턴 팬들은 에드워즈에게 많은 기대를 걸고 있다.

2023/24시즌

2	**47** GAMES	**4,210** MINUTES	**1** GOAL	**1** ASSISTS	**0**
	0.3 경기당슈팅	**4** 유효슈팅	추정가치: **3,800,000€**	**91.2** 경기당패스	**91.80** 패스성공률

Nathan Wood

15
CB

네이선 우드

국적 잉글랜드 | **나이** 22 | **신장** 188 | **체중** 70 | **평점** 6.49

지난 몇 시즌 동안 챔피언십에서 가장 주목받는 센터백 중 하나인 네이선 우드가 프리미어리그 무대에 합류했다. 네이선 우드는 러셀 마틴 감독이 스완지의 지휘봉을 잡고 있을 때 키웠던 애제자 중에 한 명이기도 하다. 좋은 피지컬과 빠른 주력을 갖고 있으며, 전진 수비를 통한 인터셉트 능력과 빌드업 능력도 상당히 탁월하다. 비슷한 유형으로는 아스날의 윌리엄 살리바가 떠오르기도 하는데, 러셀 마틴의 전술스타일을 이미 경험해봤기 때문에 당장 팀 전술에 적응하는 것은 크게 문제가 없을 것으로 보인다. 다만 기존의 주전 센터백 라인이 확고하기 때문에 출전 기회가 주어졌을 때 좋은 퍼포먼스를 보이는 게 중요해 보인다.

2023/24시즌

6	**26** GAMES	**2,103** MINUTES	**1** GOAL	**0** ASSISTS	**0**
	0.3 경기당슈팅	**4** 유효슈팅	추정가치: **3,800,000€**	**60.3** 경기당패스	**91.2** 패스성공률

Yukinari Sugawara

16
RB

유키나리 스가와라

국적 일본 | **나이** 24 | **신장** 179 | **체중** 67 | **평점** 7.17

전체적으로 카일 워커피터스를 제외하면 풀백 라인에 문제가 많았던 사우샘프턴이었는데, 그 문제를 해결하고자 데려온 공격적인 풀백이다. 스가와라는 지난 몇 시즌 동안 알크마르에서 활약하면서 에레디비시 최고의 공격형 우측 수비수로 이름을 떨쳤다. 알크마르의 오른쪽 공격의 핵심이었고, 다부지게 많이 뛰는 유형이다. 공수의 밸런스도 괜찮은 편이며, 특히 우측에서 크로스의 질이 상당히 좋다. 거기에 더해 스루패스 능력도 준수해서 우측에서는 낮은 패스와 긴 패스, 전체적인 키 패스의 비율이 높은 공격적인 풀백이라 볼 수 있다. 아마 워커피터스가 좌측면으로 가고 바로 스가와라가 우측면에서 주전 자리를 차지할 것으로 예상된다.

2023/24시즌

1	**30** GAMES	**2,564** MINUTES	**4** GOALS	**7** ASSISTS	**0**
	1.2 경기당슈팅	**13** 유효슈팅	추정가치: **12,000,000€**	**51.4** 경기당패스	**84.00** 패스성공률

4
DM
CM

Flynn Downes

플린 다운스

국적 잉글랜드 | **나이** 25 | **신장** 172 | **체중** 66 | **평점** 6.94

플린 다운스는 지난 시즌 사우샘프턴 시즌 최고의 선수 중 한 명이었다고 해도 전혀 과언이 아니다. 실제로 다운스가 있을 때와 없을 때의 중원 퀄리티의 차이가 상당히 큰 사우샘프턴이었다. '사우샘프턴의 로드리'라는 별명이 붙을 정도의 활약이었다. 스완지 시절 이미 러셀 마틴의 지도 하에 챔피언십리그에서 가장 높은 패스 성공률을 뽐내기도 했다. 다운스 특유의 폭넓은 활동량과 적절한 수비 커버, 볼배급 능력, 안정적인 발밑은 다가오는 시즌에도 사우샘프턴 중원에 큰 힘을 실어줄 것이다. 특히 특유의 타이트한 압박 능력과 볼 탈취 능력은 프리미어리그의 여러 선수들을 당황시킬 수 있을 것이다.

2023/24시즌

	36 GAMES	**2,829** MINUTES	**2** GOALS	**3** ASSISTS	
11	**0.3** 경기당슈팅	**3** 유효슈팅	추정가치: **9,000,000€**	**64.5** 경기당패스	**93.10** 패스성공률	**0**

8
CM
DM

Will Smallbone

윌 스몰본

국적 아일랜드 | **나이** 24 | **신장** 173 | **체중** 63 | **평점** 6.73

지난 시즌 플린 다운스와 더불어 사우샘프턴 중원에서 가장 인상적인 활약을 보여준 유스 출신 박스투박스 미드필더이다. 스토크시티 임대시절을 제외하면 쭉 사우샘프턴 내의 연령별 팀을 거치면서 성장했고, 지난 시즌 드디어 주전으로 자리잡으면서 폭넓은 활동량과 발군의 득점력을 자랑했다. 적극적인 움직임을 통해서 상대 박스를 직접 타격하는 데에도 능하고 종종 미드필드 지역에서 번뜩이는 키 패스를 뿌리기도 한다. 올 시즌도 다운스와 함께 중원에서 많은 호흡을 맞출 것으로 기대를 모으고 있으며, 백넘버도 박스투박스의 상징과도 같은 8번을 부여받은 만큼 더 큰 책임감을 갖고 이번 시즌을 임할 것으로 보인다.

2023/24시즌

	46 GAMES	**3,286** MINUTES	**7** GOALS	**4** ASSISTS	
8	**1.3** 경기당슈팅	**17** 유효슈팅	추정가치: **5,000,000€**	**48** 경기당패스	**89.60** 패스성공률	**0**

10
AM
CM

Adam Lallana

애덤 랄라나

국적 잉글랜드 | **나이** 36 | **신장** 173 | **체중** 67 | **평점** 6.17

원조 사우샘프턴 프렌차이즈 스타 애덤 랄라나가 친정팀에 복귀했다. 랄라나는 과거 소튼이 하부 리그로 떨어지면서 팀이 어려웠을 당시, 3부 리그였던 팀을 1부 리그까지 끌어올리며 클럽 최고의 스타로 떠올랐다. 지금은 나이가 들면서 신체 능력이 전성기와 비교했을 때 많이 저하됐지만, 여전히 출전 기회가 주어졌을 때 짧은 시간 안에 차이를 만들 수 있는 선수다. 랄라나 특유의 양발 능력과 정교한 터치, 축구 센스는 팀에 큰 이점을 가져다줄 것으로 보이며, 고참 선수로서 오랜 프리미어리그 경험을 토대로 경기장 안팎에서의 클럽의 리더 역할도 충실하게 수행할 것으로 기대를 모은다.

2023/24시즌

	25 GAMES	**854** MINUTES	**0** GOALS	**1** ASSISTS	
2	**0.4** 경기당슈팅	**2** 유효슈팅	추정가치: **1,000,000€**	**20** 경기당패스	**90.00** 패스성공률	**0**

23
LW

Samuel Edozie

사무엘 에도지

국적 잉글랜드 **| 나이** 21 **| 신장** 179 **| 체중** 71 **| 평점** 6.67

지난 시즌 리그에서 6골을 넣으면서 나름대로 사우샘프턴 측면 공격 자원 중에서 괜찮은 활약을 선보였다. 특히 전반기 활약이 정말 좋았으나 시즌 중간 잔 부상이 발생하면서 폼이 조금씩 떨어졌다. 특유의 빠른 스피드와 돌파 능력은 언제든지 사우샘프턴 측면 공격에 옵션을 제공해줄 수 있으며, 직접 볼을 몰고 돌파하는 것

뿐만 아니라 침투에도 성장한 모습이 보였다. 올 시즌 부상 관리를 철저히 하고, 비시즌 몸상태를 잘 만들어서 시즌을 시작할 수 있다면 지난 시즌보다 한층 성장하는 모습도 기대해볼 수 있지 않을까 싶다. 다만 문제는 사우샘프턴이 이번 시즌 3백으로 전환될 경우 전술적인 문제로 출전 기회가 이전보다 줄어들 수도 있다는 점이다.

2023/24시즌

	34 GAMES	1,428 MINUTES	6 GOAL	3 ASSISTS	
2	0.8 경기당슈팅	8 유효슈팅	추정가치: 8,000,000€	13.8 경기당패스	81.70 패스성공률 · 0

9
CF

Adam Armstrong

아담 암스트롱

국적 잉글랜드 **| 나이** 27 **| 신장** 172 **| 체중** 69 **| 평점** 7.08

암스트롱은 지난 시즌 빠른 속도와 박스 안 저돌적인 움직임을 통해 챔피언십리그 전체 선수를 통틀어 가장 많은 공격 포인트를 기록하며 사우샘프턴을 승격시켰다. 무려 24골 13도움을 기록하면서 압도적인 모습을 보여줬던 그인데, 이제 그에게 남은 숙제는 프리미어리그에서의 증명 여부다. 그가 PL에서 넣은 골은 지금까지 고

작 4골. 챔피언십에서의 기록과 비교했을 때 너무나도 초라한 수치다. 이제는 팀 내에서의 입지와 자신감도 많이 올라온 만큼 PL에서 이전과는 다른 모습을 반드시 보여줘야 할 필요가 있으며, PL 울렁증을 극복하고 리그 10골 이상의 득점을 터뜨려준다면 개인으로서도, 팀원으로서도 충분히 성공한 시즌이라고 볼 수 있을 것이다.

2023/24시즌

	49 GAMES	4,014 MINUTES	24 GOAL	13 ASSISTS	
5	3.1 경기당슈팅	54 유효슈팅	추정가치: 16,000,000€	23.5 경기당패스	83.20 패스성공률 · 0

11
CF

Ross Stewart

로스 스튜어트

국적 스코틀랜드 **| 나이** 28 **| 신장** 188 **| 체중** 71 **| 평점** 6.12

스튜어트는 사우샘프턴이 지난 시즌 야심 차게 영입했던 스트라이커였으나, 고질적인 아킬레스건 및 근육 부상이 장기화되면서 사실상 지난 시즌 거의 모습을 비추지 못했다. 지난 시즌 출전한 경기는 고작 4경기에 플레잉 타임은 42분이었다. 올 시즌은 부상 없이 건강하게 시즌을 치르는 것이 중요하고, 선덜랜드 시절 보여준 압도

적인 득점력과 경기력을 회복해야 한다. 좋은 위치 선정과 연계 플레이, 제공권에 강점이 있으며 아담 암스트롱과는 다른 유형의 스트라이커이기 때문에 스튜어트는 사우샘프턴에 충분히 다른 옵션을 제공해줄 수 있다. 문제는 부상으로 인해 프리시즌에 거의 참여하지 못했기 때문에 복귀하더라도 주전 경쟁이 험난할 것이다.

2023/24시즌

	4 GAMES	42 MINUTES	0 GOALS	0 ASSISTS	
0	0.3 경기당슈팅	0 유효슈팅	추정가치: 4,500,000€	4.3 경기당패스	76.50 패스성공률 · 0

이완우가 주목하는 사우샘프턴의 원픽!

아담 암스트롱

이번 시즌은 아담 암스트롱이 사우샘프턴에서 맞는 세 번째 프리미어리그 도전이다. 암스트롱은 커리어 동안 2부 리그와 3부 리그를 합치면 통합 100골 이상을 터 렸을 정도로 득점력이 뛰어나다. "하부 리그 폭격기"라 는 별명이 붙을 만하다. 문제는 1부 리그에서의 결정력이 다. 하부 리그 통산 109골이라는 엄청난 득점력을 보여 줬지만 PL 무대에서는 4시즌간 68경기 4골이 전부다. 유 독 PL만 넘어오면 피지컬적으로 약점을 드러내고 결정 력 난조가 극심하게 나타났으며 프리미어리그 템포에 적 응하지 못하는 모습을 보여왔다.

하지만 이번 시즌은 다르다. 사우샘프턴에서 무려 4시즌 차에 접어들었고, 지난 시즌 도합 24골 13 도움이라는 엄 청난 공격 포인트와 함께 챔피언십 리그 전체 최다공격 포인트를 기록했다. 이와 동시에 승격 플레이오프 결승 전에서는 결승골까지 터트리면서 큰 무대에서의 한방까 지 증명하며 팀을 승격시켰다. 하부 리그에서의 검증은 이미 끝났다. 올 시즌 사우샘프턴이 성과를 내기 위해서 는 반드시 암스트롱의 프리미어리그 활약이 동반돼야 할 것이다.

지금 사우샘프턴에 이 선수가 있다면!

핀 다멘

사우샘프턴이 올 시즌 가장 보강이 필요했던 포지션은 골키퍼였다. 기존의 주전 골키퍼였던 바주누가 아킬레 스 부상으로 후반기까지 결장이 예상된다. 알렉스 매카 시 골키퍼가 플레이오프에서 중요한 활약을 해줬지만 이 제는 나이가 있고 주요 옵션으로 쓰기에는 불안감이 있 다. 그 와중에 천만 다행히도 애런 램스데일을 영입하는 데 성공했는데, 다만 램스데일 역시도 종종 큰 실수를 범 하기는 유형이기 때문에 같은 포지션에 경쟁자의 존재는 어느 정도 필요해 보인다.

그러한 관점에서 램스데일과 선의의 경쟁을 펼칠 수 있 을 만한 선수로 핀 다멘을 꼽아봤다. 기본적으로 그는 러 셀 마틴 감독이 원하는 유형의 프로필을 갖춘 골키퍼라 볼 수 있다. 일단 지난 시즌 분데스리가에서 리그 30경기 이상을 소화한 골키퍼 중에 5번째로 많은 세이브를 기록 했고, 리그 내에서 가장 많은 숏패스를 시도한 골키퍼 중 에 한 명이기도 했다. 후방에서의 정확한 패스를 통한 빌 드업을 중시하는 러셀 마틴의 축구에는 제법 어울릴 만 한 스타일이다. 그의 이러한 장점들은 골키퍼가 필요한 소튼에 큰 이점을 가져다주는 동시에 램스데일과 선의의 경쟁을 펼칠 수 있지 않을까 하는 그림을 그려봤다.

MY FAVORITE PL PLAYER

탕기 은돔벨레

리옹에서 토트넘으로 이적할 때만 해도 이 선수에 대한 기대감이 컸다. 볼을 다루는 능력이 좋았고 파이널서드 지역에 공격적으로 패스를 넣을 줄 아는 선수였다. 그러나 치명적인 단점이 있었으니 그건 부족한 수비력이었다. 정확하게 말하자면 수비에 대한 개념 자체가 없었다. 그냥 마당에서 키우는 개처럼 공이 있으면 신나고 없으면 시무룩해지는 선수였다. 팀이 수세에 놓일 때도 수비 가담을 포기할 정도로 게을렀다. 이런 선수를 좋아하는 감독은 어디에도 없다. 결국 토트넘에서 쫓겨나듯 떠났다. 그래도 사주팔자에 재물운은 좀 있는지 높은 연봉을 받았고 나폴리에 잠깐 갔을 때 팀이 리그에서 우승하면서 트로피도 수집했다. 약간의 성실함만 있었어도 손흥민과 함께 셀러브레이션 하는 모습을 볼 수 있었을 텐데 아쉽다. 토트넘 팬들은 은돔벨레가 수비 같지 않은 수비를 할 때 억장이 무너졌겠지만 난 가끔 이 선수가 뒤뚱거리며 상대 공격수를 성의 없이 따라가는 그 모습이 그립다.

이주헌

브루노 페르난데스

난세는 영웅을 원하고, 영웅은 난세 속에서 더 빛난다. 그러나 영웅 혼자의 용맹스러움이 승리를 보장하진 못한다. 브루노 페르난데스를 보면 난세의 영웅이란 생각이 든다. 2022년 1월 무려 8,000만 유로의 이적료에 맨유에 등장한 후, 그는 언제나 기대에 부응하는 활약을 펼쳤다. 지난 4시즌 반 동안 233경기에 출전해 79골 66도움을 기록했고, 맨유에 FA컵 우승 1회와 EFL컵 우승 1회를 선사했다. 그러나 가장 중요한 프리미어리그를 정복하지 못했다. 브루노 페르난데스는 매 순간 고군분투하지만 잉글랜드 왕좌는 한 명의 힘으로 탈환하기엔 너무나도 경쟁이 치열하다. 어쩌면 브루노 페르난데스는 그 누구보다 용맹하지만 그와 동시에 프리미어리그에서 그 누구보다 고독하지 않을까? 그렇기에 이 선수를 사랑하지 않을 수 없다.

송영주

필 포든

내 인생 최애 프리미어리거를 꼽아보니 세 명의 선수가 머릿속을 스쳐갔다. 티에리 앙리, 다비드 실바 그리고 필 포든. 필자는 셋을 두고 고민을 꽤나 오래 했는데 결국 유일하게 현역인 필 포든을 선택했다. 지난 시즌 맨체스터시티의 프리미어리그 최초 4연속 우승에 있어서 필 포든의 기여와 임팩트는 엄청났다. 기존의 다양한 장점을 기반으로 스코어러의 퍼포먼스까지 보여주며 커리어 하이 시즌까지 찍어냈다. 물론 맨시티 팬들이 기대했던 다비드 실바나 케빈 더브라위너를 대체하는 모습은 아니었다. 하지만 그런들 어떠한가. 이대로만 성장이 이어진다면 충분히 다른 유형의 리빙 레전드가 탄생할 수 있다. 아직도 성장 가능성은 충분하다. 아니 무궁무진하다. 맨체스터시티를 넘어 잉글랜드 최고의 스타가 될 수 있는 재능이다. 심지어 그의 나이는 아직 스물넷에 불과하다.

김형책

히든풋볼 멤버들의 역대 최애 PL 선수

로베르 피레스

흩날리는 장발, 턱 한가운데를 가로지르는 멋진 턱수염. 별명처럼 삼총사의 '달타냥' 같은 외모의 로베르 피레스는 내가 응원하는 팀 아스날의 선수 중 가장 사랑하는 플레이어이자 지금도 최고로 뽑는 선수다. '오른발잡이'면서 좌측에 배치되어 그라운드 전체를 바라보며 펼치는 그의 플레이는 정교하면서도 예술적이었다. 무엇보다 특유의 인사이드 드리블이 정말 탁월했다. 2000년대 초반 맨유와 프리미어리그를 양분했던 아스날의 '벵거볼' 그 핵심 중의 핵심이었다. 앙리, 베르캄프 등에 비해 한국에서 비교적 대중적인 인기가 아쉬웠던 피레스지만 당시 아스날 경기를 챙겨본 팬들에게 그의 플레이가 가져다주는 짜릿함과 임팩트는 그 누구보다 컸다. 2001/02시즌 커리어 최고의 활약을 펼치다 불운의 십자인대 부상으로 8개월간 그라운드를 떠났던 피레스가 다시 피치로 돌아와 '03/04 무패 우승'의 핵심 멤버로 여전한 기량을 보여줬을 때 느낀 감격은 지금도 잊혀지지 않는 내 축구 인생의 커다란 환희 중 하나다.

박종윤

앨런 스미스

2005년 여름 박지성 선수가 맨체스터유나이티드로 이적하면서 처음으로 프리미어리그에 유입됐다. 당시 맨유 경기를 보면서 금발의 잘생긴 선수가 눈에 들어왔는데 바로 앨런 스미스였다. 수려한 외모와는 다르게 플레이스타일은 상남자 그 자체였으며 90분 내내 몸을 던지고 상대를 압박하며 환상적인 태클을 선보였다. 남성미를 자극하는 그의 플레이는 필자를 완전히 매료시켰고, 대한민국에서는 유행어로까지 번졌던 그의 과거 리즈 시절까지 찾아보게끔 만들었다. 리즈 시절 공격수로서의 훌륭한 활약, 잉글랜드 국가대표로도 제법 출전 기록을 쌓았을 만큼 존재감 있는 선수였다. 리버풀전 부상 이후로 기량이 떨어지며 커리어가 하향했지만 그의 전성기 시절 플레이는 나를 해외축구에 완전히 빠지게 만들었으며 여전히 종종 이 선수의 소식을 찾아볼 만큼 앨런 스미스는 나의 히어로 그 자체였다.

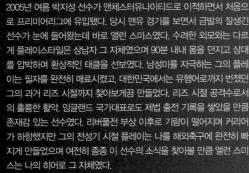

이완우

에당 아자르

메시와 호날두는 제외하고, 필자가 동경한 인간계 최고의 윙어는 리베리와 아자르였다. 2012년 구단 역사 최고의 업적인 UCL 우승이 없었다면 첼시가 아자르를 영입하는 것도 불가능했을 것이다. 2012/13시즌 첼시에 입성한 아자르는 7시즌간 110골을 기록했고, PL 2회, UEL 2회 등 6개의 트로피를 팀에 안겼다. 생산성도 훌륭했지만 스탯만으로 평가 불가능한 선수였다. 마치 스케이트를 탄 듯 매끄러운 방향 전환과 드리블, 폭발적인 속도와 변속, 가속, 창의성과 마무리까지 단연 2010년대 PL 최고의 크랙이었다. 특히 수비가 밀집한 중앙으로 아무렇지 않게 밀고 들어가는 과감한 돌파는 상대 수비 밸런스를 무너뜨렸고, 동료들의 공간 확보로 이어졌다. 비록 레알마드리드 이적 후 커리어를 다소 초라하게 마무리했지만, 첼시 팬들에게는 테리, 램파드, 드록바와 함께 빼놓을 수 없는 레전드다.

남윤성

20242025
프리미어리그
가이드북

초판 1쇄 펴낸 날 | 2024년 9월 20일

지은이 | 히든풋볼
펴낸이 | 홍정우
펴낸곳 | 브레인스토어

책임편집 | 김다니엘
편집진행 | 홍주미, 이은수, 박혜림
디자인 | 참프루, 이예슬
마케팅 | 방경희

주소 | (04035) 서울특별시 마포구 양화로 7안길 31(서교동, 1층)
전화 | (02)3275-2915~7
팩스 | (02)3275-2918
이메일 | brainstore@chol.com
블로그 | https://blog.naver.com/brain_store
페이스북 | http://www.facebook.com/brainstorebooks
인스타그램 | https://instagram.com/brainstore_publishing

등록 | 2007년 11월 30일(제313-2007-000238호)

© 브레인스토어, 히든풋볼, 2024
ISBN 979-11-6978-038-4 (03690)